师范教育精品课程系列教材

中小学综合实践活动设计与指引

李兆义　杨彦栋　编著

北京理工大学出版社
BEIJING INSTITUTE OF TECHNOLOGY PRESS

内 容 简 介

本书以《中小学综合实践活动课程指导纲要》为依据，以师范院校学生综合实践活动课程培养为目标编写。全书共七章，分别为中小学综合实践活动课程概述、中小学综合实践活动课程的理论基础、中小学综合实践活动领域Ⅰ——研究性学习、中小学综合实践活动领域Ⅱ——劳动与技术教育、中小学综合实践活动领域Ⅲ——社区服务与社会实践、中小学综合实践活动领域Ⅳ——信息技术教育、中小学综合实践活动课程资源建设与管理。

本书遵循"以理论分析为基础，以实践操作为目的，理论与实践并重"的编写原则，在内容编排上，既强调基础性和理论性，又突出实用性和技巧性，特别注重理论与实践的紧密结合。

本书理论阐述充分，内容新颖，通俗易懂，可作为高职高专或普通本专科师范类专业的学生教材，也可作为中小学教师（幼儿教师）的在职培训资料。

图书在版编目（CIP）数据

中小学综合实践活动设计与指引／李兆义，杨彦栋
编著. --北京：北京理工大学出版社，2022.8
ISBN 978-7-5763-1619-3

Ⅰ.①中… Ⅱ.①李…②杨… Ⅲ.①活动课程-教
学设计-中小学 Ⅳ.①G632.3

中国版本图书馆 CIP 数据核字（2022）第 151669 号

出版发行／北京理工大学出版社有限责任公司
社　　址／北京市海淀区中关村南大街 5 号
邮　　编／100081
电　　话／（010）68914775（总编室）
　　　　　　（010）82562903（教材售后服务热线）
　　　　　　（010）68944723（其他图书服务热线）
网　　址／http://www.bitpress.com.cn
经　　销／全国各地新华书店
印　　刷／三河市华骏印务包装有限公司
开　　本／787 毫米×1092 毫米　1/16
印　　张／16.5　　　　　　　　　　　　　　　责任编辑／申玉琴
字　　数／385 千字　　　　　　　　　　　　　文案编辑／申玉琴
版　　次／2022 年 8 月第 1 版　2022 年 8 月第 1 次印刷　　责任校对／刘亚男
定　　价／49.50 元　　　　　　　　　　　　　责任印制／李志强

前　言

　　为全面贯彻党的教育方针，坚持教育与生产劳动、社会实践相结合，引导学生深入理解和践行社会主义核心价值观，充分发挥中小学综合实践活动课程在立德树人中的重要作用，教育部于 2017 年印发了《中小学综合实践活动课程指导纲要》。该文件规定："综合实践活动是国家义务教育和普通高中课程方案规定的必修课程，与学科课程并列设置，是基础教育课程体系的重要组成部分。……自小学一年级至高中三年级全面实施。"综合实践活动课程是在新一轮基础教育课程改革中应运而生的一门新型课程，是基础教育课程新体系的一个重要组成部分，与学科课程相辅相成。《中小学综合实践活动课程指导纲要》文件明确了该课程的性质、目标、内容与活动方式，奠定了综合实践活动课程的地位。综合实践活动是从学生的真实生活和发展需要出发，在生活情境中发现问题，并将其转化为活动主题，通过探究、服务、制作、体验等方式，培养学生综合素质的跨学科实践性课程。作为培养中小学未来教师的高等师范院校，中小学综合实践活动课程也是高等师范类专业教师教育模块的必修课程。

　　全书以教育部组织制定的《中小学综合实践活动课程指导纲要》为基本依据，根据学生的认知特点，在解读综合实践活动课程的理念、特点、价值和理论基础上，对综合实践活动课程的四个领域：研究性学习、劳动与技术教育、社区服务与社会实践、信息技术教育进行了重点介绍。本书内容新颖、体系完善、结构合理，并具有以下特色。

　　第一，在内容体系上，本书以《中小学综合实践活动课程指导纲要》为依据，对综合实践活动课程的四个领域，即研究性学习、劳动与技术教育、社区服务与社会实践、信息技术教育进行了详尽的分析和介绍，全书内容相互衔接、彼此照应、层层深入。

　　第二，在结构安排上，本书按照总论—分论—总论的思路，先总体介绍综合实践活动课程的演变、内涵、特点、理念、价值、目标、内容和理论基础，再具体探讨综合实践活动课程的四个领域，最后阐述了综合实践活动课程资源建设与管理。教材结构合理、逻辑清晰，通过阅读本书，读者能对中小学综合实践活动课程的指导与管理了然于胸。

　　第三，注重内容更新。在编写过程中，充分吸收了中小学综合实践活动课程的最新发展和研究成果，力求深入浅出，照顾不同层次读者的需要，尽可能满足相关专业的多样化需求。

　　第四，注重理论与实践的紧密结合。本书遵循"以理论分析为基础，以实践应用为目的，理论与实践并重"的编写原则，将知识与实践能力融为一体，体现了学以致用。

　　全书由七章构成。第一章为中小学综合实践活动课程概述，主要介绍了国内外综合实践活动课程的演变与发展、综合实践活动课程的内涵与特点、综合实践活动课程的理念与价值，以及综合实践活动课程的目标及内容；第二章为中小学综合实践活动课程的理论基础，主要介绍了综合实践活动课程的指导思想和理论基础；第三章为中小学综合实践活动领域Ⅰ——研究性学习，主要介绍了综合实践活动课程研究性学习的内涵、特点、价值、目标、内容、实施过程、实施策略和评价的原则与方法；第四章为中小学综合实践活动领域Ⅱ——劳动与技术教育，主要介绍了综合实践活动课程劳动与技术教育的内涵、特点、价值、目标、内容、实施过程、实施策略和评价的原则与方法；第五章为中小学综合实践活动领域Ⅲ——社区服务与社会实践，主要介绍了综合实践活动课程社区服务与社会实践的内涵、特点、价值、目标、内容、实施过程、实施策略和评价的原则与方法；第六章为中小学综合实践活动领域Ⅳ——信息技术教育，主要介绍了综合实践活动课程信息技术教育的内涵、特点、价值、目标、内容、实施过程、实施策略和评价的原则与方法；第七章为中小学综合实践活动课程资源建设与管理，主要介绍了综合实践活动课程资源建设的类型、策略以及综合实践活动课程管理的策略。同时，每章都设有学习目标与复习思考题，以方便读者学习。

本书由李兆义策划、统稿、审定；同时，李兆义编写了第一章、第三章、第五章、第六章，杨彦栋编写了第二章、第四章和第七章。本书由"宁夏高等学校一流学科建设（教育学学科）（NXYLXK2021B10）"项目、"宁夏教师教育研究人文社科重点研究基地"项目和"宁夏师范学院高水平本科教育新师范教育"专项研究项目资助出版。

本书是作者在总结多年教学经验的基础上编写而成的，在编写过程中，参考和引用了许多专家学者、同行公开发表的成果，在此向广大作者深致谢意。同时，研究生耿冬韵、杨艳霞、万悦和赵中元参与了资料的收集整理和书稿的校正，一并表示感谢。

希望本书的出版，能对广大从事综合实践活动课程教学的师生有所帮助。由于时间仓促，加之作者水平有限，本书存在疏漏和错误之处，还望读者不吝赐教。

目 录

第一章 中小学综合实践活动课程概述

学习目标

学习完本章，应该能做到：
- 了解中小学综合实践活动课程的发展历史
- 掌握中小学综合实践活动课程的内涵和特点
- 理解中小学综合实践活动课程的理念与价值
- 掌握中小学综合实践活动课程的目标及内容

　　1999 年召开的第三次全国教育工作会议和 2001 年召开的全国基础教育工作会议先后提出了转变人才培养模式，建立新的基础教育课程体系的建设任务。2001 年，在党中央、国务院的领导下，教育部正式启动了新一轮基础教育课程改革，为贯彻《中共中央国务院关于深化教育改革全面推进素质教育的决定》（中发〔1999〕9 号）和《国务院关于基础教育改革与发展的决定》（国发〔2001〕21 号）文件精神，教育部印发了《基础教育课程改革纲要（试行）》，大力推进基础教育课程改革，调整和改革基础教育的课程体系、结构、内容，构建符合素质教育要求的新的基础教育课程体系。《基础教育课程改革纲要（试行）》规定："从小学至高中设置综合实践活动并作为必修课程，……强调学生通过实践，增强探究和创新意识，学习科学研究的方法，发展综合运用知识的能力。[1]"为全面贯彻党的教育方针，坚持教育与生产劳动、社会实践相结合，引导学生深入理解和践行社会主义核心价值观，充分发挥中小学综合实践活动课程在立德树人中的重要作用，教育部于 2017 年印发了《中小学综合实践活动课程指导纲要》，规定："综合实践活动是国家义务教育和普通高中课程方案规定的必修课程，与学科课程并列设置，是基础教育课程体系的重要组成部分。该课程由地方统筹管理和指导，具体内容以学校开发为主，自小学一年级至高中三年级全面实施。[1]"《中小学综合实践活动课程指导纲要》文件明确了该课程的课程性质、目标、课程内容与活动方式，奠定了综合实践活动的课程地位，"综合实践活动是从学生的真实生活和发展需要出发，从生活情境中发现问题，转化为活动主题，通过探究、服务、制作、体验等方式，培养学生综合素质的跨学科实践性课程[1]"。

第一节　中小学综合实践活动课程的发展历史

综合实践活动课程最早可追溯到卢梭的"自然教育"思想及杜威的"活动课程"。20世纪90年代以来,西方发达国家的活动课程上升到一个新的发展阶段。在我国,综合实践活动课程经历了萌芽与准备阶段("课外活动"的继承与发展)、初步发展阶段("活动课程"被纳入课程计划)、正式确立阶段("综合实践活动"课程名称确立,课程地位进一步明确)和规范发展阶段(综合实践活动课程迈入新里程)的发展历程。了解综合实践活动课程的演变及发展,有助于深化对综合实践活动课程的认识。

一、国外综合实践活动的发展历史

1. 卢梭的"自然教育"思想

卢梭在《爱弥儿》一书中说:"大自然希望儿童在成人以前就要像儿童的样子。如果我们打乱了这个次序,他们就成了一些早熟的果实,既长不丰满也不甜美,而且很快就会腐烂,我们就会造成一些年轻的博士和老态龙钟的儿童。[2]"卢梭自然主义教育的核心是"归于自然"(Back to Nature),"以天性为师,而不以人为师"。自然教育是指以自然法则和人的天性为依据,按照孩子身心发展的自然规律,将孩子培养成自然人的过程。自然教育重在培养孩子的道德品质,教会孩子如何做人,因此,道德教育是自然教育的核心和最终归宿。[3]每个人都是由自然的教育、事物的教育、人为的教育三者培养起来的,只有将三种教育圆满地结合,才能达到预期的目的。卢梭反复强调应该让学生从经验中取得教训,从实践中去学习,并告诫人们:"问题不在于教他各种学问,而在于培养他有爱好学问的兴趣,而且在这种兴趣纷纷增长起来的时候,教他研究学问的方法。毫无疑问,这是所有一切良好教育的一个基本原则。[2]"他根据儿童自身发展的特点将儿童的发展分为四个阶段:婴儿期、儿童期、少年期和青年期。婴儿期(从诞生到2岁):这个阶段没有感情,没有思考,有的仅是感觉而已,不能意识自己和事物的存在,教育必须以体育锻炼与身体养护为主,倡导体育教育,目的是让儿童自然成长;儿童期(婴儿期到12岁):在这个阶段,儿童的身体活动与语言表达能力逐步提高与完善,但是理性还不健全,因此这个阶段继续注重体育教育,同时要进行感官教育;少年期(13岁到15岁):它属于人的一生能力最好的时期,在这个阶段,已经有了理性的发展,它是知识教育的前提,实行智育教育;青年期(从16岁到20岁):在这个阶段,人容易冲动,性情容易改变,不服管教,卢梭主张实行道德教育。

2. 杜威的"教育即生活"和"学校即社会"理论

19世纪末20世纪初,在席卷美国的进步教育浪潮中,约翰·杜威在批判传统学校教育存在的"脱离社会生活、脱离学生生活实际"等缺陷时,在前人研究的基础上,进一步反思了学校教育及其本质,提出了"教育即生活"和"学校即社会"的理论。杜威提倡从儿童的天性出发,促进儿童的个性发展。他认为最好的教育就是"从生活中学习、从经验中学习"。教育就是要给儿童提供保证生长或充分生活的条件。他强调说,学校应该

"成为一个小型的社会，一个雏形的社会"。他在批判传统学校教育的基础上，提出了"从做中学"。在他看来，如果儿童没有"做"的机会，那必然会阻碍儿童的自然发展。杜威认为，"从做中学"也就是"从活动中学""从经验中学"，它将学校里知识的获得与生活过程中的活动联系了起来。自从杜威为"活动经验课程"做出系统的理论阐述之后，在活动课程的演变过程中，世界范围内课程综合化的趋势越来越明显。实践性与综合性的结合，成了 20 世纪课程改革的重要特色。

3. 20 世纪 90 年代以来国外综合实践活动课程

20 世纪 90 年代以来，社会生活方式的变迁以及科学技术的迅猛发展，对每个社会成员都提出了全新的挑战。世界各国、各地区都推出了旨在适应 21 世纪挑战的课程改革举措，这些举措的共同趋势是倡导课程向儿童经验和生活回归，追求课程的综合化。[4] 其要求是：不断更新课程内容，加强学科知识与学生经验的内在联系；恰当处理综合课程与分科课程的关系；强调以学习者的经验、社会需要和问题为核心进行课程的整合，培养学生解决问题的能力和综合实践能力，弱化学科界限；转变学生的学习方式，由被动接受学习转向积极探究与发现学习，强调利用信息技术等手段解决问题，加强中小学生的综合活动学习。[5] 由此，各个国家和地区都设置了与之相对应的课程。

（1）美国的综合实践活动课程

在美国各州的课程标准中，虽然没有统一的"综合实践活动"课程，但各州都设计了具体的、不同类型的综合实践性活动课程。[6]

①科学、技术与社会研究（Studies of Science，Technology and Society，STS）。该课程是美国中学课程中具有综合性和实践性的课程，它包含"自然探究""社会科学"或"社会学习"等方面。社会研究或社会科学的基本学习方式是主题探究式，从自然现象，社会经济、政治、文化、环境、职业等领域确定研究主题，通过调查研究和问题研讨的方式进行学习。一方面使学生获得探究能力，另一方面增强学生的探究能力、科学精神、社会责任感和综合社会实践能力。社会研究类的综合实践活动课从主题设计到学习方式，都具有强烈的研究性和反思性实践的特征。

②设计学习（Project or Design Learning，PDL）。该课程是一种应用性学习的课程，与课题的研究性学习相比，设计学习更强调学生的自主设计和实践操作，如综合艺术设计、应用设计、产品设计、活动设计等，强调培养学生解决生活中存在的现实问题的能力。

③社会参与性学习（Social Participating Learning，SPL）。该课程的重点在于参与社会生活，接触社会现实，注重开展各种社会参与性的活动，如社区服务（包括参与养老院活动、社会公益性活动等）、社会调查、考察与访问（包括访问政府首脑或地方政府官员等）。社会参与性学习往往体现不同地区的历史文化传统、社会生活方式和发展状况，它反映在不同学区的课程方案之中。通过社会参与性学习培养学生关心社会、接触社会、积极参与社会生活的意识和民主精神。

（2）英国的综合实践活动课程

在英国，国家课程标准关于综合实践课程的设计与美国各州的设计有相似之处，都主要集中在社会研究（Social Studies）和设计学习（Project Or Design Learning）等方面。英国中小学的社会研究围绕公民素质的形成（Becoming Informed Citizenship），以及重大的政治、精神、道德、社会或文化问题来设计实践和探究的主题。设计学习则主要包括综合艺

术设计、信息与交流技术（Information and Communication Technology）等。[6]

（3）法国的综合实践活动课程

在法国，国家课程标准中设计了"综合学习"的课程，包括了"技术实践""动手做"（Hands-on）等方式，其基本规范表现在两个基本方面：一是综合学习要求跨两个或两个以上的学习领域，需要综合运用多学科的知识和技能；二是综合学习的活动方式应该是多样的，涉及接受、探究、应用等基本学习活动方式，加强学科知识内容的综合，引导学生在实践中掌握并运用已学到的知识。

（4）日本的综合实践活动课程

20 世纪 80 年代以来，日本中小学一直开设"特别活动"的课程，该课程包括学校传统活动、俱乐部活动和班级指导活动三个方面。日本文部省在 1998 年 12 月颁布的《学习指导纲要》中增设了"综合学习时间"的课程。这一增设，使日本中小学原有的课程种类由"必修学科""道德""特别活动"三类变成了"必修学科""道德""特别活动"和"综合学习时间"四个种类。"综合学习时间"课程重视学生的兴趣和爱好，致力于培养学生主动学习和探究学习的态度，引导学生掌握科学的学习和思考方法，要求采取"综合体验性学习"和"课题研究性学习"等不同方式。"体验学习"和"课题研究"成为中小学生在"综合学习时间"课程中最根本的学习活动方式。"综合学习时间"要求学生通过理解、体验、感悟和探究自然和社会，形成综合社会实践能力和社会责任感。可见，日本的"综合学习时间"具有"综合实践活动课程"的基本特征。[7]

二、我国综合实践活动课程的演变与发展

1. 我国综合实践活动课程的演变与发展

2017 年 9 月，教育部正式颁布了《中小学综合实践活动课程指导纲要》，使"综合实践活动课程"再度成为学术界和中小学校关注与热议的话题。我国综合实践活动课程经历了一个怎样的演变与发展过程？下面就这个问题进行回溯与分析。[8]

（1）萌芽与准备阶段："课外活动"的继承与发展

在我国的课程建设与发展中，学科课程长期占据主流地位，它能在较短时间内帮助学生掌握科学文化知识和发展智力。直到民国以后，"课外活动"这个译名才开始出现在教育学论著中，但在学校教育体系中并没有得到足够的重视。20 世纪 20 年代，陶行知发起了乡村教育运动。他根据中国社会现状与教育实际，改造了杜威的"教育即社会""社会即学校""做中学"的教育学说，提出了"生活即教育""社会即学校""教学做合一"的主张，开展了生活教育实验。[6] 他认为，教育必须是生活，即"生活所原有，生活所自营，生活所必须的教育"。[9] 陶行知主张，教育要突破书本的限制，以整个大自然、大社会为学校，要为学生提供更多的亲自动手、动脑的机会，要给学生更多选择的机会，包括学习时间的选择、学习方法的选择以及学习内容的选择，鼓励学生依照自己兴趣、需求，开展实践、探索、创新活动。与之相配套的课程设置、教育内容、教育模式等也都应向生活教育理论方向靠近。1927 年，他在南京创办了晓庄师范学校，并在实践中提出了"生活即教育"理论。他提倡教育与社会生活、教育与生产劳动相结合的思想，反对以"教"为中心，主张"教学做合一"，主张生活教育的目标是培养能够拥有"农夫的身手、科学的头脑和有改造社会的精神的真人"。陶行知的教育主张和教育实践直接影响了后来"活

动课程""综合实践活动课程"的理念。

中华人民共和国成立后，为了适应新的形势，教育部颁布了新的教学计划和教学大纲，仍以学科课程作为主导性课程，而把学科课程以外的各种形式的活动统称为"课外活动"。1952 年 3 月 18 日，颁布的《小学暂行规程（草案）》规定："课内和课外活动配合进行。教师对上课和课外活动的指导，应负全面责任，并在统一的计划下，配合实施。[10]" 1952 年 3 月 18 日颁布的《中学暂行规程（草案）》规定："中学对于学生的体育、娱乐、生产劳动及社团活动的时间，应由校长同学生会、青年团作合理的分配，避免妨碍学生健康与课业学习。[11]" 1955 年 9 月 2 日，教育部颁布了《关于小学课外活动的规定》，明确了"课外活动"的内容、时间和实施细则。然而，总体来说，当时的活动教学在中国始终没有形成足够的规模及影响，没有形成足以限制学科课程弊病的力量，因其处于"课外"和"课余"的位置，人们总是把它看成为学科服务的调节课，或是把它当作主要学科的增补加班课。"课外活动"可以说是"综合实践活动课程"的雏形。

（2）初步发展阶段："活动课程"被纳入课程计划

改革开放后，随着我国教育改革的不断深入和国际交流的空前增加，为了克服学科课程过于注重知识讲授、难以关照学生能力培育和个性发展等弊病，中小学片面追求"升学率"的问题不断受到批评，教育界开展了关于素质教育的大讨论。此时，能够体现学生主体性和能力发展的"活动课程"便逐渐以"实施素质教育的载体"的身份进入了人们的视野。1992 年，当时的国家教委运用现代课程理论，借鉴国内外课程改革与实践经验，将"活动课程"纳入课程计划中。1992 年 8 月 6 日颁布的《九年义务教育全日制小学、初级中学课程计划（试行）》规定，新的课程结构由学科类和活动类两部分组成。学科课程和活动课程是使学生在德、智、体诸方面得到发展的必不可少的教育途径，都有各自独特的教育功能，互相不能替代，这是中小学教学改革的一项重大举措，标志着我国一直以来学科课程"独霸"局面的终结，标志着新的课程体系的确立。由于该课程计划只规定学校要根据自身条件开设活动课程，并没有明确界定活动课程的边界，也没有对活动课程的本质特征、实施原则予以说明，因此直接导致了学校对活动课程理解的偏差和操作的扭曲。课外活动或活动课程容易失去其本身最具生命力的东西，无形中演化为课堂教学和学科课程的扩展与延伸。许多中小学生的课外活动，除了内容从数学、语文、英语，变成音乐、美术、体育之外，给人的感觉是学生们仍然在"上课"。针对活动课程实施中存在的偏差和问题，1996 年 1 月，当时的国家教委颁布了《九年义务教育活动类课程指导纲要（试行）》，明确规定了活动课程的培养目标、内容与形式、组织方式与方法等，强调活动课程包括校会、班会、社会实践、体育锻炼、科技、艺术等活动。这一阶段的课程发展从侧面反映出教育政策与教育实践之间良好的互动关系。一方面，教育政策及时、有力地回应了教育实践中反映出来的问题。由于教育现实的复杂性，教育政策往往会滞后于实践需求和发展。但从 1992 年试行的《九年义务教育全日制小学、初级中学课程计划（试行）》确立了"活动课程"在课程体系中的地位，到 1996 年教育部颁布的《九年义务教育活动类课程指导纲要（草案）》规定"活动课程"的目标等具体属性，仅用了三年多的时间，政策促使课程向前发展了一大步。另一方面，在教育政策的保障与激励下，教育实践也呈现繁荣局面。活动课程的实施一度成为 20 世纪 90 年代教育研究的热点议题。从实践层面看，各学科课程也积极开展学科活动课程的设计与实施，学科教学方式进一步完善。另外，不仅基础教育领域开展了活动课程的研究，而且师范教育、职业教育等不同类型的学

校都开始尝试探索活动课程。这一阶段是综合实践活动课程整个历程中极为关键的时期。"活动课程"正式被纳入基础教育课程体系，初步奠定了"综合实践活动课程"在整个课程体系中的地位与作用。[8]

（3）正式确立阶段："综合实践活动"课程名称确立，课程地位进一步明确

进入21世纪后，经济全球化和信息技术、互联网的快速发展给教育带来了前所未有的发展机遇和挑战。未来社会对新世纪的人才有了新的要求，人才培养模式的转变成为当务之急。同时，我国基础教育事业的发展面临新的历史起点，需要在进一步加快发展步伐的同时，更加关注基础教育质量的提高，更加关注学生的全面发展。在这样的背景之下，教育部在2000年1月31日颁布了《全日制普通高级中学课程计划（试验修订稿）》，新设"综合实践活动"课程。2001年，国务院颁布了《关于基础教育改革与发展的决定》，启动了第八次基础教育课程改革，将"综合实践活动"课程下移至小学中高年级。2001年6月，教育部印发的《基础教育课程改革纲要（试行）》规定："从小学至高中设置综合实践活动并作为必修课程，其内容主要包括：信息技术教育、研究性学习、社区服务与社会实践以及劳动与技术教育。强调学生通过实践，增强探究和创新意识，学习科学研究的方法，发展综合运用知识的能力。增进学校与社会的密切联系，培养学生的社会责任感。在课程的实施过程中，加强信息技术教育，培养学生利用信息技术的意识和能力。了解必要的通用技术和职业分工，形成初步技术能力。"[1] 综合实践活动课程的设立，是在总结"活动课程"近十年实施经验的基础上，对基础教育课程体系、课程结构和人才培养模式统筹考虑后做出的科学决策。2001年教育部还颁布了《普通高中"研究性学习"实施指南（试行）》（教基〔2001〕6号），详细规定了高中阶段研究性学习课程开设和实施的基本要求。在这一阶段，综合实践活动的课程名称正式确立下来，综合实践活动的课程内容、课程目标也初步明确，高中阶段的研究性学习课程有了非常明确的实施要求。自此，各地掀起了因地制宜开发综合实践活动课程、探索实践育人的人才培养模式高潮。2007年一项针对全国综合实践活动课程实施效果的调查数据显示，通过综合实践活动的开展，学生的问题意识明显增强，学习兴趣和合作意识明显提高，学生在实践能力等多方面都有收获和提高。综合实践活动的开设，还促进了教师的专业成长，优化了教学方式，给学校也带来了多方面的变化，这也正是开设综合实践活动所期望达到的目标。首届基础教育国家级教学成果奖也显示，综合实践活动课程的实施，破解了"理论联系实际"这一长期以来困扰基础教育教学的难题。具体表现在：探索建立了一些"理论联系实际"的典型课程形态、新的中小学生实践学习方式、丰富多样的实践基地以及必要的保障机制。然而，义务教育阶段一直没有出台国家层面的关于综合实践活动课程的政策性文件，高中阶段的社区服务和社会实践领域仍缺乏必要的规定性，使综合实践活动课程的实施面临不少问题，如对课程概念、性质理解存在偏差，课程开设不规范、不充分，缺乏课程资源，教师素质难以适应课程的要求，评价尚不能有效促进课程发展。综合实践活动课程的常态实施需要进一步规范发展。[8]

（4）规范发展阶段：综合实践活动课程迈入新里程

2017年9月，教育部颁布了《中小学综合实践活动课程指导纲要》（以下简称《指导纲要》），就"综合实践活动"的课程性质与基本理念、目标、内容与方式、实施、评价等一系列关乎课程发展的重要问题做出了明确规定，重申了综合实践活动课程在基础教育课程体系中的地位，厘清了影响综合实践活动课程实施的若干理论与实践关系，也明确了综合实践活动课程的未来发展方向。这标志着综合实践活动课程迈入了规范发展阶段。

一是明确规定了课程性质。《指导纲要》丰富和完善了2001年《基础教育课程改革纲要（试行）》中对综合实践活动课程的规定，明确了综合实践活动以培养学生综合素质为导向的跨学科实践性课程性质，揭示了它是与学科课程并列设置、面向小学一年级到高中三年级学生的必修课程的属性，进一步巩固了该课程的独立地位。

二是首次正式表述了课程目标。《指导纲要》以培养学生综合素质为导向，兼顾中国学生发展核心素养体系，首次从价值体认、责任担当、问题解决、创意物化四个方面正式表述了课程具体目标，从小学、初中到高中呈现螺旋上升、递进式的水平发展描述，实现了学段间的衔接，破解了通常所认为的综合实践活动"能力、意识、情感"目标隐晦、不易表述的难题。

三是系统阐述了课程内容与实施方式。《指导纲要》规定了综合实践活动课程目标，阐述了活动开展的基本方式——考察探究、社会服务、设计制作、职业体验等，分析提炼了每种活动方式的关键要素（实施步骤），提倡实施时可以侧重某种方式，也可以整合方式实施，使不同活动要素彼此渗透、融会贯通。

四是规范课程实施要求，破解了实施过程中的系列难题。《指导纲要》明确了学校作为课程规划与实施的主体责任，并就实施过程中的系列难题，如课时安排、人员机构、组织方式、指导教师职责、保障制度等进行了明确规定，如明确要求小学1~2年级，平均每周不少于1课时；小学3~6年级和初中阶段，平均每周不少于2课时；高中执行课程方案相关要求，完成规定学分。对于学校课程实践中可能遇到的问题，《指导纲要》也都进行了前瞻性的部署。

五是推荐了活动主题。《指导纲要》附件中推荐了152个活动主题，并对每个活动主题如何开展进行了简要说明，这给中小学校提供了非常实用的操作指南。中小学校应坚持以《指导纲要》为指引，促进综合实践活动课程健康发展，充分发挥综合实践活动课程在实现立德树人根本任务中的重要作用。[8]

我国的综合实践活动课程是基于学生直接经验、密切联系学生自身生活与社会生活的一种课程形态，其主旨在于使学生获得丰富的经验和真切的体验，形成对自然、社会和自我的整体认识与责任感，形成较强的实践能力和创新意识，以及养成合作、分享、进取等个性品质。由此可见，正是时代的需要，传统教育的缺陷，课程本身的发展，使综合实践活动课程应运而生，成为新课程改革中的焦点。

2. 我国台湾省的综合实践活动课程

我国台湾省规定：在小学、中学设计多样化的综合实践活动课程，课程标准称为"综合活动"，主要包括以下内容。[7]

（1）家政与生活科技活动

该课程涉及"家庭生活"（快乐的家庭生活、良好的居家环境、美化生活）、"衣着""饮食"等内容。生活科技部分课程强调思考和探索。该课程的总目标在于"培养日常生活所需之家政与科技素养，增进学生在科技社会中生活调适、价值判断、问题解决和创造思考的基本能力，以及勤奋、合作、爱群和服务的积极态度"。

（2）乡土艺术活动

该课程涉及"乡土艺术活动了解""乡土造型艺术""乡土表演艺术""乡土艺术展

演"等具体的实践活动。该课程标准规定了"调查""了解""参与""展览""表演"等学习活动方式，要求课程实施过程中挖掘有关乡土艺术的课程资源。这一课程强调学生的综合艺术实践，但与音乐等学科课程具有质的区别。

（3）辅导活动课程

该课程包括"学习辅导活动""生活辅导活动""生涯辅导活动"三个方面，其学习方式主要包括"自我认识与指导""参观""演练与实际运用""角色扮演""讨论""经验分享"等。该课程的设计与实践涉及处理人与自我关系的问题。

（4）团体活动

该课程的目标在于发展合群心性，培养自治与领导能力；陶冶道德情操，加强道德修养；统领并贯穿各科学习，增强应用、思考、判断与创造能力等。课程标准建议的团体活动项目包括学术类、艺术类、康乐类、科技类、运动类、服务类和联谊类。各类活动项目的基本学习方式是操作与实践，其中科技类以探究为主，服务类以社区服务、学校服务、老人服务、育幼服务、交通服务、生活纠察服务、环保服务、爱盲服务（即助残服务）为主。团体活动的具体活动形式有班级活动、社团活动、学生自治会活动、学校例行活动等。团体活动是综合实践活动的集中体现。

第二节　中小学综合实践活动课程的内涵及特点

教育部印发的《基础教育课程改革纲要（试行）》指出，要"大力推进基础教育课程改革，调整和改革基础教育的课程体系、结构、内容，构建符合素质教育要求的新的基础教育课程体系"，提出了"从小学至高中设置综合实践活动并作为必修课程"。[1] 综合实践活动课程的内涵是什么，在学校课程体系中处于什么地位，它的设置对学生的发展具有怎样的影响？这些问题是我们开展综合实践活动课程首先要解决的问题。

一、中小学综合实践活动课程的内涵

1. 设置中小学综合实践活动课程的背景

学校课程是一种社会文化现象，学校通过课程编制和实施，来传递社会文化，实现教育目标和功能。为了适应不断进步和发展的社会，教育需要不断变革。课程改革常常会作为教育改革的中心议题。新课程改革为什么要设置综合实践活动课程呢？

（1）素质教育的必然要求

人类已进入信息时代，科学技术突飞猛进，知识经济已现端倪，国力竞争日趋激烈，国力的强弱越来越取决于劳动者素质的高低，取决于各类人才的质量好坏和数量多少。而教育在综合国力形成中处于基础地位，承担着培养高素质人才的重任。

①教育要以提高全民族的素质为宗旨。所谓素质教育是以全面提高人的基本素质为根本目的，以尊重人的主体性、主动精神为基础，注重开发人的智慧潜能，注重形成人的健全个性为根本特征的教育。全面落实素质教育是我国教育改革和发展的客观要求。然而长期以来，在我国教育的现实中，片面追求升学率，忽视了学生能力的培养和情感、态度、

世界观的养成，这与我国全面落实素质教育的要求大相径庭。中共中央、国务院颁布的《中国教育改革和发展纲要》指出："努力提高全民族的思想道德和科学文化水平，这是实现我国现代化的根本大计。"同时指出："教育改革和发展的根本目的是提高民族素质，多出人才，出好人才。"[12] 中共中央、国务院《关于深化教育改革全面推进素质教育的决定》明确提出："实施素质教育，就是全面贯彻党的教育方针，以提高国民素质为根本宗旨，以培养学生的创新精神和实践能力为重点，造就'有理想、有道德、有文化、有纪律'的、德智体美等全面发展的社会主义事业建设者和接班人。"同时指出："深化教育改革，全面推进素质教育，构建一个充满生机的有中国特色社会主义教育体系，为实施科教兴国战略奠定坚实的人才和知识基础。""学校教育不仅要抓好智育，更要重视德育，还要加强体育、美育、劳动技术教育和社会实践，使诸方面教育相互渗透、协调发展，促进学生的全面发展和健康成长。"要求："各级各类学校要从实际出发，加强和改进对学生的生产劳动和实践教育，使其接触自然、了解社会，培养热爱劳动的习惯和艰苦奋斗的精神。建立青少年参与社区服务和社区建设的制度。中小学要鼓励学生积极参加形式多样的课外实践活动，培养动手能力。"[13] 要实现科教兴国，必须实施全面素质教育；要实施全面素质教育，就必须对传统的课程体系进行根本性的改革。实施学科课程与综合实践活动课程并举的新课程体系，是实现素质教育的有效途径。

②综合实践活动课程是实施素质教育的重要途径。综合实践活动课程是在新一轮基础教育课程改革中应运而生的一门新型课程，是基础教育课程新体系的一个重要组成部分，与学科课程相辅相成。它把培养学生的基本道德和思想政治素质、创新精神和实践能力放到突出地位，在学校教育的各个环节有力地渗透思想政治与道德教育，形成积极的态度和情感，以及促进理论与实践的结合、亲自参与获得直接经验等方面，具有学科课程不能比拟的优势。它从传统教育"三中心（以教室为中心、以教材为中心、以教师为中心）"转到关注学生的全面发展，强调内容的现代化，加强综合知识（含学科知识）与学生生活的联系，确立"以活动促发展"的原则，建立研究性学习等的活动教学模式，使学生会学习、真正成为学习的主人，有助于学生主动探索、创新及合作学习，更能促进学生的发展。综合实践活动课程在开阔学生视野，增长才干，发展学生个性特长，促进生动、活泼、主动和全面发展方面具有不可替代的作用。综合实践活动课程是全面贯彻教育方针，向中小学生进行素质教育的重要途径。综合实践活动课程是学校以往课外活动的升华和发展，是适应我国全面落实素质教育的需要，是全体学生的必修课程，它在中小学教育体系中与学生自愿选修的学校课外活动和校外活动有机地构成活动教育系列。这正是素质教育所需要的间接经验和直接经验的完整有机整合。[14]

（2）我国基础教育的弊端

改革开放以来，党和政府统一部署，不断出台各项方针和政策，深化教育体制改革，我国基础教育取得了巨大的成就，城乡实行免费义务教育，中华民族千百年来"学有所教""有教无类"的教育理想成为现实，初步实现了教育公平，确立了中国特色社会主义教育体制的基本框架。但同时也暴露出了许多问题，主要表现在：教育观念滞后，过分注重传授知识，压制了学生的个性发展，对学生的情感、价值观、个性、创造性发展的关注不足，难以培养学生终身学习的愿望和创新能力，人才培养目标不能完全适应时代的需求；课程内容过于"繁、难、偏、旧"，课程结构单一，学科体系相对封闭，难以反映现代科技、社会发展的新内容，脱离了学生经验和社会实际；课程实施基本以教师、课堂、书本为中心，强调死记硬背、机械训练，采用单一的书本知识教育教学的方式，让学生难以在开放的社会背景、社会生活和社会实践中发展，导致学生缺乏动手操作能力和社会实践能力，极大地阻碍了学生全面而有个性的发展；课程评价偏重学业成绩，过于重视结果而忽视教育本身的过程；课程管理过于集中，不能适应地方、学校、学生对课程的不同需要。必须从中国国情出发，以"三个面向"为指导构建面向21世纪的基础教育课程体系，包含设置综合实践活动课程。[6]

（3）国际课程改革的趋势

20世纪90年代以来，美国、英国、澳大利亚、日本、挪威、法国等在基础教育课程改革中，都开设了综合实践活动课程，其所涉及的领域相当广泛，注重对知识技能的综合运用，密切联系学生自身生活、科技和社会生活的实际，全面提高学生的综合素质和实践创新能力，在活动领域方面体现了"综合"的特征。但"综合实践活动"并不意味着任何一项活动都面面俱到，"综合性"是相对的。

西方发达国家的综合实践活动涉及的领域大致包括以下几个方面。[15]

①主题探究或课题研究。主题探究是以学生感兴趣的问题或主题为中心，遵循科学研究的最基本规范和步骤，展开研究性学习活动。课题研究学习与设计学习具有内在的联系，学生通过对有关问题的研究，提出解决问题的方案或策略，如关于环境保护方面的课题研究学习，学生一般要提出解决有关环境保护的对策。主题探究所涉及的问题领域包括以下一些方面。[16]

a. 自然现象或问题的研究。自然探究领域十分广泛，主要涉及与人的存在环境相关的自然事物或现象的问题研究，该活动领域的核心是人的现实生活的自然环境，如水资源研究、植被研究、能源研究、环境生命科学等，如表1.1所示。如，美国爱达荷州东南初中的课程设计中，要求学生涉及的自然探究领域相当宽泛，涉及环境生命科学、运动物理、应用化学等领域。日本宫城教育大学附属中学在1998年4月开始实施"课题研究学习"，规定设计"现实生活的环境""国际理解教育""信息""健康"四个领域，其中"现实生活的环境"是"课题研究学习"的主要领域。[17]

表1.1 国外中小学生的自然研究领域及问题

自然研究领域	问题举例
粮食资源	粮食生产、农业、耕地保护
人口与生存	地区或国家或世界人口增长、移民、承载能力、建筑
空气质量与大气	酸雨、汽车尾气与空气污染、CO_2、臭氧层衰竭、地球变暖
水资源	废水处理、河口或港湾、水供应与分配、地下水污染
土地使用	水土流失、过度开垦、城市发展、森林砍伐、盐碱化
能源短缺	合成燃料、太阳能、化石燃料
有害物资	废物垃圾处理、有毒物品及其预防
植物	城市植被与绿化、植物多样性遗传与保护
动物	野生动物保护、动物特征研究
人类健康和疾病	传染和非传染疾病、噪声与健康、饮食与营养、锻炼、精神健康

b. 社会研究。社会研究是各国中小学课题研究学习的基本内容，它涉及社会或社区

的历史变迁，社区文化（如文化传统、风土人情的考察与探讨），社会经济（如证券与股票、产业结构研究等），社会政治（如美国各州的社会研究课大多设有"美国政府""美国民族"等课题），科学、技术与社会的研究，个人、群体与制度的研究等领域。社会研究领域是围绕社会现实生活来展开的，这些活动领域与具有社会责任感、有见识的公民的形成直接相关。国外中小学生的社会研究领域如表 1.2 所示。

表 1.2　国外中小学生的社会研究领域

社会研究领域		问题举例
历史探讨	社区和乡土历史	社区或故乡的地理变迁、历史考察
	民族和国家历史	国家与民族的形成（我的祖国）、重大历史事件研究
经济探讨	产业	社区产业结构、新兴产业设计与开发、旅游业、生物农业、产业的竞争力、IT 产业
	市场	证券与股票、电子商务、市场开发策略
	职业	性别与职业、职业的适应性、职业设计与选择
政治探讨	政府	政府结构调整、军事策略、国际关系
	民主制度	儿童利益、妇女问题、少数民族、新闻传媒与批评、法律、选举与生活
	决策	历史上的决策反思、战争问题
文化探讨	民族文化	饮食文化研究、黑人音乐与经济、黑人音乐与政治、印第安人文化、信仰、古代建筑、现代建筑艺术、文化遗产遗址研究
	文化交流	外国文化问题、国际理解
社会危机探讨	政治危机	政治家丑闻、种族歧视、避免战争、地球村
	经济危机	经济萧条、失业问题、股市星期五
	生存危机	毒品问题、环境保护、AIDS 预防、堕胎、校园暴力

②社会实践学习。社会实践学习的基本特征是社会参与性，即学生作为社会成员参与到整个社会生活之中，参与到社会政治生活、经济生活、文化生活中去。其途径主要有社会服务活动、社会考察活动、社会公益活动等。[15]

a. 社会服务活动。美国大多数中小学有社会服务活动课程，宾夕法尼亚州南米德尔顿学区规定了学区内各中小学的学校服务、社区服务活动，并纳入课程规划实施。

b. 社会考察活动。社会考察具有社会调查的功能，一些国家的课程标准把社会考察活动作为"综合性体验学习"，学生通过考察来接触社会、了解社会。如对社区或地方历史演进、环境保护问题、校园暴力问题的现状及政策进行观察调查，来了解政府对社会或社区发展的战略等。社会考察活动有专题考察，也有综合考察。日本《中学综合学习指导纲要》明确规定了中小学应开展"综合体验性学习"。

c. 社会公益活动。社会公益活动有两种方式，即学校组织的学生群体活动和学生个人活动。美国中小学的社会公益活动一般由学区制定基本标准，由学校组织实施，如养老院公益活动、为非洲灾民募捐等，以便培养学生的同情心、社会责任感和义务感。

③生活学习。生活学习一直是国外中小学课程设计的基本领域之一，生活学习是与学生生活能力、适应能力相关的实践性学习。国外中小学课程设计与实施中，生活学习的领

域包括以下两个方面。[15]

a. 生活技能的训练活动。美国学校教育从幼儿园开始一直到高中，都设计了程度不同的生活技能实践活动。小学中低年级的生活学习中就有食品制作、缝纫、简单手工等活动；5~9年级学生（小学高年级和初中阶段）的生活学习涉及家政管理（如家庭理财、家庭投资、家庭生活文化设计等活动）等领域的内容以及生活环境适应活动（如野外生存）。

b. 生活科技与创造活动。为了增进学生在科技社会中生活调适、价值判断、问题解决和创造思考的基本能力，以及勤劳、合作、爱群和服务的积极态度，国外中小学开设了生活中的科技运用、设计与创造活动，如服装设计、居室装饰设计、生活建筑设计等活动内容。此类活动并非完全是技艺性的，其中包含着复杂的价值观问题，需要学生在设计与创造中进行价值判断。

总之，综合实践活动的领域体现了跨学科、综合性、研究性、生活性和实践性等基本特征。

（4）社会发展对人才的挑战

信息技术的广泛使用，不仅深刻地影响着经济结构与经济效率，而且作为先进生产力的代表，对社会文化和精神文明产生着深远的影响。为了适应信息时代社会形态全面变更以及信息社会的知识经济发展的全新要求，信息社会所需要的新型人才必须具备很强的信息获取、信息分析和信息加工的能力。人类生活已越来越离不开数字化、信息化，这已是不争的事实。尼葛洛庞帝在《数字化生存》一书中指出："数字不再只是和计算有关，它决定我们的生存。"因此，从这个意义上完全可以说，缺乏信息方面的知识与能力就将被信息社会所淘汰。信息社会的文化基础，主要通过国家和学校的课程来培养，因此，开设综合实践活动课程，革新原有课程内容，关注学生的综合素质、发展学生的实践能力、培养学生的创新精神被提到前所未有的高度。

（5）全面提高课程实施水平的迫切需要

新一轮基础教育课程改革以来，综合实践活动课程在培养学生综合素质方面发挥了重要作用，但也面临着不少问题，主要是对该课程性质、形态等缺乏准确的理解和把握，实施过程中盲目性和随意性较大，迫切需要加强规范和指导。

2. 综合实践活动课程相关概念辨析

（1）学科课程与综合实践活动课程

学科课程是以文化遗产为基础组织起来的传统课程形态的总称，由一定数量的不同学科组成。[18] 学科课程是依据知识的门类分科设置的，它以分门别类的文化科学基础知识为基本内容，以让学生获得系统、全面、完整的学科基础知识和基本技能为主要目的，并在此基础上发展学生的思维、提高学生的综合能力。学科课程易于保证所授知识与技能的完整性、连续性和严密性，同时，学科课程也给教师的教学带来方便，教师具备学科专业知识，借助课本往往很容易完成教学任务。这种课程有悠久的历史，如中国古代的"六艺"（礼、乐、射、御、书、数），古希腊的"七艺"（逻辑、语法、修辞、数学、几何、天文、音乐）。近代学校的学科课程是文艺复兴后逐步形成的百科全书式的课程。如夸美纽斯所倡导的"泛智课程"，赫尔巴特根据人的"六种兴趣"设置的课程，斯宾塞根据功利主义原则设置的课程。学科课程至今仍为各国学校广泛采用，在保证学生获得系统基础知识及提高学生认识水平方面，发挥着主导作用。

综合实践活动课程是指在教师的指导下，由学生自主进行的综合性学习活动。综合实践活动课程是基于学生经验，密切联系学生的生活和社会实际，体现对知识综合应用的学习活动，它以引导学生通过对周围生活世界的各种现实性、综合性问题和现象或事件的积极探索，主动获取直接经验，提高综合运用知识的能力为主要任务。它要求学生利用大量时间参与实际活动，综合运用所学知识，积极探索、主动体验，发挥主动性和创造性。这类课程对于培养学生的创新精神和实践能力，丰富学生的精神生活、开阔学生的知识视野和促进他们的全面发展，具有不可替代的独特价值。

学科课程与综合实践活动课程是两类不同的课程，如表1.3所示，它们具有各自特定的课程价值、课程目标、课程内容和实施规范，平行存在，自成体系，在课程体系中具有同等的重要性。同时，在育人的功能上，它们又相互配合，共同发挥着各自的作用。学科课程是实施综合实践活动课程的必要基础，综合实践活动课程反过来又促进学科课程的发展。学科领域的知识可以在综合实践活动中延伸、综合、重组与提升；综合实践活动中所发现的问题、所获得的知识技能可以在各学科领域的教学中拓展和加深；在某些情况下，综合实践活动也可和某些学科教学打通进行。因此，妥善处理综合实践活动课程与各学科课程领域的关系，既是一个意义重大的课题，又是一个富有创造性和艺术性的课题。

表1.3　学科课程与综合实践活动课程的区别

学科课程	综合实践活动课程
严密的知识逻辑体系	生成的主题
课堂教学时空	开放的时空
间接学习	实践学习
预设性教材	非预设性的资源
"教"师	"导"师
同步为主	个性需要

（2）学科活动课与综合实践活动课程

学科活动课与综合实践活动课程有很多共同特点，都能体现学生的自主性、自动性、创造性和趣味性，因此二者容易被混为一谈。

学科活动课虽以活动的形式体现，但更注重学科知识的逻辑体系，服务于各学科课堂教学，是学科课程教学的延伸。不同学科活动课的侧重点和目的不同。例如以"到家乡参观学习"开展活动，语文课的重点是感受家乡的变化和用文字描述（或记录）家乡的变化和繁荣——写作素材，数学课的重点是统计家乡的经济、人口等数量——统计数据初步的收集与整理，而美术课的重点是用笔描绘家乡的美景，感受家乡的变化，激发对家乡的热爱——写生素材。

综合实践活动课程则是一种新型的独立课程，它超越了学科课程的逻辑体系，是一门融综合性、实践性、开放性、生成性、自主性与地方性于一体的课程。它是综合运用学科知识，以实施素质教育为目的的各种活动，其活动内容具有非学科化的特征。

综合实践活动课程整合各学科知识，并渗透研究性学习，既要用数学统计知识收集整理数据，用语言描述家乡的变化和繁荣，拍摄一些图片资料，又要思考为什么变化，更要

以主人翁意识思考将来如何发展，大胆设想，提出意见和建议，培养社会责任感。可见，综合实践活动课程整合了语文、数学、美术等学科知识，对学生整体素质提高大有好处。

（3）综合实践活动课程与课外活动

综合实践活动课程不同于一般的学生课外活动，综合实践活动课程与课外活动有着密切联系，又有着本质区别。一是在学校教育中的地位不同。综合实践活动课程是作为一种独立的课程形态存在的，不仅有明确的课程目标，还要求对活动内容进行选择和组织，对活动方式进行认真设计，对活动过程和结果进行科学评价等，具备作为一门课程的基本要素。二是在育人功能上有所不同。课外活动的过程一般不具有研究性，而综合实践活动课程是正式课程，与其他学科课程一样，发挥着整体育人功能，其效能要大得多。三是在具体要求上有所不同。综合实践活动课程有目的、有计划、成系统，活动内容、活动时间、活动程度均根据学生身心发展规律进行安排，克服课外活动的随意性，且具有评价环节。

（4）课外兴趣小组与综合实践活动课程

课外兴趣小组是综合运用所学知识的活动，具有很强的实践性、自主性、创造性和非学科性，是学生根据兴趣和特长开展的，是一种非全员性的活动。有的还具有较强的学科活动特点，如书法组、航模组、舞蹈组等。

综合实践活动课程从形式上看，是对学科逻辑体系的突破和超越；从教学方式上看，它是将学生的内在需要、动机、兴趣置于中心，强调学生自觉主动地去操作、去体验、去探索、去发现；从地位上看，它是独立的正式课程。

（5）综合实践活动课程与校本课程

综合实践活动课程是国家规定的必修课程，校本课程则是学校自主开发设计的课程。综合实践活动课程是达到国家规定基本教育目标的课程，特别强调学生基本学习能力的培养；校本课程也考虑学生的个性发展，但更考虑学校办学理念和学校特色。综合实践活动课程是根据国情来设计的，校本课程是学校层面根据学校办学理念与学校实际开发与设计的。在实施上，综合实践活动课程依托于学校开发，也依赖于地方管理；校本课程是学校进行开发和管理。

3. 综合实践活动课程的界定

通过对以上概念的比较分析，我们认为，综合实践活动课程的概念界定如下。

综合实践活动课程是基于学生的直接经验，密切联系学生自身生活和社会生活，综合运用所学知识和技能，在教师的指导下，从自然、社会、自我维度选择各类现实性问题，展开分析和探究，以提高自身综合素质的实践性课程。

该定义包括以下几点。

（1）面向学生生活领域延伸的综合性课程

作为一种基本的课程形态，综合实践活动课程强调超越教材、课堂和学校的局限，是一门走出课本、走出教室、走出传统知识授受方式，在活动时空上向自然环境、学生的生活领域和社会活动领域延伸，密切学生与自然、社会、生活的联系的课程。

（2）立足学生经验，属于经验性课程

综合实践活动课程超越具有严密的知识体系和技能体系的学科界限，是一门强调以学生的经验、社会实际、社会需要和问题为核心，以主题的形式对课程资源进行整合，以有效地培养学生解决问题的能力、探究精神和综合实践能力为目的的课程。突出学生的个人兴趣、教师的指导作用、选择主题的多维视野和学生校外经验的获得。

（3）跨越学科的实践性课程

综合实践活动课程尤其注重学生多样化的实践性学习方式，如探究、调查、访问、考察、操作、服务、劳动实践和技术实践。它涉及多门学科知识，但不是某门学科知识的系统学习，也不同于某一门学科中的实践、实验环节。因而，综合实践活动课程比其他任何课程都更强调学生对实际的活动过程的亲历和体验。

综合实践活动课程是基于学生的直接经验，以与学生学习生活和社会生活密切相关的各类现实性、综合性和实践性问题为内容，以学生自主选择、直接体验、研究探索为基本的学习方式，着眼于发展学生的综合实践能力、创新精神和探究能力，以个性养成为基本目标的实践性课程。"让儿童自由探究生活"是对综合实践活动课程本质的基本概括。

二、中小学综合实践活动课程的特点

综合实践活动课程作为国家课程，不是其他学科课程的辅助或附庸，而是高度综合且具有独特教育功能和教育价值的独立课程，它与其他课程具有等价性与互补性。正是综合实践活动本身所蕴含的特点，使学生全员参与、全程参与有了可能。其主要特点有以下几个。

1. 综合性

综合性是综合实践活动课程的基本特性，是由综合实践活动中学生所面对的完整的生活世界所决定的。综合实践活动主题涵盖的范围较广，包括了学生与自然、学生与社会生活、学生与自我关系的基本情境和问题，这些主题来源于学生的个体生活和社会生活，远远超越了任何一门学科的知识体系。综合实践活动必须立足于人的生活世界的综合性和个性的整体性，立足于每一个学生的健全、完整发展。因而，学生个性发展不是多门学科知识的大杂烩，而是通过对知识的综合运用而不断探究世界与自我的结果。无论什么主题，其设计和实施都必须体现个人、社会、自然的内在整合，体现科学、艺术、道德的内在整合。综合性体现在内容综合、能力综合、教育功能综合、学习方式的综合等方面。[19]

（1）内容综合

在综合实践活动课程中，知识可能会横跨甚至超越于各门学科课程之上，自然、社会、政治、经济、艺术、历史、地理、环境、科学、技术、伦理、道德等方面无所不融，同时弥补并强化了学科课程缺乏生活、社会、劳动、技术、科学等的实践。综合实践活动课程不以单一的学科知识为中心，而是以学生的心理水平、学习兴趣、社会生活以及跨学科的综合性知识为基础设计学习内容，强调学科间的联系、知识的综合运用以及综合能力的培养。综合实践活动课程的活动所产生的教育影响具有很强的综合性特征。

（2）能力综合

能力综合表现在：一是综合实践活动课程希望并努力使学生锻炼、获得、提高的不是一项或几项特殊技能，它根据活动的需要，能力调动是丰富多样的，如查找资料、动手制作、计算、阅读、书写等，而特别重要的是提出问题和解决问题这样的一般综合能力以及想象、创造等高级思维能力。它重在培养学习者不断追求新知、实事求是、独立思考和勇于创造的科学精神和实践能力。强调学习者能够综合运用各科知识，综合使用各种方法，培养综合能力。二是综合实践活动课程的许多内容是以问题为中心的，学习者在活动中自

己发现问题、自己设计方案、自己收集资料，然后，通过观察、分析、综合、推理和实验操作解决问题，在这一过程中学习者的创造得到了有效的展示和再提高。

(3) 教育功能综合

综合实践活动课程面对 21 世纪的人才需求，以全方位提高学生的素质为宗旨，它不以单一学科知识为学习目标，而是以学生全面发展为本。综合实践活动课程所追求的，不是某一具体学科或具体问题上的成就，而是学生多方面的发展。除了知识、能力以外，在各种各样的认识、实践活动中，学生的认识倾向、社会态度、价值观念、行为规范、思维方式、感情世界等，都可以在综合实践活动课程较为宽松、自由的情境中得到充分锻炼和展示，也就是说，学生的收益和发展也是综合性的，这大大丰富了传统教育的功能。

(4) 学习方式的综合

综合实践活动课程要实现综合培养目标，所采用的方式方法也是综合的。在方式上强调一切有利于调动学生活动积极性和探索欲望的活动形式，强调调动多种感官的参与和多种心理能力的投入。各主题都由一系列综合实践活动贯穿而成，因此，不仅是活动的形式丰富多样，在组织形式上也强调灵活多样，既有个人活动、小组活动，也有大集体活动。

2. 实践性

实践性是综合实践活动课程的本质属性。由实践到认识再到实践是人类认识的基本规律，综合实践活动课程以活动为主要开展形式，以实践学习为主要特征，引导学生亲身经历各种实践，积极参与各种社会实践活动。一是在认识上重视实践经验；二是其设计以学生实践为中心；三是学生参与实践活动管理。学生需要走出课堂、走出校门，积极开展社会调查和实践活动，在"了解""调查""考察""实验""探究""设计""创作""想象""反思""体验"等一系列活动中发现并解决问题，体验和感受生活，发展实践能力与创新能力，在实践中学习，在实践中发展。学生要完成某一活动，要经历多种实践性的活动过程，如制订计划、收集资料、访问、调查、制作标本、制作食品等。与各门学科课程相比，综合实践活动课程的实践性学习活动方式不以掌握系统化的书本知识为主要目的，而以发展创新精神、实践能力为主要目的。综合实践活动的实践性学习是为了密切学生与生活的联系、学生与社会的联系，发展学生的综合实践能力。具体表现在以下几个方面。[19]

(1) 侧重于"行"

学科课程中的思想品德课和政治课，偏重于思想观点的教育，讲得多，做得少，往往知行脱节，其他学科所强调的渗透思想品德教育，也往往落不到实处。而综合实践活动课程中的生活实践活动、社会实践活动等，能做到知、情、意、行统一，促进学生和谐发展，个性养成也从"行"中得以实现。

(2) 侧重于"用"

传统学科课程"重知识的传授，轻知识的运用"，造成学生"学得死，运用差"，知识或技能没有形成能力。综合实践活动课程可使学生通过独立的活动（动脑、动口、动手），广泛地跨学科运用知识，将间接经验与直接经验密切结合起来，提高认识能力和操作能力，从间接经验中获得的技能通过"用"自然形成能力。

(3) 侧重于"交往"

就学生的社会交往来看，学科课程局限于学科的范围，而综合实践活动课程引导学生走向生活、走向社会，参加社会实践活动。广阔天地有助于培养学生的社会实践能力和组织协作能力。

（4）侧重于"直接体验"

综合实践活动课程克服了当前基础教育课程脱离学生自身生活和社会生活的倾向，从生活世界中选择活动主题和内容，注重学生对生活的感受和体验，引导学生热爱生活，并学会愉悦地、自由地、负责任地、智慧而富有创意地体验生活。综合实践活动课程强调操作性，有利于学生养成勤动手、勤思考的习惯。综合实践活动课程是以亲身实践为主的体验性学习课程，所关注的是学生如何在实践中学习和运用知识、发现和解决问题，强调理论与实际、知识与社会生活和生产实际之间的联系。学生只有在多样的实践中，在多样的直接体验中，才能使个性得到充分、健康、全面的发展。

3. 开放性

综合实践活动课程超越了封闭的学科知识体系和单一课堂教学的时空局限，面向学生的整个生活世界，其课程目标和内容具有开放性；综合实践活动强调富有个性的学习活动过程，关注学生在这一过程中获得的丰富多彩的学习体验和个性化的表现，其学习活动方式与活动过程、评价与结果均具有开放性。

（1）活动目标的开放

综合实践活动课程超越封闭的学科知识体系和单一课堂教学的时空局限，面向每一个学生的个性发展，尊重每一个学生发展的特殊需要，突破了"以分数论英雄"的教育观念。学科课程的教学目标通常以智力目标为主，一节课或一个单元的教学效果，马上可以用若干测评对学生进行测试，得出达标率。综合实践活动课作为教学计划中一种新型的课程，以培养学生的非智力因素（即情感态度等）为主要目标，而学生非智力因素的形成、发展及表现不像智力因素那么明显，不可能进行定量分析。综合实践活动课程重在过程而不是结果，没有统一的评分标准，只要学生参与活动，在活动中认真动手、动脑、动口，不管活动结果如何，都能有不同的收获，即使是参加同样的活动，对不同的学生个性发展、能力提高的程度也是不同的，由此产生的意义是不能用分数来估量的。总而言之，综合实践活动课教学目标开放性的效果是综合的、潜在的、长期的、激励性的，产生的意义是不可量的。[19]

（2）活动内容的开放

学科课程内容提供给学生的是相对集中的学科知识和一个狭窄的课堂空间；而综合实践活动课程内容提供给学生的则是一个丰富多彩的、广阔的、充满弹性的、开放性的空间。综合实践活动课程面向学生的整个生活世界，随着学生生活的变化而变化，对不同的地区、学校、班级和学生而言，其内容具有开放性。从具体活动内容来看，有的活动涉及各学科的知识，但更多的是学科以外的知识；有的反映最新的科技成果；有的属于在探究中尚未得出结论的问题。可见，综合实践活动课内容的设置不像学科课程那样受教学大纲和统考的限制。此外，广阔的大自然、复杂的社会都是综合实践活动课的活动内容，学生可尽情地去发现、去探索、去追求。包罗万象的特点正是综合实践活动课程内容设置开放性的体现。不同地区、城市与农村的经济文化发展不平衡，各中小学的师资条件也存在很大的差异，学校活动课程辅导老师在组织学生开展活动时，要因时、因地制宜选择活动的

内容，这也体现着综合实践活动课内容选择的开放性。[19]

（3）活动方式的开放

由于活动课程的内容广泛，与之相适应的活动方式必须有很强的灵活性，方能保证活动课程的顺利实施。活动方式的开放性不仅是指综合实践活动课的教学没有固定的方式，还体现在活动的规模、时间和空间等方面的开放上。[19]

①活动规模。不同的活动内容，活动规模可以不同；即使是同一个活动内容，活动的规模也可以不同。既可以以班级、小组或个体为单位，也可以跨校联合。参加活动的人数可多可少，规模可大可小，形式多种多样，辅导老师可根据各方面的条件灵活选择。

②活动空间和时间。综合实践活动课程能把学校与社会联系起来，把学生受教育的空间扩展到校外，提供更多的受教育机会。这样就打破了学校的封闭性，弥合了学校与社会、知识与生活之间的隔离。综合实践活动课程的活动空间是指学生活动的场所、活动课教学的场所，并不局限于校内或教室内。事实上，教室、实验室、运动场、校园、家庭、社会、大自然都可以成为活动课的活动场所。

（4）活动过程结果的开放

强调富有个性的学习活动过程，关注学生在这一过程中获得丰富多彩的学习体验和个性化的创造性表现，其学习活动方式与活动过程、学习评价与学习结果均具有开放性。

4. 自主性

2001年教育部颁发的《全日制普通高级中学课程计划》提出："研究性学习主要是以学生的自主性、探索性学习为基础，通过亲身实践获得直接经验，养成科学精神和科学态度，掌握基本的科学方法，提高综合运用所学知识解决实际问题的能力。"采取研究性学习的目的，在于培养学生独立学习、独立思考的能力。学生在亲身的观察与实验、参观和调查、发表和讨论、制作和生产的体验活动中，掌握信息收集与加工、调查研究的方法和技能。综合实践活动充分尊重学生的兴趣、爱好，注重发挥学生的自主性。学生是综合实践活动的主体，学生自己选择学习的目标、内容、方式及指导教师，自己决定活动结果呈现的形式，指导教师对学生实践学习的全过程进行有针对性的指导，不包揽学生的工作。由于综合实践活动自主性的特点，学生从被动转到主动，积极性、主动性被充分调动，牢固树立自我主体意识。[6]

5. 生成性

综合实践活动是由师生双方在活动展开过程中逐步建构生成的课程，而非根据预定目标预先设计的课程，所以要处理好课程的预设性与生成性之间的关系。一般来说，学生的活动主题、探究的课题或活动项目产生于对生活现象的观察、问题的分析，随着实践活动的不断展开，学生的认识和体验不断丰富和深化，新的活动目标和活动主题不断生成，综合实践活动的课程形态随之不断完善。因而，综合实践活动的课程价值就存在于该课程的实施过程之中。新的主题不断生成，由此学生对自然、对社会、对自我的认识不断深化，体验不断丰富，这是综合实践活动生成性的集中表现。对综合实践活动的整体规划和周密设计不是为了限制其生成性，而是为了使其生成性发挥得更具有方向感、更富有成效。因而，在综合实践活动课程的设计和实施中，要充分发挥学生的主体性和教师的主导性，促进学生综合素养的动态生成和发展。[6]

综合实践活动课程的设计和实施，要符合其综合性、实践性、开放性、自主性和生成性等基本特点。任何把综合实践活动当作一门具有知识体系的学科来"教"的做法，都不符合综合实践活动课程的基本规定。

第三节　中小学综合实践活动课程的理念与价值

综合实践活动是一类新型的课程。从课程性质上看，它是从活动课程发展而来、具有跨学科性质的实践性课程。从课程的特征来看，它是一门集综合性、实践性、开放性、自主性、生成性于一体的课程。从课程设置的价值取向看，它不再局限于书本知识的传授，而是通过为学生营造实践情境，引导他们面对各种现实问题，主动去探索、发现、体验，获得解决现实问题的真实经验，从而培养实践能力。这类课程在培养学生综合素质，尤其是在学会学习、责任担当、实践创新等核心素养方面具有不可替代的作用。因此，综合实践活动课程和学科课程平行存在，自成体系，在基础教育课程体系中同等重要，各自发挥不同的功能，共同培育学生的核心素养。[20]

一、中小学综合实践活动课程的理念

教育部印发的《中小学综合实践活动课程指导纲要》，对中小学综合实践活动课程的基本理念进行了明确规定。[21]

1. 课程目标以培养学生综合素质为导向

综合实践活动课程强调学生综合运用各学科知识，发现、分析和解决现实问题，提升综合素质，着力发展核心素养，特别是社会责任感、创新精神和实践能力，以适应快速变化的社会生活、职业世界和个人自主发展的需要，迎接信息时代和知识社会的挑战。

2. 课程开发面向学生的个体生活和社会生活

综合实践活动课程面向学生完整的生活世界，引导学生从日常学习、社会生活、与大自然的接触中提出具有教育意义的活动主题，使学生获得关于自我、社会、自然的真实体验，建立学习与生活的有机联系。要避免仅从学科知识体系出发进行活动设计。

3. 课程实施注重学生主动实践和开放生成

综合实践活动课程鼓励学生从自身成长需要出发，选择活动主题，主动参与并亲身经历实践过程，体验并践行价值信念。在实施过程中，随着活动的不断展开，在教师指导下，学生可根据实际需要，对活动的目标与内容、组织与方法、过程与步骤等进行动态调整，使活动不断深化。

4. 课程评价主张多元评价和综合考查

综合实践活动课程要求突出评价对学生的发展价值，充分肯定学生活动方式和问题解决策略的多样性，鼓励学生自我评价与同伴间的合作交流和经验分享。提倡多采用质性评价方式，避免将评价简化为分数或等级。将学生在综合实践活动中的各种表现和活动成果作为考查课程实施状况与学生发展状况的重要依据，对学生的活动过程和结果进行综合评价。

二、中小学综合实践活动课程的价值

1. 对学生发展的价值

综合实践活动课程的宗旨是改变学生的学习方式，培养学生的创新精神和实践能力；培养学生关心社会问题、环境问题，关注社会发展并积极参与社会生活的良好习惯，以便更好地服务社会；培养爱国主义精神，形成社会责任感；加强学校教育与社会发展需要、科技进步、学生生活以及社会生活的联系，增强育人的针对性和实效性。具体来说，综合实践活动课程的价值在于以下几个方面。[22]

（1）关注学生的生存方式，满足学生成长需要

中小学生具有一定的抽象思维能力，思维活跃，具有强烈的探究欲望，他们不满足于对书本知识简单的死记硬背。随着生活空间不断扩大，知识、阅历不断丰富，他们的人生观、世界观逐步形成，对人生、社会、自我形成初步的认识，形成了对个体和社会生活方式的思考能力、判断能力。基础教育阶段是培养有责任感、有创意、有个性的生活方式的关键阶段，是人生观教育、价值观教育和思想品德教育的关键阶段；中小学生不满足于单纯书本知识的接受性学习，向往成人的社会生活，具有参与社会生活的愿望，且具有一定的社会实践能力。拓展学校教学活动空间和活动内容，引导他们在生活中学习，在实践中学习，在应用中学习，主动参与社会生活，服务社会，成为学生身心发展的客观要求。在当今社会科学技术不断进步、社会生活方式变革不断加剧的社会背景下，必须全面实施素质教育，克服片面的书本教育的弊端，引导学生开展综合实践活动，培养他们的综合实践能力、创新精神、探究能力及社会责任感，以适应学习化时代、信息化社会的客观要求，满足每个学生终身学习的需要。

（2）转变学生的学习方式，发展终身学习、创新精神和综合实践能力

长期以来，中小学生的学习方式单一，不利于发展学生终身学习的能力，表现在重视知识结果获得的单一的接受性学习、偏重认知领域的认知性学习。这种在学习方式上的局限性，极大地制约了学生主动学习的积极性，不利于发展学生终身学习的能力，难以发展学生的创新精神和探究能力，以及综合实践能力。当前，在中小学设计和实施综合实践活动，其针对的一个方面就在于变革学生在教育情境乃至一般的生活情境中的学习方式和生活方式。综合实践活动为学生打开了一个开放的时空，由学生自主地、创造性地展开学习活动。作为教师引导下的学生自主进行的一种综合性学习活动，综合实践活动课程超越单一的课堂知识教学，强调直接经验学习和间接经验学习相结合的重要性。书本知识的学习不是学生知识获得的唯一有效的途径。与以知识信息的接受为主的学习活动不同的是，综合实践活动改变学生在教育中的生活方式或存在方式，把学生的探究发现、大胆质疑、调查研究、实验论证、合作交流、社会参与、社区服务以及劳动和技术教育等作为重要的发展性教学活动。综合实践活动体现了学生是教育的主体和自我发展的主体，重视学生的个体生活和社会生活需要。学生的主体性是在实践活动中形成和发展起来的，活动和交往是学生成为个体生活主体和社会生活主体的必经途径。基础教育要全面实施素质教育和创新教育，必须重视实践活动和交往活动的发展价值。密切学生与生活、社会的联系，满足学生多方面的发展需要，是综合实践活动的基本出发点，因而其根本的课程价值在于促进学生综合实践能力、探究能力的提高，并增强他们的社会责任感。综合实践活动通过综合性的实践学习，改变学生单一的知识接受性的学习方式，强调学生通过研究与实践，构建一种积极的、生动的、自主探究、合作的学习方式。学生在综合实践活动课程中学会了主动获取知识、综合运用知识解决问题的学习方式，这种学习方式运用到学科课程的学习当中，可以有效地转变学生被动接受学习的局面，促进自主、合作、探究等多样化学习方式在学科课程中的推广和运用。

（3）面向学生的"生活世界"，密切学生与生活、社会的联系

综合实践活动超越学习书本知识的局限，要求学生从生活、社会现实中提出问题，围绕人与自然、人与社会、人与他人、人与自我、人与文化等方面，自主提出活动主题，并深入自然情境、社会背景或社会活动领域，开展探究、社会参与性的体验、实践等学习活动，形成对自然、对社会、对自我的整体认识，发展良好的情感、态度和价值观。综合实践活动为密切学生与生活、社会的联系，架起了一座桥梁。这无疑有利于加强学生对自然、对社会的了解与参与，密切学生与社会生活的联系，建立新的学习方式；有利于实现以创新精神和实践能力培养为重点，发展学生多方面的情感、态度和价值观。

当然，综合实践活动课程的价值还表现在，优化中小学课程结构，促进我国基础教育课程的创新。综合实践活动课程以培养学生的综合素质为导向，一方面有助于学生综合运用知识解决现实问题，提高学生发现问题、分析问题、解决问题的能力；另一方面，学生在实践中又可以不断丰富对现实生活的认识，这些认识经过分析综合，形成复杂的概念乃至系统的知识，进一步提高学生认识世界的综合能力。综合实践活动课程在育人方面具有学科课程不可替代的作用。

综合实践活动课程的育人途径是跨学科的实践活动。一方面，实践是认识的起点和源泉，综合素质和核心素养需要在实践中发展，这是综合实践活动课程存在的意义。它不再拘泥于书本知识传授，而是通过为学生创造实践机会和情境，引导学生面对和解决各种实践问题，从中培养实践所需的综合能力。另一方面，实践经验来自生活世界。综合实践活动课程必须要面向学生的完整生活，必须是综合性的、跨学科的。它不再拘泥于某一种认识方式、某一个学科知识，而是立足实践，面向生活，为学生综合运用知识解决实际问题提供广阔的、真实的空间和平台。

2. 对教师专业成长的价值

（1）促使教师转变教育观念

综合实践活动课程的开设和实施，使人们真正认识和体会到：课程指向的不再仅仅是知识，也指向经验和体验，它不仅可以预设，而且可以在师生互动中动态生成；教学不再仅仅是教师引导学生认识间接经验的过程，而是师生在生活世界中通过交往共同建构意义的活动；教学中师生之间不再是"授—受"的关系，而是平等对话交往的关系等。这些教育观念的变化，反映了课程和教学范式的转型，引发了对传统课程实施和教学方式的深刻变革。

（2）提高了教师的课程意识和课程开发能力

综合实践活动课程的具体内容是由学校自主开发和实施的，教师在开发和实施该课程的过程中，其课程意识和课程开发能力会得到锻炼和提高，这种意识和能力对于学校的课程建设和实施都会产生重要影响。

3. 对学校发展的价值

《中小学综合实践活动课程指导纲要》规定："中小学校是综合实践活动课程规划的主体，应在地方指导下，对综合实践活动课程进行整体设计，将办学理念、办学特色、培养目标、教育内容等融入其中。要依据学生发展状况、学校特色、可利用的社区资源（如各级各类青少年校外活动场所、综合实践基地和研学旅行基地等）对综合实践活动课程进行统筹考虑，形成综合实践活动课程总体实施方案；还要基于学生的年段特征、阶段性发展要求，制定具体的'学校学年（或学期）活动计划与实施方案'，对学年、学期活动做出规划。要使总体实施方案和学年（或学期）活动计划相互配套、衔接，形成促进学生持续发展的课程实施方案。[21]" 由此可见，综合实践活动课程集中体现了新的课程管理和发展制度。国家提出了综合实践活动课程的宏观目标和原则要求；地方对落实国家的要求提出具体的指导性意见；学校负责针对学生和学校实际，开发具体的活动内容，针对具体内容预设具体的活动目标、方式方法、基本活动流程，实施针对性评价等，是校本开发与实施的过程。在校本实施的开发与实施过程中，学校可以结合师资状况、设施设备、历史传统、社区资源、学生兴趣、经验背景等进行综合实践活动课程的开发设计，打造新的学校文化、课程文化、教学文化，体现学校特色、满足学生个性差异的发展。经过长期的积累，逐渐形成系列特色课程，最终可以彰显学校的办学理念、办学思想，促进学校特色的形成，提升学校品牌。

第四节　中小学综合实践活动课程的目标及内容

作为承载学生综合素质发展的课程，如何深入理解并达成中小学综合实践活动课程目标，是当下学校课程改革的焦点。

一、中小学综合实践活动课程的目标

1. 中小学综合实践活动课程的总目标

中小学综合实践活动课程总目标，既是观照信息时代人才培养目标、落实立德树人的总体要求，也是对学校教师课程开发、实施与评价提出的总体性质量要求，规范指导和引领中小学综合实践活动课程开发与实施的方向，为综合素质评价提供目标依据，具有重要的导向性与引领作用。教育部印发的《中小学综合实践活动课程指导纲要》，明确了中小学综合实践活动课程总体目标："学生能从个体生活、社会生活及与大自然的接触中获得丰富的实践经验，形成并逐步提升对自然、社会和自我之内在联系的整体认识，具有价值体认、责任担当、问题解决、创意物化等方面的意识和能力。"[21] 为何提出这样的目标？其定位与出发点具体有以下几点。[23]

（1）回归教育本源，追寻知识学习与生活意义的契合点

综合实践活动课程的目的是让教育回归学生的生活世界，回到"人"本身。综合实践活动课程打破学科知识与现实生活割裂的局面，打破学校与社会之间的藩篱，为学科知识的综合运用寻求意义生成的源泉，让学生在知识学习与生活意义之间寻找到最佳契合点，

促进学生在真实的问题情境中，综合运用知识解决问题，体验并掌握认识问题、分析问题与解决问题的过程和方法。

（2）践行社会主义核心价值观，提升社会责任感

综合实践活动课程以立德树人为育人目标，促进学生正确认识人与自然、社会、自我之间的各种关系，增强价值体认，树立爱国情怀，将对社会的整体认识、国家的责任和个人的职业理想与发展结合起来。通过价值体认、践行社会主义核心价值观，培养学生家国情怀，提升社会责任感。

（3）尊重学生个性与志趣，释放学生潜力与情怀

传统的学校教育因对知识的过度偏倚与重视，压制了学生的兴趣和个性自由。综合实践活动课程倡导开放的教育活动，把学生的兴趣、需要和爱好置于核心地位，让学生走进现实生活，走进社会，围绕个人感兴趣的领域展开广泛的实践探索，使学生的特长得到发挥、个性得到张扬、潜力得到释放，在主动的探究实践与服务行动中释放情怀，发展志趣。

（4）让"动手"与"动脑"结合，强化学生创新实践力

当前学生的实践能力亟待提高，这是对薄弱环节的强化。实践能力是学生核心素养的关键，提升学生的创新实践能力是学生核心素养发展的价值诉求。"动手"与"动脑"结合才有创造，促进学生开动脑筋，将创意和想法通过动手操作与动手实践付诸实现，以解决现实生活世界中的问题。

2. 中小学综合实践活动课程的学段目标

教育部印发的《中小学综合实践活动课程指导纲要》，明确了中小学综合实践活动课程各学段的具体目标。[21]

（1）小学阶段的具体目标

①价值体认：通过亲历、参与少先队活动、场馆活动和主题教育活动，参观爱国主义教育基地等，获得有积极意义的价值体验。理解并遵守公共空间的基本行为规范，初步形成集体思想、组织观念，培养对中国共产党的朴素感情，为自己是中国人感到自豪。

②责任担当：围绕日常生活开展服务活动，能处理生活中的基本事务，初步养成自理能力、自立精神、热爱生活的态度，具有积极参与学校和社区生活的意愿。

③问题解决：能在教师的引导下，结合学校、家庭生活中的现象，发现并提出自己感兴趣的问题。能将问题转化为研究小课题，体验课题研究的过程与方法，提出自己的想法，形成对问题的初步解释。

④创意物化：通过动手操作实践，初步掌握手工设计与制作的基本技能；学会运用信息技术，设计并制作有一定创意的数字作品。运用常见、简单的信息技术解决实际问题，服务于学习和生活。

（2）初中阶段的具体目标

①价值体认：积极参加班团队活动、场馆体验、红色之旅等，亲历社会实践，加深有积极意义的价值体验。能主动分享体验和感受，与老师、同伴交流思想认识，形成国家认同，热爱中国共产党。通过职业体验活动，发展兴趣专长，形成积极的劳动观念和态度，具有初步的生涯规划意识和能力。

②责任担当：观察周围的生活环境，围绕家庭、学校、社区的需要开展服务活动，增

强服务意识，养成独立的生活习惯；愿意参与学校服务活动，增强服务学校的行动能力；初步形成探究社区问题的意识，愿意参与社区服务，初步形成对自我、学校、社区负责任的态度和社会公德意识，初步具备法治观念。

③问题解决：能关注自然、社会、生活中的现象，深入思考并提出有价值的问题，将问题转化为有价值的研究课题，学会运用科学方法开展研究。能主动运用所学知识理解与解决问题，并做出基于证据的解释，形成基本符合规范的研究报告或其他形式的研究成果。

④创意物化：运用一定的操作技能解决生活中的问题，将一定的想法或创意付诸实践，通过设计、制作或装配等，制作和不断改进较为复杂的制品或用品，发展实践创新意识和审美意识，提高创意实现能力。通过信息技术的学习实践，提高利用信息技术进行分析和解决问题的能力以及数字化产品的设计与制作能力。

（3）高中阶段的具体目标

①价值体认：通过自觉参加班团活动、走访模范人物、研学旅行、职业体验活动，组织社团活动，深化社会规则体验、国家认同、文化自信，初步体悟个人成长与职业世界、社会进步、国家发展和人类命运共同体的关系，增强根据自身兴趣专长进行生涯规划和职业选择的能力，强化对中国共产党的认识和感情，具有中国特色社会主义共同理想和国际视野。

②责任担当：关心他人、社区和社会发展，能持续地参与社区服务与社会实践活动，关注社区及社会存在的主要问题，热心参与志愿者活动和公益活动，增强社会责任意识和法治观念，形成主动服务他人、服务社会的情怀，理解并践行社会公德，提高社会服务能力。

③问题解决：能对个人感兴趣的领域开展广泛的实践探索，提出具有一定新意和深度的问题，综合运用知识分析问题，用科学方法开展研究，增强解决实际问题的能力。能及时对研究过程及研究结果进行审视、反思并优化调整，建构基于证据的、具有说服力的解释，形成比较规范的研究报告或其他形式的研究成果。

④创意物化：积极参与动手操作实践，熟练掌握多种操作技能，综合运用技能解决生活中的复杂问题。增强创意设计、动手操作、技术应用和物化能力。形成在实践操作中学习的意识，提高综合解决问题的能力。

学段目标从三个学段（小学、初中、高中）、四个方面（价值体认、责任担当、问题解决、创意物化）明确目标具体要求，突出培养学生综合素质，落实"立德树人"要求，具体而言，[23]在价值体认维度目标中，小学阶段重点在于促进学生获得有积极意义的价值体验，初中阶段则进一步加深有积极意义的价值体验，高中阶段就需要深化社会规则、国家认同、文化自信，体现了价值体验—价值澄清—价值内化—价值引领渐进发展的过程。价值体验是基础，价值体认从价值体验开始，而价值体验是个以身体之、以心悟之的过程，价值澄清是价值体认的关键。

责任担当维度目标的建构，从小学阶段关注个人自立精神培养与自理能力的养成，到初中阶段关心他人、社区和社会发展，再到高中阶段形成服务他人、服务社会的情怀。无论是服务意识、服务范围，还是服务能力，多角度体现学生责任意识和责任感的渐进发展与提高。

问题解决维度目标的建构，体现了不同学段学生问题解决能力的递进式发展。在问题提出与生成方面，小学阶段重在问题意识的养成；初中阶段发展学生对问题的价值判断、思考选择与提炼能力；而高中阶段则要求学生能对个人感兴趣的领域开展广泛的实践探索，提出具有一定新意和深度的问题，同时要综合运用知识分析问题。在问题解决的过程与方法方面，小学阶段让学生经历和体验课题研究的过程与方法；初中阶段学会运用科学方法开展研究，主动运用所学知识理解与解决问题；高中阶段深化课题研究的过程方法，用科学方法开展研究，增强解决实际问题的能力，及时对研究过程及研究结果进行审视、反思并优化调整。在成果表达方面，小学阶段形成对问题的初步解释，初中阶段要形成基本符合规范的研究报告或其他形式的研究成果，而高中阶段则要求建构基于证据的、具有说服力的解释，形成比较规范的研究报告或其他形式的研究成果。

创意实践维度目标针对学生实践能力培养。小学阶段的目标旨在通过动手操作实践，初步掌握手工设计与制作的基本技能，服务于学习和生活；初中阶段目标是不仅运用一定的操作技能解决生活中的问题，更重要的是发展实践创新意识和审美意识，提高创意实现能力；高中阶段的目标是熟练掌握多种操作技能，综合运用技能解决生活中的复杂问题，增强创意设计、动手操作、技术应用和物化能力，形成在实践操作中学习的意识，提高综合解决问题的能力。

二、中小学综合实践活动课程的内容

1. 中小学综合实践活动课程的内容

2001年6月8日，教育部印发的《基础教育课程改革纲要（试行）》指出："从小学至高中设置综合实践活动并作为必修课程，其内容主要包括：信息技术教育、研究性学习、社区服务与社会实践以及劳动与技术教育。强调学生通过实践，增强探究和创新意识，学习科学研究的方法，发展综合运用知识的能力。增进学校与社会的密切联系，培养学生的社会责任感。在课程的实施过程中，加强信息技术教育，培养学生利用信息技术的意识和能力。了解必要的通用技术和职业分工，形成初步技术能力。"[1]

（1）中小学综合实践活动课程指定领域的内容

义务教育阶段综合实践活动的基本内容包括信息技术教育、研究性学习、社区服务与社会实践、劳动与技术教育等方面；普通高中阶段包括研究性学习活动、社区服务、社会实践等方面。在实施过程中，要联系学生生活背景和社会发展实际，突出问题中心，保证综合实践活动课程内容的整体性、综合性。

①信息技术教育。信息技术教育是综合实践课程中以培养学生的信息素养和信息技术操作能力为主要目标，以操作性、实践性和探究性为特征的基本学习领域之一。

信息技术教育的目标是：在实践活动中，了解信息技术的基本常识，初步掌握基本操作技能，学会运用以计算机技术、网络技术和多媒体技术为核心的信息技术，获取、处理和表达信息，并用以支持学科学习，解决实际问题，培养利用信息技术的意识和能力；体验和感受信息技术对社会发展、学习生活带来的影响，思考、讨论和分析与信息技术应用相关的社会现象，养成良好的信息技术使用习惯，具有健康负责的信息伦理。

信息技术教育的内容主要包括：在实践学习中了解信息社会的含义，体验和分析信息技术对学习和生活带来的影响；合理利用网络，有效获取信息，支持学科学习，开展健康的社会交往，解决实际问题；能使用常用信息处理工具，综合运用写作、绘画、表格、动画等多种方式，处理并发布信息；以机器人为载体，初步了解自动化原理，体验并初步学

会通过程序设计解决问题的基本过程。

信息技术教育的实施应重视结合学生经验，突出实践性；自主探究与合作交流有机结合，培养交流能力，形成良好信息意识；兼顾趣味性和挑战性，提高信息加工深度，促进高水平思维；创设多样化、分层次的学习机会，鼓励个性发展和技术创新；体现综合实践活动的基本理念，注重为学生创设反思性、合作性、探究性的学习情境和问题情境。

②研究性学习。研究性学习是学生在教师指导下，从自然、社会和自身生活中选择和确定研究专题，主动获取知识、应用知识解决问题的学习活动。

研究性学习强调学生通过实践，增强探究和创新意识，学习科学研究的方法，发展综合运用知识的能力。学生通过研究性学习活动，形成一种积极的、主动的、自主合作探究的学习方式。研究性学习主要分为课题研究和项目设计两大类。课题研究是以认识和解决某一问题为主要目的，有调查、实验和文献研究等方式；项目设计是以解决一个比较复杂的操作问题为主要目的，包括社会性活动设计、科技项目设计等。研究性学习作为综合实践活动的重要组成部分，要引导学生经历提出问题、确定主题、制定方案等过程，学习调查研究、实验研究、观察研究、文献研究等科学方法的基本规范和操作要领，养成探究习惯，形成科学的态度和初步的创新精神。

研究性学习的目标是：引导学生学会发现问题、提出问题，增强问题意识；初步学习分析与解决问题的科学方法，提高分析与解决问题的能力，发展创新精神；引导学生在探究学习过程中，学会交流与合作，发展合作能力，并初步养成科学态度与科学道德。

研究性学习的内容，既可以由学生自行确定研究性学习的主题或项目，也可以由教师提供选题或项目建议。要结合学生已有的知识基础和生活经验，重视与社会生活实际的联系，引导学生从自然、社会、自我等方面提出感兴趣的问题，进行探究，中小学可以把学生的科技小发明、科技小制作纳入研究性学习的范围；要注重与现代科学发展的联系，让学生了解一些当代科技发展的最新成就，启迪思维，激发探究的热情；要加强与学科学习的联系，在学科知识的拓展和应用中生成研究性学习的内容，引导学生有效应用各科知识。

研究性学习是综合实践活动中的重要内容。可根据学生年龄特征、知识和技能基础，引导学生提出问题、确定主题、制定方案，学习调查研究、实验研究、观察研究、文献研究等科学方法的基本规范和操作要领，养成探究习惯，形成科学态度、初步创新精神。普通高中阶段的研究性学习，可参见《普通高中研究性学习指南》，进行整体规划与实施。

③社区服务与社会实践。社区服务主要通过学生在本社区以集体或个人形式参加各种公益活动，进行社会责任意识、助人为乐精神的教育，为社区的建设和发展服务。社会实践主要通过军训和工农业生产劳动对学生进行国防教育、生产劳动教育，培养组织纪律性、集体观念和吃苦耐劳精神。社区服务与社会实践是指学生在教师的指导下，参与社区和社会实践活动，以获得直接经验、发展实践能力、培养社会服务意识、增强公民责任感为主旨的学习领域。社区服务与社会实践的重点在于通过尽可能多地为学生提供体验和实践的机会，促使他们关心和了解社会，培养他们认识社会、探究社会问题的能力；培养他们的公民意识、参与意识、服务社会的意识、社会责任感和主人翁精神；培养他们善于沟通、乐于合作及适应环境的能力；促使他们形成关心他人、诚恳助人、乐于奉献的积极态度和情感，养成综合思考问题的习惯和能力；使他们深入了解社会生活和社会环境，增长从事社会活动所需的知识，增强适应现代社会生活的能力。

社区服务与社会实践的目标是：走进社区，理解社会，获得直接经验，形成对社会的正确认识；参与社区活动，践行社会服务，适应社会生活，提高社会实践能力；培养社会服务意识，增强公民社会责任感，形成积极进取的生活态度。

社区服务和社会实践的内容主要包括以社会调查和考察为主的社会体验性活动、以社会参与为主的实践性活动、以社区服务为主的公益性活动等。其中，社会实践还包括学校传统活动，如军训、社会生产劳动、参观、社会公益活动等；社区服务包括拥军优属、敬老服务、帮贫扶困、环境保护、主题宣传、科普活动、定向服务，以及维持交通秩序、支援农忙、扫盲辅导等其他志愿活动。活动主题的确定应密切联系社会生活，充分利用社区资源，并注重与其他学习活动的贯通。

社区服务与社会实践的实施，应适应和满足学生的不同需求，尽可能多地为学生提供体验和实践的机会；应围绕主题，在综合应用学科知识的基础上，开展形式多样的社区服务与社会实践活动；应充分发挥学生的自主性，鼓励学生自主设计、主动实践。

④劳动与技术教育。劳动与技术教育是以学生获得积极劳动体验、形成良好技术素养为主要目标，以操作学习、设计学习为主要特征的学习活动。

劳动与技术教育的主要目标是：通过丰富多彩的劳动实践和技术实践，认识日常生活中的常见材料，了解社会生产的基本常识，学会使用基本的技术工具，初步掌握社会生产的基本技能；通过技术实践与技术探究活动，学会简易作品的设计、制作及评价，初步具有技术学习、技术探究及技术实践能力；丰富劳动体验，具有亲近技术的情感和正确的劳动观点，养成良好的劳动习惯，能够安全而有责任心地参加技术活动，初步具有技术意识、职业意识、创新意识、质量意识、环保意识、安全意识和审美意识。

劳动与技术教育的内容主要包括劳动实践、技能练习、工艺制作、简易设计、技术试验、职业体验等。这些内容及活动形式，既有一定区别，也相互联系，在课程实施中不能机械理解、相互割裂。

劳动与技术教育的实施，要避免机械的、单一的技能训练以及专业化倾向，应与研究性学习、社会服务与社会实践、信息技术教育等内容有效整合。在重视操作技能习得的同时，应重视对技术原理与方法的理解、应用；要重视对技术的社会意义和文化价值的发掘与感悟，重视对技术的设计、试验与创造方法的实践与探究，强调技术规范的学习与创新意识和实践能力培养的统一。劳动与技术教育在实施中，必须遵守安全规程和做好劳动保护，并加强劳动与技术教育的资源建设。

高中阶段的劳动与技术教育通过开设独立形态的技术领域予以实施，具体要求按教育部《普通高中技术课程标准（实验）》进行。

信息技术教育、研究性学习、社区服务与社会实践、劳动与技术教育是国家为了帮助学校更好地落实综合实践活动而特别指定的四大领域，而非综合实践活动内容的全部。四大指定领域在逻辑上不是并列的关系，更不是相互割裂的关系。一方面，研究性学习作为综合实践活动的基础，倡导探究的学习方式，这一方式渗透于综合实践活动的全部内容之中。另一方面，信息技术教育、社区服务与社会实践、劳动与技术教育是研究性学习探究的重要内容。所以，在实践过程中，四大指定领域是以融合的形态呈现的。

（2）中小学综合实践活动课程非指定领域的内容

除上述指定领域以外，综合实践活动还包括大量非指定领域，如班团队活动、校传统活动（科技节、体育节、艺术节）、学生同伴间的交往活动、学生个人或群体的心理健康

活动等。这些活动在开展过程中可与综合实践活动的指定领域相结合，也可以单独开设，但课程目标的指向是一致的。

2. 中小学综合实践活动课程内容选择与组织原则

教育部印发的《中小学综合实践活动课程指导纲要》要求，"学校和教师要根据综合实践活动课程的目标，并基于学生发展的实际需求，设计活动主题和具体内容，并选择相应的活动方式"。中小学综合实践活动课程内容选择与组织应遵循的原则包括以下几项。[21]

（1）自主性

在主题开发与活动内容选择时，要重视学生自身发展需求，尊重学生的自主选择。教师要善于引导学生围绕活动主题，从特定的角度切入，选择具体的活动内容，并自定活动目标任务，提升自主规划和管理能力。同时，要善于捕捉和利用课程实施过程中生成的有价值的问题，指导学生深化活动主题，不断完善活动内容。

（2）实践性

综合实践活动课程强调学生亲身经历各项活动，在"动手做""实验""探究""设计""创作""反思"的过程中进行"体验""体悟""体认"，在全身心参与的活动中，发现、分析和解决问题，体验和感受生活，发展实践创新能力。

（3）开放性

综合实践活动课程面向学生的整个生活世界，具体活动内容具有开放性。教师要基于学生已有经验和兴趣专长，打破学科界限，选择综合性活动内容，鼓励学生跨领域、跨学科学习，为学生自主活动留出余地。要引导学生把自己成长的环境作为学习场所，在与家庭、学校、社区的持续互动中，不断拓展活动时空和活动内容，使自己的个性特长、实践能力、服务精神和社会责任感不断获得发展。

（4）整合性

综合实践活动课程的内容组织，要结合学生发展的年龄特点和个性特征，以促进学生的综合素质发展为核心，均衡考虑学生与自然的关系、学生与他人和社会的关系、学生与自我的关系这三个方面的内容。对活动主题的探究和体验，要体现个人、社会、自然的内在联系，强化科技、艺术、道德等方面的内在整合。

（5）连续性

综合实践活动课程的内容设计应基于学生可持续发展的要求，设计长短期相结合的主题活动，使活动内容具有递进性。要促使活动内容由简单走向复杂，使活动主题向纵深发展，不断丰富活动内容、拓展活动范围，促进学生综合素质的持续发展。要处理好学期之间、学年之间、学段之间活动内容的有机衔接与联系，构建科学合理的活动主题序列。

3. 中小学综合实践活动课程的活动方式

教育部印发的《中小学综合实践活动课程指导纲要》指出，综合实践活动的主要方式及其关键要素为以下几方面。[21]

（1）考察探究

考察探究是学生基于自身兴趣，在教师的指导下，从自然、社会和学生自身生活中选择和确定研究主题，开展研究性学习，在观察、记录和思考中，主动获取知识，分析并解决问题的过程，如野外考察、社会调查、研学旅行等，它注重运用实地观察、访谈、实验等方法，获取材料，形成理性思维、批判质疑和勇于探究的精神。考察探究的关键要素包括：发现并提出问题；提出假设，选择方法，研制工具；获取证据；提出解释或观念；交流、评价探究成果；反思和改进。

（2）社会服务

社会服务指学生在教师的指导下，走出教室，参与社会活动，以自己的劳动满足社会组织或他人的需要，如公益活动、志愿服务、勤工俭学等，它强调学生在满足被服务者需要的过程中，获得自身发展，促进相关知识技能的学习，提升实践能力，成为履职尽责、敢于担当的人。社会服务的关键要素包括：明确服务对象与需要；制订服务活动计划；开展服务行动；反思服务经历，分享活动经验。

（3）设计制作

设计制作指学生运用各种工具、工艺（包括信息技术）进行设计，并动手操作，将自己的创意、方案付诸现实，转化为物品或作品的过程，如动漫制作、编程、陶艺创作等，它注重提高学生的技术意识、工程思维、动手操作能力等。在活动过程中，鼓励学生手脑并用，灵活掌握、融会贯通各类知识和技巧，提高学生的技术操作水平、知识迁移水平、体验工匠精神等。设计制作的关键要素包括：创意设计；选择活动材料或工具；动手制作；交流展示物品或作品，反思与改进。

（4）职业体验

职业体验指学生在实际工作岗位上或模拟情境中见习、实习，体认职业角色的过程，如军训、学工、学农等，它注重让学生获得对职业生活的真切理解，发现自己的专长，培养职业兴趣，形成正确的劳动观念和人生志向，提升生涯规划能力。职业体验的关键要素包括：选择或设计职业情境；实际岗位演练；总结、反思和交流经历过程；概括提炼经验，行动应用。

综合实践活动除了以上活动方式外，还有党团队教育活动、博物馆参观等。综合实践活动方式的划分是相对的。在活动设计时可以有所侧重，以某种方式为主，兼顾其他方式；也可以整合方式实施，使不同活动要素彼此渗透、融会贯通。要充分发挥信息技术对于各类活动的支持作用，有效促进问题解决、交流协作、成果展示与分享等。

4. 综合实践活动内容的选择原则

综合实践活动的具体内容是由每一所学校根据实际充分发挥其创造性而确定的，国家不会也不应当像对待各学科那样规定综合实践活动的具体内容。综合实践活动的具体内容由地方和学校根据实际确定，确定综合实践活动的内容时需要遵循下列原则。

（1）**尊重每一个学生的兴趣、爱好与特长**

综合实践活动关注的焦点是：学生关心什么，对什么感兴趣，哪些真正是学生的问题或课题。学生不是为学科而存在，恰恰相反，学科应植根于学生的生活课题。帮助每一个学生确定自己的课题，运用体现其个性特征的方式展开深度探究，对世界获得自己的独创性理解，这是综合实践活动的主旨所在。

（2）**体现每一所学校的特色**

对任何一所学校而言，综合实践活动是其学校文化的有机构成，集中体现了学校特色。因此，综合实践活动内容的选择应立足于每一所学校的特色，并使其成为特色学校建设的重要环节。

（3）**反映每一所学校所在社区的特色**

学校所在社区的特色是一所学校的特色得以形成的重要基础。综合实践活动要善于挖

掘社区中的课程资源和研究课题，引导学生把自己成长的环境作为学习场所，在与社区的持续交互中，在不断理解社区中健康发展。

（4）善于引导学生从日常生活中选取探究课题或问题

日常生活在学生发展中的作用丝毫不亚于学科知识。尊重学生的日常生活，引导学生从日常生活中选取自己感兴趣的课题或问题进行探究，努力把学科知识与日常生活整合起来，是综合实践活动的重要使命。

复习思考题

1. 简述我国中小学综合实践活动课程的演变与发展历史。
2. 新课程改革为什么要设置综合实践活动课程？
3. 简述中小学综合实践活动课程的含义。
4. 简述中小学综合实践活动课程的特点。
5. 简述中小学综合实践活动课程的理念。
6. 简述中小学综合实践活动课程的价值和意义。
7. 简述中小学综合实践活动课程的目标。
8. 简述中小学综合实践活动课程的内容。

参考文献

［1］ 教育部关于印发《基础教育课程改革纲要（试行）》的通知［EB/OL］.（2001-06-08）. http://www.moe.gov.cn/srcsite/A26/jcj_kcjcgh/200106/t20010608_167343.html.

［2］ 卢梭. 爱弥儿（上卷）［M］. 李平沤，译. 北京：商务印书馆，1991.

［3］ 崔秀勤. 论卢梭自然教育的现代价值——兼论马克思对卢梭自然教育的超越 ［D］. 武汉：华中科技大学，2010.

［4］ 张华，等. 综合实践活动课程研究 ［M］. 上海：上海科技教育出版社，2009.

［5］ 郭元祥. 综合实践活动课程设计与实施 ［M］. 北京：首都师范大学出版社，2002.

［6］ 潘洪建. 中学综合实践活动指导 ［M］. 北京：高等教育出版社，2001.

［7］ 国内外综合实践活动课程的比较.（2013-02-20）. https://wenku.baidu.com/view/23bbb73b31126edb6f1a10b9.html.

［8］ 刘玲. 综合实践活动课程在我国的演变与发展 ［J］. 中小学管理，2017（12）.

［9］ 陶行知. 陶行知全集：第2卷 ［M］. 成都：四川教育出版社，1991.

［10］ 小学暂行规定（草案）［EB/OL］. http://www.gzzxws.gov.cn/gzws/gzws/ml/32/200808/t20080816_1140.htm.

［11］ 中学暂行规定（草案）［EB/OL］. http://www.gzzxws.gov.cn/gzws/gzws/ml/32/200808/t20080816_1141_2.htm.

［12］ 国务院关于《中国教育改革和发展纲要》的实施意见［EB/OL］.（1994-07-03）. http://old.moe.gov.cn//publicfiles/business/htmlfiles/moe/moe_177/200407/2483.html.

［13］中共中央国务院《关于深化教育改革全面推进素质教育的决定》［EB/OL］. (1999-06-13). http://www. scio. gov. cn/zhzc/6/2/Document/1003546/1003546. htm.

［14］文可义. 设置综合实践活动课程的背景和根本目的［J］. 广西教育学院学报，2000 (4).

［15］境内外综合实践活动课程的领域［EB/OL］. http://jspx2. fjtu. com. cn/course1/zz/part/2_1_1. htm.

［16］郭元祥. 综合实践活动课程：设计与实施［M］. 北京：首都师范大学出版社，2001.

［17］廖哲勋. 美国爱阿华市东南初中的课程设计［J］. 华中师范大学学报，1991.

［18］顾明远. 教育大辞典［M］. 上海：上海教育出版社，1998.

［19］文可义. 综合实践活动课程的涵义、特点、功能［J］. 广西教育学院学报，2001 (4).

［20］田慧生. 综合实践活动课程的独特地位和育人价值［J/OL］. [2017-10-30]. http://www. moe. gov. cn/jyb_xwfb/moe_2082/zl_2017n/2017_zl60/201710/t20171030_317773. html.

［21］教育部关于印发《中小学综合实践活动课程指导纲要》的通知［EB/OL］. (2017-09-27). http://www. moe. gov. cn/srcsite/A26/s8001/201710/t20171017_316616. html.

［22］开设综合实践活动课程的价值和意义是什么？［EB/OL］. (2019-09-08). https://zhidao. baidu. com/question/1964570084694722140. html.

［23］李宝敏. 学生综合素质发展如何跃出纸面［N］. 中国教育报，2019-3-27：05.

第二章　中小学综合实践活动课程的理论基础

 学习目标

学习完本章，应该能做到：

- 理解与中小学综合实践活动课程有关的哲学认识论
- 理解陶行知"生活即教育"理念对综合实践活动课程的指导作用和意义
- 理解认知双螺旋结构对综合实践活动课程的指导作用和意义
- 理解建构主义对综合实践活动课程的指导作用和意义
- 理解多元智能理论对综合实践活动课程的指导作用和意义
- 理解范例教学法理论对综合实践活动课程的指导作用和意义

《中小学综合实践活动课程指导纲要》的颁布，无疑是新课程改革的一个阶段性成果，也表明了国家推动中小学综合实践活动课程的决心。中小学综合实践活动课程建设才刚刚开始，必定存在理论上的不成熟和实践经验的不足。中小学综合实践活动课程要想站得住脚，必须得到理论上的支持，否则可能会导致实践上的茫然或者失误。要想使中小学综合实践活动课程真正确立自己应有的地位，显现其应有的价值，我们必须加强对课程基础理论的研究以及对实践经验的积累和总结。综合实践活动课程的设置、实施与开发，不仅要确立与这一课程相适应的教育观念，特别是与之相关的哲学认识论，因为其对于理解课程的目标、功能及其实施原则，提高投入课程改革的积极性和自觉性是至关重要的，而且要实现教师的教学过程和教学行为方式的转变，毫无疑问，这也需要相应的教学理论和心理学理论的指导。

第一节　中小学综合实践活动课程的指导思想

教育理论来源于教育实践，教育实践依赖教育理论。科学的理论是在社会实践基础上产生并经过社会实践检验和证明的理论，是客观事物的本质、规律性的正确反映。教育理论是通过一系列教育概念、教育判断或命题,借助一定的推理形式构成的关于教育问题的系统性陈述,是人们的理性思维和想象力的产物。不同的哲学认识论,常常是各种教育理论或教育思想的核心和基础。综合实践活动课程的开发和实施,归根到底会触及人们的认知内容和认知方式,要借助理论的支持和帮助,首先要求助于人们的哲学认识论。每一时代的社会经济结构及其发展都会对教育提出不同的要求,反映在教育思想和教育理念方面,就产生了与时代生产水平和社会发展相适应的各种不同的认识理论,进而对那个时代的教育产生深远的影响。

一、与中小学综合实践活动课程有关的哲学认识论

1. 客观主义的认识理论

客观主义认为世界是实在的,有结构的,而这种结构是可以被认识的,因此存在着关于客观世界的可靠知识。[1] 客观主义知识观认为,知识是客观存在的真理,这些真理通过自然现象和社会现象而表现出来。人们思维的目的是去反映客观实体及其结构,由此过程产生的意义取决于现实世界的结构。由于客体的结构是相对不变的,因此知识是相对稳定的,并且存在着判别知识真伪的客观标准。教学的作用便是将这种知识正确无误地传递给学生,学生最终应从所传递的知识中获得相同的理解。教师是知识标准的掌握者,因而教师应该处于中心地位。

传统的教学基于客观主义知识观的理念,相信知识是以一定的结构而客观存在的,它把教学看成是具有同一起点、经历同一历程、达到同一目标的过程。教育的作用是帮助学生把握真实世界。他们强调教学过程是一种特殊的认识活动,是在教师的指导下学生掌握间接知识的过程。教师是知识的掌握者,他根据一定的目标把知识传递给学生,因而客观主义的学习理论强调"知识灌输"。这种教学有利于结构良好的知识领域的学习,能够高质、有效地帮助学习者掌握基本概念、基本原理和基本技能,比较适应工业领域追求办事效率的价值观念。

2. 人本主义的认识理论

人本主义的认识观,不是从外部世界对人的发展所提出的要求来看待人的学习,而是从个体自我实现的角度来考查人的学习。[1] 人本学派强调人的尊严、价值、创造力和自我实现,把人的本性的自我实现归结为潜能的发挥。人本主义认为,如果学习内容对学生没有意义的话,学习就不大可能发生。因此,人本主义学家感兴趣的是自我概念的发展、人际关系的训练以及其他情感方面的内容。人本主义注重启发学习者的经验和创造潜能,引导其结合认知和经验,肯定自我,进而自我实现。人本主义心理学家罗杰斯认为,大多数有意义的学习是从做中学的。他认为促进学习的最有效方式之一,是让学生在真实的问题情境中,直接体验面临的实际问题、社会问题、伦理和哲学问题、个人问题、研究的问题等。由于这些问题可以使学生直接体会到所要进行的学习对自身的意义,所以他们会全身心地投入学习活动。随着年龄的增长,在良好环境中以及在以人为中心的方法的指导下,儿童会慢慢地发现和揭示自我,从而走向独立、走向创造性。所以教师的任务是构建真实的问题情境、提供学习的资源、使用师生合作、利用社区、组织同伴小组、探究训练和组织自我评价,在这种学习中学生处于自主的地位,教师是学习的促进者。人本主义理论重视教育者对学生内在心理世界的了解,重视创造力、认知、动机、情感等心理方面对行为

的制约作用，能够起到开发学生的潜能、激起其认知与情感的作用。人本主义提倡教育目标应该是培养积极愉快、适应时代变化的心理健康的人，这对我国当前的素质教育目标的制定，具有积极的借鉴作用。

二、马克思主义关于"人的全面发展"学说

马克思、恩格斯根据社会发展的客观规律，创立了"人的全面发展"学说。马克思主义关于"人的全面发展"的理论，与我国教育方针及当前倡导的素质教育，其内涵具有高度的一致性。根据马克思关于"人的全面发展"学说，实施素质教育，是推动人的全面发展的重要途径；教育是有目的、有计划地传授知识和经验，培养人的一种社会实践。素质教育以马克思主义全面发展学说为理论根据，依据人的发展和社会发展的实际需要，以全面提高人的素质为目的，以尊重人的主体性和主动精神、注重开发人的智慧潜能、注重形成人的健全个性为根本特征，是一种在新的历史条件下贯彻和实践马克思主义全面发展学说的全新的教育理念。

"人的全面发展"首先是指人的"完整发展"，即人的各种最基本或最基础的素质的完整发展，即培养受教育者在德、智、体、美等方面的完整发展。《中华人民共和国义务教育法》明确规定："义务教育必须贯彻国家的教育方针，实施素质教育，提高教育质量，使适龄儿童、少年在品德、智力、体质等方面全面发展，为培养有理想、有道德、有文化、有纪律的社会主义建设者和接班人奠定基础。[2]"根据马克思关于"人的全面发展"学说，实施素质教育，是推动人的全面发展的重要途径。今天，推进以人的发展为核心价值的全面素质教育，正契合了马克思主义关于"人的全面发展"理论。素质教育的理念也顺应了时代要求，为"人的全面发展"理论在现今教育中的实践探索提供了现实依据。教育是引导儿童和青少年系统社会化的过程，培养什么样的人，怎样才能使在校学习的学生顺利走向社会，并适应未来社会的要求甚至引导社会的发展，是今日教育面临的严肃课题。希望从实施和操作层面推进素质教育的进程，就要善于从马克思主义"人的全面发展"的学说中汲取理论营养，确定课程的价值取向和教育功能，构筑课程的理论体系和课程结构，充实课程的内容和实施策略。总之，综合实践活动课程的实施，应该全面贯彻马克思主义"人的全面发展"学说。

三、辩证唯物主义认识论是综合实践活动课程的认识论基础

马克思主义认识论认为，坚持从物质到意识的认识路线，认识从实践中产生，随实践而发展，认识的根本目的是实践，认识的真理性也只有在实践中得到检验和证明。世界是物质的，物质是运动的，运动是有规律的，规律是可以认识的，而认识是没有止境的，这就是辩证唯物主义认识论的基本思想。马克思主义是当代完整科学的世界观，是不断发展的哲学认识论，它虽然不是直接的教育理论，却能给教育以原则性指导。在马克思主义看来，对综合实践活动这一新型课程的研究，本质上就是探索课程开发和实施规律性的问题，坚持教育服务社会的原则，培养学生适应并引领社会需要，把握教育教学活动和课程研究实施方向。坚持辩证唯物主义认识论，从理论和实践的结合上认识学校实施的学科和活动两类课程问题。坚持人的全面发展，关注学科和活动两类课程各自在全面素质教育中具有的特殊教育功能。

设置综合实践活动课程，就是要帮助和引导学生，在校学习期间主动探究隐藏在事物

表面之下的规律，从探究的实践中感悟探索的过程。以辩证唯物主义作为课程研究的指导思想的理论基础，分析、解读、扬弃和吸纳中西方先进的教育理论，方能高瞻远瞩，统率全局，规划和实施课程改革和各项研究事宜。只有这样，才能从理论和实践结合的层面发现和总结课程开发和实施的规律，获得具有原创性质的研究成果。

第二节　中小学综合实践活动课程的理论基础

前面介绍的与综合实践活动有关的认识论，在综合实践活动课程实施和开发时都可以汲取某些营养，但却很难将它们视为课程生存和发展的理论基础。只有以马克思主义的辩证唯物主义认识论和"人的全面发展"学说为指导，建构科学的、具有生机和活力的素质教育理论框架及与之相适应的课程体系和课程文化，才是中国教育的出路。

一、陶行知"生活即教育"理论

如果把陶行知教育思想的整个体系视为一组宏伟壮丽的建筑群，那么，生活教育理论理应是其中的主体性建筑。陶行知的其他理论命题都是沿着生活教育的筑基递延并建构起来的。陶行知生活教育理论包含三个基本命题："生活即教育""社会即学校""教学做合一"。"生活即教育"命题是生活教育理论的核心和命脉，它既是陶行知对教育本质的诠释，又是其对生活本质的领悟。[3]

1. "生活即教育"的理论体系

（1）前提论：生活含有教育的意义

"生活含有教育的意义"是"生活即教育"的前提论。陶行知认为，"生活即教育"是人类社会原来就有的，自有人类生活产生便有生活教育，生活含有教育的意义，生活教育随着人类生活的变化而变化。"生活即教育"与人类社会现实中的种种生活是相应的，"生活即教育"就是在生活中受教育，教育在种种生活中进行。在陶行知看来，教育和生活是同一过程，教育含于生活之中，教育必须和生活结合才能发生作用。他主张把教育与生活完全熔于一炉。陶行知把教育看成是生活原本应有的东西，是人生原有的，不是外加在生活之上的东西，由此强调在教育与生活之间存在着某种不可分割的特征。[3]

（2）关系论：生活决定教育

生活决定教育体现生活与教育的关系。"生活即教育"意味着生活是教育的中心，生活决定教育。具体来讲，教育的目的、内容、原则、方法均由生活决定；教育要通过生活来进行；整个生活要有整个教育；生活是发展的，教育也应随时代的前进而不断发展。陶行知还把学校比喻为远离生活的"鸟笼"，把脱离生活的教育称为"鸟笼子式的教育"，认为"学校里的教育太枯燥了，必须得把社会里的生活搬一些进来，才有意思，这好比笼子里面囚着几只小鸟，养鸟者顾念鸟儿寂寞，搬来一两个树枝进笼，以便鸟儿跳得好玩，然而鸟笼毕竟还是鸟笼，绝不是鸟的世界"。因此他主张扩大教育的范围，把鸟儿放到天空中去。学校教育要把完整的社会生活开放给学生，把整个生活的世界提供给学生。陶行知的这一观点，肯定了生活是教育的根本源泉，生活决定教育。[3]

（3）效力论：教育必须改造生活

教育必须改造生活是"生活即教育"的效力论。教育的最终目的就是更好生活。教育不是被动地由生活制约，而是对生活有能动的促进作用。陶行知反对"读死书、死读书、读书死"的生活。他认为应该以前进的、合理的、有计划的生活作为教育的内容，进而改造生活。生活教育的要求是：整个生活要有整个教育。每个活动都要有目标、有计划、有方法、有工具、有指导、有考核。知识与品行分不开，思想与行为分不开，课内与课外分不开，做人、做事与读书分不开，即教育与训育分不开。[3]

陶行知的"生活即教育"是对传统教育的颠覆，蕴含着对人的地位、人的生命、人的生活的尊重，蕴含着教育对人的生活重建的意义。"生活即教育"三个方面的内涵是相互联系、相互制约的，是一个完整的体系。

2."生活即教育"理论对现代教育理念的借鉴意义

陶行知"生活即教育"理论，探索了教育的本质和功能，把握了教育的现代特征和趋势，不仅对当时的教育起到重要的作用，对我国现代教育的发展也起到了一定的启示作用。

（1）"生活即教育"与国家基础教育新课程改革

我国新一轮基础教育课程改革于1999年正式启动，2001年6月教育部颁布了《基础教育课程改革纲要（试行）》，新课程改革的核心理念是一切为了学生的发展，基础教育课程改革的许多新观念与陶行知先生的教育理论有着密切的联系。可以说，这次课改的某些理论是在继承陶行知先生教育思想的基础上，进一步深化和发展的。[3]

①"生活即教育"理论与新的课程目标。陶行知曾明确指出，"生活教育"的五大基本目标为：一是健康的体魄；二是农人的身手；三是科学的头脑；四是艺术的兴趣；五是改造社会的精神。陶行知认为，"生活教育"的目标就是培养人适应生活和改造生活所需的基础知识、基本技能和基本精神。新一轮基础教育课程改革强调，"改变课程过于注重知识传授的倾向，强调形成积极主动的学习态度，使获得基础知识与基本技能的过程同时成为学会学习和形成正确价值观的过程"。义务教育是为每个学生今后的发展和终身学习打好基础的教育，是提高全民族素质的教育，不是精英教育和选拔教育。因而其课程内容和要求应该是基础的、必需的、发展的，这种基础包含知识基础、能力基础、情感态度基础和终身发展的基础。[3]

②"生活即教育"理论与新的课程结构。"生活即教育"强调的是教育必须以生活为中心，反对教育以书本为中心。当然陶行知先生指的是广义的教育，但他的这种意识与我们新一轮基础教育课程改革的理念是一致的。新一轮基础教育课程改革强调学生接触生活，参加实践，增强探究和创新意识；学会科学研究的方法，发展综合运用知识的能力；增进学校与社会的密切联系，培养学生的社会责任感。同时强调加强学科的综合性，就一门学科而言，注重联系学生自身经验和生活实际；就不同学科而言，提倡和追求彼此关联，相互补充。新的课程结构重视学科知识、社会生活和学生经验的整合。新一轮基础教育课程改革的一个亮点是增设了综合实践活动课，让学生基于自己的直接经验，密切联系自身生活和社会生活。这门课的起点是学生而不是教师，体现学生从自身经验中形成问题，从经验中获得解决问题的途径与方法。这些与陶行知先生的生活教育思想是相符的。[3]

③"生活即教育"理论与新的课程资源。"我们的实际生活，就是我们的全部课程；

我们的课程，就是我们的实际生活。"这是陶行知先生在长期教育实践中，对课程资源的全新思考。这一理论为学校课程资源提供了丰富的素材，也对专门从事课程实施的学校和教师提出了更新、更高的要求。因此，必须大力挖掘和充分利用生活中丰富的、鲜活的课程资源，为综合实践活动课程、德育课程、科学课程等服务。同时，还要充分依靠社会力量办学，积极开发并合理利用校内外各种课程因素，为建设地方课程、校本课程服务。教育部颁发的《基本教育课程改革纲要（试行）》强调："改变课程内容'难、繁、偏、旧'和过于注重书本知识的现状，加强课程内容与学生生活以及现代社会和科技发展的联系，关注学生的学习兴趣和经验，精选终身学习必备的基础知识和技能。"要"积极开发并合理利用校内外各种课程资源""在开设必修课的同时，设置丰富多样的选修课程，开设技术类课程，积极试行学分制管理"[4]。陶行知先生以整个生活为课程资源的课程观，与当前基础教育课程改革的理念是完全吻合的。[3]

（2）"生活即教育"与综合实践活动课程的实施

综合实践活动课程是中小学学生的一门必修课，它是在教师引导下，学生自主进行的综合性学习活动；是基于学生的经验，密切联系学生生活和社会实际，体现对知识的综合应用的实践课程，正体现了"生活即教育"理论的基本精神。综合实践活动课程是着眼于发展学生的综合实践能力、创新精神和探究能力的发展性课程和经验性课程，它为学生的发展开辟了面向生活、面向自然、面向社会的广阔空间，内容包括研究性学习、社区服务与社会实践、劳动与技术服务、信息技术教育等。其目标包括知识与技能，过程与方法，情感、态度与价值观三个方面。其中，"知识与技能"目标，是指在实践性学习中获得对自然、社会、自我以及对文化的认识和经验；"过程与方法"目标，强调学生亲历实践性学习的过程，在实践情境中运用并掌握各种实践的方法，使学生获得积极的体验和丰富经验；"情感、态度与价值观"是学生在实践活动过程中通过体验、实践等方式逐步生成的目标。以上内容和目标是"生活即教育"思想的具体体现。陶行知认为，"是生活就是教育"，教育必须与实际生活相联系，教育和生活是同一过程，教育融于生活之中，不和实际生活相结合的教育就不算是真正的教育。陶行知还指出："不运用社会的力量，便是无能的教育；不了解社会的需求，便是盲目的教育。"他的这些观点在今天仍具有重要的指导意义。综合实践活动课程的开设和实施，使陶行知"生活即教育"思想得到深入的贯彻和落实。[3]

（3）"生活即教育"与学科研究性学习的开展

"生活即教育"改变了以"学科为中心""课堂为中心""教师为中心"的传统教育的弊端，加强教育与社会生活的联系，改善教育过程和教学方式，培养学生热爱生活和参加社会实践的能力，无疑具有重要的现实意义。研究性学习就是一种"在做中学"的学习方式，确立了学生在教学中的主体地位，它有别于传统的以教师讲授为主的教学形式，必将使传统的教学过程发生一系列的变革。因此，学生的生活本身和学生的经验是我们实施教育的基础，教育者应了解这一基础，意识到并善于利用这一基础，关注学生的生活，必须改变课堂等同于教室、学习资源仅限于书本的观念。要使书本世界与学生的现实世界贴近，与学生的已有经验和背景相符，强调对"生活的回归"，从生活中来，再到生活中去，使知识不再零散、孤立、与生活隔离，而是使学生能自己意识到生活中的一切都充满知识、蕴含知识。总之，要让生活走进课堂，将课堂引向生活，更多地走向课外、户外。只有活动的教育价值真正为人们认识与重视，学生作为学习与发展的主体才能受到重视，学

生的主体性才能得到发展，素质教育的理想和价值才能实现。研究性学习通过活动切实在课堂教学里构建学生的主体学习模式，确保学生主体作用得到充分发挥，将会真正焕发出课堂教学的生命活力，最终实现对传统课堂教学的变革。这就充分体现了陶行知"生活即教育"的思想。[3]

二、认知模型：认知双螺旋结构

为迎接知识经济社会的到来，实现综合国力的提升，世界各国都在不约而同地进行教育改革。设置综合实践活动类的课程，实现儿童学习方式的变革，几乎成为各国教改的共同特点。推进儿童学习方式的变革，必须研究儿童的认知规律。符合儿童认知规律的课程才是好课程，符合儿童认知规律的学习方式才是好的学习方式，而有了好课程、好的学习方式才能实现好的教育。[5] 无论学校教育还是学生的学习过程，归根结底都是认知问题。认知有认知的规律，要想做好教育工作，必须符合认知规律。只有遵循认知规律，规范教育行为，才容易取得事半功倍的效果，这是做好教育教学工作的一个重要条件。

1. 认知双螺旋结构及其特点

什么是"认知双螺旋"？它有什么特点？人们的认知内容和过程包括"知"和"行"两部分：所谓"知"，即指知识或理论，属于前人创造的文化成果，主要以接受式学习获得（继承性学习）；所谓"行"，则是指实践经验，是人们从切身的经历中获得的感悟或认识，主要从实践学习中积累（实践性学习）。无论是知识的获得，还是经验的积累，二者都呈螺旋式发展。两条螺旋同生共长，互相作用，构成了人们认知形成和发展的轨迹，形象恰如人类基因的双螺旋，因而可以将其称为"认知形成和发展的双螺旋结构"，简称"认知双螺旋"。认知双螺旋可以看作是一个关于人们认知过程的模型。[6]

既然人们认知形成和发展是继承性学习和实践性学习两种过程共同主宰的"双螺旋"的发展过程，那么，这个"认知双螺旋"又有哪些基本特点呢？[5]

(1) 认知双螺旋的共生性

作为认知过程的一对矛盾，"知"和"行"二者中的任何一方都不可能单独孤立地存在。两种认知过程同时发生，协同发展，并伴随人们一生同生共长，不断发展和变化。试想，当儿童来到这个世界上的时候，其最初关于"冷""热""水""奶"等概念，哪一项不是在父母的说教（继承性学习）和他们自己的感受（实践性学习）双重作用下形成的呢？伴随着年龄日益增长和阅历的日趋丰富，他们的学习方式会不断发展和变化，从"做中学"到"学中做"，直至"为做而学"和"为学而做"。诚然，人们通过这两种学习方式的每一单独途径，都可以获得知识。但如果只有继承性学习，也就是从书本或从别人那里获取间接知识，学到的只能是别人的昔时经验，其结果充其量只能成长为"知识篓子""活字典"，到头来，只能是空叹"尽信书，不如不读书"；反之，只有实践性学习，不注意读书，虽然也可以获取知识，但获得的只能是局部的或个别的经验，缺乏理论的指导和先进知识的武装，就技术工作而论，充其量只能是个"匠人"，很难成大器。

(2) 认知双螺旋的结构性

认知结构良莠将影响人们的发展方向和发展水平。认知双螺旋的结构性是指形成认知双螺旋的知识和经验，不断积累建构，整体上会呈现出某种结构性特点，特别是伴随着人们成长和成熟的过程，在社会发展需要和个人兴趣的驱使下，学习的选择性会日益增强，有目的地学习和实践，获得知识和经验，其认知双螺旋中知识与经验的匹配性和专业化程度也会日益提高。[6]

（3）认知双螺旋的互动性

认知过程从理论和实践两条渠道获取营养，两种学习方式或认知过程也是互相联系、相互影响的，结合得好，它们会互补互促、相得益彰；结合不好，就会互相掣肘，相互误导，也可能会出现负面的结果，造成认识上的障碍。前者比较容易理解，因为儿童的任何实践都会运用此前获得的系统性知识作为指导，实践的结果又会加深对这些知识的认识和理解；他们对任何继承，都会运用自己的经验去理解，而理解了的东西又可以帮助他们加深对实践的感受，如此良性循环，自然会使儿童不断地深化对客观世界的认识。至于后者，则大多是思想路线错误或对学习过程实施不当造成的。[5]

（4）认知双螺旋的发展性

认知双螺旋的发展性是指该认知模式自身具备通过自主调节实现自我发展的能力。在认知形成和建构的过程中，系统知识具有很强的工具性，发挥着沟通和组织实践知识的作用；实践知识则以其真理性对系统知识的正确性予以检验，并决定取舍，不仅能有效地丰富和完善知识的系统性，而且还能促进知识的内化过程。两种过程相互作用，不断通过局部或整体的同化和顺应，推动认知双螺旋的发展。[6]

（5）认知双螺旋的统一性

由于思维相对的独立性，人们可能会利用已有的知识或经验，或主要通过演绎的方法，或仅凭一孔之见，便提出脱离现有双螺旋发展水平的所谓理论或设想。然而，其是否具有真理性，最终还要回归实践，接受实践的检验。

需要指出的是，人们认知双螺旋的形成，最初通常是被动的。随着人们身心水平成长和发展，其认知能力和水平会日趋成熟，对认知内容及其过程的把握也会变得日趋主动，甚至可能根据自己的爱好和社会的需要，主动建构自己独特的认知双螺旋。而正是人们认知双螺旋的建构过程及其质量水平，主导了人们的成长过程和发展水平。据此，不难得出结论：有效的学习既不是单纯地获取前人的知识，由"系统讲授决定一切"；也不是全部回归生活、"所有学习都要从情境开始"，而是要努力实现两种学习方式的合理搭配，有机结合。

2. 用"认知双螺旋"指导综合实践活动课程建设

（1）学校课程设置需要适应认知双螺旋的要求

教育理念决定课程设置。理念不同，教育设计及其设置的课程内容与教育环境也不同，学生从中得到的训练内容和程度自然也不一样。从两种基本学习方式出发，对应认知双螺旋的不同要求，学校理应设置两类不同的课程：以继承性学习为特点的学科类课程和以实践性学习为特点的活动类课程。新课程改革设置的综合实践活动课，即是针对全体学生的活动类必修课程。学校各门课程的实施，都需要放到由两类课程组成的课程体系中予以审视，既要关注和研究各门课程独具的教育功能、课程内容、教学方法以及课程评价，从课程的特点出发，实施尊重其内在规律的教学过程；同时，又要关注两类课程的相互关联，充分发挥两类课程、两种学习方式的整体功能。只有符合认知规律的课程设计才是好的课程设计，也只有符合认知规律的教学才是好的教学。[6]

反思以往教育，就当前情况而论，在两个认知螺旋中，过分强调了系统知识的继承，却忽略了通过实践学习对方法和情意的培养。这样的学习，虽然在知识的系统性和完整性

上会有一定的优势。然而，过分的灌输必然会压抑儿童的好奇心、学习热情和探求知识的欲望，甚至会不可避免地磨灭其求知欲望、实践能力和创新精神。

（2）主动调节两条认知螺旋，全面加强学校课程建设

继承性学习和实践性学习，在学校里集中表现在学科和活动两类不同的课程中。尽管每一门教学科目都可能涉及不同的学习方式，但继承性学习方式主要用于学科课程，而活动课程重视采用实践性学习的方式。因此，在学校教学中要学会主动调节两条认知螺旋，实现既定的教育教学目标，自然就要从关注两类不同的课程内容和选择相适应的学习方式着手，进而全面加强学校课程建设。以系统性学习为特点的学科课程，主要通过"传递—接受"教育的方式实现教育目标，帮助学生有效学习和掌握既有知识，更多地需要教师的主导地位，学习过程中的"理解"和"识记"自然便具有了重要的意义。理解是实现知识内化的前提，容易得到人们的认同，识记乃至背诵在学习中也具有重要的功能。因此，背诵一些并不完全理解的内容，在教学过程中也会成为经常使用的方法。基于经验的活动课程，以过程学习为特点，主要依靠学生发挥认知主体作用，并通过"自主实践和发现"的方式来实现课程目标，在动手动脑的活动过程中，模仿和探究便成为基本的学习方式。模仿在于"悟理"；探究实现"发现"。[5]

（3）用认知双螺旋认识教育改革和教育评价

①教育改革。自从教育作为一门科学来到世界上，教育改革就从来没有停止过，从奥尔伯特到杜威，再到我们今天的新课程改革。这一切，从本质上讲都是在不断地自觉或不自觉地调整两条认知螺旋，使受教育者得到符合时代要求的发展。

②教育评价。教育评价包括过程评价和结论评价两个部分，实际上涵盖了实践性学习和继承性学习两部分内容，二者不能偏废。一切教育评价都应以有利于教育和受教育者的发展为准绳。就课程教学评价而论，无疑应从课程特点出发，反映课程内容和要求的特性，实现课程工具价值和发展价值的统一。

事物的性质是由事物的结构决定的。由于长期实施单一的学科课程一统天下的课程体系，课程结构性缺失造成的人才培养方面的各种问题，不能指望在原有课程体系的框架下获得解决，只能寄希望于新的课程体系的建立和实施。用认知双螺旋考察中国教育的这一现实，就会认同：在九年义务教育阶段设置综合实践活动并作为必修课程，构建学科课程和活动课程优势互补、相辅相成的课程体系，是从我国教育实际出发，有着准确判断力和高度创造性的明智举措。用认知双螺旋的观点观察当前的教育改革，有助于从把握教育规律的高度考虑问题，提高人们的理论水平和投入课程改革的自觉性，并提供解决问题的思路。在当前全面实施素质教育的机制尚不健全的情况下，至少能够从课程实施的角度，实现系统间接经验的学习，将学生已有的知识和经验紧密联系，为推动全面育人创造条件。

三、多元智能理论

1. 多元智能理论的内容

多元智能理论是由美国哈佛大学教育研究院的心理发展学家霍华德·加德纳提出的，在1983年出版的《智力的结构》一书中他指出："智力是在某种社会或文化环境或文化环境的价值标准下，个体用以解决自己遇到的真正的难题或生产及创造出有效产品所需要的能力。"他认为每个人都至少具备言语—语言智能、逻辑—数理智能、视觉—空间智能、身体—动作智能、音乐—节奏智能、交往—人际关系智能、自我—内省智能和自然观察智能。[7]

（1）言语—语言智能

这种智能主要是指有效地运用口头语言及文字的能力，即指听、说、读、写能力，表现为个人能够顺利而高效地利用语言描述事件、表达思想并与人交流。这种智能在作家、演说家、记者、编辑、节目主持人、播音员、律师等职业上有更加突出的表现。

（2）逻辑—数理智能

这种智能是从事与数字有关工作的人特别需要的智能。他们学习时靠推理来进行思考，喜欢提出问题并执行实验以寻求答案，寻找事物的规律及逻辑顺序，对科学的新发展有兴趣。即使他人的言谈及行为也成了他们寻找逻辑缺陷的好地方，比较容易接受可被测量、归类、分析的事物。这种智能在侦探、律师、工程师、科学家和数学家身上有比较突出的表现。

（3）视觉—空间智能

这种智能强调人对色彩、线条、形状、形式、空间及它们之间关系的敏感性很高，感受、辨别、记忆、改变物体的空间关系并借此表达思想和情感的能力比较强，表现为对线条、形状、结构、色彩和空间关系的敏感以及通过平面图形和立体造型将它们塑造出来的能力。能准确地感觉视觉空间，并把所知觉到的表现出来。这类人在学习时是用意象及图像来思考的。空间智能可以划分为形象的空间智能和抽象的空间智能两种能力。形象的空间智能为画家的特长，抽象的空间智能为几何学家特长，建筑学家形象和抽象的空间智能都擅长。

（4）身体—动作智能

这种智能主要是指善于运用整个身体来表达想法和感觉，以及运用双手灵巧地生产或改造事物的能力。这类人很难长时间坐着不动，喜欢动手建造东西，喜欢户外活动，与人谈话时常用手势或其他肢体语言。他们学习时是通过身体感觉来思考，能调节身体运动及用巧妙的双手改变物体，表现为能够较好地控制自己的身体，对事件能够做出恰当的身体反应以及善于利用身体语言来表达自己的思想。运动员、舞蹈家、外科医生等都有这种智能优势。

（5）音乐—节奏智能

这种智能主要是指人敏感地感知音调、旋律、节奏和音色等能力，表现为个人对音乐节奏、音调、音色和旋律的敏感以及通过作曲、演奏和歌唱等表达音乐的能力。这种智能在作曲家、指挥家、歌唱家、乐师、乐器制作者、音乐评论家等人员那里有出色的表现。

（6）交往—人际关系智能

人际关系智能，是指能够有效地理解别人及其关系，以及与人交往的能力，包括四大要素：一是组织能力，指群体动员与协调能力；二是协商能力，指仲裁与调解纷争能力；三是分析能力，指能够敏锐察知他人的情感动向与想法，易与他人建立密切关系的能力；四是人际联系，指对他人表现出关心，善解人意，适于团体合作的能力。

（7）自我—内省智能

这种智能主要是指认识到自己的能力，表现为能正确把握自己的长处和短处，把握自己的情绪、意向、动机、欲望，对自己的生活有规划，能自尊、自律，会吸收他人的长处；会从各种回馈渠道中了解自己的优劣势，常静思以规划自己的人生目标，爱独处，以

深入自我的方式来思考；喜欢独立工作，有自我选择的空间。这种智能在政治家、哲学家、心理学家、教师等人员那里有出色的表现。

（8）自然观察智能

这种智能是指认识世界、适应世界的能力，是一种在自然世界里辨别差异的能力，如植物区系和动物区系、地质特征和气候。它是对身处的整个大自然环境的规律认知，如历史、人体构造、季节变化、方向的确立、磁极的存在，能适应不同环境的生存能力。

2. 多元智能理论的核心思想及教学理念的转变

多元智能理论的核心是尊重每一个学生的自然个性和公平地看待学生，最后比较全面地评估个别学生的成就，并发展学生的潜能，从而重建学生的自信和学习兴趣，最终达到个人全面的改进和发展。[8]孟少沛认为，多元智能理论可体现以下的教学观念。

①每个学生都或多或少地具有这八种智能，只是其组合的方式和发挥的程度不同。

②每个学生都有各自的优势智能领域，人人拥有一片希望的蓝天。

③每个学生都具有自己的智力特点和学习风格。

④学校里不存在差生。学生的问题不是聪明与否，而是究竟在哪些方面聪明和怎样聪明。

⑤人才的培养主要取决于后天的环境和教育作用，要更加注重个性的发展，将"全面发展"与"个性发展"有机结合起来。

多元智能的提出让更多的教育研究者重新思考教学的变革。多元智能很好地阐明了学生的差异性和个性特点，每个学生都有不同的智能优势。因此，在班级里面没有"差生"，而是他们的智能特长不一样，应该尊重学生的个性化，改变以教师为中心的"满堂灌"的教学理念，提倡以学生为主体的教学理念。对不同的学生有不同的学习要求，实行"人本主义"，达到个性化教学。

3. 多元智能理论对教学的启示

加德纳的多元智能理论在美国教育教学改革中产生了广泛的积极影响，成为许多西方国家教育教学改革的重要指导思想。据称，美国已有上百所学校自称为多元智力学校，还有难以计数的教师以多元智力理论为指导思想进行教育教学改革并取得了显著的成绩。在我国教育改革不断深化、素质教育全面推进的新形势下，研究作为教育教学改革新理论、新观点和新思路的多元智力理论，探讨多元智力理论对我们的启示，有着重要的现实意义。[9]

（1）要改变以往的学生观

根据加德纳的多元智力理论，每一个学生的智力都各具特点并有自己独特的表现形式，有自己的学习类型和学习方法。在人才观上，多元智能理论认为几乎每个人都是聪明的，但聪明的范畴和性质呈现出差异。"天生我材必有用"，学生的差异性不应该成为教育上的负担，相反，它是一种宝贵的资源。我们要改变以往的学生观，用赏识和发现的目光去看待学生，改变以往用一把尺子衡量学生的标准，正确地引导和充分地挖掘他们，让每个学生都能成才。

（2）重新定位教学观

我国传统的教学基本上以"教师讲，学生听"为主要形式，辅之以枯燥乏味的"题海战术"，而忽视了不同学科或能力之间在认知活动和方式上的差异。多元智能理论强调教师应当根据教学内容、学生智力特点、学习风格，选择适宜的教学方式、手段，创设多种多样的教学情境，与学生的优势智能倾向和学习喜好、发展偏向吻合，并将其优势智能领域的特点迁移到弱势智能领域中去，有效地促进学生发展。按照孔子的观点就是要考虑个体差异，因材施教。在平常的教学中，教师对每个知识点的讲解几乎运用同一种方式，一些学生也许适应这种讲解方式，另一些学生也许不太适应。如果针对不同的内容，采取不同的教学方式，会提升教学效果。我们要关注学生差异，正确对待学生的差异，在教学中，根据学生的差异，运用多样化的教学模式，促进学生潜能的开发，最终促进每个学生的良好发展。

（3）教师要改变自己的教学目标

在教育目标上，多元智能并不主张将所有人都培养成全才，而是应该根据学生的不同情况来确定每个学生最适合的发展道路。通俗来讲，多元智能理论不是让学生千军万马过独木桥，也不是简单要求给学生多架几座桥，而是主张给每条学生都铺一座桥，让"各得其所"成为现实。这也就是课程改革所提倡的"让每个学生都来有所学，学有所得，得有所长"。教育的价值除了为社会培养有用之才，更在于解放和发展人本身。

（4）观念的变化带来教学行为的变化

教师备课、上课不能再仅仅为了完成教学大纲的要求，而是更多地从关注学生需求、开发学生潜能、促进学生全面发展方面去考虑问题。我们要采用多种方式和手段呈现用"多元智能"来教学的策略，实现为"多元智能而教"的目的，改进教学的形式和环节，努力培养学生的多种智能。在教学形式上重视小组合作学习和讨论，以利于人际智能的培养。在教学环节上重视反思环节，培养学生的内省智能。力争使课堂教学丰富多彩，课堂互动形式多样，使学生的主体地位更加明显。

（5）评价多元化，注重过程性评价

传统的智力测验过分强调语言和数理逻辑方面的能力，只采用纸笔测试的方式，过分强调死记硬背，缺乏对学生理解能力、动手能力、应用能力和创造能力的客观考核。多元智能理论认为评价应该多元化，评价多元化不仅仅是指评价方法的多样化，更应体现评价主体的多元化，评价内容的层次化。西北师范大学的李宏欣学者认为，新型学业评价体系应该注重过程管理，体现评价方法的多元化；实现优劣互补功效，体现学习方式的多元化；整合学科内容，体现内容的多元化。[10] 在教学评价中，要注重发展性、过程性的评价，不仅仅看考试的成绩，还要看学生参与活动的态度及表现；评价内容更为全面，不但要评价对所学知识点的掌握，还要评价在学习该知识点时对其他知识或能力的掌握；评价手段更为多样，除了教师评价，还可以进行学生互评和自评；评价标准更为科学，摆脱仅仅把分数当成评价标准的理念。

四、建构主义学习理论

1. 建构主义的发展历史

建构主义（Constructivism）也译作结构主义，是一种关于知识和学习的理论，强调学习者的主动性，认为学习是学习者基于原有的知识经验生成意义、建构理解的过程，而这一过程常常是在社会文化互动中完成的。[11] 建构主义最早提出者可追溯至瑞士的心理学家皮亚杰，他所创立的关于儿童认知发展的学派被人们称为日内瓦学派。他把儿童的认知发展分成以下四个阶段：感知运动阶段（0～2岁）、前运算阶段（2～7岁）、具体运算阶

段（7～11岁）、形式运算阶段（11～16岁）[12]。建构主义理论的主要代表人物有皮亚杰、科恩伯格、斯滕伯格、卡茨和维果斯基。

皮亚杰关于建构主义的基本观点是：儿童是在与周围环境相互作用的过程中，逐步建构起关于外部世界的知识，从而使自身认知结构得到发展的。儿童与环境的相互作用涉及两个基本过程："同化"与"顺应"。"同化"是指把外部环境中的有关信息吸收进来并结合到儿童已有的认知结构（也称"图式"）中，即个体把外界刺激所提供的信息整合到自己原有认知结构内的过程；"顺应"是指外部环境发生变化，而原有认知结构无法同化新环境提供的信息时所引起的儿童认知结构发生重组与改造的过程，即个体的认知结构因外部刺激的影响而发生改变的过程。[12] 同化是认知结构数量的扩充（图式扩充），而顺应则是认知结构性质的改变（图式改变）。认知个体通过同化与顺应这两种形式来达到与周围环境的平衡。儿童的认知结构就是通过同化与顺应过程逐步建构起来，并在"平衡—不平衡—新的平衡"的循环中不断得到丰富、提高和发展。

在皮亚杰的"认知结构说"的基础上，科恩伯格对认知结构的性质与发展条件等方面作了进一步的研究；斯滕伯格和卡茨等人强调个体的主动性在建构认知结构过程中的关键作用，并对认知过程中如何发挥个体的主动性进行了认真的探索；维果斯基提出的"文化历史发展理论"，强调认知过程中学习者所处社会文化历史背景的作用，并提出了"最近发展区"的理论。维果斯基认为，个体的学习是在一定的历史、社会文化背景下进行的，社会可以为个体的学习发展起到重要的支持和促进作用。维果斯基区分了个体发展的两种水平：现实的发展水平和潜在的发展水平。现实的发展水平即个体独立活动所能达到的水平，而潜在的发展水平则是指个体在成人或比他成熟的个体的帮助下所能达到的活动水平，这两种水平之间的区域即"最近发展区"。在此基础上，以维果斯基为首的维列鲁学派深入研究了"活动"和"社会交往"在人的高级心理机能发展中的重要作用。所有这些研究都使建构主义理论得到进一步丰富和完善，为实际应用于教学过程创造了条件。[13]

建构主义理论的内容很丰富，但其核心只用一句话就可以概括——以学生为中心，强调学生对知识的主动探索、主动发现和对所学知识意义的主动建构（而不是像传统教学那样，只是把知识从教师头脑中传送到学生的笔记本上）。以学生为中心，强调的是"学"；以教师为中心，强调的是"教"。这正是两种教育思想、教学观念最根本的分歧点，由此而发展出两种对立的学习理论、教学理论和教学设计理论。建构主义所要求的学习环境得到了当代最新信息技术成果的强有力支持，使建构主义理论日益与广大教师的教学实践普遍地结合起来，成为国内外学校深化教学改革的指导思想。

2. 建构主义关于学习的含义

建构主义认为："知识不是通过教师传授得到，而是学习者在一定的情境即社会文化背景下，借助获取知识过程中其他人（包括教师和学习伙伴）的帮助，利用必要的学习资料，通过意义建构的方式而获得。[13]" 由于学习是在一定的情境（即社会文化背景）下，借助其他人的帮助（即通过人际间的协作活动）而实现的意义建构过程，因此建构主义学习理论认为"情境""协作""会话"和"意义建构"是学习环境中的四大要素或四大属性。[13] 学习的质量是学习者建构意义能力的函数，而不是学习者重现教师思维过程能力的函数。换句话说，获得知识的多少取决于学习者根据自身经验去建构有关知识意义的能力，而不取决于学习者记忆和背诵教师讲授内容的能力。

3. 建构主义关于学习的方法

建构主义提倡在教师指导下的、以学习者为中心的学习，也就是说，既强调学习者的认知主体作用，又不忽视教师的指导作用，教师是意义建构的帮助者、促进者，而不是知识的传授者与灌输者。学生是信息加工的主体、是意义的主动建构者，而不是外部刺激的被动接受者和被灌输对象。学生要成为意义的主动建构者，就要在学习过程中从以下几个方面发挥主体作用。[13]

①要用探索法、发现法去建构知识的意义。

②在建构意义过程中要求学生主动去收集并分析有关的信息和资料，对所学习的问题提出各种假设并努力加以验证。

③要把当前学习内容所反映的事物尽量和自己已有经验相联系，并对这种联系加以认真的思考。"联系"与"思考"是意义构建的关键。如果能把联系与思考的过程与协作学习中的协商过程（即交流、讨论的过程）结合起来，则学生建构意义的效率会更高、质量会更好。协商有自我协商与相互协商两种，自我协商是指自己和自己争辩什么是正确的；相互协商则指学习小组内部相互之间的讨论与辩论。

教师要成为学生建构意义的帮助者，就要在教学过程中从以下几个方面发挥指导作用。[13]

①激发学生的学习兴趣，帮助学生形成并强化学习动机。

②通过创设符合教学内容要求的情境和提示新旧知识之间联系的线索，帮助学生建构当前所学知识的意义。

③为了使意义建构更有效，教师应在可能的条件下组织协作学习（开展讨论与交流），并对协作学习过程进行引导使之朝有利于意义建构的方向发展。引导的方法包括：提出适当的问题以引起学生的思考和讨论；在讨论中设法把问题一步步引向深入，以加深学生对所学内容的理解；启发学生自己去发现规律、纠正错误的或片面的认识。

4. 建构主义的教学思想

建构主义所蕴含的教学思想主要反映在知识观、学习观、学生观、师生角色的定位及其作用、学习环境和教学原则六个方面。[11]

（1）建构主义的知识观

①知识不是对现实的纯粹客观的反映，任何一种传载知识的符号系统也不是绝对真实的表征。它只不过是人们对客观世界的一种解释、假设或假说，而不是问题的最终答案，必将随着人们认识程度的深入而不断变革、升华和改写，出现新的解释和假设。

②知识并不能绝对准确无误地概括世界的法则，提供对任何活动或问题解决都实用的方法。在具体的问题解决中，知识是不可能一用就准、一用就灵的，而是需要针对具体问题的情境对原有知识进行再加工和再创造。

③知识不可能以实体的形式存在于个体之外，尽管通过语言赋予了知识一定的外在形式，并且获得了较为普遍的认同，但这并不意味着学习者对这种知识有同样的理解。真正的理解只能是由学习者自身基于自己的经验背景而建构，取决于特定情况下的学习活动过程。

（2）建构主义的学习观

①学习不是由教师把知识简单地传递给学生，而是由学生自己建构知识的过程。学生不是简单被动地接收信息，而是主动地建构知识的意义，这种建构是无法由他人来代替的。[11]

②学习不是被动接收信息刺激，而是主动地建构意义，是根据自己的经验背景，对外部信息主动进行选择、加工和处理，从而获得自己的意义。外部信息本身没有什么意义，意义是学习者通过新旧知识经验间的反复、双向的相互作用过程而建构的。因此，学习不是行为主义所描述的"刺激—反应"的模式。

③学习意义的获得，是每个学习者以自己原有的知识经验为基础，对新信息重新认识和编码，建构自己的理解的过程。在这一过程中，学习者原有的知识经验因为新知识经验的进入而发生调整和改变。

④同化和顺应是学习者认知结构发生变化的两种途径或方式。同化是认知结构的量变，而顺应则是认知结构的质变。同化—顺应—同化—顺应，循环往复，平衡—不平衡—平衡—不平衡，相互交替，人的认知水平的发展，就是这样的一个过程。学习不是简单的信息积累，更重要的是包含新旧知识经验的冲突，以及由此而引发的认知结构的重组。学习过程不是简单的信息输入、存储和提取，是新旧知识经验之间的双向的相互作用过程，也就是学习者与学习环境之间互动的过程。

（3）建构主义的学生观

①建构主义强调，学习者并不是空着脑袋进入学习情境中的。在日常生活和以往各种形式的学习中，他们已经形成了有关的知识经验，对任何事情都有自己的看法。即使是有些问题他们从来没有接触过，没有现成的经验可以借鉴，但是当问题呈现在他们面前时，他们还是会基于以往的经验，依靠他们的认知能力，形成对问题的解释，提出他们的假设。

②教学不能无视学习者的已有知识经验，简单强硬地从外部对学习者实施知识的"填灌"，而是应当把学习者原有的知识经验作为新知识的生长点，引导学习者从原有的知识经验中，获得新的知识经验。教学不是知识的传递，而是知识的处理和转换。教师不单是知识的呈现者，不是知识权威的象征，而应该重视学生自己对各种现象的理解，倾听他们的看法，思考他们想法的由来，并以此为据，引导学生丰富或调整自己的解释。

③教师与学生、学生与学生之间需要共同针对某些问题进行探索，并在探索的过程中相互交流和质疑，了解彼此的想法。由于经验、背景差异不可避免，学习者对问题的看法和理解经常是千差万别的。其实，在学生的共同体中，这些差异本身就是一种宝贵的资源。建构主义虽然非常重视个体的自我发展，但是也不否认外部引导，即教师的影响作用。

（4）师生角色的定位及其作用

①教师的角色是学生建构知识的忠实支持者。教师的作用从传统传递知识的权威转变为学生学习的辅导者，成为学生学习的高级伙伴或合作者。教师应该给学生提供复杂的真实问题，他们不仅必须开发或发现这些问题，而且必须认识到复杂问题有多种答案，激励学生对问题解决的多重观点，这显然是与创造性的教学活动宗旨相吻合的。教师必须创设良好的学习环境，学生在这种环境中可以通过实验、独立探究、合作学习等方式来展开学习，教师必须保证学习活动和学习内容的平衡。教师必须提供学生元认知工具和心理测量工具，培养学生评判性的认知加工策略，以及自己建构知识和理解的心理模式。教师应认

识到，教学目标包括认知目标和情感目标，教学是逐步减少外部控制、增加学生自我控制学习的过程。

②教师要成为学生建构知识的积极帮助者和引导者，应当激发学生的学习兴趣，形成和强化学生的学习动机。通过创设符合教学内容要求的情境和提示新旧知识之间联系的线索，帮助学生建构当前所学知识的意义。为使学生的意义建构更为有效，教师应尽可能地组织协作学习，展开讨论和交流，并对协作学习过程进行引导，使之朝有利于意义建构的方向发展。

③学生是教学活动的积极参与者和知识的积极建构者。建构主义要求学生面对认知复杂的真实情境，并在复杂的真实情境中完成任务。因而，学生需要采取新的学习风格、新的认识加工策略，形成自己是知识与理解的建构者的心理模式。建构主义教学要求学生承担更多的管理自己学习的责任，教师则为学生提供一定的辅导。

学生要用探索法和发现法去建构知识的意义。在建构意义的过程中要求学生主动去收集和分析有关的信息资料，对所学的问题提出各种假设并努力加以验证。要善于把当前学习内容尽量与自己已有的知识经验联系起来，并对这种联系加以认真思考。联系和思考是意义建构的关键，它最好的效果是与协商过程结合起来。

（5）建构主义的学习环境

建构主义认为，学习者的知识是在一定情境下，借助其他人的帮助，如人与人之间的协作、交流、利用必要的信息等，通过意义的建构而获得的。理想的学习环境应当包括情境、协作、交流和意义建构四部分。[11]

①情境。学习环境中的情境必须有利于学习者对所学内容的意义建构，这就对教学设计提出了新的要求。也就是说，在建构主义学习环境下，教学设计不仅要考虑教学目标，还要考虑有利于学生建构意义的情境的创设问题，并把情境创设看作是教学设计的重要内容之一。

②协作。协作应该贯穿于整个学习活动过程中。教师与学生之间、学生与学生之间的协作，对学习资料的收集与分析、假设的提出与验证、学习进程的自我反馈和学习结果的评价以及意义的最终建构都有十分重要的作用。协作在一定的意义上是协商的意思。协商主要有自我协商和相互协商，自我协商是指自己和自己反复商量什么是比较合理的，相互协商是指学习小组内部之间的商榷、讨论和辩论。

③交流。交流是协作过程中最基本的方式或环节。学习小组成员之间必须通过交流来商讨如何完成规定的学习任务，达成意义建构的目标，怎样更多地获得教师或他人的指导和帮助等。其实，协作学习的过程就是交流的过程，在这个过程中，每个学习者的想法都为整个学习群体所共享。交流对于推进每个学习者的学习进程是至关重要的。

④意义建构。意义建构是教学过程的最终目标。建构的意义是指事物的性质、规律以及事物之间的内在联系。在学习过程中帮助学生建构意义就是要帮助学生理解当前学习的内容所反映事物的性质、规律以及该事物与其他事物之间的内在联系。

（6）建构主义的教学原则

①把所有的学习任务都置于为了能够更有效地适应世界的学习中。

②教学目标应该与学生的学习环境中的目标相符，教师确定的问题应该使学生感到就是学生想知道答案的问题。

③设计真实的任务。真实的活动是学习环境的重要的特征，是应该在课堂教学中使用

真实的任务和日常的活动或实践整合多重的内容或技能。

④设计能够反映学生在学习结束后从事有效行动的复杂环境。

⑤给予学生解决问题的自主权。教师应该刺激学生的思维，让他们自己解决问题。

⑥设计支持和激发学生思维的学习环境。

⑦鼓励学生在社会背景中检测自己的观点。

⑧支持学生对所学内容与学习过程的反思，发展学生自我控制的技能，成为独立的学习者。

5. 建构主义的教学模式与教学方法

（1）建构主义的教学模式

与建构主义学习理论以及建构主义学习环境相适应的教学模式为："以学生为中心，在整个教学过程中由教师起组织者、指导者、帮助者和促进者的作用，利用情境、协作、交流等学习环境要素充分发挥学生的主动性、积极性和首创精神，最终达到使学生有效地实现对当前所学知识的意义建构的目的。"[13] 在这种模式中，学生是知识意义的主动建构者；教师是教学过程的组织者、指导者，意义建构的帮助者、促进者；教材所提供的知识不再是教师传授的内容，而是学生主动建构意义的对象；媒体也不再是帮助教师传授知识的手段、方法，而是用来创设情境、进行协作学习和会话交流，即作为学生主动学习、协作式探索的认知工具。显然，在这种场合，教师、学生、教材和媒体四要素与传统教学相比，各自有完全不同的作用，彼此之间有完全不同的关系。但是这些作用与关系也是非常清楚、非常明确的，因而成为教学活动进程的另外一种稳定结构形式，即建构主义学习环境下的教学模式。[11]

（2）建构主义的教学方法

在建构主义的教学模式下，目前已开发出的、比较成熟的教学方法主要有以下几种。

①支架式教学（Scaffolding Instruction）。支架式教学的定义为："支架式教学应当为学习者建构对知识的理解提供一种概念框架（Conceptual Framework）。这种框架中的概念是为发展学习者对问题的进一步理解所需要的，为此，事先要把复杂的学习任务加以分解，以便于把学习者的理解逐步引向深入。[13]" 支架原本指建筑行业中使用的脚手架，在这里用来形象地描述一种教学方式：儿童被看作一座建筑，儿童的"学"是在不断地、积极地建构自身的过程；而教师的"教"则是一个必要的脚手架，支持儿童不断地建构自己，不断建造新的能力。支架式教学是以苏联著名心理学家维果斯基的"最近发展区"理论为依据的。维果斯基认为，在测定儿童智力发展时，应至少确定儿童的两种发展水平：一是儿童现有的发展水平，二是潜在的发展水平，这两种水平之间的区域称为"最近发展区"。教学应从儿童潜在的发展水平开始，不断创造新的"最近发展区"。支架教学中的"支架"应根据学生的"最近发展区"来建立，通过支架作用不停地将学生的智力从一个水平引到另一个更高的水平。支架式教学由以下几个环节组成。[13]

a. 搭脚手架——围绕当前学习主题，按"最近发展区"的要求建立概念框架。

b. 进入情境——将学生引入一定的问题情境。

c. 独立探索——让学生独立探索。探索内容包括：确定与给定概念有关的各种属性，并将各种属性按其重要性程度排列。探索开始时要先由教师启发引导，然后让学生自己去分析；探索过程中教师要适时提示，帮助学生沿概念框架逐步攀升。

d. 协作学习——进行小组协商、讨论。讨论的结果有可能使原来确定的、与当前所学概念有关的属性增加或减少，各种属性的排列次序也可能有所调整，并使原来多种意见相互矛盾且态度纷呈的复杂局面逐渐变得明朗、一致起来。在共享集体思维成果的基础上达到对当前所学概念比较全面、正确的理解，即最终完成对所学知识的意义建构。

e. 效果评价——对学习效果的评价包括学生个人的自我评价和学习小组对个人的学习评价，评价内容包括：自主学习能力；对小组协作学习所做的贡献；是否完成对所学知识的意义建构。

②抛锚式教学（Anchored Instruction）。这种教学要求建立在有感染力的真实事件或真实问题的基础上。确定这类真实事件或问题被形象地比喻为"抛锚"，因为一旦这类事件或问题被确定，整个教学内容和教学进程也就被确定了（就像轮船被锚固定一样）。建构主义认为，学习者要想完成对所学知识的意义建构，即达到对该知识所反映事物的性质、规律以及该事物与其他事物之间联系的深刻理解，最好的办法是让学习者到现实世界的真实环境中去感受、去体验（即通过获取直接经验来学习），而不是仅仅聆听别人（例如教师）关于这种经验的介绍和讲解。由于抛锚式教学要以真实事例或问题为基础（作为"锚"），所以有时也被称为"实例式教学""基于问题的教学""情境性教学"。抛锚式教学由以下几个环节组成。[13]

a. 创设情境——使学习能在和现实情况基本一致或类似的情境中发生。

b. 确定问题——在上述情境下，选择与当前学习主题密切相关的真实性事件或问题作为学习的中心内容。选出的事件或问题就是"锚"，这一环节的作用就是"抛锚"。

c. 自主学习——不是由教师直接告诉学生应当如何去解决面临的问题，而是由教师向学生提供解决该问题的有关线索，并特别注意发展学生的"自主学习"能力。

d. 协作学习——讨论、交流，通过不同观点的交锋，补充、修正、加深每个学生对当前问题的理解。

e. 效果评价——由于抛锚式教学的学习过程就是解决问题的过程，该过程可以直接反映学生的学习效果。因此对这种教学效果的评价不需要进行独立于教学过程的专门测验，只需在学习过程中随时观察并记录学生的表现即可。

③随机进入教学（Random Access Instruction）。由于事物的复杂性和问题的多面性，要做到对事物内在性质和事物之间相互联系的全面了解和掌握，即真正达到对所学知识的全面而深刻的意义建构是很难的，往往从不同的角度考虑可以得出不同的理解。为克服这方面的弊病，在教学中就要注意对同一教学内容，要在不同的时间、不同的情境下，为不同的教学目的、用不同的方式加以呈现。换句话说，学习者可以随意通过不同途径、不同方式进入同样教学内容的学习，从而获得对同一事物或同一问题的多方面认识与理解，这就是所谓"随机进入教学"。显然，学习者通过多次"进入"同一教学内容能比较全面而深入地掌握该知识内容。这种多次进入，绝不是像传统教学那样，单纯为巩固一般的知识、技能而实施的简单重复。这里的每次进入都有不同的学习目的，不同的问题侧重点。因此多次进入的结果，绝不仅仅是对同一知识内容的简单重复和巩固，而是使学习者获得对事物全貌的理解与认识上的飞跃。随机进入教学主要包括以下几个环节。[13]

a. 呈现基本情境——向学生呈现与当前学习主题的基本内容相关的情境。

b. 随机进入学习——取决于学生"随机进入"学习所选择的内容，而呈现与当前学习主题的不同侧面特性相关联的情境。在此过程中，教师应注意发展学生的自主学习能

力，使学生逐步学会自己学习。

c. 思维发展训练——由于随机进入学习的内容通常比较复杂，所研究的问题往往涉及许多方面，因此在这类学习中，教师还应特别注意发展学生的思维能力。

d. 小组协作学习——围绕呈现不同侧面的情境所获得的认识展开小组讨论。在讨论中，每个学生的观点在和其他学生以及教师一起建立的社会协商环境中得到考验、评论，同时每个学生也对别人的观点、看法进行思考并做出反应。

e. 学习效果评价——包括自我评价与小组评价。评价内容包括自主学习能力、对小组协作学习所做的贡献、是否完成对所学知识的意义建构。

6. 建构主义教学设计原则

建构主义学习理论强调以学生为中心，认为学生是认知的主体，是知识意义的主动建构者，而教师只对学生的意义建构起帮助和促进作用，并不要求教师直接向学生传授和灌输知识。在建构主义学习环境下，教师和学生的地位、作用和传统教学相比已发生很大的变化。近年来，教育技术领域的专家们进行了大量的研究与探索，力图建立一套能与建构主义学习理论以及建构主义学习环境相适应的全新教学设计理论与方法体系。尽管这种理论体系的建立是一项艰巨的任务，并非短期内能够完成。但是其基本思想及主要原则已日渐明朗，并已开始实际应用于基于多媒体和 Internet 的建构主义学习环境的教学设计。建构主义使用的教学设计原则有如下六个。[11]

（1）强调以学生为中心

明确"以学生为中心"，这一点对于教学设计有至关重要的指导意义，因为从"以学生为中心"出发还是从"以教师为中心"出发将得出两种全然不同的设计结果。至于如何体现以学生为中心，建构主义认为可以从三个方面努力：一是要在学习过程中充分发挥学生的主动性，能体现学生的首创精神；二是要让学生有多种机会在不同的情境下去应用他们所学的知识（将知识外化）；三是要让学生能根据自身行动的反馈信息来形成对客观事物的认识和解决实际问题的方案（实现自我反馈）。以上三点，即发挥首创精神、将知识外化和实现自我反馈，可以说是体现以学生为中心的三个要素。

（2）强调"情境"对意义建构的重要作用

建构主义认为，学习总是与一定的社会文化背景，即情境相联系的，在实际情境中进行学习，可以使学习者利用自己原有认知结构中的有关经验去同化和索引当前学习到的新知识，从而赋予新知识以某种意义；如果原有经验不能同化新知识，则要引起顺应过程，即对原有认知结构进行改造与重组。总之，通过同化与顺应，才能达到对新知识意义的建构。在传统的课堂讲授中，由于不具备实际情境所具有的生动性、丰富性，学习者对知识的意义建构很困难。

（3）强调"协作学习"对意义建构的关键作用

建构主义认为，学习者与周围环境的交互作用，对于学习内容的理解（即对知识意义的建构）起着关键性的作用，这是建构主义的核心概念之一。学生们在教师的组织和引导下一起讨论和交流，共同建立起学习群体并成为其中的一员。在这样的群体中，共同批判地探讨各种理论、观点和假说；进行协商和辩论，先内部协商（即和自身争辩哪一种观点正确），然后再相互协商（即对当前问题摆出各自的看法、论据及有关材料，并对别人的观点进行分析和评论）。通过这样的协作学习环境，学习者群体（包括教师和每位学生）

的思维与智慧可以被整个群体所共享，即整个学习群体共同完成对所学知识的意义建构，而不是其中的某一位或某几位学生完成意义建构。

（4）强调对学习环境（而非教学环境）的设计

建构主义认为，学习环境是学习者可以在其中进行自由探索和自主学习的场所。在此环境中，学生可以利用各种工具和信息资源（如文字材料、书籍、音像资料、多媒体 CAI 课件以及 Internet 上的信息等）来达到自己的学习目标。在这一过程中，学生不仅能得到教师的帮助与支持，而且学生之间也可以相互协作和支持。学习应当被促进和支持而不应受到严格的控制与支配，学习环境则是一个支持和促进学习的场所。建构主义学习理论指导下的教学设计应是针对学习环境的设计而非教学环境的设计。因为，教学意味着更多的控制与支配，而学习则意味着更多的主动与自由。

（5）强调利用各种信息资源来支持"学"

为了支持学习者的主动探索和完成意义建构，在学习过程中要为学习者提供各种信息资源（包括各种类型的教学媒体和教学资料）。这里利用这些媒体和资料并非用于辅助教师的讲解和演示，而是用于支持学生的自主学习和协作式探索。信息资源应如何获取、从哪里获取，以及如何有效地加以利用等，是主动探索过程中迫切需要教师提供帮助的内容。

（6）强调学习的最终目的是完成意义建构

在建构主义学习环境中，强调学生是认知主体、是意义的主动建构者，所以把学生对知识的意义建构作为整个学习过程的最终目的。教学设计通常不是从分析教学目标开始，而是从如何创设有利于学生意义建构的情境开始，整个教学设计过程紧紧围绕"意义建构"这个中心而展开，不论是学生的独立探索、协作学习还是教师辅导。总之，学习过程中的一切活动都要从属于这一中心，都要有利于完成和深化对所学知识的意义建构。

五、范例教学法理论

范例教学，亦称"示范性教学""范例方式教学""范畴教育"，是借助精选教材中的示范性材料，使学生从个别到一般，掌握带规律性的知识和能力的教学理论。[14] 范例教学理论是由瓦根舍因和克拉夫基等人提出的。范例教学法与赞科夫的新教学体系和布鲁纳的结构主义教学论并称为 20 世纪中期最具影响力的三大教学流派。

20 世纪 50 年代，科技迅猛发展，知识量爆炸般增长，人们需要掌握更多的知识和技能来适应社会，学校便相应地扩充教材内容，然而当时学校所用的传统教育方法，却无法适应这种变化。教学中，教师注重的是知识的系统性，希望把庞杂的知识体系整个地教给学生；学生则依赖于教师，把知识死记硬背，无论消化与否，更不用说理论联系实际了，这种只注重知识传递的教学方法导致教育质量不断下降。瓦根舍因认为，在当时的情况下，想要什么都教，让学生什么都学会是一项不可能完成的任务。与其在传统的教学模式下教得多学得少，不如让学生学习一些最典型、最基本、最容易记住的东西，在这个基础上，激发学生的学习兴趣，培养学生自主学习的能力，最终获得更多更有用的知识。由此，瓦根舍因最先提出在物理和数学的教学中使用范例教学原理，这是公认最早成形的范例教学理论。之后，再由克拉夫基等人将范例教学的理论研究和实践探讨引向深入，使其完整充实和发展成熟，形成今天的范例教学法理论。

1. 范例教学法的概念

瓦根舍因认为，"范例"就是"隐含着本质因素、根本因素、基础因素的典型事例"。

克拉夫基指出："对于范例教学的基本思想，虽然有种种解释，但可以作为总体思想动机提出而做如下表述：组织教养性学习，促进学生的独立性，即引向连续起作用的知识、能力和态度。"范例教学法就是选取一些在所教授知识领域中具有代表性的最基础、最典型的例子，让学生通过对这些范例的学习，从特殊到一般，实现学习的迁移，掌握这一类知识的一般规律，并能积极主动地去发现问题、分析问题和解决问题，获得自主学习的能力。

2. 范例教学法的主要内容

理论上，教育学家一般把范例教学法归纳为：教学内容的"三个特性"、教学要求的"四个统一"和教学过程中的"四个阶段"。

（1）教学内容的"三个特性"

范例教学法要求在教学内容上坚持三个特性，即基本性、基础性和范例性，这三条特性在选择范例的时候同样适用。[15]

①基本性。基本性强调教学应教给学生基本的知识结构与规律，包括基本概念、基本原理、基本规则、基本规律等，使学生掌握学科的知识结构。施普兰格认为，基本性指以某一内容为基础的规律性。克拉夫基则认为基本性指基本原理，要求给学生提供的基本原理不是孤立的，而是使学生在更大范围的思想联系中来认识基本原理。

②基础性。基础性强调教学应从学生的基本经验出发，促进他们的智力发展，即教学应以学生的实际经验为基础，使学生在教学过程中获得更深化的新经验，建立一种新的思维结构。基础性原则还要求教学从学科转向学习者，要求教师更多地在学习者精神世界方面做工作，使他们掌握各种基本概念、基本结构和基本规律之间的关系。因此，基础性是基本性的更高一个层次。

③范例性。范例性即通过精选的范例使教学达到基本性和基础性目标的原则。要求设计一种教学结构，使教学内容与教学方法之间以及各种教学内容之间的联系结构化，通过这种教学使学生的兴趣问题、学习方法同各种教学内容的"最终结构"一致起来。简言之，即要求设计出一种教学结构，从而使教学内容结构（学科结构）与学生的思维结构相适应、相统一。范例就是能使两种结构一致起来的媒介，就是沟通学习者主观世界与教学内容这一客观世界的桥梁。范例性要求教师精选的教学内容具有代表性、典型性和开导性，使学生能以点带面、举一反三、触类旁通地掌握知识，实现学习的迁移和知识的实际运用。

基本性、基础性与范例性是同一事物的不同侧面，基本性和基础性是范例教学法的实质，而范例则是基本性和基础性的最重要形式。

（2）教学要求的"四个统一"

范例教学法在教学要求上有四个统一，即"教学与教育相统一""问题解决学习与系统学习相统一""掌握知识与培养能力相统一""主体与客体相统一"。[16]

①教学与教育相统一。这就是要寓教学于教育，坚持教学的教育性。在传授知识、技能的同时，进行思想道德等精神领域的教育，两手都要抓。

②问题解决学习与系统学习相统一。这就是在教学中既要针对学生存在的问题，形成一个个课题，从这些课题出发，围绕课题，解决课题，也要保证学生所学知识的系统性、严密性和完整性。这些看似独立的课题，应该是一门学科知识体系中的有机组成部分，保证学习者学到的知识不是零碎的、孤立的，而是整体的、系统的。

③掌握知识与培养能力相统一。这就是要把传授知识和教授学习方法两者融入同一个教学过程中，既要向学习者传授知识技能，又要培养他们思考、学习的方法。将"授人以鱼"和"授人以渔"相结合，让学习者在掌握知识的同时，也促进智力和能力的发展。

④主体与客体相统一。主体指的是学习者，客体指的是教材。范例教学法要求教师在教学过程中，既充分了解教材、熟悉教材、掌握教材，同时也了解学习者的知识水平、智力水平和个性特征。只有将这两方面结合起来，教师才能充分激发学习者的学习兴趣，调动他们的积极性和主动性。

（3）教学过程中的"四个阶段"

范例教学法在教学过程中分四个阶段循序进行。[15]

第一阶段：范例性地阐明"个"。在这个阶段，教师利用典型的事例，具体直观地说明事物的本质，即通过事物的一个或几个特征来说明其整体特性，让学习者掌握事物的本质特征。即要求教师精选、设计范例，以具体直观的方法提出问题，激发学生的学习动机，准备好一切教学的辅助手段；而学习者则要自觉激发起学习的欲望与动机，主动地进行发现性的学习。目的是通过"个别"典型的事例和对象，说明事物的本质。

第二阶段：范例性地阐述"类"。在上一个阶段认识的基础上，对所获得的知识进行归类、整理，实现从"个"到"类"的学习迁移，总结、掌握这一类事物的普遍特征。即要求教师在学生进行独立、自主学习时提供帮助，把学生从一个发现引导到另一个发现上去；而学生则通过对"个别"认识的迁移来把握"类"。目的是从上一阶段的个案出发去探讨"类"似现象，或者说对个别事例进行归类，对在本质特征上相一致的许多个别现象加以总结，这实际上是一种学习的迁移过程。

第三阶段：范例性地掌握规律。进一步归纳探究，抽丝剥茧，将前两个阶段获得的知识提高到规律性的认识，掌握事物发展的规律性。即要求教师提供帮助，使学生的探讨一步一步深入；而学生则探究、发现规律，目的是揭示出"类"背后隐藏着的规律。

第四阶段：获得关于世界的切身经验。在前三个阶段的基础上，获得关于世界的、生活的经验，从而更深刻地了解世界，最终认识自己、提升自己。即要求教师帮助学生把获得的规律性认识转变为自己的经验，而学生掌握规律，不仅深刻地了解了客观世界，而且加强了自己行为的自觉性。目的是把教学的重点从客观的内容转移到开拓学生的精神世界方面，使他们把各种知识与认知转变为自己的经验，由基本性过渡到基础性的阶段。

3. 范例教学法对我国教学改革的意义

范例教学理论及范例教学方法源自德国，于20世纪80年代开始在我国传播。多年来，许多教育工作者将范例教学法与小学、中学的学科教学相结合，进行了广泛的教学实践和深入的理论探讨，产生了很多成功的案例。如今仍有不少学者在探索和创新，把范例教学法的研究领域扩展到高校甚至是社会教育中去，取得了不少新成果。进入信息时代的今天，高校和成人教育的某些学科，面临着巨量的知识点和有限的教学时间之间的矛盾。教师不可能手把手地教会学生所有细枝末节的知识点，同样，学生在课堂上填鸭式地接受教学，课后死记硬背，造成教得多学得少、教学效果不理想等问题。运用范例教学法，教师在课堂上教授最基本、最基础的知识，教会学生学习的方法和方向，然后再进行帮助和辅导；而学生在课堂上只需要学习最简单、最经典的东西，掌握学习方法，在课后的时间里自主学习，自我探索，由此及彼，由表及里，获得尽可能多的知识。我们有理由相信，继基础教育之后，范例教学法一定会在更广泛的教育领域的教学实践中大放光彩。[15]

①范例教学法反对形式上的系统性，主张用精选的、带有基本性和基础性的范例来编写教材。通过对"特殊"的教学使学习者获得对"一般"的认识，并使这种认识再迁移到其他的"个别"上来，既符合人类认识的规律，也符合学生认识事物的特点。

②范例教学法主张使用范例的"个别"反映教材与学生两个整体，把"传授"知识与开拓学生的整个精神世界，即把"传授"知识、发展智能和培养情感态度结合起来，符合现代教学的要求，是提高教学质量的努力方向，值得借鉴。

③范例教学法强调"教养性学习"，通过这种学习，学生处在一种不断受教育与培养的状态之中。范例教学法把教学看成是一种不断学习的推动力，而不是一种让学生学会模仿与复制现成知识与技能的活动，这也是有启发性的。

④范例教学法把培养学生独立性既看成是教学的目标，又看作是教学的手段，这也是值得借鉴的。因为只有当教师把培养学生独立能力看成是教学手段时，教师才会更自觉地执行要求。我们已经认识到"教是为了不教"，但往往没有认识到不教也可达到教的目的，发挥学生独立学习的积极性，让他们自己学并代替教师的教。

⑤范例教学法把培养学生问题意识作为教学的目标与手段，把培养问题意识作为一项任务。为培养学生的问题意识，教师必须合理安排时间，不搞封闭式教学，给学生留有思考的余地，创设问题情境等。

⑥范例学习的核心是学习者积极主动地学习，范例的教是对学生积极主动学习的帮助，即让学生自己去学习、去理解、去发现。因此，学生所获得的知识是"活动的知识"，是"生产性的知识"。这种对创新意识、创造能力的培养契合了时代的要求，是全面进行素质教育的核心。

复习思考题

1. 简述认知双螺旋结构及其特点。
2. 简述多元智能理论的基本内容。
3. 简述多元智能理论对我国教学的启示。
4. 简述建构主义的教学方法。
5. 简述建构主义的教学思想。
6. 简述范例教学法的主要内容。

参考文献

[1] 陈树杰. 综合实践活动课程引论 [M]. 北京：首都师范大学出版社，2010.

[2] 中华人民共和国义务教育法[EB/OL]. (2019-01-17). http://www.chinalaw.gov.cn/Department/content/2019-01/17/592_227073.html.

[3] http://www.fjteacheredu.com/fujian/r/cms/www/fujian/html/fjgpgzf01/1-2-1shjjyllxd.html.

[4] 教育部关于印发《基础教育课程改革纲要（试行）》的通知[EB/OL]. (2001-06-08).

http://old. moe. gov. cn//publicfiles/business/htmlfiles/moe/s8001/201404/167357. html.

［5］陈树杰. 认知双螺旋和综合实践活动课程建设 ［J］. 中国科技教育，2007（2）.

［6］陈树杰，邹开煌. 运用"认知双螺旋"构想完善基础教育课程建设——陈树杰教授谈综合实践活动课程设置理论基础 ［J］. 福建基础教育研究，2012（7）.

［7］陈琦，刘儒德. 教育心理学 ［M］. 北京：高等教育出版社，2011.

［8］孟少沛. 促进多元智能发展的设计性培养模式研究 ［J］. 石家庄联合技术职业学院学术研究，2007，2（2）.

［9］霍力岩. 多元智力理论及其对我们的启示 ［J］. 教育研究，2000（9）.

［10］李宏欣. 多元智能理论对学生评价的新启示 ［J］. 教育革新，2009.

［11］https://baike. baidu. com/item/%E5%BB%BA%E6%9E%84%E4%B8%BB%E4%B9%89/1428706#3.

［12］徐燕，伏振兴，李兆义. 信息技术与现代教育手段 ［M］. 银川：阳光出版社，2018.

［13］李芒，徐晓东，朱京曦. 学与教的理论 ［M］. 北京：高等教育出版社，2007.

［14］冯生尧. 德国范例教学理论及其在我国的运用 ［J］. 现代教育论丛，1991（4）.

［15］孟宪乐. 范例教学法述评 ［J］. 河南职业技术师范学院学报（职业教育版），2003（3）.

［16］https://baike. baidu. com/item/%E8%8C%83%E4%BE%8B%E6%95%99%E5%AD%A6%E6%B3%95/7811823.

第三章 中小学综合实践活动领域 I
——研究性学习

 学习目标

学习完本章，应该能做到：
- 了解研究性学习的发展历史
- 掌握研究性学习的内涵和特点
- 了解研究性学习的价值
- 掌握研究性学习的目标和内容
- 掌握研究性学习实施的过程和策略
- 掌握研究性学习的评价原则和方法

苏霍姆林斯基曾经说过："在人的心灵深处，都有一种根深蒂固的需要，这就是希望感到自己是一个发现者、研究者、探索者。在儿童的精神世界里，这种需要特别强烈。"随着知识经济、信息社会的来临，世界各国都推出了适应新世纪挑战的课程改革，把学习方式的转变视为重要内容，都倡导课程向儿童经验和生活回归，追求课程的综合化。在这样的背景下，设置研究性课程，强调培养儿童主动探究和创新的实践能力，便成为迎接信息时代的基础教育课程改革的必然选择。综合实践活动课程将研究性学习内容纳入课程的指定领域，是我国当前课程改革的一大亮点，也是我国基础教育课程改革回应这一国际潮流的重要举措之一，它为学生创新精神和实践能力的培养提供了一个新的平台。

第一节 研究性学习概述

研究性学习的实质是一种对教育的理解，对学生的认识。研究性学习的观念应贯穿教学过程的始终，融合在学生学习的各个方面。研究性学习作为一种课程形态，得到了中小学校的普遍重视，也受到了学生和教师的欢迎。

一、研究性学习的发展历史

1. 研究性学习的萌芽

　　研究性学习理论建立在人类早期教育实践和教育思想的基础之上，古今中外的教育家关于学习探究的教育思想，为研究性学习的发展演变奠定了坚实的历史基础。如我国教育家孔子"学思结合"的教育思想，三国时期的刘徽为《九章算术》进行的注释及其贡献，说明要重视培养发现、分析、解决问题的能力。培养发现问题、分析问题与解决问题的能力正是研究性学习的主题。古希腊哲学家苏格拉底倡导的"对话式"辩论，激励人们对问题进行符合逻辑的思考，成为西方教育史上的一个亮点。德国洪堡倡导的教学与科研相结合的思想，为世界科技与教育的发展奠定了坚实的理论基础，同时也对当今的研究性学习产生了积极的影响。牛顿的《光学》提出的 31 个尖锐问题，推动了物理学的快速发展。希尔伯特在 1900 年提出的 23 个数学问题，对 20 世纪的数学发展产生了积极而深远的影响。可见，鼓励提出问题，鼓励研究、思索直至解决，是推动学科和人的思想发展的良方。[1]

2. 近代研究性学习的发展脉络

　　18 世纪以来，"研究性学习"至少被倡导过三次。[1]

　　第一次发生于 18 世纪末到 19 世纪的欧洲，主要倡导者是卢梭、裴斯泰洛奇、福禄贝尔等人，卢梭认为人天生具有探究的欲望，教师应创设问题情境，为学生提供自主探究的机会，这种观点为今天的研究性学习奠定了思想基础。这个时期对"研究性学习"的倡导受到了"启蒙运动"的影响，其目的是把人的精神从中世纪的蒙昧、迷信、盲从中解放出来，让理性的光辉照亮人的心灵。

　　第二次出现于 19 世纪末至 20 世纪初的美国，主要倡导者为杜威、克伯屈等进步主义者以及康茨、拉格等改造主义者。这个时期的"研究性学习"倡导者主要是应工业化时代和社会民主化的需求，并且受实验科学的影响，其目的是培养适应现代化社会需要的、改造自然和社会的人。19 世纪末，德国教育家赫尔巴特的教育思想曾对世界教育产生过很大的影响。他把观念的获得看成是一个被动的过程，过分强调教师和书本的权威性，从而忽视了教学活动的复杂性，抑制了学生个性的发展。杜威在《民主主义与教育》（1916年）等著作中以"教育即经验的不断改造"的观点为指导，提出让学生在解决问题的过程中获得真知的"问题教学法"（Problem Method），提倡学生在经验中学习（Learning by Experience）、在做中学（Learning by Doing），并强调了经验的主动因素——尝试性、试验性、实验性。另一位教育家基尔帕特里克在《设计教学法》（1918 年）等著作中以杜威的哲学思想和桑代克心理学为基础，创立"设计教学法"（Project Method），对学校如何培养学生的能力尤其解决问题的能力、科学研究的能力提出了极有价值的思路。

　　第三次热潮出现在 20 世纪 50 年代末至 70 年代的欧美诸国及亚洲的韩国、日本等国，主要倡导者为美国的布鲁纳、施瓦布、费尼克斯等人。1959 年，著名的教育心理学家布鲁纳在《教育过程》（1960 年）一书中，从结构主义教育思想出发，主张学生应学习每学科的基本结构（Basic Structure）、学习基本的观念（概念、原理）。他认为，学习结构就是学习事物是怎样相互联系的；基本观念具有举一反三的作用，有极大的"迁移性"。与此同时，他在学习方法和编写教材方法问题上，主张发现法，引导学生自己去发现，让学生亲自参与"发现的行动",从中进行"以发现为重点的学习",他的"发现学习"(Discovery Learning)较好地解决了"教育、知识、发展"相结合的问题。与此同时,施瓦布教授在《作为探究的科学教育》(1961年)中提出了与发现法相似,但更具操作性的教学方法——"探究式学习"方法。美国著名教育心理学家加涅对"探究式学习"从理论上加以论证,因而探究式学习普遍受到人们的重视。探究式学习的理论开始被倡导和推广开来。以布鲁纳为首的教育改革派认为教育的落后主要在于课程的落后,他们的理论研究工作推动了课程改革运动——"学科结构运动"。美国以外的其他国家中小学教育,也以不同的名义和方式开展和促进探究教学和探究学习。日本增设"综合学习时间",法国设立"发现途径""动手做",韩国提倡"学生的自主性学习",英、德等西欧国家在中学也开设了"设计学习"(或项目学习)课程。总之,探究学习、设计学习,即通过探究进行学习,已成为世界教育的一大潮流。

3. 当代研究性学习概述

20世纪90年代末至21世纪初,研究性学习已在世界几十个国家和地区实施并推广。当今世界新技术革命的浪潮席卷全球,各国存在激烈的竞争,而创新人才又是通过教育培养的,所以各种竞争的结果又演变为教育的竞争。教育改革再次成为人们关注的焦点,世界各国教育改革的步伐在不断加快,以适应社会、经济发展与国际竞争的需要。在这种大背景下,课程改革作为教育改革的一项重要内容,引起了各国的重视。各国纷纷出台各种举措,把改革学生的学习方式作为重要的突破口,试图在创造性人才的培养战略上处于领先地位。例如,法国初中开设的"多样化途径"和"综合实践活动"课程、高中开设的"有指导的学生个人实践活动"(TPE)课程、大学预备班开设的"适度发挥个人创造力"(TIPE)课程,美国的"以项目为中心的学习"和"以问题为中心的学习"课程,日本的"综合学习"课程,澳大利亚的"在解决问题辅导课中的合作学习"课程,英国的"普通高中课程的改革",拉丁美洲和加勒比地区的"科学教育"课程等,都代表了当今世界课程改革和发展的潮流。[1]

4. 我国研究性学习课程的发展历史

20世纪80年代初期,美国的兰本达教授曾在北京举办"探究—研讨教学法"讲习班并开展实验,1983年,人民教育出版社出版了《小学科学教育的"探究—研讨"教学法》一书的中文版,我国基础教育领域开始进行一些探究学习的研究与实验。1995年,上海部分重点中学在知识经济与教育改革的大讨论中,敏锐地感到培养学生创新精神和实践能力将是信息社会学校教育的重要任务,这些学校利用各种不同层次、不同渠道的国际交往,积极学习和引进国外各种有利于培养学生创新精神和实践能力的教学模式。1998年年初,上海率先在活动课中开展研究性学习与研究型课程建设的探索研究,组织了专门的课题组,在此基础上,上海和其他省市出现了大量的研究型课程的探索范例。在这方面比较有影响的有:上海大同中学的"专题研究"、上海七宝中学的"角色体验"、华东师范大学第一附属中学的"跨学科活动课"、江苏太仓中学的"社会调查"、浙江端安中学的"走向自然、走向社会、走向生活"等。2000年2月,教育部颁布了《全日制普通高级中学课程计划(试验修改稿)》,将研究性学习作为综合实践的一项基本内容在全国10个省(市)先期进行实验;2001年4月,教育部颁布了《普通高中"研究性学习"实施指南(试行)》,要求次年9月起全国各省市使用规定计划,这就意味着研究性学习将在全国所有普通高中实施。2001 年 6 月，经国务院同意，教育部规定从小学到高中设置综合实践活动并作为必修课，研究性学习是其中一项很重要的内容。研究性学习在通向 21 世纪基础教育的新课程体系中具有突出的地位，其作为必修课贯穿于整个教育过程中，这无疑是课改在课程结构中的一项重要变化。[1]

二、研究性学习的内涵和特点

1. 研究性学习的内涵

对研究性学习概念的界定，可谓众说纷纭，至今仍难统一。目前比较有代表性的观念有以下几个。

（1）研究性学习是一种学习方式

作为一种学习方式，"研究性学习是指教师或其他成人不把现成结论告诉学生，而是学生自己在教师指导下自主发现问题、探究问题、获得结论的过程"。研究性学习是与接受性学习相对的一个概念。就人的个性发展而言，研究性学习与接受性学习这两种学习方式都是必要的，在人的具体活动中，两者常常相辅相成、结伴而行。[2]

教育部印发的《普通高中"研究性学习"实施指南（试行）》指出："研究性学习是指学生在教师指导下，从自然社会和学生自身生活中选择和确定专题进行研究，并在研究过程中主动地获取知识、应用知识、解决问题的学习活动。"[3] 研究性学习是学生在开放的现实生活情境中，在教师指导下，从学生生活和社会生活中选定和确定研究专题，以个人或小组合作的方式进行研究，主动地获取知识、应用知识、解决问题的学习活动。学生通过研究性学习活动，形成一种积极的、主动的、自主合作探究的学习方式。各种富有时代感的主题（如环境教育、国际理解教育、价值观教育等）都可以不断渗透于研究性学习活动之中。

教育部印发的《全日制普通高级中学课程计划》规定："研究性学习以学生的自主探索学习为基础，从学生生活和社会生活中选择和确定研究专题，主要以个人或小组合作的学习方式进行，通过亲身实践获取直接经验，养成科学精神和科学态度，掌握基本的科学方法，提高综合运用所学知识解决实际问题的能力。"[4] 研究性学习是指学生在教师指导下，以类似科学研究的方式去获取知识和应用知识的学习方式，强调学生通过探索实践，增强探究和创新意识，学习科学研究的方法，发展综合运用知识的能力。研究性学习的核心活动是课题研究或项目探究活动，即在教师的指导组织下，学生主动地模仿或遵循科学研究的一般过程，选择一定的课题，通过调查、观察、测量、查阅文献资料等手段，收集大量的研究资料或事实资料，运用实验、实证等研究方法，对课题展开研究，解决问题，并撰写研究报告或研究论文。

研究性学习是客观存在于人类社会的一种学习方式，是现代社会特有的学习方式，它区别于传统的讲授式教学情境之下的接受式学习方式，具有开放性、过程性、自主性和探究性。它强调学生通过探究和发现进行书本知识的学习。在学科课程中，作为一种学习方式的研究性学习往往具有鲜明的学科特征，其探究往往围绕本学科领域的问题来展开。例如，教师重视在课堂教学中创设问题情境，引导学生提出问题，并想办法解决；善于引导学生就书本或讲授的内容质疑问难，甚至设问引导学生猜想；在课堂教学或课下辅导的过程中，引导学生就一定的问题进行讨论和争辩，甚至选择同学们感兴趣的问题进行多种形

式的合作探讨等。

研究性学习作为学习方式，重在"学习"，只不过是"像科学家一样"学习，学习是目的，研究是手段，实质上是一种综合性的学习。学习不仅是要获得研究的结论，更重要的是因实施研究而给学习者带来的一切变化。值得指出的是，作为应用于学科课程的研究性学习的开发，一般是基于或主要基于学科的逻辑体系进行的，掌握必要的体现于学科知识中的间接经验，加深对学科知识的理解，是这一类研究性学习的直接目的。这样的学习对开发学生的潜能、实现学生创新精神和实践能力是有益的。然而受学科知识体系局限性的影响，研究性学习只能作为接受式学习方式的补充，其教育功能的发挥也具有一定的局限性。这也正是要倡导转变学习方式，在中小学和高中设置独立的综合实践活动和研究性学习课程的重要原因。

（2）研究性学习是一门课程

2000 年我国普通高中新课程计划增加了研究性学习，标志着研究性学习作为一门显性课程进入我国的课程领域。教育部印发的《基础教育课程改革纲要（试行）》规定："从小学至高中设置综合实践活动并作为必修课程，其内容主要包括信息技术教育、研究性学习、社区服务与社会实践以及劳动与技术教育。强调学生通过实践，增强探究和创新意识，学习科学研究的方法，发展综合运用知识的能力。"[5] 可以说以法规形式确定了研究性学习的课程性质。

研究性学习不同于综合课程，虽然在很多情况下，它涉及的知识是综合的，但是它不是几门学科综合而成的课程，也不等同于活动课程。虽然它是学生开展的自主活动，但它不是一般的活动，而是以科学研究为主的课题研究活动。研究性学习也不等同于问题课程，虽然以问题为载体，但它不是接受性学习为主要学习方式的课程。

2. 研究性学习的特点

研究性学习作为一门课程，既不同于学科课程，也不同于活动课，有其自身的特点。[6]

（1）研究性学习以学生自主探究学习为基础

与传统的学科教学不同，研究性学习不是以掌握前人积累的文化成果为目标，也不是在课本或教师的主导作用下获取知识的主要渠道，是一种以发现为特征，以学生的主动参与、身经亲历为特点的过程性学习。教育部印发的《普通高中"研究性学习"实施指南（试行）》指出："在研究性学习过程中，学习的内容是在教师的指导下，学生自主确定的研究课题；学习的方式不是被动地记忆、理解教师传授的知识，而是敏锐地发现问题，主动地提出问题，积极地寻求解决问题的方法，探求结论的自主学习的过程。因此，研究性学习的课题，不宜由教师指定某个材料让学生理解、记忆，而应引导、归纳、呈现一些需要学习、探究的问题。这个问题可以由展示一个案例、介绍某些背景或创设一种情境引出，也可以直接提出；可以由教师提出，也可以引导学生自己发现和提出。要鼓励学生自主探究解决问题的方法并自己得出结论。[3]"

自主性是研究性学习最显著的特征。自主性的实质是通过培养学生的自主意识、自主能力、自主习惯，来充分发挥每个人的潜能，促使学生在学习过程中自我实现、自我创新、自我发展。"活动"是这种过程性学习基本的呈现形式。学生可以根据自己的兴趣、爱好、特长自主选择研究课题，从选题、收集资料到撰写报告、答辩、展示成果的全过程，都是学生自主决断的过程，教师在这一过程中只是帮助学生设计和开发多种形式的学习空间，引导他们通过操作、考察、实验、探究等活动形式解决问题，并通过这样的活动过程获取知识、感受生活、积累经验、积淀智慧。

在学校里以课程形式展开的、以自主探究为特点的研究性学习，本质上是一种基于实践的综合性学习，即为了解决实际问题而进行的一种学习活动。教育部印发的《普通高中"研究性学习"实施指南（试行）》指出："研究性学习强调理论与社会、科学和生活实际的联系，特别关注环境问题、现代科技对当代生活的影响以及与社会发展密切相关的重大问题。要引导学生关注现实生活，亲身参与社会实践活动。同时研究性学习的设计与实施应为学生参与社会实践活动提供条件和可能。"[3] 学生需要在开放的情境中，通过多种渠道主动地运用知识（包括实践知识，也包含理论知识）解决问题，并在解决问题的过程中发现和获得新的知识。学生在教师指导下自主地发现问题、解决问题，是模拟科学家进行科学研究的过程。为了达到这个目的，学生可以到社会上进行自主研究（调查研究、实地考察、实验、查阅资料、上网、讨论等），在学习间接经验的同时，也积累直接经验。强调理论与社会、科学和生活实际的联系，特别关注环境问题、现代科技对当代生活的影响以及与社会发展密切相关的重大问题。

（2）研究性学习以专题、问题或项目为研究性学习的载体

研究性学习是以项目、课题、主题或问题来组织课程的，它强调从学生生活和社会生活中选择和确定研究专题，发现问题、提出问题、解决问题是学生研究性学习的基本活动，学生的知识获得和能力培养都是以专题、问题或项目为载体的。它要求"从学生生活和社会生活中选择和确定研究专题"进行研究，以问题的解决作为课程的基本内容。因此，开发和实施研究性学习，首先就要引导学生面对自然、社会和自己发展的实际，选择自己感兴趣又力所能及的问题作为研究的对象。适用于学生研究的"问题"，大体上可以划分为课题研究和主题设计两种类型。

①所谓"课题研究"，即模仿或遵循科学研究的一般过程，选择一定的问题作为研究课题，具体包括调查研究、实验研究、文献研究等类型，并通过观察、调查、实验、文献检索等手段，收集研究资料或事实材料，运用实验、实证的方法展开研究、解决问题，最终撰写研究报告或研究论文。这一类的研究性学习，基本方式是观察、调查和实验研究，一般需经过选择和确定研究课题、制定研究方案、实施研究过程、总结与交流等基本阶段。

②所谓"主题设计"活动，也称为实际应用的设计学习，以解决一个比较复杂的操作问题为主要目的，主要是指学生在综合运用所学知识和技能的基础上，以解决现实问题为目标，进行操作性学习的活动。具体实施时又可以将其细分为三种情形：一是科技类项目设计，指学生针对自然、社会或生活中出现的技术运用方面的现实问题，运用所学的知识和技能，通过理论研究和技术实践开展的探索性设计和制作学习活动，如"无尘黑板擦的设计与制作"等；二是社会性活动设计，也称应用学习，主要是指组织学生运用知识和技能，为了解决学生生活和社会生活中面临的实际问题而开展的学习活动，如"固原市交通现状和改进措施的研究""学校食堂浪费现象的调查和对策建议"等，这类活动更注重针对性和可操作性，将提高学生解决实际问题的技能和能力作为目标；三是艺术类项目的设计，如一个学校新校门设计方案、城市形象雕塑设计等。开发和实施各类主题设计活动，一般需要经过调查研究、确定主题、综合分析、确定方案并加以实施等环节，最终多以实

物成果、设计方案或工作总结等方式呈现活动的结果。必须指出，一项研究性学习活动，可以属于一种类型，也可以包括多种研究类型。无论是课题研究还是主题设计，都要求综合应用多方面的知识和技能解决问题，其学习过程具有明显的综合性特点。[6]

（3）研究性学习的基本组织形式是小组合作学习

研究性学习虽然也可以由个人独立完成，但是，作为课程形态的研究性学习，其学习任务大多是由小组同学共同完成的。小组合作学习是研究性学习的基本组织形式，这是由研究性学习的综合性和实践性特点决定的。学习靠自主，做事靠合作。研究性学习超越了学科课程的知识体系，不再是对学科知识的理解和接受，不是仅靠个人自主学习就可以完成的。合作学习是研究性学习的特点，也是它的优点。通过小组学习的过程，学生在与他人共同学习和分享知识、经验的基础上，会养成合作与分享的个性品质，形成尊重他人、尊重集体、为集体负责的行为和习惯。研究性学习小组一般由3~6名同学组成，通常采用自愿结合的原则结组。具体操作时，可以先选题后分组，也可以先建小组而后选题，还可以将两种办法结合起来进行；在活动之初，可以进行适当的调整，一旦稳定下来，就不要随意变动。每个小组内要有明确的分工，但分工不宜过细，以便使小组同学依研究内容的需要，尽可能得到全面的锻炼。原则是不仅要确保研究小组内人人有事做、事事有人做，还要做到能互相协调，彼此照应。研究性学习小组需要确定指导教师，教师可以由学生根据需要聘请，也可以由学校指定。指导教师可以是校内人员，有条件时还可以聘请校外专业人员担任。[6]

（4）研究性学习强调学生的学习过程及在学习过程中的感受和体验

研究性学习重在学习的过程、思维方法的学习和思维水平的提高。不仅重视学习过程中的理性认识，如方法的掌握、能力的提高等，还十分重视感性认识，即学习的体验。其重点不在于科学研究，而在于学习研究的方法、经历研究的过程、发展研究能力和创新精神。对中小学学生来说，有创新的科学研究结论不是终极目的，经历过程、丰富经验、增强体验才是目的。

（5）研究性学习强调学习的开放性

教育部印发的《普通高中"研究性学习"实施指南（试行）》指出："研究性学习的内容不是特定的知识体系，而是来源于学生的学习生活和社会生活，立足于研究、解决学生关注的一些社会问题或其他问题，涉及的范围很广泛。它可能是某学科的，也可能是多学科综合、交叉的；可能偏重于实践方面，也可能偏重于理论研究方面。在同一主题下，由于个人兴趣、经验和研究活动的需要不同，研究视角的确定、研究目标的定位、切入口的选择、研究过程的设计、研究方法、手段的运用以及结果的表达等可以各不相同，具有很大的灵活性，为学习者、指导者发挥个性特长和才能提供了广阔的空间，从而形成一个开放的学习过程。"[3] 其开放性主要表现在以下几个方面：一是课程内容的开放；二是学习时间的开放；三是组织形式的开放，学生可以独立研究，也可以小组研究；四是研究结果的开放，成果可以是论文、调查报告，也可以是模型、图片、声像、多媒体课件等多种形式。研究性学习的内容可以是课内的，也可以是课外的；可以是教师组织的，也可以是学生自发的；可以与课程教材内容有关，也可以无关；可以是独立完成的，也可以是合作完成的；可以是对所学知识、技能的实际运用，也可以是对未知的探索。

三、研究性学习的价值

1. 研究性学习有利于学生素质的全面发展

教育部印发的《全日制普通高级中学课程计划》对高中研究性学习教育目标规定为"通过亲身实践取得直接经验，养成科学精神和科学态度，掌握基本的科学方法，提高运用所学知识解决实际问题的能力"。对目标的叙述相当明确，集中地反映了课程设置对完善学生素质结构和促进学生全面发展的要求。将高中研究性学习的课程目标与中小学综合实践活动中研究性学习的目标相比较，不难看出二者有许多相同或相似之处，这是因为其为不同年龄段学生设置的课程，性质相同，内容相近，都属于实践性学习。然而，作为中小学综合实践活动课程中的研究性学习，毕竟是课程内容的四个指定领域之一，大多数情况下需要与其他指定领域或非指定领域的内容综合实施，不会像高中阶段的那么"专业"。中小学生的研究性学习，在多数情况下还达不到高中学生那样完全自主选题、研究过程具有完整的程序和规范、其时间和空间又相当开放的研究水平，但在促进学生全面发展中的作用仍然是不能低估的。[6]

2. 研究性学习有利于教师的专业发展

研究性学习课程的开设，对教师提出了更高要求，有利于教师队伍素质的提高。研究性学习课程所涉及的内容往往是跨学科、综合性的，教师不能仅仅向学生"传道、授业、解惑"，不能以权威命令式口吻来指导学生的活动，而必须循着学生的思路去分析学生的探究过程，从中发现问题，提出指导建议。这对教师教育观念的转变、教学行为的转变、在教育中角色地位的转变，都提出了全新的要求，也对教师提出了更高的要求，促使教师不断扩大知识面，提高综合运用知识的能力和指导能力，继续学习和进修，形成终身学习的意识和习惯，进而促进教师的专业发展。所以研究性学习课程实施的本身就是教师专业发展的过程，是教师和学生一起成长的过程。

3. 研究性学习有利于整合课程资源，提升课程实施水平

研究性学习打破了学校、教室、图书馆等固定的时空框架，有效地利用了家庭、社区等课程资源，有机地整合了校内课程与校外课程，营造了学校、家庭和社会互动的良好育人氛围。这对于密切学校与社会、家庭的关系，推动新课程实施意义重大。

四、研究性学习的课程理念

研究性学习以学生的发展为宗旨，以改变学生的学习方式为着眼点，构建一种开放的学习环境，提供多渠道获取知识，并将学到的知识综合应用于实践的机会，这样的活动对于调动学生学习的积极性、主动性，充分开发学生的潜能，培养学生的创新精神和实践能力，具有重要的意义。

1. 重视学生的自主活动，实现学习方式的转变

研究性学习适应学生渴望独立，希望在自主的活动中体验成功、获得认可的需求，提供并创造了学生主动探究、独立操作、自由表达的"土壤"以及良好的氛围，学生在其中创新和实践，建立一种主动发现、独立思考并重视实际问题解决的积极学习方式。学生在体验与创造中学习，认识外在世界，在潜移默化中实现认识、情感、态度与观念的变化和发展。

2. 从学生的兴趣出发，进入对问题的探究过程

兴趣是学生探究活动的起点，兴趣的满足需要在探究的过程中实现。关注学生的兴趣，将兴趣转化为可探究的问题，能有效地引导学生主动投入到研究性学习活动中，满足学生的发展需要，这样的学习活动，点燃了学生思维火花，也有利于培养学生对问题的质疑态度和批判精神，获得学习自由以及快乐的感悟和体验，实现自我价值的认识和承认。

3. 提供开放的学习空间，发现和开发学生多方面的智慧潜能

每一个学生都具有多方面的智慧潜能，也存在着明显的个体差异。研究性学习的开放性使学生可以依据自己的兴趣和爱好，在与他人合作学习、分享经验的过程中，通过各类探究方式，认识社会、认识世界、发现自我，形成健全的人格和积极的人生态度，同时也为学生提供了在开放的情境中展示个性、开发自己多方面才智的机会。

4. 师生共同探求新知，课程成为教与学交互推进的过程

研究性学习的实施，是一个教与学交互推进的过程，要在教师和学生之间建立一种新的关系，教师要实现从单纯的知识传授者向学生研究性学习的组织者、指导者、促进者和参与者转变。在这种新的关系中，教师与学生共同探求新知，获得思维、能力、情感、价值观、行为等方面的发展。

第二节　研究性学习的目标与内容

综合实践活动课程中研究性学习的开发与实施，突破了中小学生以单一的接受性学习获取知识的常规性，加强了与自然和社会的联系，体现了自主探究和主动学习的主张，更彰显了学生是教育的主体、自我发展的主体的理念，彻底改变了基础教育旧有的育人模式，有利于培养学生的创新精神和实践能力，形成学生良好的世界观、人生观和价值观。

一、研究性学习的目标

研究性学习注重对知识的运用，注重学习的过程，以及其实践过程中形成的经验和体验。这些特点便形成了它既与学科教学相联系，同时又有其显著特点的教育目标。

1. 小学阶段研究性学习的目标

根据《国家九年义务教育课程综合实践活动指导纲要（3～6年级）》研究性学习实施指南，3～6年级研究性学习的具体目标有如下几项。[7]

小学阶段的研究性学习要充分尊重小学生好奇心强，求知欲旺盛，对身边问题有浓厚的探究兴趣，擅长形象思维，想象力丰富，探究活动充满游戏色彩等特点。让学生在体验与创造中学习，使学习充满探究的快乐，在探究生活中融入生活和热爱生活。

（1）激发观察生活、发现与探究问题的兴趣

学生通过探究活动，接触和了解自然与社会，观察和思考身边的自然现象、社会现象，并通过自己的操作实践，品尝探究和解决问题的愉悦，激发探究兴趣，获得探究的初步经验，初步养成好观察、好质疑、好探究的学习习惯。

(2) 初步学会观察与发现，发展探究问题的能力

学生通过探究活动，初步形成用不同的方法观察事物、发现问题，并对问题进行探究的能力。包括：针对特定情境中的事物仔细观察并且提出问题；针对所探究的问题，形成初步的探究思路，并以自己的方式实施探究；学会使用简单的工具和设备，采集基本的信息、数据；运用信息和数据对问题做出合理的解释或回答；用明白的话语与同伴交流观察、思考、探究的过程与心得，展示成果。

(3) 初步形成尊重科学的意识和认真实践、努力钻研的态度

学生通过探究活动，初步形成尊重事实的意识，养成凡事认真思考的习惯；既敢于大胆想象，又能够认真实践、尝试、探究；不怕困难与挫折，不轻易放弃探究；能进行初步的反思和自我评价；学会尊重他人的意见和观点。

(4) 初步形成合作与分享的意识

学生在探究活动中，要乐于与伙伴互相帮助，分工合作；克服依赖心理，养成认真完成分工的自觉性；形成人际沟通的初步能力；热爱集体，乐于与同伴交流、分享信息、创意及成果。

(5) 初步形成对自然和社会的责任意识

学生通过探究活动，初步形成对人与自然、人与社会关系的正确认识，学会关心他人和环境，关注社会进步，懂得社会发展人人有责的基本道理，注意个人行为对自然和社会环境的影响。

2. 初中阶段研究性学习的目标

根据《国家九年义务教育课程综合实践活动指导纲要（7~9年级）》研究性学习实施指南，7~9年级研究性学习的具体目标有如下几项。[8]

(1) 获得亲身参与探究活动的体验

学生通过自主参与探究活动，亲历探究过程，获得探究体验，加深对自然、社会和人生问题的思考与感悟，激发探索、创新的兴趣和愿望，逐步形成爱质疑、勤思考、乐探究，以获取新知识的意识和习惯。

(2) 提高发现问题和解决问题的能力

学生在探究活动中，学会发现并确定探究问题，提出探究设想并自主开展探究活动，提出解决问题的合理策略，表达探究成果。

(3) 培养收集、分析和利用信息的能力

在探究活动中，学生学会利用适当的工具和技术、通过多种途径获取信息；学会整理与归纳信息；学会判断和识别信息的价值；学会运用获得的信息描述或说明问题，并做出恰当的解释。

(4) 学会分享与合作

学生在探究活动中，既独立思考、积极主动，又乐于与伙伴互相帮助、彼此协作；自觉遵守合作规范，正确对待个人与集体的关系；恰当处理人际关系，主动与同伴分享信息、创意和成果等。

(5) 养成科学态度与科学道德

学生在探究活动中，要形成"崇尚真理、尊重科学"的科学态度和科学道德。不盲

从、不迷信；实事求是、不弄虚作假；认真踏实、善始善终，胜不骄、败不馁；善于对学习过程与结果认真反思和自我评价；了解并尝试运用问题解决的基本科学方法，具有一定的方法意识，体验研究的基本过程；尊重他人的思想与研究成果等。

（6）增强公民意识与社会责任感

通过研究性学习的实践，帮助学生正确认识个人成长与社会进步的关系，学会关心科学和社会的发展与进步；初步形成维护社会进步、承担社会义务、服务社会的公民意识。

3. 高中阶段研究性学习的目标

教育部印发的《普通高中"研究性学习"实施指南（试行）》提出："研究性学习强调对所学知识、技能的实际运用，注重学习的过程和学生的实践与体验。"[3] 研究性学习是《全日制普通高级中学课程计划（试验修订稿）》中的重要内容，是全体普通高中学生的必修课。它对于改变学生的学习方式、促进教师教学方式的变化、培养学生的创新精神和实践能力具有重要的作用。《普通高中"研究性学习"实施指南（试行）》对高中阶段研究性学习的目标做出了下述规定。[3]

（1）获得亲身参与研究探索的体验

研究性学习强调学生通过自主参与类似于科学研究的学习活动，获得亲身体验，逐步形成善于质疑、乐于探究、勤于动手、努力求知的积极态度，产生积极情感，激发他们探索、创新的欲望。

（2）培养发现问题和解决问题的能力

研究性学习通常围绕一个需要解决的实际问题展开。在学习的过程中，通过引导和鼓励学生自主地发现并提出问题，设计解决问题的方案，收集和分析资料，调查研究，得出结论并进行成果交流活动，引导学生应用已有的知识与经验，学习和掌握一些科学的研究方法，培养发现问题和解决问题的能力。

（3）培养收集、分析和利用信息的能力

研究性学习是一个开放的学习过程。通过研究性学习，要帮助学生学会利用多种有效手段、通过多种途径获取信息，学会整理与归纳信息，学会判断和识别信息的价值，并恰当地利用信息，以培养收集、分析和利用信息的能力。

（4）学会分享与合作

研究性学习的开展将努力创设有利于人际沟通与合作的教育环境，使学生学会交流和分享研究的信息、创意及成果，发展乐于合作的团队精神。

（5）培养科学态度和科学道德

在研究性学习的过程中，学生要认真、踏实地探究，实事求是地获得结论，尊重他人想法和成果，养成严谨、求实的科学态度和不断追求的进取精神，磨炼不怕吃苦、勇于克服困难的意志品质。

（6）培养对社会的责任心和使命感

在研究性学习的过程中，通过社会实践和调查研究，学生要深入了解科学对于自然、社会与人类的意义与价值，学会关心国家和社会的进步，学会关注人类与环境和谐发展，形成积极的人生态度。

4. 中小学综合实践活动中研究性学习的目标定位

根据国家九年义务教育课程综合实践活动指导纲要研究性学习实施指南，对中小学综合实践活动中研究性学习的目标定位，大体可以概括为以下七个方面。[9]

（1）激发探究学习的兴趣和好奇心

兴趣是构成青少年学习积极性的重要的因素，也是推动人们认知活动的内部机制。针对传统教育问题设置的研究性学习，解除了单一学科知识学习的羁绊，把学生的手脚和大脑从教室和书本中解放出来，学生可以凭自己的兴趣和爱好选择课题，主动尝试自主探究，营造了使学生心理得以自由发展的环境。强烈的兴趣，必将催生出学生学习好奇心和求知欲，并为"比知识更重要"的想象力的发挥创造条件。开发和实施研究性学习，要从学生的认知特点和知识水平出发，精心组织各种活动。小学中低年级，尤其要重视启蒙，注意从儿童的情趣出发，引导学生尽可能地接触自然和社会；小学中高年级是发展学生兴趣的最佳年龄，需要注意采用多种形式和内容的活动项目，适应多方面兴趣发展的需要；初中阶段是学生一般兴趣向志趣转变的关键时期，更要注意提高活动的质量和水平，进一步明确活动的专业特点和要求，着重引导学生兴趣向志趣和志向的健康发展。

（2）获得参与实践、探索研究的积极体验

综合实践活动课程中的研究性学习，属于过程性的实践学习，重参与、重过程、重体验是它的本质特征。它主张以实践求真知，以参与求体验，在活动过程中求发展。一般讲来，中小学生研究性学习的所谓成果，仅仅是他们在成长过程中，在有限知识和阅历的基础上取得的，即使是一些"创新"的成果，也是相对自己的过去或周围同龄人而言，很难说得上是真正的发现和发明。正因如此，中小学生的研究性学习，并不着重那些眼前的成果，这些所谓"成果"最终都将还原为成长的过程，成为人生长河中的浪花。研究性学习关注过程，重视体验，着眼于未来，关注的是学生未来的发展。这是因为他们参与了实践和研究的过程，通过自主探究，有机会接触和探索自然的奥秘，了解和发现社会的热点问题；通过对发生在自己周围的各种自然和社会现象进行积极的观察和思考，激发了他们发现问题、分析问题和解决问题的兴趣；了解自然和社会现象的复杂多变和丰富多彩，提高他们关爱自然、关爱社会的情感，进而提高学生参与自然和社会问题解决的积极性。活动中取得成功固然会使人获得成就感，即使活动中遭遇的任何挫折和失败，只要处置得当也会锻炼他们的勇气和智慧，成为实现人生发展的动力。总之，活动过程中耳濡目染，渗透于心的感受，无不会丰富学生的内心世界，促进他们情意的提升，具有极大的教育价值。

（3）发展探究问题的能力

所谓探究问题的能力就是发现问题、分析问题和解决问题的能力。确定和选择研究课题是实施研究性学习的第一步。然而现实中的问题都是隐蔽的，并不会现成地呈现出来，必须通过观察或调查，以及对得到的材料加以连贯起来思索方能获得。为此，开展研究性学习必须从学生的实际出发，引导和帮助他们采用多种办法，对特定情境中的事物进行仔细的观察或调查，并对取得的结果加以科学的分析，从而确定需要并可能予以研究的课题。这就是发现问题的基本过程。确定了研究的课题，要想解决它并得到预期的结果，还必须掌握科学研究方法，具备一定的科学研究的能力，也就是说要能够针对需要研究的问题提出符合逻辑的假设，制定比较明确和清晰的研究思路，运用科学的方法实施具体的研究。届时，学生还必须学会使用各种不同的工具或设备，多渠道地收集信息、采集数据，

学习对信息和数据进行深入分析和研究的方法，直至对问题做出合理的解释，得出明确的结论，进而和同学们进行交流和分享。上述发现、分析、解决问题的全过程，既是进行科学研究的基本程序，也是处理日常事务和社会事务的一般过程。过程中获得信息和知识固然重要，但更重要的是人们处理和使用信息和知识并使之发挥作用的思维能力。为了有效地提高学生发现和解决问题的能力，尤其需要注重加强思维能力的培养。

（4）培养合作与分享的意识和能力

现代科学技术高速度、高水平和综合性的发展态势，使科学研究告别了以往个人奋斗的时代，构建和谐社会更需要以人的合作与分享为基础。因此，合作意识和能力已成为现代社会人们必须具备的基本素质，培养学生合作与分享的意识和能力也成为重点目标之一，体现于新课程改革各门课程之中。综合实践活动课程中研究性学习的课程特点和实施过程，有利于对学生实施合作与分享的教育。研究性学习是一项立足于个性基础之上的群体性学习活动、小组合作的学习方式，固然有利于实施合作与分享的教育。共同完成的研究课题，本身就是体现合作与分享理念的、无须雕琢的自我教育过程。这样的学习，有着共同的目标，必须进行合理的分工，每个人完成的分内工作，即是共同任务的有机组成部分，个人要对集体负责任，完成任务就要克服依赖心理，不仅要自觉地完成分给自己的任务，而且要敢于和善于为搞好集体的事情提出自己的意见和建议。研究性学习为人们提供了有利于进行人际沟通和合作交流的良好平台，最终会使学生形成乐于合作的团队精神，学会与同伴交流分享信息、创意和研究成果，提高合作的意识和能力。

（5）培养科学态度和科学精神

从现实生活中挖掘问题、主动探究，是一项充满困难和艰辛的学习过程，也是培养学生形成科学态度和科学精神的有效载体。科学求实的态度是进行科学研究的基本要求。在组织学生进行研究性学习时，要不失时机地、切实地引导学生学习和理解一切从客观存在的事实出发，而不是从某种观念或本本出发的重要性，凡事要认真思考。不盲从、不迷信、不弄虚作假、不人云亦云；说话要有证据，任何时候都要尊重客观事实，尊重客观规律，尊重辩证法。为此，在研究性学习过程中，既需要学会从实际出发，脚踏实地，持之以恒地进行研究，又要学习从事物内部以及事物之间的联系中，寻找事物发展和变化的原因，实事求是地得出研究的结论；同时还要学会善于自我反思，择善而从，培养尊重他人的观点、意识和研究成果的行为习惯。科学发展的历史昭示我们，挑战已有结论是科学发展的常规，培养和造就引领科学和社会潮流的一代新人，从小就要培养学生见贤思齐、不断追求和进取的精神以及不畏困难、勇往直前的意志品质。发挥研究性学习"做中学"的优势，充分挖掘其教育功能，学生的科学态度和科学精神必将在研究性学习的过程中得到有效的锻炼和提高。

（6）尝试各种相关知识的综合运用

以问题解决为中心的研究性学习，无须刻意地寻找和挖掘，总会在我们身边发现需要解决的问题，而这些问题的解决又需要灵活运用各种知识，这就为激活各学科知识储备，发挥知识的作用创造了条件。人们常说，"知识就是力量"。其实知识只是一种潜在的力量，只有知识被使用才有力量，知识只有处在被激活、被使用的状态，才会发挥其帮助人们认识世界和改造世界的重要作用。学生在学校里使用继承性学习的方法，从书本或教师那里接受了大量的学科性的知识，这些知识即使全部是真理，让它们长期处于互相分割和备用状态，也不会发挥任何作用，最后被遗忘掉，这是许多人都会拥有的经验和教训。然而在进行研究性学习时，为了解决问题，学生总会主动地尝试将以往学过的各科知识运用于对研究问题的解决，这样学习，知识真正地被激活了，不但会体现知识本身的价值，而且在问题的解决过程中还会帮助人们加深对各科知识内在联系的理解，有利于对各科知识的融会贯通，推动学生的学习进入良性循环。

（7）形成关爱自然和社会的责任心和使命感

新一轮课程改革主张突破学校和社会的藩篱，沟通学校和社会的联系，为学生提供更多开放的学习空间，为培养学生关爱自然和社会的责任心和使命感创造良好的条件，而研究性学习是最能体现这一要求的课程形式。了解自然、研究自然是研究性学习的重要内容。学生在对各种自然现象的观察和研究过程中就会发现，看似孤立的自然现象，原来是一个互相联系着的有机整体，任何因素或环节遭到破坏都会产生难以估量的后果。当前，令人瞩目的环境问题、生态问题以及时有发生的灾难性的自然事件，都直接或间接地与人为因素有关，或与人类生存和社会发展息息相关。而研究性学习的实践，无疑会帮助学生加深对这些问题的理解。人与社会是研究性学习的另一个重点，当学生走出教室，来到社会大课堂时，他们就会在了解社会、研究社会的过程中，学习并逐渐认同制约社会发展的各项规则，通过反求诸己，确定个人在社会生活中的地位。

总之，通过研究性学习，学生有条件也有可能深入思考自然、社会和个人之间的内在联系，深入理解科学对自然、社会和人的意义与价值。在学会关爱自我的同时，学会关爱自然、关爱社会，学会关心国家和社会的进步，关注并思考国家的命运和人类的前途。

二、研究性学习的内容

研究性学习本身没有体系化的内容，具有开放性的特点。研究性学习的内容是从生活中发现的问题、提出的问题。它涉及学生的学校生活、家庭生活和社会生活，领域十分广阔，涉及学生的整个"生活世界"。与一般学科课程相比，研究性学习在内容上更广泛、更灵活、更富有弹性。

1. 小学阶段研究性学习的内容

（1）小学阶段研究性学习的内容范围

《国家九年义务教育课程综合实践活动指导纲要（3~6年级）》研究性学习实施指南指出："研究性学习内容的基本特点是开放性和探究性。研究性学习的内容，可以由学生自己选择确定，也可以由教师提供选题建议；可以来源于课本知识和课堂教学，也可以产生于家庭或社会生活实际；可以是对自然现象的研究，也可以是对社会问题的探讨。研究性学习的内容应该具有值得学生展开探究活动的价值。对于同一个问题或主题，不同的学生可以根据自己的兴趣爱好和能力水平，选择不同的研究角度和范围，获得不同的结果。[7]"小学阶段研究性学习的内容，涉及学生的学校生活、家庭生活和社会生活，领域十分广阔。

①人与自然关系的领域。人与自然关系领域的问题是与学生生活的社区直接相关的自然现象及其问题。自然探究领域十分广泛，主要涉及与人的生存环境相关的自然现象的研究。该活动领域的核心是人生活于其中的自然环境，如水资源研究、植被研究、地质研究、能源研究、气象研究、天文研究、环境与生命科学研究、科学与技术研究等。

②人与社会关系的领域。人与社会关系领域的问题是各国中小学课题研究学习的基本内容，它涉及社会或者社区的历史变迁、社区文化、社会经济问题、社会政治问题、科学技术与社会等领域。社会研究领域是围绕社会现实生活来展开的，这些活动领域与社会责任感、有见识的公民的形成直接相关。

③人与自我关系的领域。人与自我关系领域涉及学生对自我的认识、体验、感悟、调节与控制，如青春期生理与心理、人格的塑造、人际互动、情绪的控制等主题，引导学生通过自我反思来提高对自我的认识，不断发展自我，从而逐步实现自我的发展与完善。

（2）小学阶段研究性学习内容选择的要求

根据《国家九年义务教育课程综合实践活动指导纲要（3～6年级）》研究性学习实施指南，小学阶段研究性学习内容选择的要求为以下几点。[7]

①尊重学生的兴趣爱好。尊重学生的个人意愿，让他们自主选择探究内容，是研究性学习活动持续进行并有效开展的基础。要鼓励学生根据自己的兴趣爱好，选择课题、确定方向并积极地投入探究。教师在活动指导中要创造鼓励学生自由选择的空间，不宜硬性规定研究的题目和内容。可通过多种途径和方式，激发兴趣、启迪思维、形成问题。在学生产生研究的兴趣和愿望的基础上，进一步引导他们提出研究的题目和思路。

②关注学生的生活实际。充分发掘适合小学生年龄特点和能力水平的探究题材，是有效选择和组织研究性学习内容的一个重要方面。要引导学生从生活实际出发，发现问题和提出问题。教师要利用学校教育教学活动的各种机会，启发小学生提出值得思考和探究的问题。从风霜雨雪等自然现象到动植物的生长规律，从个人的衣食住行到社会生活的发展变化，从校园的环境布置到城乡的规划建设，都可以成为研究性学习的内容。要鼓励学生做生活中的有心人，善于观察、勤于思考，从现实生活和身边小事中寻找和提出有价值的探究内容和问题。

③鼓励学生动手实践。小学阶段开展研究性学习，要多一点学生的亲身体验，少一点教师的知识传授；多一点实地调查和实验，少一点书面资料的研读整理；多一点手脑并用，少一点纯思维训练。教师对学生进行研究方法的指导，要结合具体的问题和情境，深入浅出、注重实用，避免单纯的名词术语的讲解和记忆。

（3）小学阶段研究性学习活动主题

小学阶段各年级学生在认知水平、动手能力等方面存在很大差异。因此，应依据学生的年龄特点，着眼于学生整体素质的持续发展，从实际出发，对研究性学习的内容进行合理、整体的规划。低年级学生的知识水平、操作能力有限，应在教师有目的的指导下，模仿参与一些符合学生心理特点、趣味性较强的活动，帮助学生感知研究性学习方法，激发他们对自然、社会的好奇心，养成爱动脑、爱动手的好习惯。中高年级学生围绕某一社会、自然现象，学习如何提出问题，并通过学生之间的合作，体验、学习利用某些研究方法尝试去解决问题。

教育部印发的《中小学综合实践活动课程指导纲要》明确指出："立足学生综合素质培养的需要，体现综合实践活动的特征；贴近学生的生活实际和年龄特征，反映时代发展和科技进步的内容，同时兼顾城乡差异；落实班团队活动和相关专题教育的要求。"对小学阶段考察探究活动推荐了一些主题，并进行了简要的说明，如表3.1所示。[10]

表 3.1 教育部推荐的小学阶段考察探究活动主题及其说明

学段	活动主题	简要说明
1~2年级	1. 神奇的影子	体验踩影子游戏、手影游戏的乐趣，了解影子在生活中的应用；创作、交流简单的手影游戏、故事、舞蹈，初步体验科学探究的乐趣
	2. 寻找生活中的标志	通过访问、观察、实地考察收集生活中的各种标志，如安全标志、交通标志、社会团体类标志、汽车标志等，理解其含义。提高收集、整理、分析和利用信息的能力，初步树立规则意识
	3. 学习习惯调查	了解和观察本班（年级）同学在读写姿势、文具的使用、阅读与写字等方面的习惯，讨论、总结不良学习习惯的表现、危害，研究和分析养成良好学习习惯的方法；开展主题班队会，增强对学习习惯重要性的了解和重视。持续开展学习习惯宣传与纠错活动，相互帮助，自觉养成良好学习和行为习惯
	4. 我与蔬菜交朋友	通过访问、交流了解同学们对吃蔬菜的态度；到菜市场或菜田考察蔬菜的形状、种类，了解蔬菜的营养对学生成长的重要性；选择种植一种菜，体会种植的快乐与辛苦
3~6年级	1. 节约调查与行动	通过访问、调查、实地考察等多种方式，了解家庭（或学校、社区某些场所）的水（或电、粮食等资源、一次性生活用品等）的浪费情况，设计有针对性的节约方案；开展节约（合理用电、光盘行动、减少一次性用品使用等）倡议与行动，并记录、分析效果，提高实践能力，增强节约资源意识
	2. 跟着节气去探究	结合二十四节气，观察身边的植物、动物、天气等物候变化；长期坚持，认真做好记录，并尝试编制当地的自然日历，理解农业生产与物候变化的关系。关注自然现象，探索自然变化，初步树立严谨求实、一丝不苟的科学态度
	3. 我也能发明	观察、分析、讨论日常生活中各种用品、物件在使用过程中的问题；学习和运用发明创造的多种方法，针对发明创造对象进行功能改进或重新设计，并在实际生活中加以应用和检验，提高动手能力，培养创新精神
	4. 关爱身边的动植物	观察身边常见的动植物，如校园植物、家庭（社区）宠物、大自然中的各种昆虫、农田中的动植物等；选择其中一种或多种进行小实验、分析与研究，了解其自然特征（习性）并自觉加以保护，增强关注自然、热爱自然的情感，提高科学探索能力
	5. 生活垃圾的研究	收集资料，了解国内外垃圾分类和处理的有关内容，调查、了解身边各种生活垃圾的处理方法；分析针对现存问题可采取的措施，设计家庭（学校、社区）垃圾箱和垃圾有效分类回收的方案，增强环境保护意识
	6. 我们的传统节日	结合时令，选择端午节、中秋节、重阳节、春节等一个或几个传统节日，利用收集资料、访问、实地考察等方法，了解节日的来历、习俗、故事等；参与体验该节日的 1~2 种习俗，并进行交流分享，增强对传统文化的探究意识和认同感

续表

学段	活动主题	简要说明
3~6年级	7. 我是"非遗"小传人	了解非物质文化遗产的种类、特点、保护现状（如二十四节气等），访问本地非物质文化遗产传承人；讨论传承和保护非物质文化的方法、措施和建议，开展非物质文化遗产的传承活动。理解、认同家乡传统文化，并乐于传承
	8. 生活中的小窍门	通过资料收集、调查、实地考察等方式了解各种生活小窍门，通过动手实验加以验证，丰富生活经验，锻炼动手实践能力
	9. 零食（或饮料）与健康	调查、交流同学们吃零食、喝饮料的现状；通过查阅资料、访谈了解其对健康的影响，了解科学选择零食（饮料）的方法；动手制作1~2种健康零食（饮料），并召开班级展示分享会，增强健康饮食的意识
	10. 我看家乡新变化	通过调查、访问、参观等多种方式，了解和感受家乡在经济、文化、建筑、交通、生活方式等方面的变化与发展，用摄影、绘画、手抄报、作文、故事等多种形式，展示家乡新变化。增进知家乡、爱家乡的情感，增强建设家乡和祖国的责任感、使命感
	11. 我是校园小主人	通过观察、访问、实地考察等方式，了解和分析校园的自然环境、规划布局、设施设备、文化景观、文化活动以及安全保障等方面的状况，提出校园建设和发展建议，增强知学校、爱学校的责任感
	12. 合理安排课余生活	通过调查和了解同学们在学校课间、家庭、假期等时间的生活安排情况（如学习培训、健身、业余爱好等）；分析合理安排课余生活的方法与要求，制订合理利用课余生活的计划，开展有意义的课余活动，体验并记录活动感受，养成健康生活习惯，增强自我管理意识
	13. 家乡特产的调查与推介	通过资料收集、访问、实地考察等多种方式，了解和调查家乡的特产；设计与策划推介方案，增进热爱家乡、关心家乡、建设家乡的感情
	14. 学校和社会中遵守规则情况调查	收集信息，了解学校和社会中的各种规则，如校规校纪、交通规则、公共文明行为准则等，增强遵规守纪意识；观察同学和社会公民在遵守规则方面的实际表现；通过访谈或问卷调查了解人们遵守规则的情况；针对观察、调查中发现的实际问题，提出提高人们规则意识的建议
	15. 带着问题去春游（秋游）	在春游（秋游）外出考察前，利用网络、书籍等多种途径，了解所去场所的基本情况、资源内容与特点，能够提出研究问题，设计考察方案；通过任务驱动的方式，有效地开展实践活动，获得研究结论。培养项目设计的意识和能力，积极参与校园生活，增强团队合作意识

2. 初中阶段研究性学习的内容

面对自然现象、社会现象、精神现象等组成的纷繁复杂的世界，学生应该如何选择研究性学习的内容呢？这是学生需要思考的问题，也是教师应该加以研究的课题。

（1）初中阶段研究性学习内容选择的原则

根据《国家九年义务教育课程综合实践活动指导纲要（7～9年级）》研究性学习实施指南，初中阶段研究性学习在教师的指导下，选择学习内容时应坚持以下原则。[8]

①重视与学生个人经验的联系。研究性学习内容的选择应该与学生的学力水平和个性特点相适应，由于学生是从生活中选择专题开展研究，因此要关注学生的生活经验和兴趣爱好。同时随着初中学生年龄的增长，在选题内容上，既要有趣味性，也要逐渐重视社会性；在研究范围上，要在考虑可行性的基础上逐步扩展。

②重视与社会生活实际的联系。要引导学生从生活实际出发，发现并提出问题。从自然现象到社会生活，从身边小事到国家大事，从现实世界到历史和未来，都可以是研究性学习的对象。研究性学习是学生参与社会生活的实践活动，必须强调课内外学习相结合、校内外活动相结合。要结合学校教育的各种活动，包括班队活动、文体活动、参观访问、社会服务等，拓展探究内容。

③重视与现代科学发展的联系。初中学生想象丰富、大胆，在许多方面表现出强烈的探究和创造欲望，反映现代科学发展成果与趋势的内容，是学生渴望了解的，也是教科书所不能及时容纳的。可以通过创设情境让学生了解一些当代科技发展的最新成就，如航空航天、生物工程、计算机技术、环境保护、新材料、新能源等，并把这些内容与现实生活结合起来，满足学生的探究需要和兴趣，启迪思维。通过这些活动增进学生对科学发展的了解和认识，鼓励学生大胆地提出问题，激发他们参与研究的兴趣和热情，从而拓展研究性学习的领域。

④重视与各科知识的联系。进入初中阶段，学科门类逐渐增多，学习难度也逐渐增大。研究性学习活动要注意创设各种情境和条件，加强与各科知识的联系。要注意从学科知识的拓展和应用中生成研究性学习的内容；在研究和解决生活中的问题时，要引导学生有效地应用各学科知识。

总之，研究性学习内容的选择应该与学生的经验及学历水平和个性心理相适应。在初中阶段，青少年学生产生了许多心理障碍，可设计心理健康方面的主题研究活动，如认识自己、悦纳自己、控制自己，学生从中可以获得克服心理障碍、奋发上进的教育。努力把学科知识与日常生活整合起来，注重课内与课外学习相结合、校内与校外活动相结合。要立足于学校文化以及学校所在社区的特色，善于挖掘社区中的课程资源，注意将文献资料的利用与对现实生活中"活"资源的发掘结合起来，引导学生将自己成长的环境作为学习和研究的场所，关注学校生活与学校发展，走近社区、研究社区、服务社区，从学校和社区生活中获得健康成长的营养。

（2）初中阶段研究性学习内容设计的策略

研究性学习的内容领域涉及学生的学校生活、家庭生活和社会生活的各个方面，它的基本特点是开放性。研究性学习的内容，既可以由教师提供范围，也可以由学生自行确定；可以是课堂教学和课本知识的拓展延伸，也可以是对自然、社会和人生各种现象的探究；可以着重对某一学科领域中的问题进行深入研究，也可以对某些综合性的问题开展多角度、多方面的研究。与一般学科课程相比，研究性学习在内容上更广泛、更灵活、更富有弹性，它注重向学生提供更多的获取知识的方式和渠道，为发展学生的创新精神和实践能力提供足够的时间和空间。

①由扶到放，开拓研究的领域和空间。研究性学习的内容是以问题的形式呈现的，问

题可以来自学生，也可以由教师提出。初中学生对各种自然和社会现象具有广泛的兴趣爱好，同时他们一般还没有形成稳定的志向，需要适当的引导和鼓励。指导学生开展研究性学习，首先要为问题及课题的产生做好铺垫和引导工作。在实施研究性学习的起步阶段，学校和教师可以提出一定的选题范围或若干类型的参考题目，帮助学生拓展思路，引起注意和思考，让学生从中选择确定研究内容。在取得一定的经验以后，逐步扩大选题的范围，或完全由学生自主选择课题。学校管理和教师的指导，必须符合学生的年龄心理特点，要给学生留有自我选择和个性发展的空间，尊重学生的个人意愿和兴趣爱好，是研究性学习活动持续并有效开展的基础。

②因地制宜，开发本土化课程资源。研究性学习内容的选择上，学校要因地制宜、因时制宜，注意将对文献资料的利用和对现实生活中"活"资源的发掘结合起来。校内外自然环境、人文环境与现实的生产和生活中都包含着需要研究解决的问题和解决问题时可利用的丰富素材，这是研究性学习取之不尽的教育资源。农村、偏远地区与大中城市相比，可供选择利用的信息来源相对较少，但自然资源十分丰富，环境特点比较鲜明。研究性学习可以更多地与当地的农副业生产、农业科技活动、劳动技术教育等结合起来，以开发本土化的课程资源。

③适应差异，注意个性特征及区别。不同地区、不同学校、不同学生开展研究性学习是有层次的差异和类型区别的。在目标定位上可以各有侧重，在内容选择上可以各有特点。学校可以根据自身的传统优势和校内外教育资源的状况，构建有地区文化特点和学校特色的研究性学习系列内容，为学生根据自己的兴趣爱好和具体条件，自主选择研究项目留有足够的余地。教师在日常的各科教学中结合教学内容注重引导学生通过主动探究，解决一些开放性的问题，也在一定程度上体现研究性学习的性质。

④逐渐积累，实现教育资源的共享。研究性学习活动过程是学生、教师共同学习、合作、分享的过程，也是更多的社会教育资源参与到教育活动的过程。学校要从实际出发，做好课程资源开发利用的积累工作，提高社会教育资源的利用效率，使不同的学校、教师和学生在不同的时间范围、空间范围内资源共享。在这个过程中，地区的教研、科研人员要深入基层学校，与第一线的教师共同探讨，积累经验，做好课程开发工作。由于研究性学习的开放性等基本的课程特点，不可能推行统一的课程内容和模式，因此及时总结交流当地的教育经验尤为重要。

（3）初中阶段研究性学习活动主题

教育部印发的《中小学综合实践活动课程指导纲要》要求："立足学生综合素质培养的需要，体现综合实践活动的特征；贴近学生的生活实际和年龄特征，反映时代发展和科技进步的内容，同时兼顾城乡差异；落实班团队活动和相关专题教育的要求。"对初中阶段考察探究活动推荐了一些主题，并进行了简要的说明，如表 3.2 所示。[10]

表 3.2　教育部推荐的初中阶段考察探究活动主题及其说明

活动主题	简要说明
1. 身边环境污染问题研究	通过调查了解身边水污染、空气污染、噪声污染、土壤污染、固体废弃物污染等任一环境污染的来源、现状及对身体健康的影响，提出合理的防治污染措施，减少环境污染，培养环境保护的意识

续表

活动主题	简要说明
2. 秸秆和落叶的有效处理	调查当地秸秆和落叶处理过程中存在的问题，分析焚烧秸秆和落叶的危害；走访能够有效处理秸秆或落叶的机构，了解处理秸秆和落叶的常用方法；开展实验，探索更加有效地处理秸秆和落叶的方法或措施，提高科学探索能力，增强社会责任感
3. 家乡生物资源调查及多样性保护	收集资料，了解家乡主要动植物资源，实地考察这些动植物资源的生长、开发与利用情况；针对在考察中发现的问题，提出保护当地生物多样性、合理开发利用生物资源的建议，增强关注自然、保护自然的意识，增进知家乡、爱家乡的情感
4. 社区（村镇）安全问题及防范	实地考察社区（村镇）设施设备、人与车辆分流管理等方面的安全状况，寻找安全隐患；与管理部门沟通，提出防火、防盗等安全防范建议，并在社区中进行相关宣传，增强安全意识和社会责任感
5. 家乡的传统文化研究	收集家乡历史文化典故，考察著名历史建筑，制作传统美食；了解当地服装服饰文化和传统庆典节日文化等方面的传统文化。理解和尊重家乡的传统文化，积极参与探究学习，对传承传统文化具有历史责任感
6. 当地老年人生活状况调查	考察当地社会养老机构，如敬老院、老年公寓等；分别调查选择社会养老和居家养老的老年人生活状况，并对两类养老方式进行对比分析；主动为身边的老年人服务。弘扬尊老敬老的美德，加强关心老年人、积极为老年人服务的意识
7. 种植、养殖什么收益高	对当地自然、地理条件进行分析，了解适合的种植和养殖项目；从市场、技术、经济、工程等角度，对项目进行调查研究和分析比较，并对项目可能取得的经济效益及社会环境影响进行预测，为家庭选择合适的种植养殖项目提供参考，增强社会参与和责任意识，提高运用知识解决实际问题的能力
8. 中学生体质健康状况调查	收集有关视力、身体形态、身体机能、身体素质等方面的资料；统计分析体质健康状况及运动、生活习惯的数据；访问医务人员和体育教师等专业人员；提出改善体质健康的方案并长期坚持，检验效果。关注自身体质健康，养成健康合理的生活习惯
9. 中学生使用电子设备的现状调查	调查了解中学生使用手机、平板电脑、笔记本电脑等电子设备的主要目的；了解电子设备与数字生活的关系，知道过度使用电子设备对身心健康的影响；积极采取措施避免过度使用电子设备。培养较高的信息意识，提高数字化生存能力，主动适应"互联网+"等社会信息化趋势
10. 寻访家乡能人（名人）	收集相关材料，进行人物专访，了解家乡某个领域能人（名人）的经历与成功故事，分析其成功的原因及对家乡的影响，进行宣传。增强热爱家乡的情感，积极为家乡做贡献
11. 带着课题去旅行	围绕寻访红色足迹、中华文化寻根、自然生态考察等主题，收集研学旅行目的地的资料，寻找自己感兴趣的问题作为研究课题；带着课题参加研学旅行，通过实地考察和调查，完成课题研究和旅行活动。在活动中激发爱国热情，培育民族精神，增强保护自然的意识

3. 高中阶段研究性学习的内容

教育部印发的《普通高中"研究性学习"实施指南（试行）》提出："研究性学习是

学生在比较广泛教育资源的背景下所开展自主的、开放的、探究式的学习活动。学校应从实际出发，充分利用学校图书馆、实验室、计算机网络以及具有专长的教师等校内现有教育资源。同时，要积极争取社会各界的支持，开发和利用当地教育资源，包括高等院校、科研院所、学术团体、专业技术部门（包括农村实用技术研究与推广部门）的人力资源和研究资源，为学生进行研究性学习创造条件。"[3]

（1）高中阶段研究性学习内容的选择和设计

①因地制宜，发掘资源。选择研究性学习的内容，要注意把对文献资料的利用和对现实生活中"活"资料的利用结合起来。引导学生充分关注当地自然环境、人文环境以及现实的生产、生活，关注其赖以生存与发展的乡土和自己的生活环境，从中发现需要研究和解决的问题。把学生身边的事作为研究性学习的内容，有利于提高各地学校开展研究性学习的可行性，有利于培养爱家乡、爱祖国的情感以及社会责任感，有利于学生在研究性学习活动中保持较强的探索动机和创造欲望。

②重视资料积累，提供共享机会。学习内容的开放性为学生的主动探究、自主参与和师生合作探求新知识提供了广阔的空间。师生在研究性学习中所获取的信息、采用的方法策略、得到的体验和取得的成果，对于本人和他人乃至以后的各届学生，都具有宝贵的启示、借鉴作用。将这些资料积累起来，成为广大师生共享并能加以利用的学习资源，是学校进行研究性学习课程建设的重要途径。

③适应差异，发挥优势。不同地区、不同类型学校和不同学生开展研究性学习在内容和方法上是有层次差异和类型区别的，因而在学习目标的确定上可以各有侧重，在内容选择上可以各有特点。学校应根据自身的优势和校内外教育资源的状况，形成有地区和学校特点的研究性学习内容，同时为学生根据自己的兴趣、爱好和具体条件，自主选择研究课题留有足够的余地。另外，教师要在日常的各科教学中，结合教学内容，注重引导学生通过主动探究，解决一些开放性的问题，这也在一定程度上体现研究性学习的价值与性质，对于提高学科教学水平也具有积极的意义。

（2）高中阶段研究性学习活动主题

教育部印发的《普通高中"研究性学习"实施指南（试行）》提出："研究性学习是普通高中必修课，全体学生必须参与。""设置研究性学习的目的在于改变学生以单纯地接受教师传授知识为主的学习方式，为学生构建开放的学习环境，提供多渠道获取知识、并将学到的知识加以综合应用于实践的机会，促进他们形成积极的学习态度和良好的学习策略，培养创新精神和实践能力。""在普通高中开展研究性学习是一个新生事物，需要各地和学校在实践中积极探索，创造性地组织、指导研究性学习的开展，丰富完善研究性学习的理论与实践经验。"[3] 教育部印发的《中小学综合实践活动课程指导纲要》对高中阶段考察探究活动推荐了一些主题，并进行了简要的说明，如表3.3所示。[10]

表3.3　教育部推荐的高中阶段考察探究活动主题及其说明

活动主题	简要说明
1. 清洁能源发展现状调查及推广	收集信息，了解清洁能源的特点，考察当地风能、太阳能等清洁能源设施或生产企业；设计在学校或社区中使用清洁能源的方案；调查新能源汽车发展前景和推广使用中存在的问题，在社区中宣传推广清洁能源。关注清洁能源的发展，主动选择清洁能源和相关产品，减少环境污染

续表

活动主题	简要说明
2. 家乡生态环境考察及生态旅游设计	设计方案，实地考察家乡的湿地、森林、草原等自然生态环境；对当地生物多样性及保护情况进行研究，采访当地居民了解自然生态环境变化，提出保护建议；结合当地独特的自然生态条件，设计开展生态旅游的方案，在一些景点进行生态旅游的导览和讲解服务，增强热爱家乡、保护家乡自然生态环境的意识
3. 食品安全状况调查	收集有关食品安全的信息，分析典型食品安全事故；考察当地食品制造企业或走访食品监督部门，调查当地食品安全状况和人们的食品安全意识；提出确保食品安全的方案，尝试用简单的实验方法对常见食品进行检测，编制食品安全手册，在社区中进行食品安全科普宣传。增强食品安全意识，学会选购健康、安全的食品
4. 家乡交通问题研究	收集资料，走访当地交通管理部门，了解交通拥堵的原因和减少拥堵的措施；到本地区比较拥堵的路口进行实地考察，记录不同时段交通拥堵的状况，对改善本地区交通拥堵问题提出建议；在学校周边进行交通疏导，维护交通秩序。关注家乡交通问题，为缓解家乡交通拥堵做贡献，提高社会责任感
5. 关注知识产权保护	访问当地知识产权部门，了解知识产权的相关知识；对身边公众的知识产权意识和行为进行调查，提出增强公众知识产权意识的建议；在参与各种创新活动中，尊重他人知识产权，并维护自身知识产权，增强尊重知识产权的意识，提高依法维权的能力
6. 农业机械的发展变化与改进	收集资料，实地考察，了解从传统农具到现代化农业机械设备的发展变化过程；分析比较各种农业机械的使用效果及成本，对农业机械的合理、充分使用提出改进建议；感受科学技术对农业发展的重大影响，激发创新意识
7. 家乡土地污染状况及防治	收集资料、调查、实地考察、实验、走访相关部门，了解家乡土地污染状况及主要危害；分析造成土地污染的主要原因；提出防治家乡土地污染的合理措施及建议，为家乡环境保护做贡献，增强环境保护意识及社会责任意识
8. 高中生考试焦虑问题研究	收集与考试焦虑相关的信息资料；通过问卷调查了解高中生考试焦虑状况；与心理医生或心理教师面谈，进行考试焦虑心理测试；采取措施，减轻自身考试焦虑，策划实施团队心理减压活动。学会调控考试带来的心理压力，促进身心健康发展
9. 社区管理问题调查及改进	考察当前社区，分析社区在停车、清洁、安全、养宠物等方面存在的管理问题；调查居民对社区管理的看法，考察周边管理比较好的社区；走访小区管理处，提出改进意见，主动参与社区管理，维护社区环境，增强社会责任意识和积极为他人服务的意识
10. 中学生网络交友的利与弊	通过资料收集、案例分析、访谈、调查等多种途径，了解中学生网络交友的相关信息；对网络交友的利与弊进行全面分析或展开辩论。提高信息安全意识，主动适应社会信息化趋势

活动主题	简要说明
11. 研学旅行方案设计与实施	收集研学旅行目的地信息，设计研学旅行路线及行程，设计研学旅行参观考察内容，确定自己的研究课题；设计研学旅行成果的展现形式，在研学旅行活动后对设计方案进行反思和评估，提高规划、设计与实施的能力
12. 考察当地公共设施	选择身边文化娱乐设施、无障碍设施、公共交通设施等进行考察；调查了解公共设施的状况及公众的满意程度，与管理人员沟通，提出改进建议；利用节假日引导公众更好地使用公共设施，增强公共安全意识和社会责任意识

4. 研究性学习的内容归类

（1）按照组织线索归类

①自然环境类。主要是从研究人与自然关系的角度提出的课题。可选择环境保护、生态建设、能源利用、农作物改良、动物保护、天文研究等方面的与个人生活相关的课题，如家居环境设计、走近无公害蔬菜等。

②社会生活类。主要是从保护人与社会关系的角度提出的课题。可选择学校规章制度、社会关系、企业、社区管理、社团活动、人口、城市规划、交通建设、法制建设、政治制度、社会经济发展、宗教、贸易与市场研究等与个人生活相关的课题，如走进公共机构、加入 WTO 对中国企业的影响等。

③个人发展类。主要是从关注个体成长的角度提出的课题。可选择学生社团、学生群体、学生消费、学校制度与学生成长、班级制度与文化、流行音乐、时尚文化、行为方式、同学关系等与学生生活直接相关的课题，如高中生课外阅读情况调查、高中生日常消费、关于高中生与保健品问题的调查、欧美流行音乐在青少年中受欢迎程度调查，等等。

④历史文化类。主要是从研究历史与人的发展角度提出的课题。可选择乡土文化研究、民俗文化研究、历史遗迹研究、名人思想与文化研究、校园文化研究、传统道德研究、传统文化与现代文明研究、东西方文化比较研究、民间文学研究、艺术研究、影视文化研究、时尚研究等与个人生活相关的课题，如韩剧对青少年的影响等。

⑤跨学科综合类。主要是从科学技术与时代发展角度提出的，与中学的学科知识有一定的联系，但主要需要多学科参与的、有助于了解当代前沿科学的综合学习课题。可选择遗传与化学、纳米技术、计算机与多媒体技术、基因工程、产权经济、组织行为等与现代生活息息相关的新事物的研究课题，如新型可降解塑料研制、海洋生态环境模拟养殖系统设计、高中化学实验室废水排放现状及对策研究等。

（2）按研究问题归类

①社会问题研究，如合同诈骗调查与对策研究、公交车路牌现代化设计等。

②环境科学研究，如立交桥绿化策略研究、教室粉尘污染及对策研究等。

③生命科学研究，如不同社区绿化的最优化选择、青少年肥胖现象调查、减肥对身体健康的影响等。

④能源利用研究，如利用汽车重力给路灯供电的设计、家用燃料比较研究等。

⑤文学艺术研究，如独生子女与重名现象研究、中国卡通文化面临的挑战、高中生重理轻文现象调查等。

⑥科技应用研究，如教室黑板的弊端分析及改进、雷电对计算机网络的影响研究等。

5. 研究性学习设计时应注意的问题

以研究性学习为主的综合实践活动设计应注意以下几点。[9]

（1）内容选择综合化、社会化

研究性学习强调综合性，因此在选择内容时，应尽量选择那些可以从多个方面或涉及跨学科知识的主题或内容，激发学生从多个角度、多个层面思考问题，以便做到知识的融会贯通。同时，还应继续加强理论知识与社会生活实际的联系，尤其要关注那些与人类生存、社会发展密切相关的重大问题。

（2）内容呈现问题化

这是由研究性学习的本质所决定的。研究性学习始于问题，因此在研究性学习活动中，指导者应从呈现问题着手。从途径来讲，可以通过创设情境引出，可以通过案例引出，也可以直接提出；从主体来讲，可以由教师提出，也可以由学生自己发现和提出。

（3）重在过程

研究性学习重在过程而非研究结果；重在知识技能的运用，而非知识掌握的数量；重在亲历、体验和亲身感受，而非一般的接受间接经验。因此，在研究性学习活动的设计中，无论是具体实施还是评价，都应强化这种过程意识，不能以掌握了多少知识为标准对学生进行不合理的评价。

第三节　研究性学习实施过程与策略

实施研究性学习，是将类似科学家做研究的行之有效的科学研究方法，经过改造引入教学的过程。学生的研究性学习与科学家的研究不同之处在于，并不一定要探索人类尚未知晓的事物，也不承担创造新知识的责任。只要学生能够主动参与，积极实践，在解决问题的过程中有意识地培养研究问题的兴趣，学习研究问题的方法，就达到了预期的课程目标。因此，正确地理解和把握研究性学习的特点，依实际情况灵活地选择和确定研究性学习的实施途径，便成为实施研究性学习的关键之一。

一、研究性学习实施过程

（一）研究性学习实施的基本要求

1. 全员参与

要强调全体学生的积极主动参与，充分发挥学生在研究性学习全过程中的自主性，特别要注意激发和保护学生的探究兴趣和热情，不能以学科成绩落后等理由，限制学生参与研究性学习活动。

2. 任务驱动

要向学生提出有明确具体要求的任务，引导研究性学习活动的展开。任务一般可包括用多长时间、完成哪些工作、向谁递交或发表怎样的成果等。可以通过范例介绍的方法，

让学生明白自己的任务。

3. 多种形式

要从学生、学校和区域的实际出发，选择和确定具体的实施办法，注意学生的差异和地区的差异。提倡将研究性学习活动和综合实践活动的其他领域，如社区服务与社会实践，劳动与技术教育或校、班、团、队活动等，整合起来实施。

4. 课内外结合

需要利用一部分课内时间，由教师对学生进行集中指导，或由学生进行交流研讨等；也需要利用较多的课外时间，包括节假日和寒暑假时间，由学生进行集体的或个人的研究活动。学生的研究性学习活动需要家庭的关心和支持，家长可以利用自己在专业技能、生活经验和人际关系等方面的优势，协助孩子对一个问题进行深入的探究。

（二）研究性学习实施原则

研究性学习实施的过程必须遵循以下基本原则。[11]

1. 主体性原则

主体性原则是指研究性学习要求赋予学生充分的自由，研究课题要由学生根据自己的兴趣爱好、经验条件、能力水平等来选择；研究方案要由学生在认真思考、反复研究和多方论证的基础上来规划；研究过程中要让学生摆脱被动、封闭的学习环境限制，以积极主动的态度去探索和研究；课题的最终结果要由学生自己来完成等。

2. 问题性原则

问题性原则是指主题型研究性学习一般不是直接提供教材让学生去理解和记忆，而是创设一个问题情境，让学生自己发现、提出需要学习或研究的问题；教师有时也会提供一些材料，但不能直接用这些材料来解决问题，而只是作为解决问题的某些依据，甚至只是提供一个问题解决的思路。

3. 研究性原则

研究性原则是指研究性学习过程本身是一个探索的过程。从课题的选择、方案的规划，到课题的研究、成果的总结和展示，每一步都没有现成的答案，每一个"研究成果"都是不断尝试、创新的结果。为此，教师应该为学生创设研究性情境，以激发学生的研究欲望；同时，提供有结构的材料作为学生实践活动的对象，帮助学生去研究、去探索。

4. 开放性原则

现有的学科课程为了确保课程学习取得预期成效，在教学中，比较重视培养学生的求同思维。研究性学习则为学生的求异思维的发展提供了全方位开放的环境，包括课题内容、课程资源、学习的组织形式、研究时间、研究空间、研究结果等，都呈现出开放的态势。

（三）研究性学习的实施类型

《普通高中"研究性学习"实施指南（试行）》对研究性学习实施的类型做出了明确的规定。[3]

1. 根据研究目标和内容的不同，划分研究性学习的实施类型

（1）课题研究

以认识和解决某一问题为主要目的，具体包括调查研究、实验研究、文献研究等类型。这一类研究性学习活动借鉴、模仿或遵循科学研究的一般过程，选择一定的课题，通过调查、测量、文献资料收集等手段，收集大量的研究资料或事实资料，运用实验、实证等研究方法，对课题展开研究，解决问题，并撰写研究报告或研究论文。中小学生的研究课题一般涉及反映学生生活背景和兴趣的人与自然、社会等的问题，如压岁钱如何花的调查、一次性物品的使用调查、校园暴力问题研究、社区环境污染现状调查、公共交通系统建构的研究等。

（2）项目（活动）设计

以解决一个比较复杂的操作问题为主要目的，一般包括社会性活动的设计和科技类项目的设计两种类型。前者如一次环境保护活动的策划，后者如某一设备、设施的制作、建设或改造的设计等。一项专题的研究性学习活动，可以属于一种类型，也可以包括多种研究类型。综合性较强的专题，往往涉及多方面的研究内容，需要运用多种研究方法和手段，更需要参加者之间的分工协作。项目（活动）设计类以解决比较复杂的操作问题为目的，一般包括社会性活动的设计（如一次环境保护活动的策划、采访活动的设计、设计我的小天地等）、艺术类项目的设计（如设计一个雕塑方案、设计班级形象宣传画、设计一套校服、设计一种新型的校徽等）和科技类项目的设计（如二合一牙刷的制作、新型课桌椅的设计、太阳能利用可行性方案设计、声控延时过道灯的研制等）三种类型。

2. 根据组织形式的不同，划分研究性学习的实施类型

（1）小组合作研究

小组合作研究是经常采用的组织形式。学生一般由 3 ~ 6 人组成课题组，聘请有一定专长的成人（如本校教师、校外人士等）为指导教师。成员可以由同班同学自由组合而成，也可以由跨班级、跨年级的志趣相投的同学组合而成，甚至还可以由跨校跨地区的学生自由组合而成，学生自己推选组长。在研究过程中，课题组成员各有独立的任务，既有分工，又有合作，各展所长，协作互补。

（2）个人独立研究

可以采用"开放式长作业"形式，即先由教师向全班学生布置研究性学习任务，可以提出一个综合性的研究专题，也可以不确定范围，由每个学生自定具体题目，并各自相对独立地开展研究活动，用几个月到半年时间完成研究性学习作业。它通常适用于课题比较小、内容比较少、不太复杂的研究课题，而且这种实施形式对学生的独立学习、探究、实践能力要求更高，需要课题承担者具有较强的独立开展课题研究的能力。为了便于课题研究的顺利实施，学生也应主动寻求校内外专家的指导和帮助，主动与他人交流探讨，分享信息和资源，提高自己的课题研究质量和水平。

（3）采用个人研究与全班集体讨论相结合的形式

全班同学需要围绕同一个研究主题，各自收集资料、开展探究活动、取得结论或形成观点；再通过全班集体讨论或辩论，分享初步的研究成果，由此推动同学们在各自原有基础上深化研究；之后或进入第二轮研讨，或就此完成各自的论文。它通常是根据班级学习或工作的需要，将全班同学组织起来围绕某一个大家共同关心的、非常重要的课题来开展

研究工作。在开展探究活动的过程中，有效的分工合作非常重要，需要课题组长（可以由班长或学习委员等担任，也可以由对研究课题学有所长的同学担任）进行严密的组织管理，在严格分工的基础上，密切合作，及时组织组际交流、全班集体讨论，分享研究信息和各组、各人的创意，进行思维碰撞，推动课题研究的顺利开展和深入进行。

（四）研究性学习实施的一般流程

《普通高中"研究性学习"实施指南（试行）》对研究性学习实施的一般流程做出了规定："研究性学习的实施一般可分三个阶段：进入问题情境阶段、实践体验阶段和表达交流阶段。在学习进行的过程中这三个阶段并不是截然分开的，而是相互交叉和交互推进的。"[3]

1. 进入问题情境阶段

这一阶段要求师生共同创设一定的问题情境，一般可以开设讲座、组织参观访问等。目的在于做好背景知识的铺垫，调动学生原有的知识和经验。然后经过讨论，提出核心问题，诱发学生探究的动机。在此基础上确定研究范围或研究题目。

同时，教师应帮助学生通过收集相关资料，了解有关研究题目的知识水平，该题目中隐含的争议性的问题，使学生从多个角度认识、分析问题。在此基础上，学生可以建立研究小组，共同讨论和确定具体的研究方案，包括确定合适的研究方法、如何收集可能获得的信息、准备调查研究所要求的技能、可能采取的行动和可能得到的结果。在此过程中，学生要反思所确定的研究问题是否合适，是否需要改变问题。

2. 实践体验阶段

在确定需要研究解决的问题以后，学生要进入具体解决问题的过程，通过实践、体验，形成一定的观念、态度，掌握一定的方法。这一阶段实践、体验的内容包括以下方面。

①收集和分析信息资料。学生应了解和学习收集资料的方法，掌握访谈、上网、查阅书刊、问卷等获取资料的方式，并选择有效方式获取所需要的信息资料；要学会判断信息资料的真伪、优劣，识别对本课题研究具有重要关联的有价值的资料，淘汰边缘资料；学会有条理、有逻辑地整理与归纳资料，发现信息资料间的关联和趋势；最后综合整理信息进行判断，得出相应的结论。这时要反思所得结论是否充分地回答了要研究的问题，是否有必要采取其他方法获取证据以支持所得结论。

②调查研究。学生应根据个人或小组集体设计的研究方案，按照确定的研究方法，选择合适的地方进行调查，获取调查结果。在这一过程中，学生应如实记载调查中所获得的基本信息，形成记录实践过程的文字、音像、制作等多种形式的"作品"，同时要学会从各种调研结果、实验、信息资料中归纳出解决问题的重要思路或观点，并反思是否获得足以支持研究结论的证据，是否还存在其他解释的可能。

③初步的交流。学生通过收集资料、调查研究得到的初步研究成果在小组内或个人之间充分交流，学会认识客观事物，认真对待他人意见和建议，正确地认识自我，并逐步丰富个人的研究成果，培养科学精神与科学态度。

3. 表达和交流阶段

在这一阶段，学生要将取得的收获进行归纳整理、总结提炼，形成书面材料和口头报告材料。成果的表达方式要提倡多样化，除了按一定要求撰写实验报告、调查报告以外，还可以采取辩论会、研讨会、展板、墙报、刊物（包括电子刊物）等方式，同时，还应要求学生以口头报告的方式向全班展示，或通过指导老师主持的答辩。

学生通过交流、研讨与同学们分享成果，这是研究性学习不可缺少的环节。在交流、研讨中，学生要学会欣赏和发现他人的优点，学会理解和宽容，学会客观地分析和辩证地思考，也要敢于和善于申辩。

（五）研究性学习的步骤

研究性学习活动的基本流程为：确定研究课题（新生培训、成立研究小组、拟定课题、课题的论证与修改、寻找指导老师等）—制订研究计划（小组成员分工、撰写开题报告）—收集和整理资料—设计及实施实验或开展调查（开展各次研究活动并记录）—分析数据得出结论（反馈、点评、指导）—撰写研究报告—结题答辩（制作 PPT 汇报材料、上交活动成果、成果交流汇报、评价）。

1. 确定研究课题

研究性学习的核心是让学生真实地体验解决问题的过程，很显然，提出问题（包含发现问题的过程）是启动学习的第一步。爱因斯坦曾说过："提出一个问题往往比解决一个问题更重要，因为解决一个问题也许仅仅是一个教学上的或实验上的技能而已，而提出新的问题，从新的角度看旧的问题，都需要创造性的想象力，而且标志着科学的真正进步。"提出问题的主体既可以是教师，也可以是学生。如何确定自己的研究课题呢？现代科学发展观认为，科学研究的目的是要解决科学问题。"问题是科学家思想的焦点，科学家的任务就是运用已有的科学知识去提出问题并解决问题。"因此，科学研究就是发现问题和解决问题的过程。根据这一科学发展观，研究性课程内容的组织应以"问题"为中心。每个同学都有自己感兴趣的问题，针对这些问题去做一些资料收集工作，确认该问题转化为课题的可行性。确定一个具体的研究题目，是研究性学习至关重要的一步，也是发挥学生想象力、创造力的关键一步。指导教师应在了解不同学生水平的基础上，选择不同难度的课题，帮助学生根据自身的特长，从探究活动中获得启发，让能力得到提高。[12]

（1）研究性学习问题的特征

作为研究性学习的问题至少应该具备以下几个特征：一是自然界或社会生活中的真实问题；二是学生感兴趣的问题；三是具有一定的现实意义的问题；四是有一定的开放性的问题。通常，研究性学习的问题往往由教师提出，或者是学生在教师的帮助下发现并提出。如果是学生提出的问题，教师则要帮助学生排除一些不合理的选题。

（2）研究性学习问题的来源

研究性学习的内容就是要解决的问题，问题来自哪里呢？[12]

①从实际生活和社会热点中选题。生活是多姿多彩的，社会实际生活充满了趣味与奥妙，为课题研究提供了一个广阔的舞台，也是研究课题选择的一个取之不尽、用之不竭的源泉。课题研究从某种意义上讲，主要就是为了解决实际问题，如疯牛病、禽流感、乘车拥挤等。

②从已有学术研究与争论中选题。借助前辈的研究，从他们的学术争论或他们所提出的一些参考选题，甚至"难题"中获得课题研究的有关选题信息。也可用批判的眼光去寻找某些已有观点的缺陷或不足，直接了解有关学科当前迫切需解决，或至今还未解决的研

究题目，使研究课题更具有针对性和前瞻性。

③从指导教师推荐的课题中选题。指导教师经验比较丰富，多有一定的专长，熟悉学生的基础、水平和能力，容易判断不同学生选择什么样的课题最有希望获得成功。因此，由于指导教师"知己知彼"，其推荐的课题的针对性、难易程度往往最适合学生的实际。

（3）研究性学习课题确定审题的原则

研究性学习课题确定审题的基本原则有以下几项。[12]

①科学性原则。一切课题研究，不能仅仅凭一时的兴趣，它都必须符合一定的科学原理和事物发展规律，其本身也应有一定的科学价值，这样才能保证研究的方向与结果，否则只能竹篮打水一场空。

②创造性原则。创造性是一切科学课题研究的生命。它体现出课题研究的价值所在，别人已经完全解决的问题再来重复一遍或只是照搬照抄，只能是徒劳的。发现创新独特的见解对刚接触课题研究的学生来说是至关重要的。

③可行性原则。完成一个有价值的课题，还需要多方面的条件。如学生要研究"《红楼梦》的艺术成就"这样的选题就很难。学生选择课题还必须建立在主、客观研究的基础上，要充分考虑可行性，对主客观研究条件进行充分的估计。

通过分析学校的特点和传统优势，结合本地自然条件、人文资源，学校应对课题的可行性以及学生解决问题所需的知识背景、资料、工具、支持和帮助等进行分析。如果是初始阶段，则需要组织专家进行学术讲座，指出开设研究性课题的意义、目的及方法，为学生提供进行研究的知识背景。同时，对学生进行科学研究方法的指导，让学生了解社会科学和自然科学研究的基本步骤，学会查阅资料的方法、科研的数理统计方法、新的实验操作技能、开展社会调查考察的方法、计算机存储处理资料的方法、网络查阅资料的方法、BBS探讨方法、聊天室交流信息的方法和校园网信息发布技术。并在此基础上提出研究的若干主题供学生选择，同时提供相关背景资料、工具等，学生选择自己感兴趣的主题或提出自己研究的选题，并分好组，为问题的解决做好准备。

2. 制订研究计划

研究性学习必须明确研究的对象及其具体内容、制订工作计划及行动步骤，这就是课题研究方案，也叫研究计划。在制订研究计划时必须要明确：一是要做什么。研究什么项目，为什么选择这个项目（意义和价值），是否能完成这个项目。二是怎样做。工作步骤和程序，每个阶段的目标任务和时间安排，组内同学的分工，从何处、怎样获取相关信息，可能遇到什么困难，怎样避免或解决。三是做成什么。预计最后的成果是什么，是纸质文字类、设计作品类，还是电子类。研究计划一般包括以下六方面的内容：背景及依据、目的与意义、研究的基本内容、研究的主要方法、研究的过程及实施步骤、研究成果及其形式。[12]

（1）课题提出的背景及依据

应阐述课题产生的背景，明确课题是如何提出来的。

（2）课题研究的目的与意义

"目的"是指本课题研究要达到的目标和期望产生的结果。"意义"有两方面：一是理论方面，课题研究应以一定的理论作指导，那么课题研究的理论意义就在于验证、丰富和发展这一理论，并展示这一理论的价值；如果课题研究的内容含有理论研究，那么课题研究的理论意义就是提出了一种新理论、新观点、新认识。二是实践方面，学生研究性学习的课题研究是实践性的，本身就是一种实践。课题研究的实践意义，一方面表现在研究成果的社会价值上，例如关于环境保护研究的某项成果、建议或方案将引起人们或政府有关部门的注意，从而产生社会效益，又如某项研究将获得的成果可能为人们提供某种实践经验或有益的指导；另一方面表现在研究者将获得的实践体验上。

（3）课题研究的基本内容

课题研究的基本内容是指课题包括的各方面的具体问题。课题研究内容就是课题研究中准备考察、研究哪些方面的问题。明确研究内容才能避免课题的研究空洞无物，真正落到实处。

（4）课题研究的主要方法

适合学生专题研究的方法有实验研究法、观察研究法、调查研究法、文献研究法、历史研究法、统计分析研究法等。一个课题研究中都不是只用一种方法，常常是一法为主，多法兼备，综合运用。课题研究方案中应写明要用到哪些方法，并分别具体地写出怎样运用这些方法。例如，运用文献研究法，除了查阅自己家里有关的教科书和其他书报外，可能还需到图书馆借阅书刊，到大学或科研部门查阅相关资料和档案记录。中学生的课题研究本质上是一种研究性学习，研究方法应体现研究性学习的主旨，即"提高综合运用所学知识解决实际问题的能力"，因此在研究方法中还应写出要用到哪些学科（语文、外语等相关课程）的知识，起主导作用的学科（主导课程）应着重指出。

（5）课题研究的过程及实施步骤

应将设计的研究过程详细写出，尤其是实施步骤要写得具体。课题研究的过程及实施步骤一般都包括以下四个阶段：[12]

①准备阶段（ 年 月— 年 月）。具体内容如学习科普知识、学习科学研究方法、参观、查阅资料、成立课题组、确定课题、设计研究方案等。

②研究阶段（ 年 月— 年 月）。研究阶段的主要工作有：课题组成员分工；实施步骤，包括实验、观察、记录、视频图片处理；准备到何处查阅文献资料，计划去几次，大体时间；准备做哪些调查访谈、咨询，计划次数，大体日程；数据统计怎么处理等。

③分析论证阶段（ 年 月— 年 月）。整理资料，撰写课题研究报告、实验报告、调查报告、论文，制作电子作品等。

④总结及研究成果展示（ 年 月— 年 月）。

（6）课题研究成果及其形式

任何活动都有目的，必然有预期结果。课题研究成果一般有文字纸质类，如研究论文、课题研究报告、实验报告、调查报告等；实物类，如模型、相册、工艺画等小制作、小发明；电子类，如幻灯片、音像制品、多媒体作品、网页等。

（7）附录

如有上述六项不能包含的内容，可写入附录，或自己加列标题。

研究计划在实施中根据实际可以修改。

撰写开题报告是课题研究的必要环节。开题报告可以采用如表3.4所示的格式。

表 3.4 研究性学习开题报告

课题名称			
导师			
课题成员	组长：　　　　成员：		
研究背景（课题的由来）			
理论与实践意义（价值）			
研究假设			
研究内容			
研究方法			
研究的重难点及创新点			
活动步骤	阶段	主要任务	阶段目标
完成时间			
活动形式			
访问的单位或对象			
活动所需条件（图书资料、场所、工具、设备、经费等）			
预期成果（论文、调查报告、实验报告、模型、标本、作品等）			
小组成员分工			
论证意见	评审小组（签名）： 　　年　　月　　日		

　　研究性学习在课题选定、计划制订后要撰写开题报告，然后进行课题可行性答辩，以求得指导老师和课题答辩委员会或同学们对研究计划提出建议和修改意见，使研究方案更加科学、合理。开题报告的内容与前面的研究计划内容基本一致，还可以增加课题的可行性、研究的重难点或创新点分析，如具备的条件、已有研究成果等。

　　在制订活动方案时，教师要指导学生注意以下几点：一是活动方案力求具体详细，要将活动时间及进度设想、组织形式、人员分工与合作、活动内容、活动总目标及阶段性目标一一细化，便于操作实施；二是仔细分析活动条件与要求，确保活动方案具有可行性；三是注意小组成员的特点，根据他们的优势、特长分配活动任务。在指导学生制订活动方案时，教师可以为学生提供一些成熟的活动方案作为范例，也可为学生介绍一些资料或查阅相关资料的方法，有时还可亲自参与学生的讨论，就学生方案中的一些设计提出质疑与建议，帮助学生制订比较周密的活动方案。如调查问卷和访谈提纲的设计往往就需要教师给予一定的指导。[12]

3. 收集和整理资料

收集资料是研究的一项必不可少的工作。学生可以到图书馆查阅资料，也可以上网查询。其主要目的是寻找事实论据和理论依据。另外也了解一下别人是怎样阐述有关问题的，从他们的阐述中得到启发，从而迸发出思维的火花。

4. 设计及实施实验或开展调查

学生根据该方案，自主开展研究，并定期和小组成员、指导教师见面，汇集和分享研究的进展及遇到的问题。通过小组交流，分享每个成员成功的经验和做法、收获以及碰到的困难，通过集体的智慧解决困难，并及时调整每一个人的研究重点和工作方向，小组要详细记录每一次的交流、讨论活动；教师则通过与学生的交流和小组活动记录，随时了解并评价每个小组及每个学生的活动情况，并提供有针对性的指导，例如指导学生制作相关问卷、设计相关实验、统计分析信息等。在撰写结题报告时，小组进一步讨论资料是否真实、论据是否全面、观点是否清晰，并请有关专家对结题报告的科学性、严谨性进行点评，根据反馈信息，反思、修改、完善结题报告。

活动中期，学生每次活动都必须及时认真地填写好研究性学习活动小组活动记录，包括活动的次序、内容、形式、地点、时间、分工、目标、过程与结果、反思、教师点评。教师必须重点强调"活动目标"与"活动的过程与结果"的规范填写，这关系到学生活动的有效性。如表3.5所示。

表3.5 研究性学习活动小组活动记录

课题名称					
指导教师姓名			组长		
活动时间		活动地点		活动形式	
参加活动人员					
本次活动的内容和目的					
本次活动的主要收获和体会					
本次活动未解决的问题和需要的帮助					
记录人			时间		

5. 分析数据得出结论

通过调查、访问、考察、查阅资料（图书馆或网络）、实验、设计制作等活动，收集有关数据和信息，如调查数据、实验数据、有指导意义的数据、支持课题的理论依据、具有说服力的案例、促进启发思考的资料、能提出新问题的资料等。要对数据和信息进行分析、处理，筛选出有利于课题研究的资料，为课题研究服务。

6. 撰写研究报告

（1）研究报告的主要内容

①研究的课题——做了什么样的课题？

②课题组成员及分工——哪些人做的？各自做了什么？

③课题研究的目的、意义、来源及背景——为什么要研究这个课题？

④研究的过程——采用了哪些研究方法，经历了哪些步骤，每个步骤做了哪些工作，研究中遇到了什么问题以及如何解决这些问题？

⑤研究的结果——得到哪些结果？

⑥讨论或体会——有哪些尚待解决的问题需要和同行探讨，有哪些感受与同行交流？

⑦参考文献——参考文章的作者、名称、著作或刊物的名称、出版社名称、期刊号、发表或出版时间等，网上查询的应注明网址。

（2）研究报告的种类

研究性学习课题大致有科学实验类、科学考察类、社会调查研究类、文献研究类、项目设计类等类型。结题报告的形式主要有论文和研究报告两类。为在学术会议上交流或在刊物上发表，一般采用论文形式；向上级汇报课题的研究工作则一般采用研究报告的形式，有综合研究报告、调查报告、科学研究报告、设计报告等。

（3）研究报告的一般格式

研究报告一般由标题、作者和指导老师信息、内容摘要、关键词、前言或引言、正文、参考文献等部分组成。[12]

①标题。标题是对课题研究内容的高度概括。标题要引人注目、新颖、醒目、得体，能准确表达研究内容，恰如其分地反映课题研究的广度和深度；要简洁明了，使人一目了然；标题字数要少，一般不超过20字，若标题偏长，可增设副标题。

②作者和指导老师信息。作者姓名、班级；指导老师姓名、工作单位等。

③内容摘要。内容摘要是课题研究的内容提要和研究成果的简要总结，主要陈述研究的问题、方法、过程和主要结论，使读者看了后能了解结题报告的概况，决定是否值得阅读全文。摘要力求短小精悍、准确完整、严谨流畅，一般不超过300字。

④关键词。关键词是说明研究课题的最重要的名词，一般3~5个。

⑤前言或引言。前言或引言是研究报告的开头部分，重点是提出研究问题。介绍研究背景和目的，或阐述前人在这方面的研究成果、尚未解决的问题及研究进展，概述课题研究成果的理论意义和现实意义。

⑥正文。正文是表达研究成果和研究过程的主体部分之一，在研究报告中占绝大部分篇幅，主要包括研究过程与方法、结果、讨论三部分。过程与方法是报告的主体部分之一，应详细介绍。如调查的过程、调查要素（时间、对象、范围、内容、方法等）、实验设计、实验条件控制等。结果是总结课题研究的数据和有关统计分析或调查分析的结论。主要内容包括：整理所得的统计图表资料、归纳总结的定性资料、科学分析得出的结果或结论。特别提醒：一是数据选取和现象描述要实事求是，取样要科学合理、具有代表性，事实材料要有典型性，决不能按照主观意愿任意取舍数据或更改材料，不能造假。二是图表要少而精，简洁明了，要精心设计，使人一目了然。三是结果或结论要科学严谨，所得结论要经得起推敲和验证，写结论时措辞要严谨，逻辑要严密，内容要具体，不能夸大其

辞。讨论是研究者对研究结果的主观认识与分析，其作用在于从理论上加深对研究结果的认识，并指出研究结果不完善之处，并进行补充说明，对研究本身的局限性进行探讨，并指出需要进一步研究的问题。

⑦参考文献。参考文献列于研究报告的末尾，应注明报告中直接引用或提到的文献资料来源。参考文献一般引用正规图书、期刊等正式出版物，未经出版的资料、网上资料和报纸一般不宜引用。资料引用应列出文献的名称、作者、刊物（或出版社）名称及页码、发表（或出版）时间等。

参考文献表述有统一规定格式：

（著作）：作者．书名［M］．地址：××出版社，出版年份：×（页）．

（论文）：作者．论文题目［J］．所载杂志名称，×（年）×（期）：×-×（页）．

⑧附件。如有要进一步诠释的内容加以补充，可以增加附件。

⑨致谢。课题研究结束，研究小组应及时上交小组活动记录表、结题报告及其他成果材料。教师综合这些材料对小组活动成果进行等级评价，再以"小组成果评价"等级为依据，对每位组员进行等级评价。

研究报告格式如表 3.6 所示。

表 3.6 研究报告格式

课题名称			
指导教师姓名		组长	
参加活动人员			
内容摘要			
关键词			
前言或引言			
正文			
结论			
参考文献			
致谢			
指导教师意见	指导教师（签字）：　　　　　年　　月　　日		
附件			

7. 结题答辩

完成研究性学习研究报告后，还需在一定场合进行展示和答辩，请指导老师或专家提出修改意见。结题答辩获得通过后才能得到学分。

（1）结题答辩的一般程序

①课题小组结题答辩前，结题报告需经指导老师审定并签署同意结题的意见。

②答辩会上，由课题组代表用 15 分钟左右的时间概述选题以及选择该课题的背景，较详细地介绍研究成果的主要内容和体会。

③答辩老师提问。一般是对话式，答辩老师提问，全组成员在听清楚、记下来后，按顺序逐一作答。根据组员回答的具体情况，答辩老师随时可以有适当的插问。

④组员逐一回答完所有问题后退场，答辩委员会根据结题质量和答辩情况，商定通过还是不通过，并拟定成绩和评语。

⑤答辩老师当面向学员就结题和答辩过程中的情况加以小结，肯定其优点和长处，指出其错误或不足之处，并加以必要的补充和指点，同时当面向学员宣布通过或不通过。结题的成绩，一般不当场宣布。

（2）答辩准备与技巧

要顺利通过答辩，并在答辩时真正发挥出自己的水平，除了在答辩前充分做好准备外，还需要了解和掌握答辩的要领和答辩艺术。[12]

①充分准备。首先，要写好结题报告的简介，主要内容应包括课题的题目，指导教师姓名，选择该题目的背景，结题报告的主要论点、论据和体会，以及研究课题的理论意义和实践意义。其次，要熟悉所写结题报告的全文，尤其要熟悉主体部分和结论部分的内容，明确课题研究的基本观点和主要论点的基本依据；同时还要仔细审查、反复推敲结题报告有无自相矛盾、谬误、片面或模糊不清的地方。这样在答辩过程中，就可以做到心中有数、沉着应战。最后，要了解和掌握与自己所写论文相关联的知识和材料，如自己所研究的这个论题学术界的研究已经达到什么程度，目前存在哪些争议，有几种代表性观点，各有哪些代表性著作和文章，自己倾向哪种观点及理由，重要引文的出处和版本，论证材料的来源渠道，等等。这些方面的知识和材料都要在答辩前有所了解和掌握。

②答辩技巧。第一，携带必要的资料。首先，要携带结题报告的底稿和主要参考资料。在回答问题的过程中，可能翻看自己的结题报告和有关参考资料。其次，还应带上笔和笔记本，以便把答辩老师所提出的问题和有价值的意见、见解记录下来。通过记录，不仅可以减缓紧张心理，还可以更好地理解老师所提问的实质，同时还可以边记边思考，使思考的过程变得自然。第二，要有自信心，不要紧张。第三，听清问题后经过思考再作答。答辩老师在提问时，小组成员要仔细聆听，并将问题略记在本子上，仔细推敲答辩老师所提问题的实质，切忌未弄清题意就匆忙作答。如果对所提问题没有听清楚，可以请老师再说一遍。如果对问题中有些概念不太理解，可以请老师解释，或者把自己对问题的理解说出来，并确认是不是这个意思，等得到肯定的答复后再作答。第四，回答问题要简明扼要、客观全面、层次分明、吐字清晰。第五，对回答不出的问题，不可强辩。第六，当结题中的主要观点与答辩老师的观点相左时，答辩人可以与老师展开辩论。第七，要讲礼貌。

（六）研究性学习常用的科学研究方法

研究性学习常用的科学研究方法主要有观察研究法、实验研究法、文献研究法、调查研究法、统计分析研究法、个案研究法等。中学生研究性学习用得最多的是调查研究法、实验研究法、文献研究法。[12]

1. 调查研究法

调查研究方法是有目的、有计划、有系统地收集有关研究对象的现实状况或历史状况的材料，借以发现问题、探索规律，获取第一手资料的科学研究方法，是研究性学习中最常用的研究方法。[13]它通过谈话、问卷、个案研究、测验或实验等科学方式，对有关现象进行有计划的、周密的、系统的了解，并对调查收集到的大量资料进行分析、综合、比较、归纳，借以发现存在的问题，探索有关规律。

（1）调查研究的目的

调查研究的目的主要是搞清楚以下三个问题：一是了解现实，搞清楚"是什么"的问题，为研究人员提供研究专题的第一手材料和数据；二是搞清楚产生问题的根源，即弄清"为什么"，为制定解决问题的方案提供事实依据；三是寻找解决问题的方法，即知道"怎么办"，提出解决问题的具体方案。

（2）调查研究的基本类型

调查研究的基本类型：一是社会科学调查，这是学生研究性学习中完成社会类课题研究的主要途径，也是做得最多的课题研究类型。社会调查的范围很广，包括政治、军事、文化、经济、教育、科技等各个方面，大至有关国计民生的问题，如教育改革、企业改革、大学生就业问题等；小至学生的早餐问题、农村留守儿童问题、网瘾问题等。二是自然科学调查，这是学习自然科学类课题研究的主要途径，范围涵盖一切自然科学研究领域，如对生物现象、生态环境、天文地理等自然现象进行的观察调查，为了解自然生态环境、改变影响动物生存而进行的科学调研活动，为解决地方水质污染而进行的系列调查等。

（3）调查研究的基本过程

调查研究的一般过程为：根据课题研究方向确定调查内容、选择调查对象、设计调查方案、实施调查、收集资料、分析研究、得出结论或提出解决问题的方法。

①确定调查内容。围绕课题中心和研究目的，提出若干具体问题，逐一进行调查和研究。如进行"中学生玩游戏心理调查"，可提出如下研究内容：中学生是以什么心态玩游戏的？玩游戏是否会影响学习？不同年级中学生玩游戏心理有何差别？玩游戏给中学生带来什么样的后果？

②选择调查对象。一是全面调查。当调查的对象不是很多的时候，可以进行全面调查，即向所有对象进行调查。全面调查虽然可以为认识事物的全貌提供可靠的依据，但是如果命题较大，调查对象太多，做全面调查比较困难，如"中学生玩游戏心理调查"，要对全国所有中学生做全面调查是不太可能的，只能对某地区内的部分学校进行调查。二是抽样调查。抽样调查是从调查对象中抽取一部分作为样本进行调查，并以这部分样本特征推论总体特征的调查方法。如"我市中学生玩游戏心理调查"，所调查的样本须包含城乡学校、初中至高中各年级，每个年级具有一定的人数，男女比例合理等才有代表性。

③设计调查方案。调查方案设计主要包括两个方面：一是调查方法、步骤及日程安排；二是设置调查指标和调查所需要的各种调查表。调查研究有各种方法，根据需要可采用观察法、文献检索法、测量法、问卷调查法、开调查会、访谈等。开调查会是研究性学习中最常用的一种了解情况、收集资料的方法，它有许多优点，集思广益、互相启发、彼此验证；不足之处是易受人事方面的影响，有时会知而不言、言而不尽。访谈，又称访问，主要收集口述的材料，有正式访问和非正式访问两种形式；访问调查的方式有当面访问、邮寄访问等。问卷调查法，发放问卷是最常用的一种调查手段，问卷调查的核心是问卷设计，在调查过程中，有时需要实地考察，亲自到现场去直接观察、测量、研究，这样可以获得第一手资料。在调查或考察中，拍照、摄像、录音是很好的辅助手段。进行调查研究要事先做好安排，拟好调查方案，包括调查内容、目的、方法、实施步骤、人员分工、日程安排等。调查研究必须搞清楚四个核心要素：调查什么，谁去调查，向谁调查，怎样调查。只有弄清四个核心要素，才能使调查工作进行得有条不紊。

④实施调查，收集资料。实施调查应注意安全、善于沟通、及时记录。资料的形式包括：文字类，如访谈记录、座谈记录、会议记录、调查问卷、文献资料、档案资料摘录或复印件等；实物类，如采集到的实物样品、自己或别人制作的标本、模型等；图片类，如照片、各种图表；音像类，如录音、录像、光盘等。

⑤分析研究，得出结论。结束全部调查后，要对来自各个方面的材料加以分类归纳、分析提炼，获得比较明确的结论或提出解决问题的方法、建议。调查结果的处理，是整个调查研究中最重要的环节，常用的处理方法有归纳法、对照法、计算法、图示法等。

2. 实验研究法

实验是在自然科学领域中广泛采用的一种研究方法，现在逐渐推广到社会科学领域中。实验研究法是根据研究目的，运用一定的手段，针对某一问题，根据一定的理论或假设进行有计划的探索活动，从而得出一定的科学结论的方法。实验的主要目的是建立变量间的因果关系，一般的做法是研究者预先提出一种因果关系的尝试性假设，然后通过实验操作来进行检验。

（1）实验法的基本步骤

从研究过程的大体步骤来看，实验方法与一般实证研究（即经验研究）相似，通常可分为以下几个步骤：一是在对现实经济生活中各种现象进行观察思考并对有关文献进行回顾分析的基础上，确定研究问题；二是根据理论，做出合乎逻辑的推测，提出假设命题；三是设计研究程序和方法；四是收集有关数据资料；五是运用这些数据资料对提出的假设命题进行检验；六是解释数据分析的结果，提出研究结论对现实或理论的意义以及可以进一步研究或改进的余地。

（2）实验研究法注意事项

①实验项目的选择和设计要有理论依据。中小学生研究性学习的科学实验活动，不外乎三种情况：验证科学知识、探索科学道理和总结科学规律。无论是从现实生活中选择的问题，还是从学科教学中派生出来的题目，其选择和设计都要遵循科学原理。首先就要搞清楚实验的理论依据。科学研究是需要假设的，但假设有待检验、必须检验，且只有通过检验才能称其为科学。假设反映的是人们对某些问题可能原因或结果的一种猜想，但绝非胡思乱想。在验证的过程中，要仔细认真地分析各种因素在实验过程中所起的作用，通过实验排除干扰因素，揭示其内在的本质规律。任何时候都不要做心血来潮、考虑不周或可能危及人身和财产安全的事情。

②对实验技术和方法的学习要高标准。实验研究的内容不同，其目的、方法和要求也各异。自然科学性质的研究，无论内容如何，大多需要实验仪器设备，通过实验观察取得研究结果。社会科学研究虽然多数无须实验仪器设备的支持，也多有程序和方法的规范，通过多种途径收集信息作为研究的基础。中小学生要学习研究，学会研究，就要在实验的技术方法和规范上下功夫，高标准地要求自己。学习技术和方法，不仅要从整体上搞清楚实验设计的基本思路，学习统筹全局，对实验设计从宏观上进行整体的把握，而且在实验过程中对各个环节的技术要求也需精益求精，特别要警惕薄技术的思想，满足于一知半解和纸上谈兵。

③加强对实验观察的指导。科学实验的成功不仅在设计，而且在观察，观察的结果能最终保证实验的成功。科学观察是有意识的主动观察，而主动观察恰是青少年的弱点。为

此，实验过程中要帮助学生确定观察的范围和重点，观察过程还要特别注意可能出现的偶然现象，倘若出现，则要还原其条件，进行多次重复的观察，并需全面记录。科学实验是严谨的事业，实验开始，没有对其做全面的统筹，不事先选定观察的要点，在纷繁复杂的实验现象出现的时候，就可能会陷入眼花缭乱、手足无措的境地。如果不及时捕捉实验过程中可能出现的意外现象，也会与可能到来的发现机会失之交臂。

3. 文献研究法

文献研究法就是对文献进行查阅、分析、整理，并通过对文献的研究找出事物本质属性的一种研究方法。文献法是一种古老而又富有生命力的科学研究方法。

（1）文献检索的意义和作用

①文献检索是进行科学研究的前提。中小学生在进行研究之前，应该进行大量而充分的文献检索，将收集到的文献信息进行分析、归纳，作为研究顺利开展的保障。

②对文献进行检索，可以继承和借鉴前人的成果，启迪创造性思维，完成课题研究任务。通过研究文献，从文献资料中获得新论据，找到新视角，发现新问题，提出新观点，形成新认识。

③不断拓宽知识面，改善知识结构，为课题研究服务。一般来说，科学研究都离不开文献资料。研究文献，可以从前人的研究中获得某种启示，少走弯路，减少盲目性；可以利用前人的权威观点为自己的观点佐证，为自己的研究增强说服力；可以从别人的研究中发现问题和不足，引起新的研究和讨论，从而纠正别人的错误，提出自己创新的观点。中学生研究性学习课题研究离不开查阅文献资料。

④进行文献检索，可以缩短研究周期，节省科研经费，避免重复劳动。通过文献检索，可以清楚已经做了哪些研究，有什么成果，目前正在做什么研究，发展情况如何，这就减少了不必要的浪费。它不需要大量研究人员，不需要特殊设备，可以用比较少的人力、经费和时间，获得比其他调查方法更多的信息，因而是一种高效率的调查方法。

（2）文献资料的分类

文献资料按信息加工程度可分为一级文献、二级文献和三级文献。一级文献，即原始文献，是指以作者本人的研究成果为基本素材而创作或撰写的文献，各种报刊上发表的文章、学术会议论文均属于一级文献，无论创作时作者是否参考或引用了他人的著作，也无论其以何种载体形式出现，均为一级文献。二级文献是指文献工作者对一级文献进行收集、加工和整理，将分散的、无组织的、形式各异的第一手资料进行分类、摘编而得到的工具性文献，便于读者对第一手资料进行检索和查找，如新华文摘、目录索引等检索工具都是典型的二级文献。三级文献是指对有关的一级文献和二级文献进行广泛深入的分析研究、综合概括而成的文献，如大百科全书、辞典、年鉴、综述、述评、手册等。

文献资料还可按实物形态分为：文字类资料，如论文、百科全书、辞典等；电子资料，如百科全书光盘、计算机数据库等；互联网资料。目前电子资料和互联网资料已成为查阅文献资料的主要途径。

（3）文献资料的检索工具

文献资料的检索工具分为两类：一是手工检索工具；二是计算机检索工具。

①手工检索工具。这是指用手工方式来处理和查找文献的一种检索工具。学生到图书馆或科研机构资料信息中心，利用各种检索工具查找到图书或论文目录，再按书名或论文

名称索取图书或登载论文的原始期刊。常见的手工检索工具有目录、索引、文摘、百科全书、年鉴、手册名录、词典等。

②计算机检索工具。这是指从大型图书馆或科研机构的计算机资料数据库中获取文献资料。通过中国期刊网、维普资讯网、中国知网可查得中国期刊论文目录，如果是注册用户，还可直接下载论文；百度搜索引擎，可直接查阅互联网上文献资料；使用 Google 图书搜索引擎，可查阅图书目录；使用 Google 学术搜索引擎，可查阅学术论文目录。随着文献资料电子化进程的发展，网络检索将逐渐代替手工检索手段，为人们提供了快速便捷的文献检索途径。

（4）文献资料的检索

首先，利用检索工具通过手工或计算机检索图书目录和论文目录，寻找与课题有关的一次文献篇目，从中获得与课题有关文献的大量信息，并分析与自己的课题有关的文献内容及重要性，使自己对课题可能涉及的文献心中有数。其次，根据课题研究的需要，列出已查到的所需文献目录，根据文献资料的重要性，制订查找计划，按计划获取图书和论文期刊。

二、研究性学习实施策略

1. 研究性学习实施中学生常见问题及对策[12]

（1）虚假研究

学生未参加活动，活动记录的内容是杜撰的。教师通过检查活动记录，询问活动情况，一般会发现漏洞，应及时教育学生，强调弄虚作假的危害性，阐述研究要遵循真实性原则。

（2）浅尝辄止

学生研习活动内容过浅，或不能深入，往往是因为对研究要达到的深度认识不够，或面对研究不知所措。为此，教师应向学生讲清楚该怎样做，做到什么程度。对于应付了事的学生，应说明研习活动的意义，让学生端正学习态度。

（3）目标不明

没有针对活动的目标开展，收集的信息与要探究的问题无关。教师应针对实例进行分析指导。

（4）用心不齐

小组成员有的积极，有的消极；收集的资料未共享，各人收获不一；研习活动虎头蛇尾等。这种情况宜通过组长抓落实，教师应跟踪督促。

（5）资料不全

查询的资料未附来源（题目、作者、网站、栏目、时间、出版社、版本、页码等）；对应目标收集的资料不够充分或不够精当。教师应通过案例讲解，让学生加深认识。

（6）谋事不周

采访无预约，或采访准备不周，未带必备的工具（如相机等）；资料未保存好，对资料的备用缺少预见性，没有档案意识。对此，小组活动前指导老师应有预见性，并进行指导。

（7）形式单一

有的小组活动形式都是"网络查询"，不能体现"综合实践活动"的特征。因此，在小组制订活动计划之初，教师就要介入指导，要求活动形式具有综合性，尽可能让学生走出校门、走进社会进行访问、考察、问卷等实践活动。

（8）缺少己见

结题报告呈现的"研究结果"都是收集来的客观信息，没有在信息分析基础上的自主结论。"活动后记"内容空洞，大话、套话连篇，没有真切的收获、感想和反思。对此，教师应引导学生确立创新意识，认识"讲自己的话"的可贵性。

（9）条理不清

结题报告序号混乱，字体字号不统一，栏目不全或混乱。"活动过程与结果"一般应以"活动形式"或"阶段任务"为线索进行撰写，有的学生图省事，按"活动周"的线索撰写，将各周的活动记录按顺序搬入，琐碎凌乱。针对这些现象，教师可通过"结题报告样例"的讲解，让学生加深认识。

（10）马虎应付

开题报告、活动记录涂改严重，缺少排版意识，结题报告有错别字、病句，排版不美观等。有的学生制作的 PPT 完全抛开结题报告的格式要求，成为随意性很强的"专题内容介绍"。有的 PPT 字号太小，文字太密太满，底图太花，图片没有文字说明，条理不清等。对此，教师要严格把关。比如，要求活动记录"先草稿，后抄正"；结题报告要审查后再打印；学生发送 PPT 后，要及时看教师反馈的电子邮件，做好修改。

2. 研究性学习的实施策略

（1）研究性学习的独立实施

所谓研究性学习的独立实施，是指作为综合实践活动课程四个指定领域之一的研究性学习，可以作为一种独立形态的活动类型，在综合实践活动课程中单独实施。在综合实践活动中实现研究性学习的独立实施，说到底是一个活动选题问题。有了可做独立研究的选题，便有了研究的载体，其他问题也便容易解决了。研究性学习倡导以现实的问题为载体，怎样才能从现实中寻找可以作为独立研究的问题呢？[9]

①理性怀疑。学成于思起于疑。怀疑鼓励人们去探索，去学习，去观察和发现新事物。没有怀疑，没有批判性思维，就难以发现现实中存在的问题，更难以实现知识和理论的创新。

②转换思考角度。对熟悉的现象从不同的角度去认识，就可能另辟蹊径，对事物形成新的认识。挖掘可以研究的问题。如随着生活水平的提高，野菜越来越受到人们的青睐，许多人想到的是到野外去寻找和采摘野菜，为什么不转变一下思维的角度，把"种植"野菜，作为一项研究的课题呢？由此思考，许多野花、野草、野果及某些小动物的驯化不都可以作为研究性学习的课题加以实施吗？

③类比与移植。通过对不同学科对象进行比较，可以借鉴其他学科的思维工具和研究方法，发现和选择研究的课题。如当前建设节约型社会和环境友好型社会逐渐成为共识，借助这些理念及其研究思路，学生不也可以把"建设节约型学校"和"对建设环境友好型学校的观察与思考"作为研究的选题吗？

④对象的深入研究。直面自然、社会和生活中的各种现象，最常见到的还是那些司空见惯的问题，甚至许多是一直未能解决的"老"问题。对这些现象本身的观察、调查和思考，更是中小学生研究性学习寻找和挖掘课题的重要资源。例如，农村地区某些名优特产品形成原因的生态环境调查，围绕生产和生活环境的河湖污染和土壤流失的调查和研究，

农村中由于人口迁移造成的房屋空置情况的调查和利用的研究，小区环境建设的调查和研究等，都可以作为综合实践活动课程中单独开展研究性学习的选题。

当然，作为中小学生独立开展的研究性学习，课题也可以直接由学科课程自然派生，上述选课策略也完全适用于这一类问题的挖掘。

（2）与其他领域的内容综合实施

研究性学习和学科课程其他领域内容结合实施，是综合实践活动课程开发和实施的重要途径。研究性学习的内容和形式与劳动与技术教育、信息技术教育以及社区服务与社会实践等各领域内容的有机结合，不仅会丰富研究性学习的内容，而且会提升各领域活动的技术含量和教育功能，形成相得益彰的效果。

①研究性学习和劳动与技术教育结合实施。当代社会，科学与技术的交叉与渗透已成必然趋势。在中小学设置的综合实践活动课程，将研究性学习和劳动与技术教育的内容同时纳入课程的指定领域，构成课程的主干成分。发挥课程的综合优势，在研究性学习过程中加强对技术的学习和动手能力的培养；在劳动与技术教育的实施中渗透研究性学习的要素，用研究性学习的方法完成劳动与技术教育的任务，引导学生主动采取"问题解决"的办法获取知识和技能，体验和尝试创造的乐趣，激发对未知领域探索的兴趣。经验证明，综合实践活动各项内容中，中小学生最喜欢的就是那些有着较高技术含量的研究性学习内容。研究性学习和劳动与技术教育的有机结合，有着广泛的发展前途。

②研究性学习与信息技术教育的结合实施。在综合实践活动的开发和实施中实现研究性学习和信息技术教育的结合，不外乎从两个方面着手：一方面，以实践学习的方式学习信息技术的内容；另一方面，在开展研究性学习的时候，充分发挥信息技术"提供丰富多彩的教育环境和有力的学习工具"的优势。在信息时代，信息技术有可能使人们以最有效的手段获取最新的知识。为此，综合实践活动课程的开发和实施过程，要努力创设一种类似科学研究的情境，以问题为载体，学习计算机和网络技术，开展基于网络的研究性学习，学会利用计算机和网络技术收集、分析和处理信息，培养利用信息技术的创新精神和实践能力。

③研究性学习和社区服务与社会实践的结合实施。综合实践活动课程设置社区服务与社会实践的内容，目的在于"加强学校与社会的密切联系，培养学生的社会责任感"。实现研究性学习和社区服务与社会实践的结合，应遵循这一精神，引导学生从社区环境和社会实践中，提出问题，展开研究，深化对社会的理解，在服务社区的过程中融于生活，认识自我，提高对社会的责任感。

以上从三个方面，一般性地分析了研究性学习和课程内部各领域的综合实施，旨在说明研究性学习可以与课程中各领域的内容结合起来开发和实施。然而，这并不是说研究性学习就只能分别与三个指定领域结合实施。实际上，在开发和设计研究性学习项目的时候，凡是从现实中提取的真实的问题，每一项都会是实实在在的"综合"，只要坚持从问题的特点和实际需要出发，力求最佳的教育效果，就无须刻意追求所谓结合或综合，而在开展各领域内容的活动时，又要关注研究性学习方法的运用，就可能取得综合实施的预期效果了。

3. 研究性学习的管理策略

《中小学综合实践活动课程指导纲要》指出："研究性学习作为必修课，必须强调全体学生参与。"《普通高中"研究性学习"实施指南（试行）》也对高中生研究性学习进行了明确的规定。研究性学习作为主要由学校自主开发的课程，与其他课程类型相比具有许多新的特点，各级教育行政部门和学校要切实加强研究和指导，并努力结合本地、本校实际在管理上开拓、创新，形成有效、可行的经验。[3]

（1）教育行政部门对研究性学习的管理

教育行政部门必须充分认识开展研究性学习的意义，增强教育改革的紧迫感，选择合乎实际的推进策略，切实履行管理职责，使之在学校中能够有效地实施。一是地方教育行政部门应从本地的实际出发，采取先试点突破，再面上推开的工作策略，积极创造条件，在一两年内做到全面实施；二是地方教育行政部门要把对学校的管理与对学校工作的指导结合起来，着眼于帮助学校领导和教师转变教育观念，指导学校切实地、创造性地落实课程的有关要求；三是地方教育行政部门要在对学校教育教学工作的督导评估项目中增加对学校实施研究性学习情况（包括课程落实、制度建设、资源利用等方面的情况）的检查内容；四是地方教育行政部门要采用多种形式组织区域性的、校际的经验交流活动，鼓励先进，加强推动的力度。要针对地区差异和学校类型差异，进行分层、分类指导，注意扶植、帮助有困难的地区和学校。[3]

（2）学校对研究性学习的管理

学校必须从组织建设、制度建设、学习评定和统筹协调等方面着手，从开发、实施到评价加强研究性学习的全过程管理。一是学校应建立起相应的指导、管理小组，负责校内外指导力量的组织协调和设备利用、过程落实、实施检查等项工作的统筹安排，以保证研究性学习的有效实施；二是学校要结合本校实际情况，采取行之有效的措施，建立必要的制度，如计算教师工作量制度、课程建设档案制度、校内设施设备使用制度、课程实施情况的评价制度、教师指导经验的交流制度等，使研究性学习的实施和管理较快地走向规范化；三是要注意加强各学科教师之间的联系与合作，发挥年级组在组织、统筹、协调上的作用，强调班主任在研究性学习管理上的重要作用，建立起必要的组织体系和运作机制，实行对研究性学习的全方位、全过程管理。[3]

（3）教师培训

教师是研究性学习有效实施的关键，地方教育行政部门、学校和有关的教育研究、教师培训机构都要十分重视通过多种形式开展教师培训工作，把它放到实施研究性学习、落实课程计划要求并不断提高质量的关键位置上来，要制订近期和中长期的培训计划，并切实加以落实。

教师培训的主要目标是促进教师教育观念的转变，提高对培养学生创新精神和实践能力重要性和迫切性的认识，促使教师更新知识，树立终身学习的观念，提高教师自身的科研素养和教师指导学生开展研究性学习的能力。在培训中，要帮助教师了解并掌握一些指导学生开展研究性学习的具体方法，尤其要让教师在不同类型的案例剖析中获得多方面的启示。九年义务教育课程计划中的研究性学习，本身就具有探索性和创新性，学校要把落实课程计划的要求与本地、本校实际情况结合起来，进行积极研究探索，并通过鼓励、支持教师对研究性学习实施问题的探究，促进教师的专业化成长。教师要重视相关资料的积累，逐步丰富适合本地、本校实际条件、受学生欢迎的研究专题的综合性资料储备。[3]

（4）开发利用多种教育资源

研究性学习的开放性、社会性和实践性等特征，决定了它的实施必然要求大量地扩展教育资源的开发利用范围。首先要从本地本校实际出发，充分开发利用各种校内资源。学校内部资源包括：①具有不同知识背景、特长、爱好的教师和职工；②图书馆、实验室、计算机房、校园等设施、设备和场地；③反映学校文化的各种有形、无形的资源。要使广大教师和职工参与到对学生研究性学习的指导、帮助工作中去，要充分利用现有物质条件并努力创设新的条件，逐渐形成一种鼓励探究、创新的校园文化氛围。其次要开发利用当地的社区资源和学生家庭中的教育资源。社区教育资源包括：①各种公共文化设施、设备和场所，如图书馆、博物馆、纪念馆、展览馆等；②高等院校、科研机构、企业事业单位、政府机关等；③有不同知识背景、特长爱好、技能技艺的居民；④学生家庭中的各种可以支持学生研究性学习展开的人力、物力、财力资源。学校要特别注意发展校外指导教师队伍，构建起指导学生研究性学习的人力资源库。最后地方教育行政部门应从实际出发，拓展思路，支持和帮助学校开辟校外学习、研究的渠道，发展教育系统与外系统的关系，在创设有利于开展研究性学习的社会环境上发挥作用。地方和学校要为学生研究性学习活动，开辟比较稳定的参观、学习和实验基地，支持和鼓励学校之间相互交流，共享校内外教育资源。

（5）教研、教育科研机构对学校研究性学习的指导

研究性学习是国家基础教育课程计划中新设置的一种课程类型，无论是学校教师还是管理人员，都缺少实施的经验，加强教学研究既是紧迫的，又是需要长期努力的一项工作。一方面，在新的课程计划试行和推广实施中，要重视发挥教研、教育科研机构的作用，各级教研、教育科研机构具有指导本地学校开设研究性学习的课程并有效实施的职能，要组织力量开展切实的研究、指导工作，并有专人负责此项工作。另一方面，地方教研、教育科研部门要及时发现和总结学校、教师在实践中的成功经验，加以推广应用。要在研究本地社会资源和教育条件的基础上，对学校实施研究性学习提出切实有效的建议。

第四节　研究性学习的评价

教育部印发的《普通高中"研究性学习"实施指南（试行）》文件指出："评价是研究性学习过程中的重要环节。评价的内容与方式必须充分关注学习态度，重视学习的过程与方法，重视交流与合作，重视动手实践。"研究性学习的评价要强调评价主体的多元化和评价方法、手段的多样性，要通过评价鼓励学生发挥自己的个性特长，施展才能，学会尊重和欣赏他人，激励学生积极进取，勇于创新。[3]

一、研究性学习评价的一般原则

研究性学习的评价是贯穿于研究性学习全过程的多元评价。评价的内容与形式应充分体现研究性学习的价值取向，促进研究性学习目标的达成。

《普通高中"研究性学习"实施指南（试行）》文件指出："研究性学习强调学习的过程，强调对知识技能的应用，强调学生亲身参与探索性实践活动并获得感悟和体验，强调学生的全员参与。因此，要采用形成性评价的方式，重视对过程的评价和在过程中的评价，重视学生在学习过程中的自我评价和自我改进，使评价成为学生学会实践和反思、发现自我、欣赏别人的过程；同时，要强调评价的激励性，鼓励学生发挥自己的个性特长，施展自己的才能，努力形成激励广大学生积极进取、勇于创新的氛围。"[3]

1. 正面评价

研究性学习的评价重在发现和肯定学生身上所蕴藏的潜能，所表现出的闪光点，鼓励学生每一步想象、创造和实践，激励和维持学生在探究过程中的积极性、主动性和创造性；也重视通过评价，使学生找到积极的参照点，从而调适自己的学习行为，提高探究和动手实践的水平。

2. 重视过程

研究性学习的评价关注学生探究成果的质量，如它的科学性、可行性、新颖性，更关注学生的参与过程，包括学生参与学习的主动性、积极性、创造性等。

3. 重视应用

研究性学习评价重视的是学生能否把学到的知识和技能应用到实际问题的提出和解决中去，联系生活实际，在问题的提出和解决过程中主动获取知识、应用知识。

4. 重视体验

研究性学习的评价关注学生在探究过程中亲自参与探索性活动、开展人际交往，以及解决实际问题过程中所获得的感情和体验，而不是被动地接受别人所传授的经验。

二、研究性学习评价的主要内容

研究性学习评价的内容通常涉及以下几个方面。

1. 学生参与研究性学习活动的态度

学生参与研究性学习活动的态度可以通过学生在活动过程中的表现来判断，如是否认真参加每一次课题组活动，是否认真努力地完成自己所承担的任务，是否做好资料积累和分析处理工作，是否主动提出研究和工作设想、建议，能否与他人合作，采纳他人的意见等。

2. 在研究性学习活动中所获得的体验情况

在研究性学习活动中所获得的体验情况主要通过学生的自我陈述以及小组讨论记录、活动开展过程的记录等来反映，也可通过行为表现和学习的结果反映出来。

3. 学习和研究的方法、技能掌握情况

要对学生在研究性学习活动各个环节中掌握和运用有关方法、技能的水平进行评价，如查阅和筛选资料，对资料归类和统计分析，使用新技术，对研究结果的表达与交流等。

4. 学生创新精神和实践能力的发展情况

要考查学生在一项研究活动中从发现和提出问题、分析问题到解决问题的全过程所显示的探究精神和能力，也要通过活动前后的比较和几次活动的比较来评价其发展状态。

5. 学生的学习结果

研究性学习结果的形式多样，它可以是一篇研究论文、一份调查报告、一件模型、一块展板、一场主题演讲、一次口头报告、一本研究笔记，也可以是一项活动设计的方案。教师需要灵活掌握评价标准。

三、研究性评价的实施方式

《普通高中"研究性学习"实施指南（试行）》指出："研究性学习的评价可以采取

教师评价与学生的自评、互评相结合，对小组的评价与对组内个人的评价相结合，对书面材料的评价与对学生口头报告、活动、展示的评价相结合，定性评价与定量评价相结合、以定性评价为主等做法。"[3]

1. 研究性评价实施的特点

（1）主体多元

研究性学习的评价主体是多元的。在研究性学习的评价中，评价者可以是一位教师，也可以是由一群教师组成的一个小组；可以是学生个人，也可以是学生小组；可以是家长，也可以是与研究性学习开展内容相关的企业、社区或有关部门等。

（2）全程评价

研究性学习的评价贯穿于研究性学习的整个过程。在研究性学习开展的重要阶段，包括问题提出、立题、实施研究过程、研究结果总结、表达和交流等阶段都可以对学生的学习进行评价。研究性学习的评价既是对过程的评价，也是在过程中的评价。

（3）方式多样

研究性学习的评价可以采取教师评价与学生的自评、互评相结合，对小组的评价与对组内个人的评价相结合，对书面材料的评价与对学生口头报告、活动、展示的评价相结合，定性评价与定量评价相结合、以定性评价为主等做法。在具体操作中，可以采用档案评价、操作评价、答辩会等方式。

2. 研究性学习评价的主要环节

《普通高中"研究性学习"实施指南（试行）》指出："评价要贯穿于研究性学习的全过程。操作时可以重点从三个环节，即开题评价、中期评价和结题评价着手。"[3]

（1）开题评价

要关注学生发现问题、提出问题、提出解决问题设想的意识和能力，促使学生以积极的态度进入解决问题的过程中。研究性学习开题报告评价表如表 3.7 所示。

表 3.7　研究性学习开题报告评价表

课题名称			
指导教师		组长	
课题组成员			
评价项目	评价要求		评分分数 （每项指标 10 分）
立题的科学性	符合科学原理，遵循事物发展规律，研究方法科学，应用知识综合程度较高		
立题的可行性	课题要求与自身知识、能力状况及兴趣要求大致相当，力所能及		
意义	课题面向实际，注重实用性，有利于培养良好的研究意识，实践性较强		
报告撰写	语言表达清楚，文字简洁、流畅，格式规范，观点鲜明，有独到见解		

续表

任务分工	明确、具体	
计划内容	完整、系统、周密	
计划进度	科学合理，能逐步展开	
报告陈述	讲话清楚、有条理，语言简洁、流畅，语态自然，仪表端庄	
回答问题	能抓住关键问题，讲解清楚，有条理，逻辑性较强，小组能有效配合	
时间运用	恰当，不超时	
综合评价		
开题报告成绩	成绩： 指导教师（签字）：	年　月　日

（2）中期评价

中期评价主要是检查研究计划的实施情况，研究中资料积累情况，以及研究过程中遇到的问题、困难和解决问题、克服困难的情况等。对评价结果要及时反馈，对于在研究中学生自己难以解决的问题，要通过教师指点、学生小组内部讨论、学生小组间交流、寻求校外帮助等方式予以解决。研究性学习研究过程评价表如表 3.8 所示。

表 3.8　研究性学习研究过程评价表

课题名称		
指导教师	组长	
课题组成员		
评价项目	评价要求	评分分数 （每项指标 10 分）
研究态度	各成员对研究课题有较高的热情与较大的兴趣，能够认真完成研究任务	
出勤率	各成员能够出席每一次小组活动	
信息收集	收集资料的渠道和方法的多样化，信息处理能力较强	
方法运用	研究方法选择合理，重视实践与实验	
任务分工	成员之间有合理的分工和紧密的合作	
活动内容	完整、系统、周密	
活动进度	科学合理，能逐步展开	
活动组织	合理、有序、灵活、有计划性	
活动形式	合理性、实践性、团结协作性	

续表

活动记录	活动记录真实、完整			
综合评价				
开题报告成绩	成绩： 指导教师（签字）：		年　　月　　日	

（3）结题评价

主要对学生参与研究性学习全过程的情况、体验情况、资料积累情况、结题情况、研究结果及成果展示方式等进行评价。结题报告评价表如表 3.9 所示。

表 3.9　研究性学习结题报告评价表

课题名称			
指导教师		组长	
课题组成员			
评价项目	评价要求		评分分数 （每项指标 10 分）
报告撰写	语言表达清楚，文字简洁、流畅，格式规范，观点鲜明，有独到见解		
研究过程	按时、认真参加课题组的每一次活动；主动与指导老师探讨课题研究中的问题		
小组合作	课题组成员相互协作研究课题（可根据小组总结或对学生的访谈进行评定）		
材料收集	课题组按时上交规定的各类材料（开题报告、研究成果、相关研究材料，以及小组、个人总结）		
材料完整性	根据研究性学习的要求和课题的需要附上相关的所有材料		
研究成果创新性	新颖，有独到的见解，能从实践中有较深的体悟		
研究方法	合理、规范、多样化		
报告陈述	讲话清楚、有条理，语言简洁、流畅，语态自然，仪表端庄		
回答问题	能抓住关键问题，讲解清楚，有条理，逻辑性较强，小组能有效配合		
时间运用	时间恰当，不超时		
综合评价			
开题报告成绩	成绩： 指导教师（签字）：		年　　月　　日

研究性学习评价既要考虑学生参与活动、达成研究性学习目标的一般情况，又要关注学生在某一些方面的特别收获，顾及学生的个别差异。要使认真参加研究性学习活动的学生普遍获得成功的体验，也要让研究上卓有成效的少数优秀学生脱颖而出。研究性学习的评价既要着眼于对整个小组的评价，又要注意到个人在课题研究中所承担的角色、发挥的具体作用及进步的幅度。

3. 研究性学习评价的具体措施

评价的具体方案可以由指导教师提出，也可以在师生协商的基础上提出。鼓励由学生个人或学生小组自己设计评价方案，对自己的研究情况加以评价，充分发挥评价的教育功能。研究性学习的评价是多元评价，其形式可以多种多样。评价者可以是教师，也可以由教师和学生共同参与，甚至可以以学生为主。研究性学习的评价方法应灵活、多样，比较常见的有以下两种。

（1）学习过程档案

这是学生研究性学习的档案记录，可以记录学生参与研究性学习的时间、次数、内容和行为表现，包括观察日志、讨论过程、访谈记录、探究计划或结论、收集到的资料、作品、自己的感想、别人的评价等多方面的内容。学习过程档案能比较充分地体现学生参与研究性学习的过程，展示个人独特的风格。档案材料的积累也有助于学生获得成功和满足感，并为师生对研究性学习活动进行调整和反思提供依据。

（2）展示与交流

展示和交流可以综合地评价学生的学习过程和学习结果。它要求学生在别人面前进行演示或生动的表演，可以充分展示自己的独特性和表达能力。在展示与交流中，学生也能学习他人的探究成果，激发进一步探究的欲望。展示和交流可以采用绘画、制作、文章，以及口头演说、讨论会等多种形式。

四、研究性学习评价需要注意的问题

1. 注意对过程材料的收集

要求学生注意收集和积累研究过程动态、真实和完整的记录，这些记录包括研究方案、调查材料、小型设计、实验观察数据、读书笔记、学习总结、心得体会，等等。这些记录是研究性学习评价不可缺少的重要素材，也是学生自我评价和反思的重要依据。

2. 注意引导学生自我评价与反思

研究性学习的评价要与学生的学习密切结合，和教师的指导密切结合；必须重视学生在学习过程中的自我评价和自我改进，使评价成为学生学会实践、学会反思、发现自我和欣赏别人的过程。

3. 注意评价的激励功能

要鼓励学生的新想法和创意，努力激发学生参与研究性学习的热情，使广大学生主动参与研究性学习，在学习中积极实践、勇于实践创新。

复习思考题

1. 简述研究性学习的发展历史。
2. 简述研究性学习的内涵及特点。
3. 简述研究性学习的目标。
4. 简述研究性学习的内容。
5. 简述研究性学习实施的过程。
6. 简述研究性学习实施的策略。
7. 简述研究性学习评价的实施方式。

参考文献

［1］杨翔. 中等卫校生物学研究性学习课程的探索［D］. 昆明：云南师范大学，2004.

［2］张华. 论"研究性学习"课程的本质［J］. 教育发展研究，2001（5）.

［3］教育部关于印发《普通高中"研究性学习"实施指南（试行）》的通知［EB/OL］.（2001－04－09）. http://old. moe. gov. cn/publicfiles/business/htmlfiles/moe/s3329/201001/xxgk_82009. html.

［4］教育部关于印发《全日制普通高级中学课程计划》的通知［EB/OL］. http://www. moe. gov. cn/jyb_xxgk/gk_gbgg/moe_0/moe_8/moe_25/tnull_238. html.

［5］教育部关于印发《基础教育课程改革纲要（试行）》的通知［EB/OL］.（2001－06－08）. http://www. moe. gov. cn/srcsite/A26/jcj_kcjcgh/200106/t20010608_167343. html.

［6］陈树杰. 综合实践活动课程引论［M］. 北京：首都师范大学出版社，2010.

［7］国家九年义务教育课程综合实践活动指导纲要（3～6年级）［EB/OL］. http://www. 360doc. com/content/07/1013/20/11977_808381. shtml.

［8］国家九年义务教育课程综合实践活动指导纲要（7～9年级）（修订稿）［EB/OL］. https://www. renrendoc. com/paper/208561621. html.

［9］潘洪建. 中学综合实践活动指导［M］. 北京：高等教育出版社，2001.

［10］教育部关于印发《中小学综合实践活动课程指导纲要》的通知［EB/OL］.（2017－09－27）. http://www. moe. gov. cn/srcsite/A26/s8001/201710/t20171017_316616. html.

［11］黄炎真. "研究性学习"的实施原则［J］. 教育实践与研究，2001（08）.

［12］肖晓阳. 高中研究性学习的有效实施研究［J］. 福建教育学院学报，2011（05）.

［13］李克东. 教育技术学研究方法［M］. 北京师范大学出版社. 2003.

第四章 中小学综合实践活动领域Ⅱ
——劳动与技术教育

 **学习目标**

学习完本章，应该能做到：
- 掌握劳动与技术教育课程的内涵和特点
- 了解劳动与技术教育课程的价值
- 了解各学段劳动与技术教育课程的基本理念
- 掌握各学段劳动与技术教育课程的目标和内容
- 掌握各学段劳动与技术教育课程实施的过程和策略
- 掌握各学段劳动与技术教育课程的评价原则和方法

进入信息时代，学生的生活背景和学习基础不断被日新月异的科学技术改写和刷新。信息技术、电子技术、基因工程、农业新技术以及一些新兴的生活科技走进学生的生活世界和学习领域。劳动与技术教育的内容将呈现出一种动态的和结构性的发展和变化，与此同时也形成了课程内容上的选择性。在劳动与技术教育中，劳动教育是我国基础教育的优秀传统，是素质教育的一个极其重要的方面，对培养学生劳动观念、磨炼意志品质、树立艰苦创业的精神以及促进学生多方面的发展具有重要作用。在加强劳动教育、注重劳动教育的多学科渗透和多渠道实施的同时，加强劳动与技术、职业了解之间的有机联系和有序整合，是时代发展的需要，也是深入进行课程改革、促进学生健康成长和长期发展的需要。通过相关内容的学习，引导学生经历多种劳动与技术活动实践，在动手动脑的操作学习过程中，获得积极的劳动体验，形成基本的劳动和技术素养，为他们将来的生活和发展打下必要的基础。

第一节 劳动与技术教育课程概述

实践表明，一个国家或民族的繁荣与富强，不仅需要领先的科学，还需要与科学发展相匹配、相协调的技术，更需要具备现代劳动意识和现代科学技术素养、能应对未来社会

生活挑战的广大劳动者。劳动与技术教育是综合实践活动的重要学习领域，属于义务教育阶段的必修课程。对于贯彻落实党的教育工作方针，深入推进素质教育，重点培养学生的创新精神和实践能力，培养当代社会需要的高素质人才和创新型劳动者有着重要的意义。

一、劳动与技术教育课程的内涵与特点

2018年9月10日，习近平总书记在全国教育大会上号召："要在学生中弘扬劳动精神，教育引导学生崇尚劳动、尊重劳动，懂得劳动最光荣、劳动最崇高、劳动最伟大、劳动最美丽的道理，长大后能够辛勤劳动、诚实劳动、创造性劳动。[1]" 在劳动与技术教育中，劳动教育是我国教育的一个重要方面，对增强学生的劳动观念、磨炼意志品质、树立艰苦创业的精神以及促进学生多方面的发展具有重要的作用。现代社会日新月异的技术革新又要求劳动教育与技术、职业教育紧密地联系在一起，使学生获得进行技术劳动和技术学习的能力，成为未来的合格劳动者。加强劳动与技术教育是提高整个中华民族的科学技术素养，促进经济与社会的可持续发展的有效举措。

1. 劳动与技术教育课程的内涵

现行的劳动与技术教育是在原有的小学劳动课和中学劳动技术课的基础上发展而来的，也正是因为这种继承性，人们往往对劳动与技术教育和劳动教育、技术教育以及劳动技术教育之间的区分不是特别清楚，甚至混淆对待，在具体实践中偏离了劳动与技术教育的本义。

（1）劳动教育

劳动教育是以提升学生劳动素养的方式促进学生全面发展的教育活动。由于劳动价值观是劳动素养的核心内涵，劳动教育也可以定义为是以促进学生形成劳动价值观（即确立正确的劳动观点、积极的劳动态度，热爱劳动和劳动人民等）和养成良好劳动素养（形成劳动习惯、有一定劳动知识与技能、有能力开展创造性劳动等）为目的的教育活动。[2] 劳动教育不等于一般性的活动、实践等，劳动教育要以通过劳动，培育学生全面发展的人格；劳动教育不等于具体劳动技术的学习，劳动教育当然包括劳动技术的学习，但劳动教育的核心目标应当是劳动价值观的培育；劳动教育包括但不等于体力劳动锻炼。[2]

（2）技术教育

技术教育是指培养技术员类人才的职业准备教育。技术教育不仅是一种求职的途径，作为向社会提供基本劳动力的技能与知识教育，它还是新社会成员的基本素养、基本思维方法，理解迅速变化的高技术时代总构架的关键因素。

（3）劳动与技术教育

劳动与技术教育不是单独的劳动教育和单独的技术教育的简单相加，与原有的劳动课和劳动技术课程相比较，劳动与技术教育在形态和名称上发生了较大的变化，这是顺应时代发展潮流，体现课程综合化趋势、与时俱进的一种改革尝试。"劳动与技术"的名称与以前的"劳动技术"名称相比，中间夹了一个"与"字，这一方面表明了"劳动"与"技术"二者的联系，另一方面又表明"劳动"与"技术"二者的区别，同时，"劳动与技术"作为一个整体出现，又体现了综合的特征，是一种课程内部的"小综合"。

《国家九年义务教育课程综合实践活动指导纲要（3～6年级）》劳动与技术教育实施指南指出："劳动与技术教育是以学生获得积极劳动体验、形成良好技术素养为主的多方面发展为目标，且以操作性学习为特征的学习领域。"它强调学生通过人与物的作用、人与人的互动来从事操作性学习，强调学生动手与动脑相结合。通过该领域使学生了解必要的通用技术和职业分工，养成良好的劳动习惯，形成初步的技术意识和技术实践能力。[3]《国家九年义务教育课程综合实践活动指导纲要（7～9年级）》劳动与技术教育实施指南指出："劳动与技术教育是以学生获得积极的劳动体验、形成良好技术素养为基本目标，以操作性学习为基本特征的教育。"它以学生获得各种劳动体验、形成良好的技术素养、增益创新精神和实践能力为目标，强调动手与动脑相结合，以探究性、操作性为特征的一门实践活动课。[4]

劳动与技术教育是以学生获得积极劳动体验、形成良好技术素养为主的多方面发展为目标，且以操作性学习为特征的学习领域。它强调学生通过人与物的作用、人与人的互动来从事操作性学习，强调学生动手与动脑相结合。该领域使学生了解必要的通用技术和职业分工，养成良好的劳动习惯，形成初步的技术意识和技术实践能力。由此可见，劳动与技术教育不同于我国基础教育原有的劳动教育，它以培养学生的劳动观点、劳动态度、劳动习惯和与劳动人民的情感为主，重在教育，属德育范畴，不应把学生参加体力劳动当成对学生进行劳动教育。劳动与技术教育绝非单纯的职业技术教育，劳动与技术教育的目的是使学生获得从事基本的劳动与技术活动的能力以及终身进行技术学习的能力，将学生培养成未来的合格劳动者，以使学生获得积极的劳动体验，形成正确的劳动技术意识，掌握一般的生产劳动技术和现代技术，形成良好的技术素养和创新能力，以关注学生发展为本。

劳动与技术教育具有不同的倾向，在实施过程中要开发的资源也是不同的。劳动与技术教育要通过各种各样的技术教育进行，融技术于劳动过程，通过技术训练进行劳动教育，这样劳动教育与技术教育可以开发的资源就极为丰富。劳动与技术教育可以通过收听劳动模范、道德模范的事迹等进行，也可以结合开展如光盘行动等各类活动进行，还可以在家里通过扫地、做饭、买菜、洗衣、整理床铺等活动进行，这些劳动本身就是劳动与技术教育的资源。要帮助学生进行劳动与技术教育，就需要开发各种各样的资源。工业技术资源包括工厂、企业、矿山、电器维修铺、机修厂、汽修厂、码头、车站、建筑工地、博物馆、工业技术展览馆等。农业技术资源包括与种植业相关的机构，如农户、农场、种子推广站、农技推广站、农广校、试验田、苗圃、林场、园艺场、现代农业示范区、植物园、热带植物园、农科院、农业院校等；还包括与养殖业相关的机构，如家畜（家禽）饲养场站、良种繁育站、防疫站、兽医站、渔场、宠物医院等。从建筑技术来看，可以开发的资源包括民俗建筑与艺术、城市规划展览、民俗文化村、古建筑群等。从信息技术活动来看，可以通过参观互联网公司、现代网络图书馆等途径进行。

2. 劳动与技术教育课程的特点

（1）广泛的参与性——每个学生的基本权利

《国家九年义务教育课程综合实践活动指导纲要》指出："接受劳动与技术教育、获

得劳动与技术的学习经历是每个学生的基本权利。"[4] 劳动与技术教育关注全体学生的发展，从促进学生积极劳动体验和养成学生的技术素养着手选择活动内容与活动方式，满足不同学生的不同发展需要。在这个广阔的领域里，所有学生都可以根据自己的兴趣选择项目进行操作，在实践过程中体验劳动乐趣、感受技术价值。

（2）较大的综合性——多学科的视野

《国家九年义务教育课程综合实践活动指导纲要》指出："应当在注重劳动教育的多学科渗透和多渠道实施的同时，注意劳动教育与技术教育的有机联系和有序整合，努力发挥劳动教育在以劳树德、以劳增智、以劳健体、以劳益美等方面的教育作用，并注意引导学生用良好的情感态度与积极价值观，融入劳动与技术世界。[4]" 劳动与技术教育是跨学科的学习领域，它综合运用了数学、物理、化学、地理、语文、艺术、社会等学科的基本知识，同时也融合了经济、法律、伦理、审美、环保等方面的教育视野。对学生来说，劳动与技术教育不仅是已有知识的综合应用，而且也是新知识、新能力的综合学习。努力发挥劳动教育在以劳树德、以劳增智、以劳健体、以劳益美等方面的教育作用，促进学生亲近劳动与技术世界的积极情感、良好态度与价值观的形成。在目前课程综合化的国际趋势中，劳动与技术教育综合形态的推出，无疑是顺应潮流的改革尝试，将劳动与技术教育提升到一个新的层次。

（3）动手与动脑结合——较强的实践性

《国家九年义务教育课程综合实践活动指导纲要》指出："劳动与技术教育应当重视学生的手脑并用，注重学生的技术探究、试验与创造，强调以技术内容为载体的'做中学'和'学中做'，强调心智技能与动作技能的结合，强调理论与实践的结合。它不应只重视操作技能的训练，还应重视操作活动中学生对技术原理与方法的探究与试验，重视对技术的文化特性的理解与感悟，重视对技术作品的设计与创造。[4]" 劳动与技术教育强调"做中学"和"学中做"，具有很强的实践性，其基本技能与态度的习得是以学生的个体经验和亲身实践为基础的。劳动与技术教育课程的学习是以操作为基础的学习，它不是让学生记忆那些用文字、符号记载的"有形"的知识，而是让学生在亲身体验的技术性劳动中去开发创造性思维，将科学知识物化为"有形产品"的技术创新，是建立在操作基础上的知识、技能、态度、方法、能力的综合学习，强调每个学习者都应通过现实的操作过程获得直接经验和操作体验。学生从事既动手又动脑的技术性操作，用科学知识解决社会实际问题，在实践中学习，在实践中创造，具有较强的实践性。

（4）以项目为载体——可感的操作对象

《国家九年义务教育课程综合实践活动指导纲要》指出："根据学生的生理和心理特点，考虑到综合实践活动中劳动与技术教育的特性，提倡以具体的技术项目为单位来设计和组织学生的劳动与技术教育的活动。一般地，一个具体技术项目包含着一系列具有综合特性的学习内容，蕴藏着丰富的教育价值，学生通过系列性的实践活动，能够获得相应的工具应用、材料认识、简易设计、作品制作等多方面的能力发展。[4]" 劳动与技术教育内容的学习不是就技术学技术，而是以从事一个任务、完成一件制作、形成一样产品、进行一项设计的项目形式展开，劳动与技术教育课程的学习对象和操作对象一般与可感的事物、问题相联系。除了学习过程中人与人的互动外，劳动与技术教育学习的过程更多地伴有与材料、工具、物体的作用。学生通过这一作用，加深自己的学习体验，加深自己对材料、工具、技术过程的理解，同时也加深在价值观、道德观、审美观等方面的认识。

（5）贴近现实生活——开放的学习领域

劳动与技术教育一般以当地的经济、社会和技术环境为背景，在现实生活中选择那些对学生发展有意义、对未来生活有用、与科技发展趋势有关的内容，作为核心组织和设计活动。在学习过程中引导学生联系生活、热爱生活，把所学知识和技术应用于生活，并创造新的生活。劳动与技术教育课程是适应当今社会发展、开发潜力较大的开放性学习领域，主要包括劳动、技术、家政、职业指导等科目，技术、家政等科目都包含若干项目，每个项目本身又具有开放性，有着丰富的内容，且这些内容与科技发展关系最为密切。

二、劳动与技术教育课程的价值

1. 培养未来公民基本的劳动与技术素质

知识经济时代，劳动密集型生产逐步被高科技知识型生产所取代，技术、资本、人才构成现代生产要素，经济发展从对自然经济的过度依赖，转为取决于对人力资源的占有、配置和使用，劳动者的基本素质成为影响社会劳动生产效率的重要因素，知识和技术成为社会财富的标志、内容和动力。劳动素养是劳动者素质结构中的重要组成部分，它包括劳动态度、劳动品质和劳动能力等方面。综合实践活动中的劳动与技术教育作为培养学生基本的劳动和技术素养的主渠道，是针对全体受教育者通用的、基础的综合技术教育，而非指向培养专门人才的技术教育。技术素养是现代人素质结构不可或缺的组成部分，现在培养的学生，将来无论是技术活动的直接参与者，还是技术产品的消费者，作为技术社会的成员，都必须具备一定的技术素养。劳动与技术教育就是要在新的时代背景下，进一步突出技术教育，以及劳动教育与技术教育之间的整合，重视培养学生的技术思维能力，目的在于使学生手脑并用，在提高操作能力的同时，发展学生的智力，提高学生的劳动与技术素质，不仅学到一些最基础的技术，而且会学技术，发展他们的创新意识和创造能力，从而适应迅速发展的技术社会的需要。

2. 促进人的全面发展

早在18世纪，卢梭就主张通过劳动与技术教育使儿童"有农夫身手，有哲学家头脑"；裴斯泰洛齐则认为，劳动与技术教育既可以发展"智力的和内部的因素"，又可以发展"体力的和外部的因素"；马克思更是明确指出："教育与生产劳动相结合是造就全面发展的人的唯一方法"。劳动与技术教育无论是在培养学生的良好品质，开发学生的智慧潜能，还是在增强学生的身体素质，提高学生的审美能力等方面都起着直接的、积极的推动作用。而要真正发挥劳动与技术教育"以劳树德、以劳益智、以劳健体、以劳益美"的独特作用，就必须充分挖掘劳动与技术教育的内在教育因素，使学生有目的、充满智慧地参加劳动、从事技术劳动与技术实践活动，在德、智、体、美、劳诸方面获得全面发展。

3. 培养学生的创新精神和实践能力

1996 年，国际 21 世纪教育委员会的报告《教育——财富蕴藏其中》再次强调应把培养创新能力作为教育最高目标："教育的任务是毫不例外地使所有的人的创造才能和创造潜力都能结出丰硕的果实……这一目标比其他所有目标都重要。"在基础教育中，加强创新教育已经成为世界性教育改革的潮流，而劳动与技术教育具有动手动脑、手脑并用、注重实际操作的特点。在劳动与技术教育活动中，学生接触到生产生活中的大量问题，能促进学生积极思考，启发学生对科学技术的钻研，有利于培养学生的创造精神与实践能力。

4. 丰富学生的劳动体验，形成良好技术素养

现代社会的快速发展和普遍独生子女的社会现状导致我国很大一部分学生缺乏劳动体验，无法正确认识劳动的价值，影响正确的人生观、世界观的形成。劳动与技术教育课程的设置丰富了学生的劳动体验，让学生在劳动中感受生活的乐趣。同时，让学生在"做中学"和"学中做"，强调在操作过程中形成技术意识、培养技术思维和发展技术能力。

5. 引导学生参与传统手工艺的传承和交流

传统手工艺是中华民族悠久文化中的一页，体现了我国劳动人民的智慧和勤劳，学习传统手工艺是对我国历史文化的亲身体验，传承了我国宝贵的遗产。在现代社会中，信息化进程加快，各地文化交流也是信息交流的重要组成部分。传统手工艺的学习，使学生对这一信息有了更深的了解，有助于他们进行文化信息的交流，共享人类社会的文化资源，对文化的发展做贡献。

6. 形成学生良好的劳动习惯和品质

具有良好的劳动习惯和品质是个人素质中的重要部分，也是劳动与技术课程的主要教育目标之一。只有具有了良好的劳动习惯和品质，才能使劳动技术实践活动有序、负责、合作、高质量地完成，这是学生一生的财富。

7. 培养学生的创新精神和创新能力

知识经济时代，创新精神是个人竞争的重要品质之一。劳动与技术教育课程的综合性、实践性、技术性和创意性给学生提供了进行小制作、小发明的氛围和条件。在工艺制作中，引导学生从仿制向创意发展，在科技活动中引导学生进行创造发明活动。自主创意、合作探究，培养学生的创新意识、创新精神和创新能力。

三、劳动与技术教育课程的理念

1. 小学阶段劳动与技术教育课程的理念

《国家九年义务教育课程综合实践活动指导纲要（3～6 年级）》劳动与技术教育·信息技术教育实施指南指出，劳动与技术教育的课程实施和开发中，应遵循以下基本理念。[5]

（1）在动手与动脑的紧密结合中促进学生技术素养的形成

劳动与技术教育以学生的操作性学习为主要特征，也就是我们常说的"做中学"和

"学中做"。但劳动与技术教育的主旨并不仅仅停留在一般的"操作"层面，它强调学生通过人与物的作用、人与人的互动来从事操作性学习；强调学生技术操作过程中技术意识的形成、技术思维的培养、技术能力与态度等方面的发展；强调规范操作与技术创新意识的统一。学生的操作学习过程是富有生机、充满探究的学习过程，是手脑并用的过程。

（2）用作品引导学生的劳动与技术学习活动

小学 3~6 年级学生的思维活动以形象思维为主。顺应这一年龄阶段学生的生理和心理特征，提倡用可感而形象的技术作品来引导、组织学生的劳动与技术学习活动。技术作品的表现形式多种多样，可以是一个模型、一件工艺品，也可以是一盘菜、一个作物等。通过作品的制作，学生可以获得材料认识、工具运用、操作程序、技术要领等方面的知识和技能，还可以进行设计、评价以及作品宣传等活动。

（3）逐步增加劳动与技术教育中的技术含量

劳动与技术教育既要符合学生的认知发展规律，又要反映技术发展的内在机理，还要体现一定的时代特征。小学 3~6 年级劳动与技术教育，在强调学生劳动观念和劳动习惯形成的同时，应注重通过具有一定技术含量的教育内容的学习，对学生进行技术启蒙。应根据学生的不同年龄阶段，逐步增加劳动与技术教育中的技术含量，充实具有现代意义的教育内容，以增强劳动与技术教育的现代性和对学生的吸引力。

（4）拓展学生的劳动与技术学习经历，追求工具价值与发展价值的统一

应通过劳动与技术教育内涵的深化和外延的拓展来丰富学生的学习内容并改变传统的学习方式，实现劳动与技术教育工具价值与发展价值的统一。如工艺制作的学习对象应从单纯的作品制作向作品设计、作品评价两方面拓展；农业技术的学习对象应从单纯的作物栽培和动物饲养向品种改良、产品贮存与加工、市场营销等方面拓展。这样，既能顺应社会主义市场经济的发展需要，又能拓展学生的劳动与技术学习经历，发展学生的共通能力。

2. 初中阶段劳动与技术教育课程的理念

《国家九年义务教育课程综合实践活动指导纲要（7~9 年级）》劳动与技术教育·信息技术教育实施指南指出，劳动与技术教育课程开发与实施必须遵循以下基本理念。[6]

（1）在操作活动中进行技术探究和技术学习

劳动与技术教育以学生亲历实践、亲手操作、手脑并用为基本特征。学生通过人对物的程序性、技能性运作，通过人与人的互动获得丰富的体验，实施操作性学习。但劳动与技术教育并不只是停留在单纯的操作技能的训练上，还应注重操作活动中学生对技术原理与方法的追思、学生对技术学习方法的体悟，以及学生良好的劳动习惯与技术能力的培养等。应注重技能训练中学生创新精神和实践能力的培养，力求达到技能掌握、态度养成、能力发展的有机统一。

（2）以项目为载体组织劳动与技术教育活动

活动是劳动与技术教育实施的主要方式，项目是组织劳动与技术教育活动的重要载体。根据初中生的生理和心理特点，考虑到劳动与技术教育的特性，提倡以具体的技术项目为单位来设计和组织学生的劳动与技术教育的活动。一般地，一个具体技术项目蕴藏着丰富的教育价值，学生通过系列的学习过程，能够获得相应的材料与工具，以及技术设

计、制作与评价等多方面的能力发展。

(3) 立足学生所处的现实世界，注重教育内容的生活取向

劳动与技术教育一般以当地的经济、社会和技术环境为背景，在现实生活中选择那些对学生发展有益、对未来生活有用、与科技发展趋势有关的内容，作为核心来设计和组织学习活动。在学习过程中要引导学生联系生活实际，把所学知识与技能广泛应用于生活。要克服脱离学生现实生活、采用单一的学校教育途径实施劳动与技术教育的倾向，强调学生的生活学习。劳动与技术教育的生活取向要求课程内容的安排富有开放性和可选择性，在活动方式、活动过程的设计与组织上体现农村和城市的不同特点。

(4) 劳动与技术教育既是已有知识的综合运用，也是新的知识与能力的综合学习

劳动与技术教育是跨学科的学习领域，它强调数学、物理、化学、生物、地理、艺术等学科基本知识的综合运用，同时也强调融合社会、经济、环境、法律、伦理、心理与健康等方面的教育视野。它注重各学科知识的联系和综合运用及在此基础上的技术探究，强调各种教育资源的有效开发和利用。学生的劳动与技术学习活动，不仅是已有知识的综合运用，也是新的知识与能力的综合学习。它强调学生在已有的经验基础上探究新的技术原理，获取新的技术能力。

3. 高中阶段通用技术课程的理念

《普通高中技术课程标准（实验）》指出："普通高中技术课程是与九年义务教育中的信息技术教育和劳动与技术教育相衔接，以提高学生的技术素养为主旨，以设计学习、操作学习为主要特征的基础教育课程，是国家规定的普通高中学生的必修课程。在我国普通高中课程结构中，技术是一个基础的学习领域。"同时规定"技术学习领域设有信息技术和通用技术两个科目"，其中"通用技术"部分课程的基本理念为以下几项。[7]

(1) 关注全体学生的发展，着力提高学生的技术素养

普通高中阶段的技术课程属于通识教育范畴，是以提高学生的技术素养为主旨的教育，是高中学生的必修课程。通用技术课程必须面向全体学生，必须为每一个学生拓展技术教育学习经历、行使受教育权利提供机会和条件。要充分考虑到高中学生在兴趣、生活经历、地域特征、文化背景等方面的差异，在课程、教材、教学及其评价等方面鼓励多样性和选择性，以满足不同学生的不同需要，促进学生的个性发展。通用技术课程应当避免机械的、单一的技能训练，强调学习中学生技能的形成、思想方法的掌握和文化的领悟三者之间的统一，注重在拓展学生技术能力的同时，促进学生共通能力的发展。

(2) 注重学生创造潜能的开发，加强学生实践能力的培养

高中学生正处于创造力发展的重要阶段，他们的想象能力、逻辑思维能力和批判精神都达到了新的水平。在学习活动中，要鼓励学生想象、怀疑和批判，要营造民主、活跃、进取的学习氛围；应充分利用通用技术课程的内容载体，培养学生的学习兴趣，激发学生的创造欲望；应通过技术设计、技术试验等活动，培养学生的探究能力和敢于创新、善于创造的精神和勇气，使学生的创造潜能得到良好的引导和有效的开发，使学生的实践能力得到进一步的发展。

（3）立足科学、技术、社会的视野，加强人文素养的教育

当代社会，技术与科学、社会的关系越来越密切。通用技术课程应当通过具体的技术实践使学生理解技术与科学的联系和区别，以及两者对社会发展、人类生活所具有的同等意义上的重要作用，从而深化学生的认识，开拓学生的视野。与此同时，应注意将技术所蕴含的丰富的人文因素，自然地融入技术课程的教学之中，使其滋润学生的心田，提升学生的文化品位和人文素养。

（4）紧密联系学生的生活实际，努力反映先进技术和先进文化

技术是不断发展变化的，它具有鲜明的时代印记。通用技术课程应紧密联系学生的生活实际选择课程内容，在注重课程内容的基础性、通用性的同时，注重它的先进性；应注意从学生现实生活所接触的技术内容向现代技术和高新技术延伸，使学生有机会了解现代工农业生产和日常生活中技术发展的崭新成果和未来走向；应让学生在掌握基础知识和基本技能的同时，有机会接触到所能理解的最新发展成果和技术信息，从而领略到技术发展的内在动力和文化意义，增强对当代先进技术及其文化的理解。

（5）丰富学生的学习过程，倡导学习方式的多样化

学生的技术学习过程应是主动建构知识、不断拓展能力的过程，也是富有生机、充满探究、生动活泼的活动过程。在这个过程中，学生是学习的主体，教师是学习活动的引导者、帮助者，更是学生的亲密朋友。在课程的实施过程中，应当从学生的实际出发，精心设计和组织学生的学习活动；应当根据学生的身心发展规律和技术学习特点，指导学生采取自主学习、合作学习、网络学习等多种学习方式，促进学生探究能力的提高，积极的情感态度与价值观的形成，以及终身学习能力的发展。

第二节　劳动与技术教育课程的目标与内容

一、劳动与技术教育课程的目标

1. 小学阶段劳动与技术教育课程的目标

《国家九年义务教育课程综合实践活动指导纲要（3~6年级）》劳动与技术教育·信息技术教育实施指南对小学阶段劳动与技术教育课程的目标进行了明确而具体的规定。[5]

（1）了解劳动世界，理解劳动意义，形成正确的劳动观点和热爱劳动的思想感情

①通过技术实践活动，丰富自己的劳动体验，形成对劳动的初步认识。

②培养认真负责、遵章守纪、团结互助、爱护公物以及爱惜劳动成果的品质，形成良好的劳动习惯。

（2）注重生活中的技能学习，学会生活自理，形成积极的生活态度

①掌握生活必备的技术基础知识与基本技能，学会生活自理。

②建立生活中的主体意识，形成积极的生活态度。

（3）**积极参与技术实践，掌握基本的技术知识与技能**

①认识日常生活和周围环境中的常见材料，学会使用一些基本的工具。

②了解设计与制作的基本程序和方法，并进行简单的工艺品和技术作品的设计与制作。

③了解作物生长和农副产品生产与销售的一般过程，掌握简单种植、饲养的一般方法。

④走进信息技术大门，学会运用计算机进行简单的信息处理。

⑤在使用和改良技术作品、进行技术实践过程中，做出有一定依据的评价。

（4）**激发技术学习兴趣，初步形成从事简单技术活动和进行简单技术学习的基本能力**

①保护与生俱来的好奇心，关注身边的技术问题，形成亲近技术的情感，具有初步的技术意识。

②了解从事技术活动必须具备的品格与态度，能够安全而有责任心地参加技术活动，初步具有与他人进行技术合作、技术交流的态度与能力。

③通过体验和探究，学会进行简单的技术学习，初步形成科学的精神与态度及其技术创新的意识，具有初步的技术探究能力。

④注意知识的综合运用，拓展技术学习的视野，初步形成与技术相联系的经济意识、质量意识、环保意识、安全意识、伦理意识、审美意识以及关心当地经济建设的意识，发展可迁移的共通能力。

（5）**关注职业领域，增进职业了解，形成初步的职业认识**

①关心日常生活中成人的职业角色，初步了解社会的职业分工。

②知道职业与技术、与社会、与人的发展的联系，培养初步的职业意识和创业意识。

2. 初中阶段劳动与技术教育课程的目标

《国家九年义务教育课程综合活动指导纲要（7~9年级）》劳动与技术教育·信息技术教育实施指南对初中阶段劳动与技术教育课程的目标做出了明确而具体的规定。[6]

（1）**认识劳动世界，形成正确的劳动观念和热爱劳动的思想感情**

①通过技术实践活动，深化自己的劳动体验，形成正确的劳动价值观。

②养成勤俭、负责、守纪的劳动品质，形成良好的劳动习惯。

（2）**拓展生活中的技术学习，形成积极的生活态度**

①学会自我的生活管理，掌握提高家庭生活质量所必备的基本技能。

②增强生活中的主体意识，形成积极的生活态度。

（3）**主动进行技术实践，掌握一些现代生产必备的技术基础知识和基本技能**

①学会使用简单的工具和设施，并对常见材料进行简易加工。

②掌握简易设计与制作的基本原理与方法，并根据自己的设计进行简单工艺品和技术作品的制作。

③了解作物生长和农副产品的生产与销售的一般规律，了解一些现代农业技术，并进行技术实践。

④了解信息技术世界，学会运用计算机进行简单的信息收集和分析处理。

⑤在使用和改良技术作品、进行技术实践的过程中，做出多方面的有一定根据的

评价。

（4）发展技术学习兴趣，初步形成从事技术活动和进行技术学习的基本态度与能力

①关注日常生活和周围环境中的技术问题，形成持续而稳定的技术学习兴趣，具有较强的技术意识。

②理解从事技术活动必须具备的品格与态度，能够安全而负责任地参加技术活动，具有初步的与他人进行技术合作、技术交流的态度与能力。

③通过体验和探究，掌握基本的技术学习方法，形成一定的科学精神、科学态度以及技术创新意识，具有初步的技术探究、解决日常生活中的简单技术问题的能力和一定的技术的终身学习能力。

④注重知识的综合运用，进一步拓展技术学习的视野，形成一定的与技术相联系的经济意识、质量意识、环保意识、安全意识、伦理意识、审美意识以及推动当地经济建设的意识，进一步发展可迁移的共通能力。

（5）关注职业领域，增进职业认识，形成初步的职业选择意向和初步的创业意识

①了解从事职业活动必须具备的劳动保护知识和相应的职业道德。

②关注本地区的经济发展和人才需求，进行学习或就业的初步选择。

③知道创业过程的艰辛和乐趣，形成初步的创业意识。

3. 高中阶段通用技术课程的目标

《普通高中技术课程标准（实验）》指出："高中通用技术课程立足九年义务教育的基础，以基础的、宽泛的、与学生日常生活联系紧密的技术内容为载体，以进一步提高学生的技术素养、促进学生全面而富有个性的发展为目标。通过本课程的学习，学生将进一步拓展技术学习的视野，学会或掌握一些通用技术的基本知识和基本技能，掌握技术及其设计的一般思想和方法；具有一定的技术探究、运用技术原理解决实际问题以及终身进行技术学习的能力；形成和保持对技术的兴趣和学习愿望，具有正确的技术观和较强的技术创新意识；养成积极、负责、安全地使用技术的行为习惯，发展初步的技术能力和一定的职业规划能力，为迎接未来社会挑战、提高生活质量、实现终身发展奠定基础。"[7] 高中通用技术课程在实现以上目标的同时，注重学生创新精神和实践能力的培养，并着力在以下几个方面形成目标上的独特追求：技术的理解、使用、改进及决策能力；意念的表达与理念转化为操作方案的能力；知识的整合、应用及物化能力；创造性想象、批判性思维及问题解决的能力；技术文化的理解、评价及选择能力。《普通高中技术课程标准（实验）》通用技术部分，制定了高中通用技术课程在知识与技能、过程与方法、情感态度与价值观方面的具体目标。[7]

（1）知识与技能

①理解技术的性质，了解技术的发展历史和一些最新的技术成果以及技术在生活和生产中的应用，能正确认识技术对人们日常生活及社会产生的正反两方面的影响，具有正确使用生活中一些常用技术的基本技能。

②了解技术设计的基本知识，初步掌握技术设计的一般程序和基本技能，了解它们在日常生活和工农业生产中的应用，能对技术设计的过程、方案和成果进行比较全面的评价。

③能从技术设计的角度理解结构、系统、流程、控制的一般概念，了解简单的结构设

计、系统设计、流程设计、控制设计的基本知识，以及这些知识与日常生活和工农业生产的内在联系和广泛应用。

④了解技术语言的种类及其应用，能绘制和识读一些简单的技术图样，会使用几种常用的规范的技术语言进行交流。

⑤熟悉一些常见材料的属性及加工方法，能根据设计要求选择材料和工具，能根据设计方案制作产品或模型。

⑥具有初步的技术试验的操作技能，能进行基本的技术测试和技术指标测量，会写简单的技术测试和技术试验报告。

（2）过程与方法

①经历将人们的需求和愿望确认为值得解决的技术问题并形成设计方案的过程，初步学会从技术的角度提出问题、解决问题，能多角度提出解决问题的方案，发展批判性思维和创造性想象的能力。

②经历技术方案的实现或转化为产品的过程，初步学会模型或产品的制作、装配、调试的方法。体验意念具体化和方案物化过程中的复杂性和创造性，发展动手实践能力。

③经历技术设计中交流与评价的过程，初步学会一些技术交流的方法，发展技术的表达和评价能力。

④经历观察、设想、安装、测试、调试、测量等简单的技术试验过程，学会简单的技术试验方法，理解技术试验在技术发明、技术革新中的作用，形成初步的技术试验能力。

⑤经历将结构、流程、系统与控制的基本知识应用于技术实践的过程，初步掌握结构、流程、系统与控制的基本思想和方法，并能综合运用所学知识和技能解决一些实际问题，发展创新精神和将理论运用于实践的能力。

⑥经历典型的技术设计、制作和评价的活动过程，初步掌握基本的技术学习方法和技术探究方法，具有初步的参与技术活动的能力和使用技术及其产品的能力，发展技术的决策能力、创新能力和终身学习能力。

（3）情感、态度与价值观

①形成和保持对技术问题的敏感性和探究欲望，领略技术世界的奥秘与神奇，关注技术的新发展，具有对待技术的积极态度和正确使用技术的意识。

②熟悉从事技术活动必须具备的品质，能够安全而又负责任地参加技术活动，具有良好的合作和交流的态度，养成严谨、守信、负责、勤俭、进取等良好品质。

③体验技术问题解决过程的艰辛与曲折，具有克服困难的勇气和决心，培养不怕困难、不屈不挠的意志，感受解决技术难题和获得劳动成果所带来的喜悦。

④认识技术的创造性特征，形成实事求是、精益求精的态度，培养富于想象、善于批判、敢于表现个性、勇于创新的个性品质。

⑤理解技术的文化特性和艺术特性，具有认识技术问题的国际视野和全球意识，以及一定的对技术文化的理解和选择能力。

⑥理解科学、技术与社会的相互关系，增强劳动观念，具有敬业意识与创业意识，形成与技术相联系的经济意识、质量意识、环保意识、伦理意识，以及主动参与当地经济建设的意识。

在课程实施过程中，知识与技能、过程与方法、情感态度与价值观等方面的目标是一个不可分割的整体，应注意融合与协调，努力实现三者的有机统一。

普通高中技术课程是与九年义务教育中的信息技术教育和劳动与技术教育相衔接，以提高学生的技术素养为主旨，以设计学习和操作学习为主要特征，具有通识意义的基础教育课程。首先是目标上的衔接，九年义务教育中的信息技术教育、劳动与技术教育以学生形成基本的技术素养、信息素养为基本目标，普通高中阶段的技术课程以提高学生的技术素养、促进学生全面而又富有个性的发展为基本目标，它着力发展学生以信息的交流与处理、技术的设计与应用为基础的技术实践能力，努力培养学生的创新精神、创业意识和一定的人生规划能力，高中技术课程以7~9年级劳动与技术教育为基础，且有相应的提高。其次是内容上的衔接，教育部通过制定九年义务教育阶段的7~9年级劳动与技术教育·信息技术教育实施指南对课程内容提出了明确的指导性意见，《普通高中技术课程标准（实验）》则在此基础上注意内容上的适当延伸、拓展和深化，并形成两个相对独立但又互相联系的课程内容领域（即信息技术与通用技术）的架构。再次是实施上的衔接，无论是九年义务教育中信息技术教育、劳动与技术教育，还是普通高中技术领域的信息技术和通用技术，均属于必修课程。

二、劳动与技术教育课程的内容

（一）小学阶段劳动与技术教育课程的内容

1. 小学阶段劳动与技术教育课程的内容范围及主要活动形式

《国家九年义务教育课程综合实践活动指导纲要（3~6年级）》对小学阶段劳动与技术教育课程的内容范围及主要活动形式进行了规定。[5]

（1）劳动实践活动

这主要包括：校园内的自我服务劳动、公益劳动；在社区进行的社区公益劳动；在当地厂矿企业或在农村的农田、林场、牧场、渔场等场所进行的简单生产劳动等。

（2）技能练习活动

这主要有：常见的工具使用、常见材料加工、常规构件或部件的连接，日常生活中的技术产品的使用、简易维护与保养；具有一定技术特征的生活技能，如日常烹饪、衣物缝制、常见洗涤等方面的技能学习，以及一些简单的、通用的工农业生产的基本技能练习等。

（3）工艺制作活动

这主要指体现技术特征、具有地方特色的传统工艺品的制作活动，以及纸塑、泥塑、编织、印染、雕刻、刺绣、电子等项目作品的制作等。

（4）简易设计活动

这主要包括对一个简要技术作品的需求调查、方案构思、草图绘制、模型制作、调配装试、交流评价等活动。

（5）技术试验活动

这主要指技术实践、技术探究过程中所进行的一些简单的技术小试验，如种植、养殖

中的农业小试验，常见材料的性能试验，技术设计作品的功能试验等。

（6）发明创造活动

这主要指从现实的生活和生产需要出发，以人类未曾出现的技术产品或技术手段为对象，采用一定的创造技法、系列化的步骤，努力形成具有一定创新性成果的活动。

（7）职业体验活动

这主要是指学生结合技术知识与技能的学习，以一定的职业理解、体验为目标，在一定的职业岗位上实地扮演职业角色、进行职业实践的活动，如在商店里进行营业员职业的体验、在工厂的零件装配车间进行装配员的职业体验等。

以上主要内容及活动形式，既有一定区别，也相互联系，在课程实施中不能机械理解、相互割裂。

2．小学阶段劳动与技术教育课程基本内容及要求

小学 3~6 年级劳动与技术教育课程内容主要包括技术初步、家政、职业了解等方面，内容的选择可以项目为基本单位。其中，技术初步主要是通过包括材料认识、工具使用及简单的技术设计、制作、评价等在内的项目活动进行技术的启蒙，使学生初步了解技术世界，形成初步的技术素养，具体项目有纸塑、泥塑、编织、刺绣、传统工艺品制作等工艺制作项目，有木质、金属、电子等材料的作品制作，农作物栽培、花卉栽培，摄影，养殖、树木种植等基本技术项目。家政部分则以生活中的技术为主要内容，以提高学生的生活自理、生活适应能力为目标，具体项目有简单菜肴制作、物品洗涤、简单的家用电器使用等，家政方面的技术内容也是培养学生技术素养不可或缺的。劳动与技术教育课程在具体的内容安排上，各地区、各学校可以根据当地条件和学校实际，选取技术初步中的 2 个以上项目和家政中的 1 个以上项目作为载体组织劳动与技术教育活动。职业了解则应渗透其中。[5]（带"＊"的选修内容，供选择用）

（1）技术初步

①通过调查、比较、试验等活动，认识各种常用材料及其不同用途，体会材料世界对技术、对人类的意义。

a．收集和观察生活中的自然材料，讨论和分析材料的特性，能用不同的标准对材料进行分类。

b．学会正确处理一些日常生活中的废旧材料。

c．知道纸质类、木质类、金属类、塑料类等材料中一些常见易加工材料的性状和用途，会使用一些黏合材料和连接材料进行部件连接。

d＊．能够根据材料的用途和性能价格比，进行材料的比较和选择。

e．通过测量、绘图、材料加工等活动，学习使用一些常用工具。

f．知道常见的简单工具的名称及用途，会根据不同的材料、不同的目的选择工具，会使用一些常用量具。

g＊．会使用常见的农用工具，能识别常见农用机械。

h＊．会使用一些常用工具对纸质类、塑料类易加工材料进行画线、折叠、剪切、挖孔，或对易加工木质材料进行打孔、锯割、整形和磨光，或对金属丝、金属薄片等易加工金属材料进行展直、剪切、弯折等。

②认识一些简单图样，并用图样进行简单的作品设计，发展想象力和创造力。

a. 能看懂加工图样中的剪切线、折叠线、粘贴面等符号，能理解简单的外观图、实物图、操作示意图，会看简单的实物图。

　　b. 能在教师指导下确定设计与制作的作品主题，并通过合理的构想进行作品结构及其制作过程的具体设计。

　　c*. 能用草图或语言来表现作品的构造、制作过程和设计思路，能在讨论的基础上改进设计思路、制作计划。

　　③进行简易作品的制作，并作必要调试，培养严谨、负责的科学态度。

　　a. 能根据说明书进行简单玩具的拼装与制作，或根据制作要求和操作示意图进行纸、木模型的制作。

　　b. 能根据自己的设计计划选择材料和工具，制作成作品，必要时进行相应的调试。

　　c*. 能利用当地的自然材料设计并制作工艺品、旅游工艺品，收集并利用生活中的废旧材料进行工艺品的安全制作。

　　d*. 能根据制作要求和操作示意图进行简单机械模型、橡皮筋动力模型的制作与调试。

　　④通过观赏、讨论、测试等活动，对作品进行简单评价，形成初步的技术作品鉴赏能力。

　　a. 就作品设计与制作中的合理性、独特性和创造性进行简单评价。

　　b. 能对作品的制作过程、工作环境进行简单评估。

　　c*. 就作品经济、质量、环保、审美、安全、耐用等方面进行简单评价。

　　d*. 能设计和制作简单的作品说明书和宣传材料。

　　⑤通过简单的纸塑、手缝、泥塑等作品的设计、制作及评价活动，了解简易手工制作的一般过程，掌握相应的制作方法，体验劳动的可贵和创造的愉悦。

　　a*. 知道纸塑作品的基本材料和日常应用，掌握刻纸、剪纸的基本方法，能设计和制作几种纸质工艺品和纸塑作品，并进行评价与说明。

　　b*. 能使用一些常用针法缝制简单的布艺品，能设计和制作手缝工艺品，并进行评价与说明。

　　c*. 知道泥塑工艺基本材料的特性以及基本工具的使用方法，掌握一些泥塑加工的基本技法，能设计和制作简单的泥塑工艺品，并进行评价与说明。

　　⑥通过种植、饲养及农副产品的市场调查等活动，学会简单种植、饲养的一般方法，了解农副产品的一般生产和销售过程，获得积极的劳动与技术的感受。

　　a*. 种植1～2种常见作物、果树、花卉，记录生长和栽培过程，知道栽培作物的水、土、光、肥的一般管理方法；学习1～2种作物、果树、花卉的繁殖方法，进行一项改良作物、果树、花卉品种的小试验。

　　b*. 饲养1～2种常见小动物，记录饲养和生长过程，知道养殖动物的饲料配制及管理要求，对所饲养的小动物进行简单的训练试验，了解训练方法。

　　c*. 了解1～2种农副产品的一般生产、储藏、保鲜和销售过程。

　　d*. 了解一些现代农业技术（生物治虫、无土栽培、节水灌溉、人工温室等）。

　　⑦了解信息技术的基本知识，学习运用计算机进行一般信息处理，初步领悟技术的神奇魅力和对人类生活所带来的变化。

　　a. 了解信息技术基本工具的作用，了解计算机各个部件的作用，掌握键盘、鼠标的基本操作。

b．掌握操作系统的简单使用方法，能熟练地进行汉字输入，会进行文件和文件夹（目录）的基本操作。

c．能使用计算机绘图工具进行图形的制作、着色、修改、复制、组合。

d．掌握计算机文字处理的基本操作，能用计算机作文，会在计算机上进行文章的编辑、排版和保存。

e*．了解网络的简单应用，会用浏览器收集材料，会使用电子邮件。

f*．能用计算机制作简单的多媒体作品。

（2）家政

①学习简单菜肴制作，并作简单评价，体验生活学习所带来的快乐。

a．能说出常见食品的种类，能分辨食物的生熟和鉴别变质食品。

b．在家长的指导下，亲身经历买菜（采菜）、摘菜、洗菜的过程，学习使用常用炊具和做简单的饭菜。

c*．能制作 2~3 道简单的菜肴，并进行简单的评价。

②了解物品洗涤的基本常识，学会清洗衣物器皿，形成良好的习惯。

a．能使用常用洗涤用品进行一些器具和小物件的清洗，并注意洗涤安全。

b．能辨认常见纺织品的标识，能在家长指导下进行一般衣物的洗涤、晾晒和折叠。

c．具有水资源保护的意识，形成节约用水的良好习惯。

③学会使用家用电器，增强安全意识。

a．了解安全用电的基本常识，养成节约用电的习惯。

b*．会阅读简单的家用电器说明书，掌握收音机、录音机、电视机、电风扇、洗衣机、电冰箱、空调等家用电器的一般使用方法。

④通过调查、讨论、购物等活动，形成初步的消费与理财意识。

a．初步认识货币的意义，学会管理和合理使用零花钱。

b．参与家庭的购物活动，懂得"货比三家"。

c*．了解家庭的收支项目，形成初步的消费与理财意识。

（3）职业了解

①通过参观访问、查阅资料等活动，初步了解职业。

a．关心日常生活中成人的职业角色，能说出职业的简单分类，能识别一些不同的工作岗位，了解其工作流程。

b*．知道职业与技术、与社会、与人的成长发展的联系。

②通过讨论和思考等活动，产生初步的职业意识和创业意识。

a．知道学业与职业的联系。

b*．能说出 1~2 个创业案例，萌发初步的创业意识。

以上主要内容及活动形式，既有一定区别，也相互联系，在课程实施中不能机械理解、相互割裂。

教育部印发的《中小学综合实践活动课程指导纲要》对小学阶段设计制作活动（劳动技术）推荐了一些主题，并进行了简要的说明，如表4.1所示。[8]

表 4.1　教育部推荐的设计制作活动（劳动技术）主题及其说明

学段	活动主题	简要说明
1~2 年级	1. 我有一双小巧手——手工纸艺、陶艺	学习简单的手工制作，通过动手制作折纸、纸贴画、纸编，玩泥巴（手捏陶泥、轻黏土、软陶）等，掌握纸工、陶泥制作的简单技法，初步体验动手操作的乐趣
	2. 我有一双小巧手——制作不倒翁、降落伞、陀螺等	选择日常生活中的多种材料，制作不倒翁、降落伞、陀螺等玩具；探究、交流制作方法，提高动手操作能力及探究兴趣
3~6 年级	1. 学做简单的家常餐	掌握几种简单的烹饪技能，学会洗菜、切菜、拌凉菜、炒家常菜和炖菜等；学会煮面条、包馄饨和包水饺等。了解健康饮食的重要性，感受劳动和生活的乐趣，形成积极的劳动态度
	2. 巧手工艺坊	利用纸质、布质等多种材料学习传统手工艺制作技术，包括纸艺、布艺、编织、刺绣、珠艺、插花艺术等。初步树立技术意识，培养实践创新精神、动手能力和审美情趣
	3. 魅力陶艺世界	学习陶土材料（软陶、轻黏土等）的捏塑、盘筑、镶接等基本技能；有条件的可尝试自制个性化的陶艺手工作品。学习陶艺基本技艺，自主探究创作，激发好奇心和想象力
	4. 创意木艺坊	使用手工锯、曲线锯、木板、KT 板、乳胶、砂纸等工具和材料，初步掌握木工直线锯割和曲线锯割技术，运用插接、钉接、粘接等连接方法制作小木工创意作品。在学习木工基本技艺过程中，学习创意表达，提高动手实践能力，体验工匠精神
	5. 安全使用与维护家用电器	了解家用电器的种类并建立家用电器档案；了解 1~2 种家用电器的发展过程，理解创造发明对社会发展的作用；会阅读简单的家用电器说明书，并在家长指导下学习正确使用及安全维护的方法。感受技术对社会进步的影响，进一步增强技术意识，养成自主学习的良好习惯
	6. 奇妙的绳结	了解绳结种类、符号，学习绳结的编织技法，初步掌握编织工具的使用方法，学会中国结、救生结等装饰结和实用结的设计与制作。感受中国民间艺术的魅力，理解生命意义和人生价值，提高安全意识和自我保护能力
	7. 生活中的工具	观察五金店或调查家庭中的常用工具和简单机械；设计生活中工具和简单机械的调查表，将身边的常用工具（筷子、开瓶器、起子、扳手等）以及课堂教学活动中使用的工具和简单机械（剪刀、美工刀、尖嘴钳、木工小机床等）的名称、作用、用途等列出来；认识其作用、原理、用途，并学会使用常用工具和简单机械。学会根据需要来选择合适工具和机械，培养科学探究精神和技术意识及能力

续表

学段	活动主题	简要说明
3~6年级	8. 设计制作建筑模型	了解房屋的一般结构；知道本地民居、校园的基本建筑式样与材料、基本特征与功能。用木板、纸板、KT板、陶泥等多种材料制作民居、校园等建筑模型。初步学习识读图纸，会表达设计思想，初步形成技术设计能力，增强环保意识、人文情怀和审美情趣
	9. 创意设计与制作（玩具、书包、垃圾箱等）	在生活中收集各种材料和用具，特别是一些废旧物品，根据一定的科学原理，尝试进行创意设计，制作简单的玩具、书包、垃圾箱等，激发创新精神，提高动手实践能力

教育部印发的《中小学综合实践活动课程指导纲要》对小学阶段职业体验及其他活动推荐了一些主题，并进行了简要的说明，如表4.2所示。[8]

表4.2　教育部推荐的职业体验及其他活动主题及其说明

学段	活动主题	简要说明
1~2年级	1. 队前准备	知道少先队组织含义和入队标准，有强烈的入队意愿，通过实际行动掌握队前教育知识和技能，用行动志愿加入光荣的少先队组织，成为一名合格的少先队员
	2. 入队仪式	通过庄严的入队仪式，帮助队员明确身份和责任，为队员的组织成长留下痕迹
	3. 少代会	了解或参与少代会，产生向往和体验队组织生活的情感
	4. 红领巾心向党	了解、区分党、团、队旗的特点，了解共性，达到认识组织标志、简单了解组织间领导和发展关系的目的
3~6年级	1. 今天我当家	通过记录家庭一日支出、制订购物计划、合理支配个人零花钱、了解购物小常识、自购学习用品、尝试当家一天、学习正确选购简单安全的食材等活动，初步树立理财意识，养成勤俭节约的生活习惯，培养对父母的感恩之心
	2. 校园文化活动我参与	通过访问、考察等方式调查与了解本校各种校园文化活动（如值周活动，各种社团活动，各种重要节日活动，校园体育、阅读、艺术、科技节等）的实施要求，选择自己感兴趣的活动参与其中，从中发现问题，提出改进措施，增强参与服务意识，提高发现问题的能力
	3. 走进博物馆、纪念馆、名人故居、农业基地	在外出考察前，利用网络、书籍等多种途径，了解社会资源单位的基本情况、资源内容与特点；提出研究问题，设计考察方案；通过任务驱动的方式，有效地开展实践活动，获得研究结论。增加对本地自然和社会生活的了解，增长生活经验，增强社会适应能力

续表

学段	活动主题	简要说明
3~6年级	4. 我是小小养殖员	在教师的指导和组织下，亲手饲养 1~2 种常见小动物（如小金鱼、小乌龟、小白兔等），农村地区的学生可以帮助家人养家禽等，记录饲养过程，完成它们成长过程的观察记录，懂得饲养的正确方法；学会用数据、照片、视频、语言描述等方法交流自己的观察结果和饲养体验。初步了解并掌握若干种小动物饲养的简单方法，增强关爱小动物以及人与动物和谐相处的生态意识
	5. 创建我们自己的"银行"	讨论和分析如何通过创建"银行"来解决各种日常（班级）生活中的问题（如阅读问题、道德意识、环保意识培养等）；开展规则制定、任务分工、运用实验及效果分析等活动，提高活动策划与组织实施能力
	6. 找个岗位去体验	联系学生家长单位或学校周边商场、图书馆、派出所、环保局等单位，体验理货、整理图书、打扫卫生、协警等岗位；初步体验职业，感受不同职业的劳动，体会各种职业劳动的艰辛。初步树立尊重别人劳动成果的意识，体会劳动创造幸福生活的内涵
	7. 走进爱国主义教育基地、国防教育场所	利用网络、书籍等多种途径，了解要参观和考察的爱国主义教育基地（禁毒教育基地、安全教育基地、红色旅游区）、国防教育场所的基本情况、资源内容与特点；提出自己想研究的问题，在参观和考察过程中尝试解决问题，增强爱国主义情感和国家认同感
	8. 过我们 10 岁的生日	一起过 10 岁集体生日，凝结友情，增强集体凝聚力；梳理自己和集体的成长足迹，避免攀比等负面现象，确定自己和集体新的成长目标，关注个人与集体共同的成长、收获，感恩父母、师长、同伴
	9. 红领巾相约中国梦	从少先队员的视角采访亲朋好友及其他社会各行业的人，了解个人成长、发展与实现中国梦之间的关系，激励自身努力增长本领和才干，为实现中国梦做贡献
	10. 来之不易的粮食	调查和实地考察农民，了解当地主要粮食作物的种类，认识各种粮食作物，观察农作物生长，体验作物栽培管理（如除草、间苗、浇水、施肥等），感受粮食的来之不易，初步树立爱惜粮食、尊重他人劳动成果的意识和行为习惯
	11. 走进立法、司法机关	收集信息，了解人民代表大会、法院、检察院等的职能；走进当地人民代表大会、法院、检察院等，与立法、司法机关工作人员进行座谈；旁听法院庭审，组织开展"模拟审议""模拟法庭"等活动；交流分享对法律尊严的理解和认识，尊崇法治，敬畏法律，具有规则与法治意识
	12. 我喜爱的植物栽培技术	在教师的指导和组织下，亲手种植 1~2 种常见农作物或花卉，观察记录它们的生长过程，掌握栽培的基本方法；学会用数据、图画、语言描述等方法交流自己的观察结果和种植体验。学会使用简单的种植小工具，初步掌握种植的一般方法，增强与自然和谐相处的生态意识

考虑到我国各地自然状况、经济发展、教育条件的不平衡性，有些内容的安排呈现出开放性特征。在选择和确定这些具体内容时，必须考虑以下几点。

①内容来源于现实生活，体现一定的地方性特色和区域性特征。

②内容能激发学生的学习兴趣，它是可感的、易于操作的，同时又是富有挑战性的，与学生的年龄特征和已有的知识与经验水平相适应。

③内容有利于观察、设计、操作、评价、交流等学习过程的展开，有利于学生的主动学习。

④内容蕴含着广泛的各学科知识的联系，有利于劳动与技术教育多方面教育内容的整合，有利于学生多方面的能力迁移和综合实践能力的提高。

⑤内容所涉及的材料具有简洁、轻便、易于采集、成本低廉、便于重复使用、安全可靠，又有利于教师的集体指导等特点。

（二）初中阶段劳动与技术教育课程的内容

《国家九年义务教育课程综合实践活动指导纲要（7～9年级）》对初中阶段劳动与技术教育课程的内容范围及主要活动形式进行了规定。

1. 初中阶段劳动与技术教育课程内容的安排

7～9年级劳动与技术教育内容包括技术基础、家政和职业引导等方面。技术基础包括传统工艺、信息技术、基本技术等内容。传统工艺包括印章、雕刻、陶艺、编织、刺绣等，选学其中的1个项目；信息技术包括操作系统、文字处理、网络基础及应用等；基本技术包括木工、金工、电子电工、简单机械维修、农机具使用与维修、缝纫、农作物栽培技术、花卉栽培、摄影、养殖技术、农副产品贮藏和加工、农作物良种繁育、树木种植等，选学其中的2个项目。家政包括营养与烹饪、家用器具使用与保养、家庭理财与购物等，可选择其中1～2项。职业引导可结合学生的毕业教育、社会调查和技术基础学习确定具体内容。同时应结合课外活动、社区活动，安排一些力所能及的公益劳动。各地区、各学校根据实际情况在上述指定内容中确定具体项目，同时适当补充具有地方特色的技术学习内容。根据年级的不同，教育内容的安排应有所侧重。[4]

2. 初中阶段劳动与技术教育课程内容的选择

所安排的内容分为基础性内容和拓展性内容。基础性内容是完成初级中学劳动与技术教育目标的主要载体，体现了现阶段初级中学劳动与技术教育在内容上的结构性和方向性，是必修内容。拓展性内容在广度和深度上均有一定的发展，同时对实施条件也有相对较高的要求，是为部分地区、学校和学生在实现基本目标的基础上达到较高要求而提供的选择性内容。在选择和确定这些具体内容时，必须考虑以下几点。[6]

（1）立足现实

所选择的内容与当地的生产实际、社会实际和学生的生活实际紧密联系，体现一定的地方性特色和区域性特征。

（2）贴近学生

所选择的内容能激发学生的学习兴趣，与学生的年龄特征和已有基础相适应。同时，又具有挑战意义。

（3）便于教学

这些内容有利于学生主动地进行观察、设计、操作、评价等学习过程，有利于集体活动中的教师指导。

（4）体现综合

这些内容蕴含着丰富的各学科知识的联系，有利于多方面教育内容的整合和学生综合视野的形成。这些内容具有广泛的生长点，有利于内容的横向沟通和纵向联系。

（5）涉及的材料既经济又安全

涉及的材料具有简洁、轻便、易于采集、成本低廉、便于重复使用、安全可靠等特点。

3. 初中阶段劳动与技术教育课程基本内容与要求

7~9年级劳动与技术教育内容的选择可以项目为基本单位，其项目涉及技术基础、家政和职业引导等方面。技术基础有印章、雕刻、陶艺、编织、刺绣等传统工艺项目，有木工、金工、电子电工、简单机械维修、农机具使用与维修、农作物栽培技术、花卉栽培、摄影、养殖技术、农副产品贮藏和加工、农作物良种繁育、树木种植等基本技术项目。家政有营养与烹饪、服装与缝纫、家用器具使用与保养、家庭理财与购物等项目。各地区、各学校可根据实际，选择其中3个以上的项目作为载体实施劳动与技术教育。职业引导可结合学生的毕业教育、社会调查和技术基础学习确定具体内容。此外，应结合课外活动、社区活动，安排一些力所能及的公益劳动。[6]（打"＊"为拓展性内容，供选择用）

（1）技术基础

①留心生活中的材料世界，探究常见材料的性能及其加工与连接方法，体会材料世界的深奥和博大。

a. 观察和探究生活中的常见材料，知道木料、布料、塑料、金属材料（钢、铜、铝）以及橡胶、玻璃、合金等一些材料的性状、加工特性和用途，熟悉一些常用连接材料的性能和用途。

b. 掌握一些常见材料的连接方法，会对一些常见材料进行连接。

c. 能识别与选择电子元器件、电工器材及常用标准件。

d＊. 学会一些常见废旧材料的简单利用方法。

e＊. 能根据材料的质量、用途和性能价值比，进行材料的比较和选择。

②通过比较和材料加工等活动，学习使用常用工具和设备，领悟工具和设备对于技术活动的独特意义。

a. 掌握常见家用工具或农用工具的使用与保养方法，知道安全操作要求，能识别一般的农机具或常见的工业设备。

b. 会使用一些常用工具加工木料及进行小型家具维修，学会使用一些常用工具对金属材料进行简单加工和对家用金属制品进行简单修理。

c＊. 学会使用一些常用的电子电工工具，会使用万用电表对常用的电子元器件进行检测，会使用电烙铁进行比较规范的焊接操作。

③识别一些简单图纸，能进行简易的作品设计，进一步发展想象力和创造力。

a. 能识别图纸上尺寸标注线、轮廓线、不可见轮廓线、点划线等符号的意义，能看懂简单的电子电工线路图，能根据工件图辨认工件。

b. 能用语言或图形描述简单物件立体结构及设计思路，能根据物件图纸和操作图，进行评价与制作。

c. 能在调查研究的基础上设计与制作简单的作品。

④通过传统工艺品或模型等的制作活动，了解一些工艺品制作的工艺过程或作品制作要求，掌握操作学习的一般方法，进一步培养严谨、负责的科学态度。

a. 掌握几种作品的制作方法，了解其工艺过程及其制作要求，掌握其安全操作规程。

b. 能根据要求选择合适材料制作建筑模型、缝制小制品或工艺品，能利用当地的自然材料缝制或编制小物件，或用一些常见材料根据制作要求进行简单模型、玩具或橡皮筋动力模型的制作，并进行必要调试。

c*. 能根据简单电子线路图进行元件装配，并进行必要调试；能自行设计并制作简易模型。

⑤通过鉴赏、辩论、测试等活动，对技术作品进行一定的评价，形成初步的技术审美能力。

a. 能就作品的审美、质量、经济、安全、环保等方面的优缺点进行简单评估。

b. 能对自己作品设计、制作过程以及工作环境写出简单的评估报告。

c*. 能设计和制作富有创意的作品说明书和介绍材料。

d*. 能设计和组织作品的推介或展销活动。

⑥通过木工、金工、电子电工等项目的学习，了解一些简单工业技术的基础知识，掌握一些基本的操作方法，感受技术的奥秘与价值。

a*. 知道木工基本工具的使用方法及其安全操作规则，初步学会刨、凿等的基本操作，能设计并制作简易制品，并进行评价。

b*. 学会一般金工工具的使用方法；初步学会金属薄板和铁丝的铆、锡焊等加工方法；能利用一些金属材料设计与制作简单的用具，并进行评价。

c*. 能看懂简单的照明线路图，了解电工的一般操作规程以及照明线路常见故障的检查与排除方法，会安装白炽灯和日光灯；能按照实物接线图组装简单的电子制品，并进行评价。

⑦学会一些作物栽培和动物饲养的一般方法，了解农副产品的生产工艺改进和营销策略方面的知识，学会一些先进的农业生产或农副产品加工技术，丰富劳动的体验，享受创造的愉悦。

a*. 初步学会1~2种先进的作物栽培技术，如无土栽培、新品种引种试验、节水灌溉、组织培养等技术，进行改良作物、果树、花卉品种的简单试验。

b*. 初步学会1~2种当地需要的先进饲养技术。如新饲料的配制、疫病防治、养殖管理等技术及设施制作、保养，进行简单的动物训练试验，掌握其基本方法。

c*. 初步学会1~2种绿色食品的加工制作及保鲜技术，并注意设备的保养与维修，了解一些农副产品的贮藏与加工技术，进行市场调研及营销方案的设计与实施。

⑧掌握信息技术的一些基本知识，学会用计算机进行一般的信息收集、分析与处理，进一步领悟技术的神奇魅力和对人类生活所带来的巨大变化。

a. 了解计算机硬件的基本工作原理及一般的安全使用方法，熟悉计算机的软件系统，熟悉计算机使用的道德规范。

b. 熟悉操作系统的工作原理，能进行用户界面、文件和文件夹的基本操作。

c. 掌握文字处理的基本方法，能进行文本的编辑、修改和版式设计，熟悉电子表格的基本知识，能进行数据的表格处理和数据表格的创建。

d*. 掌握网络的基本概念，能进行互联网信息的搜索、浏览、下载，会使用电子邮件。

e*. 能设计并进行网页制作，熟悉多媒体的基本知识，能使用各种媒体资料，并能设计、组织和展示作品。

（2）家政

①进行营养与烹饪的学习，拓宽日常生活领域，进一步体验生活学习的乐趣。

a. 能说出常见食品的主要营养成分，能设计合理的营养搭配方案，并养成良好的饮食习惯。

b. 会使用和保养常用厨房用品，知道安全使用要求。

c*. 掌握一些主食的制作方法，掌握鱼、肉、蛋、蔬菜的一般加工与烹调方法。

②了解家用器具的使用与保养方法，感受技术与日常生活的联系，进行"技术造福人类"的意义思考。

a. 能根据说明书正确使用家用电器。

b. 能设计合理的家具陈设方案，绘制示意图。

c*. 学会根据需要选择合适的家用器具与家具。

d*. 会对一些家用电器及家具进行保养与简单维护。

③通过调查、设计、购物等活动进行家庭理财与购物的学习，逐步形成科学的消费观，做一个明智的消费者。

a. 进行商品的物价调查，进行价格、质量比较，初步辨别商品的质量。

b. 参与力所能及的家庭购物活动。

c*. 能设计合理的家庭消费方案与家庭投资方案。

d. 能合理地支配自己的零花钱，养成勤俭节约的好习惯。

（3）职业引导

①关注社会的职业分工和职业道德要求，学会职业分析的基本方法，培养爱岗敬业的意识。

a. 能分析典型职业、典型工作岗位的基本特征。

b. 知道从事职业活动的一般要求和相应的职业道德，培养爱岗敬业的意识。

②通过调查、比较、测试等活动，进行职业意向的初步选择。

a. 能就本地区经济形势及人才需求状况收集信息，进行调查。

b. 学会分析个人的兴趣和特长。

c. 知道正确处理国家、集体、个人三者的关系，进行继续学习或就业类别的方向的初步选择。

③接触和分析一些创业案例，形成对创业的初步认识。

a. 知道创业的一般过程及其艰辛。

b. 能分析创业所必须具备的基础条件。

以上主要内容及活动形式，既有一定区别，也相互联系，在课程实施中不能机械理解、相互割裂。

教育部印发的《中小学综合实践活动课程指导纲要》指出："设计制作指学生运用各种工具、工艺（包括信息技术）进行设计，并动手操作，将自己的创意、方案付诸现实，转化为物品或作品的过程，如动漫制作、编程、陶艺创作等，它注重提高学生的技术意

识、工程思维、动手操作能力等。在活动过程中，鼓励学生手脑并用，灵活掌握、融会贯通各类知识和技巧，提高学生的技术操作水平、知识迁移水平，体验工匠精神等。"对初中阶段设计制作活动（劳动技术）推荐了一些主题，并进行了简要的说明，如表 4.3 所示。[8]

表 4.3　教育部推荐的设计制作活动（劳动技术）主题及其说明

活动主题	简要说明
1. 探究营养与烹饪	了解本地传统美食及其营养价值，分享美食文化，学做几种家常菜肴；调查了解家庭成员营养需求和饮食习惯，提出合理的食谱，撰写健康饮食倡议书，提高健康饮食的意识，养成良好的饮食习惯
2. 多彩布艺世界	学习手工缝纫基本针法，掌握简单机缝技术，完成有实用价值的布艺创意作品的设计与制作，用缝制抱枕、印制创意 T 恤、改造衣服等方式，美化生活。充分发挥想象力和创造力，增强环保意识，养成节约资源的习惯，提高实践创新能力
3. 我是服装设计师——纸模服装设计与制作	通过简易纸模服装作品的设计与制作，学会画设计简图；根据简图裁剪制作，知道简易服装制作的一般流程，度量、设计、打样、裁剪、缝制；设计并制作一件创意纸模服装。在技术学习过程中，提高图样表达能力，进一步提升想象力、实践创新能力和审美情趣
4. 创作神奇的金属材料作品	认识生活中常用的金属材料，初步掌握金工工具的使用方法，学习易加工金属材料（金属丝、金属片等）的加工技能和金属作品设计的一般方法，完成金属作品的创意设计与制作，如金蝉脱壳、九连环等。激发技术学习兴趣，使个体主观表现和创造发挥相结合，提高实践创新能力
5. 设计制作个性化电子作品	学习电子相关知识，了解电路原理，初步掌握电子制作的基本技术和方法，能阅读简单电子线路图，运用相关工具和材料，照线路图进行连接。在此基础上，设计制作各类创意电子作品。亲历电子作品的制作过程，提高对电子产品的认识，增强学习电子知识的兴趣，提升电子制作的能力
6. 智能大脑——走进单片机的世界	认识生活中无处不在的单片机控制系统（如红绿灯、电梯、自动门等），了解单片机的功能，学会简单的图形化编程方法，能够实现传感器、控制电路、执行器的简单电路搭建，完成一定的功能，如模拟红绿灯、车库抬杆控制器等，激发创新精神，锻炼动手能力。有条件的学校可以开展基于单片机的智能控制学习，搭建寻迹小车、温控风扇等智能控制产品
7. 模型类项目的设计与制作	学习设计、制作"三模"（航模、海模、车模）等，掌握相关工具、设备的使用方法，初步认识常见的具有动力源的机械，可尝试通过改变某些条件来提高运动能力，以此增强对不同动力的再认识并取得实际操作经验。亲历模型的设计、制作过程，理解简单机械的组装、传动方式及制作流程，弘扬勤于实践、敢于质疑、勇于创新的精神，养成科学严谨的制作态度
8. 摄影技术与电子相册制作	掌握摄影技术以及与电子相册制作有关的知识和基本技术。通过查阅资料、课堂交流讨论及教师指导，获得小型数码相机及单镜头反光式数码相机的有关知识和摄影技术，初步学会使用数码相机；学会利用相关的图像编辑工具修饰照片和制作电子相册。拍摄兼具技术与艺术的照片，增强发现美的意识，并通过展示美——制作电子相册，提高信息技术应用能力

续表

活动主题	简要说明
9. 3D 设计与打印技术的初步应用	了解 3D 打印技术原理，学习三维建模的方法和使用 3D 打印机的方法，了解 3D 打印的限制条件，学习产品设计应考虑的基本原则以及设计中的人机关系；运用 3D 打印技术进行创新设计，打印简单模型。认识与掌握先进技术，提高创新设计能力。有条件的学校可以配备多种打印方式与打印材料的 3D 打印机
10. 简单金、木、电工具和设备的认识与使用	学习几种简单的金、木、电加工工具和设备的使用方法，并能安全、规范地使用工具和设备，运用不同材质来设计制作创意作品和建筑、桥梁等模型。学习掌握应用技术，培养精益求精的技术意识以及安全使用工具、设备的意识，弘扬做事情认真、敬业、执着的态度以及勇于创新的精神
11. 基于激光切割与雕刻的创意设计	了解激光切割的技术原理，会操作激光切割机，学习使用计算机辅助设计类软件，设计模型构件并进行激光切割，组装成立体模型；了解激光雕刻的技术原理，会进行构件表面的雕刻设计与操作。了解与认识先进技术，激发创新意识，搭建创意设计的快速展现平台
12. 立体纸艺的设计与制作	知道利用纸质材料进行立体构成的技术原理，学习几种简单的操作方法，设计并制作简单的纸立体构成作品。亲历纸立体构成的设计与制作过程，感悟纸工艺的应用
13. "创客"空间	大胆想象，提出符合设计原则且具有一定创造性的构思方案，主动参与创新实践，自主确定创新作品主题并进行设计，完成制作，实现奇思妙想。注意传统手工技术与现代技艺结合，在技术创新实践过程中，提升技术并交流创意，提高批判质疑和问题解决能力，弘扬"创客"精神
14. 生活中的仿生设计	通过调查了解生物仿生的常识，如参观博物馆仿生展览、实地考察仿生建筑，调查仿生学在生活中的应用；根据仿生原理进行仿生设计，关注生物多样性，利用各种生物的特性进行仿生设计，提高创新精神和解决问题的能力
15. 生活中工具的变化与创新	观察生活中灯具、清洁工具、学具、教具、灶具等各种工具存在的问题，通过参观博物馆、访谈等方式收集各种生活工具发展与变化的资料，进行创新设计或改进，制作出一个新型工具。关注生活中工具的发展带来的生活变化，体验科技的进步，激发创新精神，提高动手实践能力

《中小学综合实践活动课程指导纲要》指出："职业体验指学生在实际工作岗位上或模拟情境中见习、实习，体认职业角色的过程，如军训、学工、学农等，它注重让学生获得对职业生活的真切理解，发现自己的专长，培养职业兴趣，形成正确的劳动观念和人生志向，提升生涯规划能力。"对初中阶段职业体验及其他活动推荐了一些主题，并进行了简要的说明，如表 4.4 所示。[8]

表4.4 教育部推荐的职业体验及其他活动主题及其说明

活动主题	简要说明
1. 举行大队建队仪式	成立初一少先队大队，集体参观爱国主义教育基地，学习和了解抗战和祖国发展历史，增强民族自尊心、自信心、自豪感，增强少先队员的责任意识和爱国意识
2. 策划校园文化活动	调查同学们对校园文化活动的想法，结合需求策划一次校园文化活动，如科技节、艺术节、读书节、体育节等；在学校或班级中实际开展校园文化活动；在校园文化活动中承担各种志愿服务工作，树立主动参与学校管理、积极为同学服务的意识
3. 举办我们的"3·15晚会"	收集身边侵害消费者权益的事件和案例，走访当地消费者协会，参与消费者维权活动；在此基础上设计并举办一场"3·15晚会"，展示同学们参与消费维权活动的成果，提高依法维权的意识和能力
4. 民族节日联欢会	通过文献检索和对身边不同民族的人进行访谈，获得相关民族节日的资料；调查同学们对不同民族节日的了解程度；举办联欢会，进行民族服装展示、美食制作，或各种民族节日庆典、习俗表演，展示不同民族的习俗与风情。加深对各民族文化的理解和尊重，促进民族和谐
5. 中西方餐饮文化对比	查阅文献，到中、西餐馆考察、采访，收集相关资料，比较中西方文化差异，通过讨论、辩论、表演中西方用餐礼仪等多种方式，加深对中西方多元文化的理解和尊重，能够包容文化的多样性和差异性
6. 少年团校	学习党团发展历史、共青团员权利义务、团的基本常识，了解入团的程序和团员标准，在高年级团员同学带领下学习共青团的性质、任务，激发向上向善的决心
7. 举行建团仪式（14岁生日）	告别少先队，迎接共青团；举行新团员集体宣誓仪式；参观爱国主义教育基地。通过离队建团仪式，做好团队衔接，树立初步理想信仰，争当"中国梦"的筑梦者
8. 职业调查与体验	了解或亲身体验父母、亲戚所从事的职业，大致了解职业分类；选择某个职业进行体验，感受职业生活的辛苦与快乐，初步尝试制订自己职业生涯规划，增强自我规划意识，为自己将来选择和规划职业生涯奠定基础
9. 毕业年级感恩活动	通过参观等活动了解国情史，感受社会温暖，理解体会父母恩、老师情；开展为父母和母校制作毕业礼物等活动，重温历史，懂得感恩，立志艰苦奋斗，培养回报社会的情感和社会责任意识
10. 制定我们的班规班约	自主收集并学习《中学生日常行为规范》、学校规章制度等文件；从纪律、学习、卫生、礼仪、安全以及班级特色等多方面考虑，提出本班同学需要遵守的班规班约及实施办法；全班同学参与讨论，确定班规班约；一段时间后，检查同学们对班规班约的执行情况，并针对问题做出调整，增强遵守规则的意识，提高自律能力
11. 军事技能演练	通过投掷、攀登、越野、远足、制作航（船）模、识图用图、无线电测向等军事活动的技能训练以及听革命传统故事，培养机智勇敢、坚韧不拔的精神，提升综合国防素质

续表

活动主题	简要说明
12. "信息社会责任"大辩论	了解信息的概念及主要特征，认识信息与信息媒体的区别与联系；理解信息技术的概念，体验信息技术在社会发展中的重要作用，认识信息技术对人类生活、工作、学习的影响；了解信息技术学科的前沿发展状况，知道影响网络安全的因素和基本安全防护策略，认真思考在信息社会应遵循的信息道德规范，养成健康、安全的网络行为，增强信息意识与信息社会责任
13. 走近现代农业技术	在教师的指导下，参观动物饲养场，学习一种常用饲料的配制方法；采集农作物病害标本，捕捉当地常见农业害虫，向农民和农业技术人员请教病虫害的特征和防治方法，可小组合作进行简单生物治虫试验；学习无土栽培技术，学会人工配制一种培养液，尝试用水培、基质栽培等方法种植植物；合作制作简易的节水灌溉装置或人工温室装备，尝试进行日光温室种植蔬菜、花卉试验；了解几种当前先进的农业技术及其发展趋势，体会现代农业技术高效、节能、生态的优点，培养与技术相联系的经济意识、质量意识、环保意识等

（三）高中阶段通用技术教育课程的内容

《普通高中技术课程标准（实验）》指出，高中阶段通用技术课程设 9 个模块，其中必修模块 2 个（"技术与设计 1""技术与设计 2"），选修模块 7 个。每个模块 2 学分，教学时间为 36 课时。[9]

1. 必修模块

必修课程是全体高中学生必须修学的课程内容，它为后续的选修课程提供了必要的基础，其内容标准规定了高中毕业生必须达到的最低技术素养水平。通用技术课程的必修内容为技术与设计，它包括 2 个模块："技术与设计 1" 和 "技术与设计 2"。技术与设计是技术的基础内容，是技术发展的关键，是动手与动脑相结合、培养学生创新精神和实践能力的良好载体，对学生理解技术、使用技术、应用技术解决实际问题等方面的技术素养的提高具有奠基作用。这里的设计以产品设计为依托，是一个大设计的概念，包括问题的确认、设计方案的制定、原型与模型的制作、方案的优化等在内的完整设计过程，而不是单纯的图纸设计。

（1）技术与设计 1

普通高中通用技术学习的导入模块。旨在使学生理解技术及其性质，经历一般的技术设计过程，并在九年义务教育中的劳动与技术学习的基础上，形成结构较为完整的技术素养。具体内容有技术及其性质、设计过程、设计的交流、设计的评价。建议在高一第一学期开设。

通过本模块的学习，学生将加深对技术的理解，增强使用技术的自信心和责任心；了解设计的基本知识，熟悉设计的一般过程，初步掌握设计的基本思想和方法；通过设计的交流和评价，培养合作精神，提高审美情趣，学会多角度地思考问题。

在教学过程中，本模块的各个主题应该融会贯通，不能机械割裂，特别是"技术及其性质"主题的基本思想应贯穿于课程实施的始终；在设计过程的教学中，不要机械理解过程，应引导学生根据实际情况灵活应用；交流和评价既是设计过程中的重要组成部分，也是成功完成设计的途径、方法和保证，应贯穿于设计教学的全过程。本模块由以下主题

组成。[9]

主题一：技术及其性质

①内容标准。

a. 知道技术是人类为满足自身的需求和愿望对大自然进行的改造。例1：人为了能像鸟一样飞翔，发明了飞机。例2：由于需求不同，人类设计制造了不同的交通工具。

b. 知道技术的发展需要发明和革新，并能通过案例进行说明。例1：集成电路的发明促进了计算机的更新换代。例2：一个工厂要提高生产率，就需要对设备和工艺不断进行技术革新。

c. 理解技术与设计的关系，能分析设计在技术发明和革新中的作用。例：每一种新型汽车的诞生都要经过工程师们精心的设计。

d. 理解技术对个人生活、经济、社会、环境、伦理道德等方面的影响，能对典型案例进行分析。例1：电视机丰富了人们的业余生活，开拓了人们的视野。例2：计算机与网络技术的产生促使我们进入了信息时代。例3：农药保证了农作物的产量，但它的不当使用对环境造成了污染。

e. 理解技术活动往往需要综合运用多种知识。例：建造一座桥梁必须具有力学、地质学、气象学、美学等方面的知识。

f. 知道知识产权在技术领域的重要性，了解专利的作用、有关规定及申请方法。

②活动建议。一是通过调查工业或农业中某项技术产生的背景和发展过程，理解发明和革新的价值；调查并讨论互联网、转基因食品等可能造成的正面和负面影响。二是模拟一个产品的专利申请过程。

主题二：设计过程

设计过程包括发现与明确问题、确定设计方案、模型或原型的制作、方案优化、产品的使用说明等阶段。

1）发现与明确问题。

①内容标准。

a. 通过对人们的需求和愿望的调查，发现与明确值得解决的技术问题，并能判断是否具备解决这个问题的技术能力与条件。例：解决技术问题需要知识、技能、时间、经费、设备等各种条件。

b. 能根据设计对象和现有的工作条件列出具体的设计要求，包括应达到的标准和所受到的限制。例1：所设计的产品在功能、大小、安全、外观、耐用性等方面要达到一定的标准。例2：设计将可能会受到各种限制，如时间限制、成本限制、环境限制等。

②活动建议。根据对幼儿园需求的调查，明确一个需要解决的问题，并提出相应的设计要求。如准备给孩子们制作一个学习算术的教具，设计要求是能帮助他们做简单运算、方便孩子使用、安全、抗摔打、色彩和样式能吸引孩子、成本不能超过×元。

2）确定设计方案。

①内容标准。

a. 能通过各种渠道收集与所设计产品有关的各种信息，并进行处理。例1：收集信息的渠道有用户调查、查阅图书馆资料、收看广播电视、浏览互联网、进行专家咨询等。例2：与产品有关的信息包括产品所用材料、设备、工艺以及市场现状等方面的信息。

b. 能根据设计要求选择合适的材料或标准件。例1：选择材料时除了要考虑到材料的性能和加工方法外，还要考虑在现有情况下有哪些材料可供使用，以及材料使用与资源保护的关系。例2：使用标准件可以简化制作过程，实现通用互换。

c. 确定符合一般设计原则和相关设计规范的完整设计方案。例：设计方案应包括设计图样、设计说明书等。

d. 通过比较和权衡，能在多个方案中选定满足设计要求的最佳方案或集中各种方案的优点来改进原有方案。例：仔细权衡各种因素，特别是相互制约的因素（如质量与成本）或与社会、环境等重大问题有关的因素。

②活动建议。一是收集用户需求、市场情况和新材料等方面的信息，然后进行一种新型运动鞋的方案设计。二是分组给养老院设计一个能帮助老人健身的器材，每个小组设计一个方案，全班进行交流，最后决定采用一个大家都比较满意的方案。三是收集多个室内设计方案，考虑美观、实用、经济、环保等诸多因素，选一个最佳的方案。

3）模型或原型的制作。

①内容标准。

a. 知道工艺的含义和常用工艺的种类。

b. 了解1～2类常用的工具和设备，学会一种材料的1～2种加工方法，能根据设计方案和已有条件选择加工工艺，并能正确、安全地操作。例1：常用的金工工具有螺丝刀、台钳、锉刀、锯、钻等，加工设备有车床、钻床等，加工方法有切削、弯折、压制、浇铸等。例2：常用的电工和电子工具有测电笔、电烙铁、多用电表、示波器等。例3：常用的木工工具有锯、刨、钻、锉、凿子等。

c. 能根据设计方案制作一个简单产品的模型或原型。

②活动建议。一是设计并制作一个实用、漂亮、个性化的多功能笔筒。二是制作一件自己改进或发明的小农具，或根据已有的设计图纸制作航模。

4）方案优化。

①内容标准。

a. 了解1～2类产品的常用测试方法，能根据设计要求使用简单的方法对产品进行测试。例：重点测试产品能否发挥功能，能否正常工作，是否达到精度要求。

b. 能在分析测试结果的基础上，提出改进措施或更换方案。

c. 制作成功后，能对产品的外观加以润色。

②活动建议。一是参观一些质量检测部门，了解常用测试方法。二是选择一件日常用品，组织全班从优化的角度进行讨论，提出改进意见。

5）产品的使用说明。

①内容标准。

a. 了解产品说明书或用户手册的作用与一般结构，能编写简单的产品说明书或用户手册。例1：通过产品说明书或用户手册，用户可以了解产品特性，正确、安全地使用产品。例2：产品说明书应包括产品的规格、型号、性能、结构、使用方法、注意事项、产品适用范围（特别是关系到人体健康的药品之类），以及生产日期与保质期或有效期等内容。

b. 了解产品常用的维护方法和服务途径。例：用户手册应给出日常保养以及检查和排除简单故障的办法，并明确定期维护和保修的时间及内容等。

②活动建议。一是仔细阅读一份药品的说明书，了解药品说明书所具备的项目。二是通过各种方式，了解家用电器维护方面的规定，以及厂家和商家所做的工作。

主题三：设计的交流

①内容标准。

a. 在设计过程中和设计完成后，能用恰当的方式与他人交流设计的想法和成果，并能在交流中提炼出有价值的信息。例：根据不同的内容和交流对象，采用口头语言、文本、技术图样、图表、模型、计算机演示、网页等方式进行交流。

b. 了解技术语言的种类及其应用，能识读一般的机械加工图、线路图、效果图等常见的技术图样，能绘制草图和简单的三视图。例：技术语言包括技术图样、图表、技术符号、精度要求、必要的文字说明等。

②活动建议。在网上建立主页，展示自己的作品，并说明自己的设计思想，广泛征求同学们的意见。

主题四：设计的评价

①内容标准。

a. 能根据设计过程中每一阶段的要求进行评价，树立质量管理意识。例1：保存设计过程中的所有记录，以备查用。例2：随时检查设计方案和制作是否符合技术要求。

b. 能根据需要进行简单的技术试验，并进行评价，写出试验报告。例1：对材料进行性能测试，以确定是否能使用。例2：建立仿真模型，进行可行性试验，检验是否达到性能要求。

c. 能根据设计要求对设计过程和最终产品进行多方面的评价，并写出设计总结报告。例1：对产品的评价主要看它是否符合设计要求（实用性、工作效率、安全性、外观、成本、耐用性等），以及它的使用和最终处理会产生什么样的影响（经济、社会、环境、道德伦理等）。例2：对设计过程的评价着重于是否合理、能否优化、有无创造性或个性。

d. 能对他人的、现有的技术产品进行评价，并写出比较全面的评价报告。例：评价某个技术产品的实用性、美观性、对自己生活和环境的影响、与时代背景和文化背景的关系等。

②活动建议。一是回顾自己在设计过程中有哪些过程性评价，发挥了什么作用。二是讨论在购买某种商品（如保健品、电器、农药等）时需要考虑的问题。

（2）技术与设计2

本模块是在"技术与设计1"的基础上设置的具有典型意义的专题性技术与设计的教学内容，它所体现的技术设计的思想和方法，对于高中生的生活、学习以及人生规划都具有普遍的价值。具体内容为具有典型意义的专题性技术设计，它们是结构与设计、流程与设计、系统与设计、控制与设计。这些技术设计专题具有丰富的思想内涵和广泛的应用性，实施条件也具有一定的开放性。建议在高一学完"技术与设计1"后开设。

通过本模块的学习，学生应该理解结构、流程、系统和控制的基本概念，掌握结构设计、流程设计和系统设计的基本思想和方法，初步掌握简单控制设计的基本思想和方法；能使用常用的规范的技术语言表达设计方案；能结合生产和生活的实际形成设计方案并初步实施；学会从技术、环境、经济、文化等角度综合评价技术设计方案和实施的结果，增强革新意识。本模块的教学要面向生活和生产的实际；引导学生关注技术试验，理解技术设计中所蕴含的文化内涵，注重归纳技术设计的思想和方法，并将它们迁移到日常生活中灵活运用；要使学生善于总结具有典型性的技术问题的解决策略。本模块由以下主题组成。[9]

主题一：结构与设计

①内容标准。

a. 了解结构的含义，能从力学的角度理解结构的概念和一般分类。例：结构是指可承受一定应力的架构形态，结构可以抵抗能引起形状和大小改变的力。

b. 能结合1~2种简单的结构案例，分析结构是如何承受应力的。例：支柱能抵抗压力，捆绑能抵抗张力等。

c. 能通过技术试验分析影响结构的强度和稳定性的因素，并写出试验报告。例：结构的类型、材料的选择、连接处的强度等影响着结构的强度和稳定性。

d. 能确定一个简单对象进行结构设计，并绘制设计图纸，做出模型或原型。

e. 能从技术和文化的角度欣赏并评价典型结构设计的案例。例：赵州桥、长城、埃菲尔铁塔、悉尼歌剧院等经典建筑的欣赏。

②活动建议。一是自行设计一个试验方案，对公路旁的单脚标志牌、双脚标志牌、家用单脚支撑的茶几等物体进行强度和稳定性的试验，记录试验数据，指出提高它们的强度和稳定性的方法。二是通过各种途径收集相关资料，选择典型结构的案例，分析其结构的特点。例如：犁田的犁、幼儿学步车、高压线铁架、大坝、泥墙以及多伦多的天虹体育馆、上海杨浦大桥、博鳌亚洲论坛会议厅等。三是选择一个对象进行结构设计，形成设计方案、绘出简单的设计图纸，并做出实物模型或原型。可供参考的设计项目：台式相片架支撑部分的结构设计；个性化台灯罩的结构设计；个性化（或多功能）的折叠雨伞的设计；乐（琴）谱架的结构设计；双人自行车的结构设计；简支（独木）桥的结构设计；连续（有桥墩的）桥的结构设计；拱形桥的结构设计；简单的农家屋架的结构设计；蔬菜大棚的结构设计。四是收集某些建筑物坍塌、扭曲或断裂的案例，讨论并分析其主要技术问题所在。

主题二：流程与设计

①内容标准。

a. 了解流程的含义及其对生产、生活的意义。

b. 通过对典型的工作流程和生产工艺流程案例的分析，理解流程中的时序和环节的意义，能阅读简单的流程图。例：某快餐配送中心一天的工作流程、合成氨的工艺流程、木制家具的生产线等。

c. 能分析流程设计中应考虑的基本因素，并画出流程设计的框图。例：流程设计主要应考虑事物的内在性质、规律和相关因素，应以时序和环节为设计的主要线索。

d. 能解释流程的改进与设备、材料等之间的关系，能概括某种简单生产流程优化过程中所应考虑的主要问题。例1：流程设计的改进通常以提高工作质量，或提高工作效率，或降低成本，或节约能源，或省力，或减少环境污染等为目的。例2：利用CAD对绘制图纸环节进行改进，优化了工程设计的流程，提高了效率；利用先进的医疗设备取得病人的数据信息以代替以往的人工检查环节，优化了医生对病情诊断的流程，提高了诊断的正确率和工作效率。

e. 能对生活、生产中的简单对象进行流程设计或流程的改进设计，并用文字或图表说明流程设计方案的特点，或者流程的改进方案的优越之处。

②活动建议。一是分析某些流程设计的案例，绘制流程框图，并说明它们的设计特点。例如：邮局运送邮件的流程、联合收割机的工作流程、法院处理案件的工作流程、城市污水处理的工艺流程、印染的工艺流程、某种儿童玩具的加工工艺流程、冲洗照片的工作流程、家用全自动洗衣机的工作流程、ATM 自动取款机的工作流程、海水淡化的工艺流程等。二是选择一个对象，进行流程设计或流程的改进设计，绘出简单的工艺流程图；在设计说明书中写出该流程设计方案的特点，实施过程中的主要环节、设备、环境等；就设计的思路和过程进行讨论，有条件可使用计算机辅助设计（CAD）。可供参考的设计项目：墙面涂刷的施工工艺流程的改进设计；农村住宅建筑施工的流程设计；汽车模型的制作流程设计；河水净化的实验流程设计；土壤的酸碱度测定的实验流程设计；茶叶加工工艺流程的改进设计；从茶籽饼中提取茶皂素的工艺流程的改进设计；垃圾处理的工作流程设计；小型印刷厂的印刷工艺流程的改进设计；服装制作工艺流程的改进设计；邮件处理（分拣）工艺流程的改进设计；某种工业产品（如电视机、摩托车、自行车）装配工段的组装工艺流程的改进设计。

主题三：系统与设计

①内容标准。

a. 从应用的角度理解系统的含义。例：系统由相互依赖的若干部分组成，各部分之间存在着有机的联系，形成一个整体，以实现一定的功能。

b. 通过简单系统的案例分析，理解系统的基本特性，初步掌握系统分析的基本方法。例：系统有大有小，把某一个研究对象看作是一个系统，可以对它进行有针对性的研究，讨论其内部的多种关系。

c. 理解系统优化的意义，能结合实例分析影响系统优化的因素。例：系统设计要注意各组成部分或各层次的协调和连接，以提高系统的有序性和整体的运行效果；学校课程表的合理编排。

d. 通过简单系统设计案例的分析，初步学会简单系统设计的基本方法。

e. 确定一个生活或生产中的简单对象，根据设计要求完成系统的方案设计。例：室内照明系统的设计。

②活动建议。一是分析某些系统设计的案例，列出系统中的各组成部分，分析它们之间是怎样相互联系、相互制约的，如何协调好这些关系。例如：铁路部门列车时刻表，运动会的赛事安排等；汽车底盘的系统，人造卫星的惯性导航系统等。二是选择生产或生活中的一个对象进行系统设计，绘出简单的设计图纸，编写设计说明书（设计说明书应列出该系统设计中应重点考虑的因素和它们之间的关系），尝试进行（或模拟进行）系统方案的实施。可供参考的设计项目：室内装修的设计；学校植物园几种作物合理套种的设计。运用系统的思想进行设计，可供选择的参考项目：手表的包装设计（综合考虑包装的材料、包装的外形、包装成本、包装的安全性等）；筑路工程方案的模拟设计（为坐落在山里的村庄策划一个通向山外的筑路工程的设计方案，综合考虑资金分配、人员调配、地质勘探、路向选择、材料购置、施工进度等的关联）；城市公交系统的模拟设计（综合考虑道路布局、城市建设规划、交通流量预测、人群需求、线路简捷等因素）。

主题四：控制与设计

①内容标准。

a. 理解控制的含义及其在生产和生活中的应用。例：事物的发展有多种可能性，人们根据自己的目的，通过一定的手段使事物沿着某一确定的方向发展，就形成了控制。

b. 分析典型的案例，了解手动控制、自动控制，熟悉简单的开环控制系统和闭环控制系统的基本组成和简单的工作过程。例1：控制设计是对系统的信息流程、反馈机制进行分析和设计，使系统的运行达到最佳状态。例2：开关控制灯的亮与灭（手动、开环控制）；例3：电冰箱冷藏室温度的控制（自动，闭环控制）。

c. 能画出一个简单的闭环控制系统的方框图，理解其中的控制器、执行器等环节的作用，熟悉反馈环节的作用。例：画出家用空调控制系统的方框图。

d. 能结合案例找出影响简单控制系统运行的主要干扰因素，并加以分析。例1：飞机飞行导航系统的干扰因素的分析，如电磁波等。例2：恒温箱的恒温控制中，影响温度的干扰因素分析，如环境温度等。

e. 了解简单的被控制对象的基本特性，能确定被控量、控制量，画出控制系统的方框图，并形成初步的控制设计的方案。

f. 能根据开环控制系统的设计方案，制作一个控制装置；或者能根据简单闭环控制系统的设计方案进行操作或模拟操作，学会调试运行，提出改进方案。

②活动建议。一是观察家用抽水马桶水箱水位的自动控制工作过程。动手试验，将一个人工水位控制系统改进为自动水位控制系统，画出它的方框图并说明其工作原理。二是收集并分析日常生活中控制系统的案例，对该控制系统的组成、对象的基本特性、控制的工作过程、控制效果等进行讨论，并加以说明和描述。例如：热水器出水温度的控制、锅炉的蒸汽汽包的水位控制（给水、蒸发）、潜水艇潜水深度的控制等；都江堰水利工程的经典控制系统（鱼嘴分水堤、飞沙堰溢洪道和宝瓶口进水口三大部分科学地解决了江水自动分流、自动排沙、控制进水流量等问题）。三是选择一种控制设计的对象，进行控制设计，绘出简单的设计图纸（或程序设计框图），在设计说明书中写出该控制设计的特点，尝试运行（或模拟运行）设计方案，对该控制系统进行评价，对所出现的偏差进行分析，建议使用计算机辅助设计（CAD）。可供参考的设计项目：升国旗的定时控制装置的设计与制作；自动计时装置的设计与制作；宾馆自动门的设计与制作；恒温箱的温度控制设计；自行车轮胎充气压力的控制设计；沼气燃料系统的压力控制的模拟设计；蔬菜大棚的恒温控制的设计；流速控制系统的模拟设计（如依据土壤的湿度来控制灌溉过程中水的流量或流速）；十字路口的红绿灯翻转时间随汽车流量而变化的控制设计。四是在控制系统的设计中，出于安全或其他因素的考虑，往往需要进行系统的切换。比如，连续生产过程中当一套控制系统出现故障时，为了不影响正常工作就需要切换到另一套备用的控制系统进行工作。再如，宾馆为节约能源，先使用太阳能装置供应热水，当太阳能装置的热量不足时，要能自动切换到锅炉提供的热水供应系统。查找有关资料，研究这类控制系统切换方案的实现。

2. 选修模块

选修课程是在必修课程的基础上，针对不同地区、不同学校的条件，为满足学生的不同兴趣和不同发展需要而开设的课程。这些课程拓展了学生的学习基础，有助于进一步提

高学生的技术素养，发展他们的特长。通用技术课程设置选修模块 7 个，每个模块 2 学分。模块之间为并列关系，没有层次之分和顺序要求。供学生在修学必修模块之后根据兴趣和条件自由选择。但可能由于所涉及的知识或其他原因，有的模块（如"家政与生活技术""服装及其设计"）可在高一或高二年级开设，而有的模块（如"简易机器人制作"）可在高二或高三年级开设。

（1）选修模块 1（电子控制技术）

电子控制技术是以电子技术为基础设立的选修模块。介绍常用的电子控制的基本知识，以及这些知识在工农业生产和日常生活中的应用。具体内容有传感器、数字电路、电磁继电器、电子控制系统及其应用。学生可以通过设计和制作电子控制产品进行一些简易的技术试验，接触一些更具挑战意义、更富有趣味的技术问题。该模块适合各类学校开设，可供各类学生，特别是具有理工科发展倾向的学生选修。建议在高二年级开设。本模块由以下主题组成。[9]

主题一：传感器

①内容标准。

a. 认识常见的传感器，能用多用电表检测传感器。例：常见的传感器有光敏传感器、热敏传感器、磁敏传感器、声敏传感器、气敏传感器、力传感器和位移传感器等。

b. 知道传感器的作用及其应用。例：不同的传感器可以用来收集不同的信息，并能转变为电信号。

②活动建议。通过实地观察、调查、咨询、查阅产品说明书或有关的技术资料等多种方式，了解各种传感器在生活、生产、军事等方面的应用实例，并分析它在电子控制系统中的作用。

主题二：数字电路

①内容标准。

a. 通过比较数字信号和模拟信号，了解数字信号的特性，知道数字信号的优点。例：数字信号具有方便地从信号中分离噪声、高精度地处理信号和容易实现信号保存等优点。

b. 知道数字信号中"1"和"0"的意义，了解数字电路是一种能够方便地处理"1"和"0"两种状态的电路。例："1"和"0"表示信号的"有"和"无"或电平的"高"和"低"状态。

c. 了解晶体三极管的开关特性及其在数字电路中的应用。

d. 熟悉与门、或门和非门等三种基本逻辑门的电路符号及各自的逻辑关系，会填写它们的真值表，能绘制波形图。

e. 知道与非门、或非门的电路符号及各自的逻辑关系，会填写真值表，能绘制波形图。

f. 能从外形识别常见的数字集成电路，并能用数字集成电路安装简单的实用电路装置。例1：常见的数字集成电路类型有 TTL 型和 CMOS 型等，识别它们的引脚排列时，先要找到外形结构标志。例2：采用 CMOS 集成电路等器件，在电子实验板上搭接电子门铃电路、旋转彩灯电路、定时电路、密码锁电路等简易、有趣的电路。

g. 能够对数字电路进行简单的组合设计和制作，并进行试验。例：用与非门组成两个不同频率的多谐振荡电路，然后将两个电路进行组合，用频率高的振荡电路产生的信号对其中频率低的振荡电路产生的信号进行调制，合成一个新的信号，并用此制作一个发出变调声音的电子门铃，这就是常见的数字电路组合设计。

②活动建议。一是收集数字电子产品的资料，举办一个"未来世界中数字技术的应用"讨论活动，了解数字技术发展的动态和趋势。二是动手做下面两个实验，对实验结果进行比较，了解数字信号的优点：在电脑中进行某一幅画面的复制（或把电脑中某幅画面刻录到光盘上），比较复制件与原件的影像清晰程度是否发生显著变化；使用录像机将录像带中的某一段画面翻录到另一盘录像带上，比较母带和翻录带的影像清晰度是否发生变化。三是使用电子工作平台（EWB），用虚拟的方法对基本逻辑门电路、组合门电路等进行逻辑关系实验。四是以 2～3 人组成一个学习小组，在教师指导下，使用数字集成电路设计并搭接 2～3 个不同的简单电路，然后，将其组合成具有新功能的实用电路，并进行小组之间的交流。

主题三：电磁继电器

①内容标准。

a. 知道常见的继电器可分为电磁继电器和无触点继电器两大类。例：常见的电磁继电器有直流电磁继电器、交流电磁继电器、干簧继电器等。

b. 了解常见的直流电磁继电器的构造、规格和工作原理。例1：直流电磁继电器的内部结构图。例2：常见直流电磁继电器的接点有常开、常闭和转换接点等三种类别。例3：继电器的额定工作电压、线圈直流电阻、接点数目等。

c. 学会直流电磁继电器的使用。例：用有转换接点的直流电磁继电器搭接一个电路，分别控制一个玩具电动机和一个报警器。

d. 知道可控硅的构造和电路符号。

e. 了解可控硅的简单工作原理。

②活动建议。一是查阅继电器在电子控制系统、触电保护、电流过载以及在高压、高温和有毒环境下应用的实例，比较电磁继电器和可控硅在应用中的优缺点，并进行交流。二是用有转换接点的直流电磁继电器搭接一个电路，实现对一个玩具电动机和一个报警器的转换控制。三是搭接一盏电灯的电路，用可控硅控制它的亮度。

主题四：电子控制系统及其应用

①内容标准。

a. 知道电子控制系统的基本组成。例：最基本的电子控制系统由输入、控制和输出三个部分组成，其中输入部分大多由传感器等组成，控制部分通常由数字电路（如触发器）、单片机或计算机等组成，输出部分一般由电磁继电器等组成。

b. 能用方框图分析生活中常见的电子控制系统的工作过程。

c. 能用数字集成电路等安装简单的实用电路，并进行调试。然后，能应用该电路设计和安装开环控制系统。例：用数字集成电路等器件安装一个多谐振荡电路，并利用它设计和安装一个开环的温度报警系统。

d. 能设计和安装简单的闭环控制系统，并进行调试和改进。例：用集成电路设计和安装一个电子恒温控制系统，并进行调试。

e. 了解常见遥控系统的组成、分类及其应用。例1：常见的遥控系统由发射电路、接收电路和执行机构等组成。例2：常见的遥控系统有红外线遥控系统和无线遥控系统等。

f. 能用集成电路设计和安装简单的遥控系统，并进行调试。例：用集成电路组成单通道遥控系统。

②活动建议。一是设计一个住宅公用走道路灯控制的系统方案，并通过试验等技术活动对方案进行优化。二是制作一个单通道无线电遥控电路，再应用这一电路设计一个具有实用价值的电铃（或电灯等）遥控系统，并在试用过程中加以改进。

（2）选修模块2（建筑及其设计）

建筑及其设计是着重建筑结构及构件的设计，并涉及建筑的许多人文因素和社会因素，立足于日常生活和生产中应用广泛的建筑技术而设立的选修模块。具体内容有建筑与文化、建筑结构及其简单设计、建筑材料及其加工、建筑构造及其设计。该模块人文内涵丰富，实用性强，设计和制作内容简便易行。该模块既适合对理工科感兴趣的学生，也适合对文化、艺术感兴趣的学生；既适合城市学校，也适合农村学校。在课程实施中，还可以体现地方特色和民族特色。建议在高二或高三年级开设。本模块由几个主题组成。[9]

主题一：建筑与文化

①内容标准。

a. 理解建筑是民族文化艺术的结晶和时代风貌的写照，了解建筑的发展与人类文明的关系。例：因民族文化的不同，各民族的建筑风格与建筑艺术也不相同。

b. 了解我国和当地房屋建筑的特色，能分析当地房屋建筑特色的产生原因。

c. 通过对典型建筑物的欣赏，学会从不同的角度对建筑物进行评价。

②活动建议。组织学生收集世界各国典型建筑的照片、录像与资料，分析这些建筑的特色，及其与民族文化传统和所处地理环境之间的关系。

主题二：建筑结构及其简单设计

①内容标准。

a. 了解建筑结构的含义，知道某一类建筑物的结构类型。例1：建筑结构是抵抗垂直和水平方向载荷的受力构件组成的骨架体系。例2：房屋的结构类型有柱、梁板结构，拱卷结构，桁架结构，刚架结构，悬挑结构，壳体结构，折板结构，悬索结构和充气结构等。

b. 了解拱卷结构、桁架结构、悬索结构等常见建筑结构的受力情况，能通过简单建筑物的案例，分析影响其稳定性和强度的主要因素。

c. 能设计简单的建筑结构，并制作模型。

②活动建议。一是组织学生了解学校教学楼或家庭住房的结构，分清哪些是承重墙和结构柱。二是测绘一座简单房屋，用硬卡纸或小木条按1∶300的比例制作其几何体块模型。

主题三：建筑材料及其加工

①内容标准。

a. 知道常用建筑材料的种类，熟悉其中1~2类材料的性质、规格型号和用途。例：常用的建筑材料有砖、混凝土、水泥、沙石、木材、陶土制品、金属、玻璃、油漆、涂料，以及防水、防火与隔热、隔音材料等。

b. 能分析使用不合格建筑材料与选用材料不当可能造成的环境污染等危害，初步学会选择适用的建筑材料。例：使用不合格材料或选用材料不当，可能造成建筑物毁损或环境污染。

c. 初步学会 1~2 种常用建筑材料的加工方法、连接方法及其工艺。例：常见建筑材料的连接方法有胶接、榫接、焊接，此外还有通过插入件和其他连接件来实现连接。

②活动建议。组织学生收集一些因使用不合格材料造成建筑物损毁事故或选用建筑材料不当造成环境污染的事例，讨论使用不合格材料或选用材料不当的危害。

主题四：建筑构造及其设计

①内容标准。

a. 了解建筑构造的含义，知道某一类建筑物的构造类型。例：房屋是由基础，墙、柱、楼板、楼梯、门、窗、屋顶等基本构件，按一定原理和方法构造而成的，各构件在不同位置，发挥各自不同的作用。

b. 理解各类公共建筑和居住建筑构造与人的行为、生理及心理要求之间的关系。

c. 了解 2~3 类建筑构件的用途、特点，理解设计该构件时要注意的问题（包括建筑设计中的安全要求及有关建筑法规）。

d. 能设计或改进简单建筑构件，并能绘制设计草图。

e. 能根据设计方案选择加工工具、量具、设备及加工方法，并制作所设计建筑物模型或构件（或模型）。

f. 能考虑多方面的因素对设计方案及其制作品进行评价。

②活动建议。一是调查学校及周围建筑物的构造类型、特点及用途，分析其门、窗或楼梯的用途与优缺点。调查后，组织学生进行讨论，确定设计对象及要求。二是组织学生体验过街天桥上下道是否方便行人负重、推车或在雨雪天行走，是否方便残疾人行走，找出其存在的问题，并讨论如何改进其设计。三是调查当地的建筑物因未考虑周边环境因素造成景观破坏的事例。

（3）选修模块 3（简易机器人制作）

简易机器人制作是基于计算机技术的学习平台，将机械传动与单片机的应用有机组合的选修模块。相对于其他模块，开设条件要求较高，适合条件较好的学校和在这方面有一定兴趣的学生。具体内容有单片机及其控制程序、单片机与控制电路、单片机与传动机械。本模块给学生提供了运用当代先进技术和先进思想方法进行设计、制作，以解决实际问题的机会。建议在高二或高三年级开设。本模块由以下几个主题组成。[9]

主题一：单片机及其控制程序

①内容标准。

a. 知道单片机的特点及应用。

b. 知道单片机的基本组成及工作过程。例 1：单片机由中央处理器（CPU）、存储器、输入/输出接口以及连接这三部分的总线组成。例 2：单片机执行一条完整的指令必须经过提取指令、分析指令和执行指令三个过程。单片机中的每条指令都分别存放在专门的存储器（ROM）中。

c. 知道单片机集成电路引脚的功能。例：AT89C-2051 单片机集成电路为 20 脚的双列直插式器件，分为电源引脚、外部振荡电路引脚、复传引脚、I/O 接口引脚等，其中 20 号脚是主电源 Vcc 引脚，电压应为+5 V；10 号脚是电源 GND 引脚，应接地。

d. 了解一种单片机汇编语言，掌握一种单片机常用的汇编语言指令。例 1：AT89C-

2051 单片机汇编语言或 C 语言。例 2：指令就是控制单片机进行各种操作和运算的命令，由操作码和操作数两部分组成。例 3：汇编语言的常用指令有数据传送指令、算术运算指令、简单的控制转移指令、简单的位操作指令等。

e. 学会用指令编制简单控制的程序，并能根据试验进行修正。例：用单片机控制发光二极管完成下面的程序：先是发光二极管全部熄灭，然后二极管全部发光，接着二极管间隔发光，再回复到全部熄灭，并一直不断地反复循环。

f. 能操作单片机编程器将编写的程序烧结固化。

②活动建议。一是调查一个交通路口的行人流量、自行车流量和汽车流量，制定出交通红绿灯翻转时间间隔的合理方案，设计和制作一个用单片机控制的交通信号灯控制模型，并进行模拟试验。二是采用分组的形式，设计不同的程序，使单片机控制的彩灯组出现各种不同的发光形式，如奇数发光二极管发出闪光、偶数发光二极管发出闪光和逐个发光。在电子实验板上搭接电路进行试验，并将这些设计成果应用于实际。比如，为广告牌四周设计和制作一个逐个闪烁发光的循环彩灯组。

主题二：单片机与控制电路

①内容标准。

a. 了解电子控制系统的基本组成，知道单片机是一种使用广泛的控制电路。例：电子控制系统由输入、控制和输出三个部分组成。

b. 知道常见的传感器及其作用。例：光敏传感器能把光信号转变为电信号。

c. 了解继电器的结构和工作原理，并能掌握简单的使用方法。

d. 能用传感器、单片机和继电器等安装一个简单控制装置，并进行试验。例：用光敏传感器、AT89C-2051 单片机和蜂鸣器等设计和安装的一个遮光报警装置。

②活动建议。设计由传感器、单片机和发光二极管等组成的 1～3 种在夜晚工作的循环彩灯控制系统，并在电子实验板上搭接电路后进行试验。

主题三：单片机与传动机械

①内容标准。

a. 知道一般机械的组成，了解常见的机械传动的方式。例 1：机械一般由动力部分、传动部分、执行部分和机体组成。例 2：常见的机械传动有带传动、链传动、齿轮传动和平面连杆传动等。

b. 了解常见齿轮传动的特点、形式和应用，会计算简单的齿轮传动比。例 1：常见的齿轮传动有圆柱齿轮传动、圆锥齿轮传动、蜗杆传动和齿条传动等；例 2：蜗杆传动具有传动比大、传动平稳、能自锁等特点。

c. 能按照装配图样安装简单的齿轮装置，并进行调试。例：装配电动玩具中的齿轮箱。

d. 了解常见的连杆传动机构的结构及其应用，能设计和制作简单的连杆装置。例 1：收缩门、支架式工具箱中的平行连杆机构，缝纫机脚踏板的曲柄连杆机构。例 2：以竹片和细竹管等为材料制作的可缩放毛巾架。

e. 能设计一个简单的电动机械，并进行安装和调试。

f. 能设计和制作一个由传感器、单片机、继电器、电动机和传动机械等组成的简易机器人或简单的自动控制系统，并能通过试验完成 2～3 个规定的动作。例：某电动机械模型行进中完成了下列规定动作：在碰到障碍物之前便能自动后退，并发出"倒车、倒车"的声音。

②活动建议。一是调查周围环境中的机械传动装置，分析其结构和工作过程，绘制简单的结构草图。如伸缩晒衣架、挖土机的机械手臂、消防车的升降云梯等。二是分组设计和制作一个简单的机械手模型，用它完成夹取和释放一只乒乓球的动作，并进行小组交流。三是设计并制作由玩具电动机、模型齿轮箱和连杆机构组成的能两腿步行（或爬行）的简单机械模型，并在运行试验后调整结构的稳定性。四是设计和制作一个由单片机控制的电动四足爬行（或两腿步行）的机械模型，且完成前进、停止、眼睛闪烁、发声和后退等动作。五是以小组学习的方式，先设计一个简易机器人模型，要求完成下列动作：在它行进的正方向上遇见点燃的蜡烛时，能自动停止，并启动模型携带的电风扇将蜡烛吹灭。然后组内分工制作，并组装调试、交流和评价。

（4）选修模块4（现代农业技术）

现代农业技术以较为先进的、与日常生活联系紧密的现代农业技术的理念和方法，以及农业技术试验为主要内容的选修模块。该模块设置了可供选择的6个研修专题，它们是：绿色食品、品种资源的保护和引进、无土栽培、营养与饲料、病虫害预测及综合治理、农副产品的营销。每个专题18课时，选修2个专题即可获得该模块的学分。该模块的专题选择及内容确定考虑了城乡学校的不同情况及其实施的可行性，因此，不仅农村中学可以开设，城市中学也可以选择专题开设。建议在高二或高三年级开设。[9]

专题一：绿色食品

①内容标准。

a. 了解现代农业技术对人类生活和生态环境的影响，以及生态环境与农业可持续发展的关系。例1：现代农业技术的应用提高了农作物的价值和产量，改善了人类的生活质量。例2：农药残留严重影响着农产品的品质、生态环境的状况和人类的健康。例3：治理工业污染、退耕还林、退耕还草、退耕还湖等措施的实施改善了生态环境，推进了农业及农村经济的可持续发展。例4：生态环境的恶化导致我国自然灾害频繁发生，受灾面积不断扩大，使农业的持续生产能力下降。

b. 理解绿色食品和有机食品的含义。例1：绿色食品也称为无公害食品。绿色食品是指粮油、果品、蔬菜、畜禽、水产等在符合规定的环境条件下，按照规定的生产技术规程生产、加工，质量达到产品标准、食用安全的食品。例2：有机食品也可称为生态食品或天然食品。有机食品要求在生产和加工过程中不使用任何农药、化肥、化学添加剂等化学合成物质，不采用辐射处理，也不使用基因工程生物及其产品，是纯天然、无污染、安全营养的食品。

c. 了解绿色食品的生产、加工及管理的标准。例：为规范绿色食品的生产、加工和管理，我国制定了《生产绿色食品的肥料使用准则》《生产绿色食品的农药使用准则》《绿色食品执行标准草案》《绿色食品产地环境监测及评价纲要》等标准。

d. 初步掌握绿色食品生产、加工的技术要点，能够选择1~2种当地主要的农业栽培品种进行绿色食品栽培试验。例1：绿色食品生产的施肥技术要点为使用有关标准允许使用的肥料种类，使用的肥料及施肥方法不能对环境和作物（营养、风味、品质和抗性）产生不良后果。例2：绿色食品病虫害防治技术的要点，一是预防为主，综合防治，二是以

生物防治为主，药剂防治为辅。要求使用有关标准规定可以使用的农药，有限度地选用允许使用的高效、低毒、低残留的化学农药。

②活动建议。一是参观附近的农贸市场，结合自己的家庭实际，讨论现代农业技术的应用对于推动经济发展、改善人类生活的作用，探讨绿色食品的经济价值和社会价值。二是收集或查阅资料，对转基因食品应用的利弊展开讨论。三是对当地农产品农药残留的情况进行调查，探讨农药残留对人类健康和生态环境的危害，提出当地主要栽培品种的降低农药残留、提高经济价值的农药施用方案。四是利用市场调查，根据国内外市场的需求，提出一个改变当地种植结构、改善生态环境、提高经济效益的综合生产方案。

专题二：品种资源的保护和引进

①内容标准。

a. 了解品种资源保护的意义、品种资源的种类及保护措施。例1：我国优良栽培花卉、经济作物、中草药等品种资源的保存。例2：地方优良动物品种的保存，如北京鸭、乌骨鸡、东山羊等。

b. 了解生态条件与引种关系，能分析温度、光照和雨量等生态因素对引种的影响。例1：温度、光照和雨量的差异与地理纬度有关，我国从纬度相近的意大利、墨西哥引种冬小麦较易成功。例2：海拔高度主要影响温度变化，我国玉米的引种沿着由东北到西南的线路进行较易获得成功。

c. 了解引种试验的过程，能根据当地的生态条件，对品种资源进行分析、比较，选定需要引进的品种。例：引种试验要按照观察试验、品种对比试验、区域试验和栽培试验的顺序进行。

d. 学会观察试验的方法，能对选定的1~2个品种进行引种的观察试验。例：观察试验要以当地推广的良种为对照，观察引进品种的丰产性、抗逆性和对本地生态条件的适应性。

e. 学会品种对比试验的方法，能对引进品种做出全面的评价。例：品种对比试验可以对引进品种的生育期、抗逆性、丰产性进行更精确的观察和研究，综合评价每个引进品种的优缺点。

f. 学会区域试验的方法，能通过区域试验确定性状稳定的引进品种。例：区域试验是引进品种在推广之前必须经历的、在不同自然条件和生产条件下更大范围的比较鉴定试验。

g. 学会栽培试验的方法，能确定适合引进品种的栽培条件。例：栽培试验主要是对几项关键技术措施进行研究，确定引进品种对肥力水平、灌溉条件和田间管理措施的要求，为新品种大田生产制定栽培技术措施提供依据。

h. 能够根据生产目标，设计引种试验方案。

②活动建议。一是组织学生调查当地主要动、植物品种的原产地，了解当地品种资源的种类及特点，讨论品种资源保护的措施。二是根据学校绿化的需要，组织学生分组进行花卉或树木的引种栽培试验，学习引种的栽培管理技术。三是收集典型的引种案例并进行分析，对品种的引进是否合理、栽培管理的方法是否科学、生长条件的控制是否恰当及引进的效果等发表自己的看法。四是调查当地种植业或养殖业的结构及品种资源的引进情况，根据实际需要和自然条件，分组设计引种方案，选择可行的最佳方案进行品种引进的栽培试验，写出引种试验的总结报告，分析引种成功或失败的原因。五是确定合适的推广

品种，进行小面积推广栽培，根据栽培情况和出现的问题，提出该引进品种的栽培管理特点和措施，为大面积推广提供资料和技术。

专题三：无土栽培

①内容标准。

a. 了解无土栽培的类型和方法。例1：无土栽培的主要类型有水培、基质栽培、喷雾栽培等。例2：无土栽培的主要方法有基质钵栽法、基质槽栽法、袋栽法、营养液膜栽培法等。

b. 了解无土栽培基质的种类和特点，以及营养液的组成成分的性质。例1：无土栽培的基质有水、砂、砾石、蛭石、锯末、珍珠岩、炭化稻壳等。例2：无土栽培营养液的肥源有硝酸钙、硝酸钾、硝酸铵、尿素、氯化钾、过磷酸钙等。

c. 学会营养液浓度的计算方法，掌握营养液配制的方法，了解常用的经验配方。例1：营养液浓度的计算方法有百万分比浓度法、当量浓度法和毫当量浓度法等。例2：无土栽培常用的经验配方有黄瓜配方、草莓配方、玫瑰配方、马铃薯配方等。

d. 认识无土栽培常规设施，能就地取材，制作简易的无土栽培设备。例1：无土栽培的设施有基质栽培床、水培栽培槽等。例2：制作简易的无土栽培箱、无土栽培瓶等。

e. 根据当地或学校的条件，选择1~2种作物进行无土栽培试验，初步学会无土育苗的方法；掌握无土栽培过程中的水、肥管理及病虫害防治等技术；能对作物营养失调的症状进行分析和调整。例1：无土栽培设施与基质的消毒等常规处理技术。例2：无土育苗的种子处理、播种、苗期管理和移栽的方法。

f. 掌握无土栽培中嫁接育苗的方法和管理技术，能够根据需要进行嫁接育苗。例1：嫁接育苗的方法有舌接法、插接法和劈接法等。例2：黄瓜、番茄等蔬菜常采用嫁接的方法育苗，可有效防止根部的病害。

②活动建议。一是组织学生参观当地的无土栽培基地，认识各种无土栽培设施及其使用方法；指导学生利用当地材料，制作简易的无土栽培设施。二是在学习过组织培养技术的学校，指导学生用无土栽培的方法对用组织培养技术育出的苗进行移栽和管理。三是城、乡学校都可以选择一些花卉、蔬菜等新品种，利用家庭和各类基地，进行无土栽培试验。四是能够根据当地农业生产的实际情况，设计一个推广、应用无土栽培技术的方案。

专题四：营养与饲料

①内容标准。

a. 了解常用饲料原料、配合饲料的种类及特点。例1：蛋白质、矿物质、维生素、水等物质在动物生长过程中的作用。例2：常用饲料原料分为能量饲料、蛋白质饲料、矿物质饲料、配合饲料等。例3：配合饲料分为全价配合饲料、浓缩饲料、基础混合饲料、添加剂预混料等。

b. 了解营养性饲料添加剂、非营养性饲料添加剂的种类和作用，能根据需要正确选择添加剂。例1：营养性饲料添加剂有氨基酸、矿物质、维生素等。例2：非营养性饲料添加剂有抗生素类、激素类、酶类等。

c. 学会1~2种天然青饲料主要的加工调制、贮藏及防污染方法。例1：加工调制方法有物理加工调制法、化学处理调制法、生物处理调制法等。例2：贮藏方法有青贮法、微贮法、尿素保鲜法等。

d. 了解配合饲料的成分和作用，掌握配合饲料的科学配制原则，学会设计饲料配方

的基本步骤和计算方法，能运用计算机进行饲料配方的设计和最佳方案筛选。例1：全价配合饲料的能量、营养成分均衡，能够满足禽畜生长和繁殖的需要。例2：配合饲料的饲料配方计算方法有方形法、联立方程法等。

e. 了解饲养或养殖动物的营养需要，能根据培育目标，为当地主要饲养或养殖动物制定不同生长阶段的饲料选择方案。例1：蛋用鸡和肉用鸡的营养需求。例2：孕期母猪和育肥猪的营养需求。例3：当地水产主要养殖品种各生长时期的饲料需求。

f. 能结合当地实际，并根据绿色食品生产标准，为当地动物饲养场或水产养殖场设计饲料配方，并选择一种动物进行饲养和养殖对比试验。

②活动建议。一是参观当地的动物饲养场或水产养殖场，调制 1~2 种饲料配方，讨论如何通过改良饲料配方来达到饲养目标。二是结合当地资源，利用计算机为当地的主要饲养动物设计饲料配方，并进行最佳方案筛选。有条件的学校，可进行粗饲料、精饲料和混合饲料合理搭配、科学施喂的试验，并做好记录，分析试验结果。三是研究饲养动物肉类品质与饲料的关系，探讨在动物饲养过程中如何生产肉类绿色食品。四是按照生态农业的要求，设计一个资源再生和利用的动物饲养方案，增强生态农业的观念。

专题五：病虫害预测及综合治理

①内容标准。

a. 了解病虫害防治在农业和林业上的意义。

b. 了解病虫害发生的过程、规律，能结合当地实际分析影响病虫害发生的各种因素。例1：病虫害发生的过程一般经历增殖阶段、猖獗阶段和衰退阶段。例2：虫口密度、繁殖能力等因素对病虫害发生的范围、地点和面积的影响。

c. 学会几种主要病虫害的识别方法。例1：作物的叶部害虫东亚飞蝗、林木的根部害虫蝼蛄和地老虎等虫害；例2：黄瓜霜霉病的古巴假霜菌、引起番茄青枯病的假单孢杆菌等病害。

d. 掌握当地主要病虫害的一些预测预报方法，能进行简单的病虫害预测预报。例1：虫害预测常用的方法有物候法、期距法、有效积温法等。例2：病害预测常用实验法，即通过预测圃观察、林间调查、孢子捕捉和人工培养等手段预测病害的发生期、发生量及危害程度。

e. 能运用计算机模拟的方法，进行数据分析，对病虫害发生的时间、范围和数量进行预测预报；并能根据掌握的资料绘制虫情分布图。

f. 学会当地几种主要病虫害的生物防治、化学防治、物理机械防治方法，能设计体现环保要求的病、虫、草害综合治理方案。例1：生物防治方法有以虫治虫、以菌治虫、以鸟治虫、以菌治病等。例2：化学防治方法有利用各种杀虫剂、杀菌剂等农药防治病、虫、草害。例3：物理机械防治方法有捕杀、诱杀、阻杀、高温处理等。

②活动建议。一是采集作物病害标本，捕捉当地常见农业害虫，分析病虫害的特征和识别方法。二是观察周围的花卉和树木，对感染病害或发生虫害的植株进行治理。三是收集生物防治信息，为当地设计病虫害的生物防治方案，并进行防治试验。

专题六：农副产品的营销

①内容标准。

a. 了解提高农副产品经济价值的途径。例：水果和鸡蛋的保鲜，农副产品的深加工。

b. 了解农副产品的市场种类和特征。例：农副产品的市场主要有消费者市场（生活资料市场）和生产者市场（即生产资料市场）等。

c. 了解市场信息的作用，熟悉各种收集信息的有效途径，能收集有关农副产品的各类市场信息。例1：市场信息有国内外商品需求信息、产品价格信息等。例2：市场信息的收集途径主要是公开出版物、互联网、有关情报机构及信息预测部门等。

d. 了解市场调研的内容，学会市场调研的方法，能根据明确的目的，进行农副产品市场调研。例1：市场调研的内容主要有市场需求的调研、产品的调研、价格的调研、促销的调研、销售渠道的调研及竞争的调研等。例2：市场调研的方法习惯上分为观察法、询问法及实验法三类。

e. 认识市场预测对于农副产品营销的作用，学会市场预测的基本方法，能对当地某些农副产品的营销进行预测。例1：市场预测的内容主要有市场需求预测、商品资源预测、商品饱和点预测、商品价格预测、经济效益预测等。例2：市场预测的常用方法有判断法（定性）、保本分析法（定量）、投入产出法等。

f. 熟悉农副产品信息发布的途径，学会信息发布的方法，能设计某一农副产品的信息发布方案。

g. 了解农副产品营销决策的程序和方法，能根据市场预测并综合各种有关因素，提出当地某一主要农副产品的营销方案。

②活动建议。一是组织学生以当地某种主要的农副产品资源为经营目标，收集有关信息，开展市场调查，获得营销决策所需的第一手资料，并对其市场需求、商品价格、经济利润和发展前景做出预测，写出调查报告。二是尝试为当地某种主要的农副产品资源制作一个信息发布的网页。三是分组研讨农副产品营销各个环节的特点和相互之间的关系，并绘制一个农副产品营销的流程图。四是利用市场调查和市场预测的结果，对当地某种主要的农副产品资源进行模拟决策，分组研讨并由各组提出一个该种农副产品的生产要求、生产规模、加工方式、市场开发、经营方向、综合利用的开发方案，将评选出的最佳方案提供给有关部门参考。

(5) 选修模块5（家政与生活技术）

家政与生活技术是从家政的角度介绍了一些与日常生活紧密联系的生活技术，旨在提高学生未来生活质量而设立的选修模块。具体内容有家政概述、家庭管理、家庭理财、家庭保健。该模块紧贴学生生活，内容丰富有趣，设施要求低。该模块的开设没有特殊的条件要求，适合各类学校和所有学生。建议在高一或高二年级开设。本模块由以下几个主题组成。[9]

主题一：家政概述

①内容标准。

a. 理解家政的含义、内容。例：家政内容包括家庭关系、儿童发展、营养与食品、服装与织物、住宅与居室、家庭理财、家庭保健、家庭文化生活等。

b. 学会分析和评价一些典型的中国传统家政理念在现代家庭生活中的意义。例：《颜氏家训》《朱子治家格言》中的一些家政观念。

c. 了解一些国外的家政理念，学会分析它们在中国家庭生活中的意义。例：日本家庭对孩子的勤劳体验教育，西方国家的礼仪规范等。

d. 理解不同的家庭生活风格对个人和家庭的影响。例1：家庭生活风格表现在教育方式、交流方式、角色分配、礼仪与习俗等方面。例2：家庭交流方式对家庭氛围及个人性格的影响。

e. 理解不同家庭成员在家庭中的角色，明确自己在家庭中的角色和责任。

f. 了解获得家政知识的各种信息渠道，能通过多种途径充实自己的家政知识和技能。

②活动建议。一是组织学生就中国传统伦理准则中的"孝悌"在现代家庭生活的意义展开辩论。二是分小组编排一些小短剧，展示不同的家庭生活风格。三是收集一些关于家庭礼仪的资料，进行学习和实践，并作交流。

主题二：家庭管理

①内容标准。

a. 理解家庭管理的含义、内容。例1：家庭管理是选择并运用有效的方法和资源，以建立良好的生活环境，达成家庭目标的活动。例2：家庭管理的内容包括经济管理、物资管理、饮食管理、环境管理、娱乐管理、安全管理和家务管理等。

b. 能分析家庭资源的种类及对家庭生活的影响。

c. 理解家庭管理的特点，掌握家庭管理的一般实施步骤，能为改进家庭事务管理设计方案。例：家庭管理中需要家庭成员相互之间的合作、沟通、信任、尊重、忠诚和关爱。

d. 理解家庭人际关系在家庭管理中的作用，学会一些协调家庭人际关系的技巧。例：在交流中如何倾听、表述、争论、忍让等。

②活动建议。一是设计并组织一次节日期间的家庭活动，并注意总结和评价。二是为自己的家庭设计一个物资管理方案，与父母讨论、修改，并予以实践。三是假设家中有老人生病住院，需要陪护，就如何合理运用家庭的各种资源，照顾好老人，安排好家庭日常生活等问题进行讨论，并设计方案。四是分小组制定一项班级事务的管理方案，全班讨论确定最优方案，并付诸实施。

主题三：家庭理财

①内容标准。

a. 了解家庭理财的内容，熟悉家庭理财方式的种类，能分析影响家庭理财方式和效率的因素，并根据家庭的具体情况或模拟情境选择合理的理财方式。例：家庭理财涉及家庭收入与支出、家庭预算、家庭消费及家庭投资等方面的内容。

b. 学会分析家庭收入与支出的构成，并能根据家庭的具体情况，编制家庭收支预算表、支出明细表、家庭收支平衡表等。

c. 学会分析家庭消费结构，通过对影响消费动机的主要因素的分析，识别不健康的消费心理与行为，能为自己和家庭制订合理的消费计划。例1：家庭消费结构是指家庭实际消费的各种生活消费资料数量的比例关系。家庭消费资料可划分为生存资料、发展资料、享受资料等。例2：不健康消费心理包括膨胀心理、从众心理、攀比心理、逆反心理、自慰心理、迷信心理、侥幸心理、炫耀心理等。例3：不健康消费行为包括盲目性消费、积压性消费、有害性消费、突击性消费等。

d. 了解家庭储蓄的方式，比较银行储蓄不同种类的特点，学会根据家庭具体情况或模拟情境选择合适的储蓄方式。

e. 了解常见的几种家庭信用活动方式，能根据家庭具体情况做出信用活动的决策。例1：贷款是家庭信用活动的一种主要方式，包括向银行贷款、消费信贷、典贷及个人借贷。例2：家庭信用活动决策的考虑因素包括家庭对该商品需要的程度，市场预测情况，偿还支付能力。

　　f. 了解有关家庭的商业保险的主要品种，以及购买保险时必须注意的事项，学会根据具体情况进行判断选择。例1：家庭商业保险的主要品种有养老保险、财产保险、意外保险、医疗保险等。例2：购买保险的注意事项包括评估风险，制订购买计划；重视高额损失；充分利用免赔方式；寻找合适保险代理人；了解保险公司状况；合同的审查。

　　g. 了解和比较家庭投资的方式和特点，学会设计简单的模拟投资方案。例：购买股票是家庭投资的一种方式。它属有价证券，可以买卖或当作抵押品；入股后不可随便退股；证券价格随行就市；既享受权利又必须承担风险。

　　h. 了解有关家庭经济的一般法律常识，树立家庭生活中的法律意识。例：《消费者权益保护法》中对消费者权益的规定、《民法典》中关于财产关系、继承的主要内容等。

　　②活动建议。一是分小组成模拟家庭，根据假设的家庭成员构成、经济收入等情形，进行收支预算，并设计消费、投资、保险的方案。二是假设你的母亲当家理财，父亲常因零花钱不够与母亲争吵，讨论该如何帮助他们化解矛盾。三是假设一个家庭计划用1万元装修两间卧室，讨论在装修房间、购买家具和物品等方面如何安排，并分组设计装修方案。四是访问两家保险公司，了解它们所提供的医疗保险的品种，并从中选择一种最适合自己父亲或母亲的品种。五是选择一些家庭投资或家庭保险的案例，分析合同中的陷阱。

　　主题四：家庭保健

　　①内容标准。

　　a. 了解不同年龄阶段家庭成员的身体发展特点和相应的保健方法，学会几种常见病和多发病的预防、发现和应急处理方法，培养关心照顾其他家庭成员的责任感。例：中老年人的常见疾病有缺钙、高血压、心绞痛、糖尿病、中风等。

　　b. 掌握一些常见身体不适的处理方法及护理方法。例1：常见身体不适主要包括消化不良、头痛、发烧、感冒、中暑、流鼻血、冻疮、晕车与外伤等。例2：基本的病情观察方法有量体温、测呼吸、测脉搏、量血压、观察大小便等。

　　c. 能对家庭的事故隐患进行检查，发现家庭事故隐患，并采取相应的防范措施，学会逃生方法和受伤后的急救措施。例：常见家庭事故有火灾、触电、车祸、摔倒、食物中毒、化学品烧伤等。

　　d. 了解造成家庭环境污染的因素和保护家庭环境的措施，学会一些防范和消除家庭环境污染的方法，增强家庭环保意识。例1：家庭装修材料的谨慎选择。例2：厨房污染的防范，包括化学清洁用品的选用，抽油烟机的选择、清洗等。

　　e. 知道一些基本的外出旅行的安全保护常识。

　　②活动建议。一是邀请一位医生介绍一些家庭生活中易发生的意外事故及后果。二是检查自己的家庭是否存在事故隐患，采取适当措施消除隐患，并进行课堂交流。三是准备一个家庭常用药箱，列出所备药品清单。四是分组采用急救知识、技能竞赛或即兴话剧表演等形式，演示各种救护方法。五是针对自己父母、祖父母的身体状况，学习相应的保健或护理措施。

（6）选修模块6（服装及其设计）

服装及其设计是反映了新的服装观，旨在通过学生对服装的认识、欣赏、设计及简单制作增添生活情趣、提高生活品位、增强审美和造美能力的选修模块。具体内容有服装与材料、服装与文化、着装设计、服装设计。该模块蕴含丰富的人文因素，同时又具有一定的技术含量。该模块对设备要求不高，各地均可开设，适合在这方面或相关领域有兴趣的学生。建议在高二或高三年级开设。本模块由以下几个主题组成。[9]

主题一：服装与材料

①内容标准。

a. 了解服装的基本性质、服装的主要分类及其特点。例：服装的基本性质一方面表现为满足人的生理需求方面的物质性，如服装的保温、舒适、散热、透气等；另一方面表现为满足人的心理需求方面的精神性，如用服装美化人的生活和表现人的身份与个性等。

b. 了解服装材料的构成和常见服装材料的种类。例：服装材料包括制作衣服的面料和服装配件所用的辅料。

c. 理解服装与服装材料的关系，能通过案例分析服装材料与科学、技术及社会发展的关系。

d. 了解常用服装面料的种类、特点和性能，能用简易方法鉴别常用服装面料。

e. 理解选择服装面料的主要依据，能给自己设计的服装选择合适的面料。例：选择服装面料的主要依据有面料的性能和特点，穿着对象的年龄和体型，所设计服装的种类、用途、款式风格以及色彩搭配等。

②活动建议。一是调查本地区目前市场流行服装的面料、色彩与款式；收集各种流行的面料，制成"服装面料标本集"（标明面料产地、名称和特点）；交流与分享"标本集"的内容，并说明其中的面料适合做哪一类服装。二是查阅有关我国丝绸产生和发展的历史资料，讨论与评价我国丝绸对促进中外经济文化交流的作用，及其在世界服装材料发展史上的地位与影响。三是收集现代服装材料发展变化的信息，小组合作制作"现代服装材料信息集"，研讨现代服装材料发展的趋势和特点。四是设想一种或功能更齐全、或色彩更美观、或制作成衣更方便的服装材料，并与同学交流和评价。

主题二：服装与文化

①内容标准。

a. 了解构成服装的基本要素。例：构成服装的基本要素为材料、款式、色彩和工艺。

b. 理解服装与社会文化的关系，通过对我国一些民族服饰的调查，了解1~2个民族服饰的色彩、饰物及款式的含义，知道服装与民族文化的联系。例1：任何时代的服装都受当代社会文化因素（政治、经济、科学、技术、艺术、教育、道德、风俗、礼仪等）的影响和制约，同时也反映着当代社会文化的一定特征。例2：因民族文化不同，我国及世界各民族服装的款式与风格也各不相同。

c. 理解服装款式的含义，通过欣赏典型的时装画或服装效果图，能比较和分析服装的款式，并评论其所反映的个性特点与社会文化特征。例1：服装款式即服装的外观形式，包括服装的外部轮廓造型、局部（领、袖、口袋等）、衣缝结构及装饰附件（花边、镶缀等）的外形。例2：通过欣赏我国"中山装"的服装效果图，比较"中山装"款式与清朝男装款式的不同与特点，评论"中山装"产生的原因，说明其在我国民主主义革命时期所产生的社会影响和所反映的时代特征。

d. 理解服装色彩在表达情感与个性中的作用，能通过典型案例分析服装色彩所表现的象征意义。

②活动建议。一是欣赏我国有代表性的少数民族服装的录像或图片，讨论这些民族服装在材料、款式、色彩与工艺方面所表现出的主要特点，说明这些特点形成的主要原因（生产方式、生活方式、宗教信仰、风俗习惯以及审美观念等的影响）。二是查阅有关中国服装史的图书或资料，收集其中展示的我国古代汉、唐、明、清和近现代等有代表性的男、女服装插图，从中比较和分析不同历史时期中国服装文化的变化与特征。三是比较中国传统服装和西式服装所用材料与款式的不同及特点，分析并评论产生这些不同及特点的主要社会文化影响。四是收集有关服装流行的信息，讨论服装面料、款式及色彩在服装流行中的影响与作用。

主题三：着装设计

①内容标准。

a. 了解人体结构、比例与服装的关系，学会服装量体的基本方法。熟悉我国成衣服装号型标志，能为自己和他人选择合适号型的成衣服装。例：我国成衣服装号型规定为，号，指身高；型，指围度（上装为胸围，下装为腰围）；均以厘米为标志单位。例如，上装 165/88 表示 165 号、88 型。

b. 理解着装的装饰性和社会性。

c. 了解服装颜色、花样等色彩搭配与使用的原则，能为个人或群体设计着装色彩，学会欣赏服装的色彩美。

d. 熟悉着装设计的基本要求，学会生活中的着装设计，能根据着装对象的具体条件分析与评价其着装效果。

②活动建议。一是小组调查市场上出售的各类成衣服装的号型标准，根据同学间相互测量的身体尺寸，讨论并确定每人应购买哪种标准号型的上衣和裤子。二是举办一次"我最喜爱的服装"的表演活动。每个同学都要针对自己的体型和特点，为自己设计一套能展示自己个性风采的着装方案并参加表演。交流参加表演活动的感受和心得体会。三是为班级同学参加学校运动会或文艺演出设计着装。

主题四：服装设计

①内容标准。

a. 理解服装设计的概念和服装设计的基本要素。例：服装设计的核心要素是以人为中心的人体形态、运动、生理与心理等因素。

b. 了解服装设计的一般过程和服装设计常用的表现方法，能识别常见的服装设计图，并能绘制简单服装的结构草图。例1：服装设计的常用表现方法有服装设计图、样衣展示和服装表演。例2：常见的服装设计图有时装画、效果图、结构图和裁剪图。例3：服装结构图又称服装式样图，是用线条勾画绘制的一种接近服装造型实际比例的服装设计图。绘制时只画服装，不画人体及其动态变化。

c. 了解服装造型设计的含义，熟悉服装外形设计的基本类型，能用服装结构图表达服装的造型设计。例1：服装造型设计是对服装的形态进行设计。服装形态也称服装的式样，是服装的主体骨架。服装造型设计包括服装的外形设计、内部结构分割和局部部件

（领、袖、口袋等）设计。例2：服装的外形设计即是服装的外部轮廓设计，是服装造型设计的基础。

d. 了解服装制图的一般步骤，能识别服装裁剪图的主要线条与符号，初步学会简单服装的制图方法。

e. 通过所设计的简单服装的制图与裁剪，初步学会安全使用常用的服装制图与裁剪工具，树立质量意识。例：常用服装制图与裁剪工具有直尺、软尺、比例尺、画粉、铅笔、剪刀、三角尺、曲线板、弯尺等。

f. 能设计、制图、裁剪与制作具有个性化的简单日常服装，并进行交流与评价。

g. 通过展示、欣赏并评价具有特色和创意的服装设计优秀作品，提高审美能力，发展创新意识。

②活动建议。一是按照设计方案制作纸模服装，练习服装造型设计及制图与裁剪，并根据服装的表现效果进行设计的修改与创新。二是组织学生观看时装表演录像，讨论并评价每场时装表演的设计主题及特色。三是以奥运会为主题，尝试为中国运动员设计礼仪装、运动装和休闲装等系列服装。四是收集有关文化衫的信息，调查了解市场流行的文化衫的色彩、面料和款式。独立设计、裁剪并制作一件自己喜欢的文化衫。举办"文化衫设计展示会"，进行交流与评价。五是有条件的学校，可组织学生参观服装生产公司（工厂），了解现代服装生产的基本流程和计算机辅助设计（CAD）在现代服装制造业中的应用，讨论服装 CAD 对提高服装产品质量和经济效益的重要作用。可指导学生用服装 CAD 系统软件进行计算机辅助设计的练习，并将设计的图样打印输出、裁剪后制成纸模服装。举办纸模服装展示与交流活动。

（7）选修模块 7（汽车驾驶与保养）

汽车驾驶与保养是侧重于技术应用和实际操作能力培养的选修模块。具体内容有汽车构造与工作原理、汽车驾驶有关法规、汽车驾驶技术、汽车例行保养。该模块为学生提供了接触当代技术产品、学习和使用具体技术的机会，具有科学与技术紧密结合、操作性强等特点，这些在现代社会中都是非常重要的问题。可以在有条件的学校中开设，供对此有兴趣的学生选择。建议在高二或高三年级开设。本模块由以下几个主题组成。[9]

主题一：汽车构造与工作原理

①内容标准。

a. 了解汽车的主要构造和主要系统的作用。例1：汽车主要由发动机、底盘、车身和电器设备四部分组成。例2：汽车的主要系统有汽油机燃料供给系统、发动机冷却系统、发动机润滑系统、汽油点火系统、起动系统、传动系统、行驶系统、转向系统和制动系统。

b. 了解四冲程发动机的主要构造和工作过程，理解其工作原理。

c. 能从系统间相互协调的角度分析汽车起动、转向和制动的实现过程。

d. 理解汽车的进步与能源和材料的关系。例：汽车随着能源和材料的进步而进步，如汽车发动机从蒸汽发动机发展到煤气发动机又发展到汽油发动机，汽车车轮从木制或铁制车轮发展为天然橡胶充气轮胎又发展为人造橡胶充气轮胎。

e. 理解汽车的大量使用会给环境带来污染，了解防止和减少环境污染的有效措施。例：汽车是大气的主要铅污染源。为控制汽车尾气造成的铅污染，汽车燃油必须用无铅汽油。

②活动建议。一是拆装废旧汽车，认识汽车的主要构造和主要系统。二是举办一次以

"汽车发展简史"或"中国汽车的发展"等为主题的汽车图片展览，交流对"汽车文化"的了解与认识。三是组织学生参观汽车中的先进技术设备与装置，讨论其功能与特点。四是设想一种功能更齐全、更符合环保要求和节约能源的新型汽车，进行交流与评价。五是有条件的学校可组织学生参观汽车制造厂，了解并画出汽车制造的主要生产流程。

主题二：汽车驾驶有关法规

①内容标准。

a. 熟悉汽车驾驶的有关法规和驾驶员行为规定，能识别常用的交通标志符号，树立交通安全意识和驾驶员道德规范意识。

b. 了解我国汽车燃油使用、尾气排放、噪声控制等国家有关规定与环保政策。

②活动建议。访问当地交通民警，调查了解有关汽车驾驶员执行交通安全法规方面易出现的问题和应注意的事项，讨论并分析易出事故的原因，写出调查报告。

主题三：汽车驾驶技术

①内容标准。

a. 知道汽车的主要操纵机件、仪表与开关的名称，熟悉其位置，了解其作用，并掌握其正确的操作方法。例1：汽车的主要操纵机件有汽车转向盘、变速杆、离合器踏板、加速踏板、制动踏板、手制动杆、油门拉钮、阻风门拉钮等。例2：汽车主要操纵仪表与开关有汽油表、水温表、车速里程表、机油压力表、电流表、空气压力表、车灯开关、转向开关、点火开关和电源总开关等。

b. 学会发动机的起动与停熄，初步掌握汽车起步、变速、转向、制动、停车和倒车等的基本操作方法，能保持操作动作的协调。

②活动建议。一是请几位会开汽车的家长或老师介绍学习汽车驾驶的经验、教训和体会。二是在汽车非起动状态下，由教师或教练员指导，原地进行操纵汽车驾驶主要机件、仪表和开关的练习。三是有条件的学校可组织学生利用假期进行汽车驾驶基本技术训练，使学生有更多的实践机会，为今后进一步学习和掌握汽车驾驶技术打下基础。

主题四：汽车例行保养

①内容标准。内容标准包括：了解汽车例行保养项目，初步学会汽车例行保养的基本操作方法，并形成保养和管理汽车的意识。例：例行保养是驾驶员承担的日常性维护作业，在出车前、行车途中和收车后进行。

②活动建议。一是请汽车司机介绍汽车例行保养的重要性和例行保养的注意事项。二是观看有关汽车保养的录像或参观汽车维修单位，座谈并交流心得体会。三是模拟练习汽车出车前、行车途中和收车后的例行保养项目。

教育部印发的《中小学综合实践活动课程指导纲要》指出："职业体验是指学生在实际工作岗位上或模拟情境中见习、实习，体认职业角色的过程，如军训、学工、学农等，它注重让学生获得对职业生活的真切理解，发现自己的专长，培养职业兴趣，形成正确的劳动观念和人生志向，提升生涯规划能力。"该纲要对高中阶段职业体验及其他活动推荐了一些主题，进行了简要的说明，如表4.5所示。[9]

表 4.5　教育部推荐的职业体验及其他活动主题及其说明

活动主题	简要说明
1. 制定自然灾害应急预案及演练	收集信息，了解当地可能发生的自然灾害；走访当地防灾减灾部门，了解防灾减灾措施；制定家庭及学校自然灾害发生时的应急预案并进行演练，提高防灾减灾的意识和能力
2. 关注中国领土争端	结合时事，收集当前中国有领土争端的地域，如钓鱼岛、南海诸岛等的历史，认识南海诸岛是中国领土的组成部分，钓鱼岛是中国固有领土，中国对其拥有无可争辩的主权。通过调查、访谈，了解公众对中国领土争端的态度，提出捍卫我国领土、解决领土争端的想法和观点，激发爱国主义情感，增强捍卫国家领土主权的意识
3. 高中生生涯规划	收集信息，了解生涯规划常识，进行相关心理测试，多种途径调查了解自己的理想职业，进行职业体验，整体规划自己的职业生涯，并对其他同学的生涯规划提出建议，提升规划意识，积极为今后人生发展做好准备
4. 走进社会实践基地	走进博物馆、纪念馆、名人故居、农业基地、科技馆等教育基地，实地考察和收集文献，了解教育基地的详细信息，认识和感受古今中外人文科技领域文明和成果。开阔视野，提高人文素养、科学素养和艺术素养
5. 走进军营	走进军营、学生军事训练基地，参观军营，与军营官兵共同生活训练，学习国防知识，观看经典军事题材影片，学唱革命歌曲，参与军事训练，开展各种军训相关技能竞赛，担任警卫哨等，增强国防安全意识和集体意识
6. 创办学生公司	收集信息，学习了解商业运行的基本模式；自愿结成小组，使用自己的零花钱作为启动资金，共同创办一个学生公司；召开股东会，竞选管理人；选定公司营销的产品，确定消费人群；开展生产和销售，产品财务登记；实际运营一段时间后进行评估和清算；总结反思公司运营的经验和教训。通过实际经营一个企业，体验创业过程，初步培养创业精神和沟通能力
7. 18 岁成人仪式	在国旗下进行成人宣誓，读父母信件和给父母回信，接受成人祝福，受赠宪法读本，参观爱国主义教育基地，重温国情党史，明确成人的含义及成年人的责任，思考未来发展方向，立志成长
8. 业余党校	学习党的基本知识、党的发展历史，明确党的性质、任务以及党员的权利义务，了解入党的程序和党员标准，激发热爱党的感情
9. 我的毕业典礼我设计	收集整理三年校园生活的片段；面向全体同学进行调查，据此设计和制定符合本届毕业生需求的个性化毕业典礼；开展向母校赠送礼物、与恩师话别、重温父母恩情等活动。锻炼实践能力，增强感恩意识，举办令人印象深刻的毕业典礼

　　考虑到经费、场所、设备等因素，本着一切从实际出发的原则，在上述选修模块中，建议将电子控制技术、家政与生活技术模块列为学校优先开设的选修模块，农村学校要同时考虑开设现代农业技术模块。各学校应积极创造条件尽快开齐选修模块，为学生创设更大的选择空间。

　　3. 关于修学课程模块的建议

　　修完必修的 2 个模块并获得 4 个学分，作为高中毕业的最低要求。在此基础上，学生可以根据自己的兴趣和未来就业或升学的需要修学选修模块。建议具有工科、农科取向的学生在获得必修的 4 个学分之后至少再选修 4 个学分，即共获得 8 个学分。

农村普通高中的学生在修学必修模块的基础上，可以结合"绿色证书"教育及其他技术培训获得"双证"。城市普通中学也可以根据学生的具体需要和学校的具体条件开设职业技术类地方或校本课程，学生通过选学职业技术课程获得相应的学习证书。这些学习经历及所获得的相应证书，作为高中毕业生就业或升学所需要的参考材料。

第三节　劳动与技术教育课程的实施

一、小学阶段劳动与技术教育课程的实施

（一）小学阶段劳动与技术课程的实施原则

《国家九年义务教育课程综合实践活动指导纲要（3～6 年级）》劳动与技术教育·信息技术教育实施指南对小学阶段劳动与技术课程实施过程中的基本原则进行了规定。[5]

1. 注重基础

小学 3～6 年级劳动与技术教育是基础教育阶段学生劳动与技术能力培养的基础，也是学生终身发展的基础。因此，在实施过程中，必须注重学生劳动与技术方面基础能力和基本态度的培养，应以体现义务教育的普及性、基础性，服从且服务于全体学生的全面发展、主动发展、生动活泼的发展为根本出发点。

2. 体现综合

①注意劳动与技术教育各个实施途径的沟通与结合。劳动与技术的课堂学习要与课外活动、常规指导、社会实践、家庭教育等途径相沟通、相结合，以实现其教育目标。如学校生活中的值日活动、环境整治，可与劳动教育结合起来，家政部分的学习应当与家庭教育紧密结合。

②注意综合实践活动课程内各领域学习活动的统筹规划和有机协调。如公益劳动可与社区服务综合起来、职业了解可与社会实践相结合、技术初步的学习可与研究性学习相结合等。

③注意劳动与技术教育内的技术初步、家政、职业了解等方面内容的渗透与融合。如技术学习与家政学习的统管，在职业了解过程中注意职业活动中的技术特征，在技术初步、家政、职业了解的学习过程中注重学生的劳动体验等。

④注意劳动与技术教育中各个具体项目之间的联系与衔接。

3. 讲究科学

劳动与技术教育的实施在方式和内容上应充分考虑到小学生的生理、心理发展水平和年龄阶段特征，要注重各年龄段在教育内容上的衔接和在教育方式上的协调。有条件的地区应充分利用各种教育资源进行活动设计，开发教学软件，把计算机辅助教学引入劳动与技术教育，并加强计算机在技术设计学习上的应用。

4. 注重实效

劳动与技术教育的实施有一定的条件要求，而各地的现有条件和资源优势千差万别，因此，应从本地区、本校的实际情况出发，从教育的实际效果出发，选取内容，确定方式，安排实施计划。在实现基本目标的前提下，尽可能发挥各地资源优势，形成本地区、本校劳动与技术教育的传统和特色。

（二）实施中的活动设计及其组织

作为综合实践活动中的一个指定领域，劳动与技术教育的实施以学生参与典型经历活动为主要形式。活动设计时要从小学生的特点出发，注意激发学生的技术学习兴趣。在保证劳动与技术的基本知识、基本技能、基本态度等教育目标实现的基础上，提供更多自主探索的机会。同时，要把积极的劳动与技术态度和正确的劳动与技术价值观的形成渗透到整个活动中去，活动设计时需要注意正确处理教师指导和学生学习之间的关系，正确处理学生的基础、学习与实际操作的关系，正确处理操作过程中的规范意识和创新意识的关系。活动设计时要注意活动类型的选择，劳动与技术教育的活动类型主要有手工制作、模型装配、作品评价、产品推介、信息收集、实地考察、参观访问、讨论与辩论、见习与模拟、技术设计、技术试验、技术幻想、技术作品鉴赏等。可以采用集中课时或分散课时，以及课内与课外相结合的方式安排劳动与技术教育活动。要注意劳动与技术活动的整体规划，可以以一节课为时间单位来安排，也可以几节课，甚至更多节课来安排一个活动单元。活动地点的选择可视具体情况而定。但一般来说，应有一个相对稳定的活动场所，有条件的学校应设置专用教室。

（三）实施中的教师指导

实施过程中，教师的根本任务是为学生的技术学习和技术探究提供有效的指导和优质的服务，教师在学生的学习指导时应注意以下几点。

①面向全体学生，尊重学生的个性、自主性、创造性，努力使所有学生的劳动与技术学习都能有所进步。

②正确处理好教师的示范、讲述与学生的自主活动之间的关系，尽可能多地为学生提供自主活动的舞台。

③充分利用学生内部人际关系及学生群体的作用，引导学生学会技术活动中的分工与合作，恰当地利用竞争引导学生相互交流、观摩与学习。

④从所在地区、所在学校、所教班级、所教内容出发，突出对技术学习中的重点和难点的指导。

⑤注意指导过程的创造性和指导形式的多样性，应通过积累，逐步形成自己的教学风格和教学个性。

⑥发挥多种教育技术和手段的作用，在一些有条件的地区，把计算机辅助教学引入劳动与技术教育，以提高指导效果。

⑦必须控制好学生的劳动强度，做好劳动保护，应要求学生严格遵守劳动纪律和安全规程，注意劳动卫生、劳逸结合，确保学生学习的安全性。

⑧注意劳动与技术教育资源的利用和开发，再利用。

（四）教学材料

劳动与技术教育的教学材料包括教科书、教学参考资料、教具、学具等。为了教师能够更好地理解和把握劳动与技术教育的内容，也为了学生能在教师的指导下进行有目的的学习，同时也为了在现有的国情下使劳动与技术教育得以顺利实施，应当就部分技术含量较高的劳动与技术教育内容编写教材。教材的编写应体现城市和农村的不同特征，反映不同地区经济发展的需要，形成教材的可选择性。

1. 教材内容选择的原则

①体现劳动与技术学习领域的特征。

②便于学生的主动学习和技术探究。

③有助于学生掌握基本的知识与技能，形成科学的方法与能力。

④符合学生的年龄特征和经验基础。

⑤对教师和学生同时兼有拓展和挑战意义。

2. 教材设计应注意的事项

①根据学生的学习规律和技术课程的特征组织学习内容。

②突出学生创新精神和实践能力的培养。

③渗透思想品德教育内容，注意加强劳动教育，整合各类教育目标。

④充分考虑师生双方的互动，有利于组织学习活动。

⑤具有多学科的综合视野，注重各方面、各项目内容的联系与整合，具有一定的开放性和拓展性。

⑥图文并茂，表达形式多样，易于学生阅读理解。

⑦注意安全教育，提倡因地制宜，师生共同收集和利用当地一些材料，自行制作教具、学具。

（五）基地和设备

因地制宜地安排与落实劳动与技术教育的专用教室或场所。

专用教室的建设应尽可能考虑到功能的整合，考虑到使用现代教育技术手段。专用教室应配备基本的仪器、设备、工具，同时要配备必要的安全防护设施（如医药箱、灭火器、安全用电设施等）。专用教室既是劳动与技术的学习场所，也是劳动与技术教育成果的展示场所。要充分利用专用教室的墙面、园地和陈列橱窗，进行富有劳动与技术教育价值的方案设计，使学生受到潜移默化的影响和教育。应当多渠道解决劳动与技术教育的设施、设备、仪器、工具的配置问题。设施和设备要登记造册，专人维护和保养。在使用前，一定要进行安全检查。有条件的地区可以建立劳动与技术教育中心或基地。中心或基地的建设应当注重项目结构的优化，注重多方面功能的良好发挥，应当以服务劳动与技术教育事业，促进学生健康发展为宗旨，不断提高管理水平和教育效益。

（六）劳动与技术教育实施过程中应注意的事项

劳动与技术教育实施过程中应注意以下几点。

1. 处理好教师与学生的关系

教师要面向全体学生，尊重学生的个性、自主性、创造性，便于学生成为学习的主人。教师的任务是为学生的劳动与技术学习提供有效的指导和优质服务。教师成为学生的组织者、指导者和参与者。

2. 处理好仿制与创意的关系

中华民族传统工艺是我国宝贵的文化遗产，值得学习和传承。在劳动与技术教育活动中，通过仿制获得体验和感悟。在学习传统技术的再创造中，手脑并用，设计新颖的小制作和小发明，从而培养学生的创新精神和实践能力。

3. 处理好校内与校外的关系

劳动与技术教育具有开放性的特点。课内课外、校内校外均是学生实践活动的场所，针对开放的教育时空，学校可以采取分散课时和集中课时，以及课内学技术，课外参加社区服务活动、家务劳动等办法安排劳动与技术教育流动。

二、初中阶段劳动与技术教育课程的实施

（一）实施的基市原则

《国家九年义务教育课程综合实践活动指导纲要（7~9年级）》劳动与技术教育·信息技术教育实施指南对小学阶段劳动与技术课程实施过程中的基本原则进行了说明。[6]

1. 教育对象的全体性

劳动与技术教育是初中阶段每一个学生都必须接受的教育，同时接受正常的劳动与技术教育也是每个初中生的基本权利。劳动与技术教育的实施应以体现义务教育的普及性、基础性，服从且服务于全体学生的全面发展、主动发展、生动活泼的发展为根本出发点。在实施中，应注重学生基础能力和基本态度的培养，使学生通过丰富多彩的学习活动，掌握技术学习的一般方法，获得可持续的、终身的技术学习能力。

2. 实施过程的综合性

①注意劳动与技术教育各个实施途径的沟通与结合。劳动与技术教育的课堂学习要与课外活动、常规指导、校外实践、家庭教育等途径相沟通、相结合，以实现其教育目标。如家政部分的学习应当与家庭教育紧密结合。

②注意综合实践活动课程内各领域学习活动的统筹规划和有机协调。如劳动能力和劳动态度的培养可与社区服务结合起来，职业了解可与社会实践相结合，技术项目的学习过程应当体现研究性学习的思想等。

③注意劳动与技术教育内的技术、家政、职业引导等方面内容的渗透和融合。要注意将劳动教育贯穿到技术基础、家政和职业引导的学习过程之中。

④注意劳动与技术教育中各个具体项目之间内容的联系与各年级的衔接。

3. 活动组织的科学性

初中阶段，学生的形象思维已有较好的基础，抽象思维也得到初步发展，耐力、平衡性、协调力以及对技术对象的控制性、技术原理的理解力都有较大的发展。要充分考虑学生生理、心理上的这些变化，同时要遵循技术教育的基本规律，科学地设计、组织学生的劳动与技术学习活动。要注重各年龄段教育在内容上的衔接和方式上的协调。

4. 教育结果的实效性

在实施过程中，要注意从本地区、本校的实际情况出发，选取内容，确定方式，安排实施计划。有条件的地区应充分利用各种教育资源进行活动设计，开发活动软件，把计算

机辅助教学引入劳动与技术教育，并加强计算机在技术设计学习上的应用。要从促进学生技术素养形成这一基本目标出发，组织和实施课程，尽可能发挥各地资源优势，形成本地区、本学校劳动与技术教育的传统和特色。

（二）实施中的活动设计及其组织

作为综合实践活动中的一个指定领域，劳动与技术教育的实施以活动为主要形式。活动设计时要从初中生的生理和心理特点出发，以培养学生的创新精神和实践能力为重点，因地制宜地确立活动目标。在保证基本知识、基本技能、基本态度的教育目标实现的基础上，尽可能提供更多自主学习的舞台和自主探索的机会。同时，要把积极的劳动与技术态度和正确的劳动与技术价值观的形成渗透到整个活动中去。

1. 活动设计的基本要求

（1）活动的教育性

劳动与技术教育的活动设计首先要保证活动具有教育价值。劳动与技术教育作为我国国民教育系列中的必修课程，是学生必须修习的课程，是我国"五育"的重要组成部分，其教育价值是毋庸置疑的。但受种种因素的影响，在实际的教育过程中，劳动与技术教育往往得不到真正的重视，甚至有流于形式的弊病。在活动的设计上，只是简单地选取日常生活、生产中的事件，目的只是完成简单的任务，很少关注活动的教育价值，这样的活动设计（或者根本就没有设计），本不应存在于我们的基础教育实践中，却的的确确广泛发生在当下的基础教育领域。因此，活动的教育性是进行劳动与技术教育活动设计时首先要达到的要求。

（2）活动的兴趣性

劳动与技术教育的活动设计要注意符合学生的学习兴趣。设计劳动与技术教育活动时要准确把握7~9年级学生的生理和心理发展特点，了解学生的时代背景，选择学生比较感兴趣且具有教育价值的内容，同时在活动形式上采取这个年龄阶段的学生容易接受的方式。在活动内容上，可以是积极的、时尚的、贴近学生生活的内容，也可以是那些社会发展前沿、热点的内容；可以是学生本身就比较感兴趣的内容，也可以是学生通过活动获得情感体验从而激发兴趣的内容。在活动形式上，应避免枯燥的说教和纯粹的知识讲授，尽量采取学生喜闻乐见的方式，或采用那些学生虽然不太熟悉却向往的具有专业技术性质的形式。

（3）活动的组织性

劳动与技术教育活动的设计还要注意发挥教师的指导作用，正确理解教师活动指导和学生主动学习之间的关系。劳动与技术教育中的活动是学校中的教育活动，与学生校外的日常活动最大的区别在于教师的指导。虽然我们提倡尊重学生的主体地位，发挥学生学习的主观能动性，但学生的主动学习应该是在教师指导下的主动学习。因此，劳动与技术教育中的活动从内容、形式、实施等各个方面都必须有教师的指导，而非放任学生无目的的活动。

（4）活动的多元性

劳动与技术教育的活动设计要强调多元性，反对单一性。

①活动主体的多元性。要针对不同性别的学生差异，设计有针对性的活动。活动内容的多元性，给学生创设获取各种经历、各种体验、各种感受的机会，使学生的劳动与技术

教育学习过程成为一个生动活泼、多姿多彩、充满乐趣的过程。

②活动类型的多元性。应根据目标、内容和条件等因素的不同，以及学习环节和阶段的区别，选择不同的活动类型。活动目标的多元性，是在保证基本知识、基本技能、基本态度的教育目标实现的基础上，尽可能提供更多自主学习的舞台和自主探究机会，同时把积极的劳动与技术态度和正确的劳动与技术价值观的形成渗透到整个活动中去。

③活动场所的多元性。既可在普通教室，也可以在技术课专用教室；可以在校内的活动场所和其他劳动场所，也可以在校外的实验实习基地；还可以在工厂、田野等。

④活动时间的多元性。可以采用集中课时或分散课时，以及课内与课外相结合的方式。

2. 劳动与技术教育设计时应注意的问题

（1）注意根据学校的具体条件因地制宜、因时制宜地选择课程内容

《国家九年义务教育课程综合实践活动指导纲要》劳动与技术教育·信息技术教育实施指南中设计了若干可供中小学校选择的项目，这些项目通用性强、适用面广、教育价值较高，有些项目的技能和方法易于实现迁移，但在选用时一定要从实际出发予以选择。注意正确处理教师指导和学生学习之间的关系，正确处理学生的基础理论学习与实际操作的关系，正确处理操作过程的规范意识和创新意识的关系。

（2）注意劳动与技术教育中的技术设计活动

设计是技术发展的必经环节，是技术进步的重要手段。对小学生而言，简单的技术设计可以培养创造性想象、批判性思维、理论联系实际、运用所学知识解决实际问题以及合作、交流等方面的实践能力。在课程改革过程中，首次将技术设计内容引入九年义务教育课程，这并不是做严格意义上的技术设计，而是通过实践让学生经历技术设计的简单过程，培养其创新精神和实践能力。活动设计时应根据目标、内容和条件等因素的不同，以及学习环节和阶段的区别，选择不同的活动类型，给学生创设获取各种经历、各种体验、各种感受的机会，使学生劳动与技术的学习过程成为一个生动活泼、多姿多彩、充满乐趣的过程。劳动与技术教育的活动类型主要有手工制作、模型装配、作品评价、产品推介、信息收集、实地考察、参观访问、讨论与辩论、见习与模拟、技术设计、技术试验、技术幻想、技术作品鉴赏等。

（3）活动设计时要注意初中生的性别差异，增强活动的针对性、安全性和选择性

劳动与技术教育的活动场所应根据学习需要和现有条件予以选择。可以在普通教室，也可以在技术课专用教室；可以在校内的活动场所和其他劳动场所，也可以在校外的实验实习基地；还可以在工厂、田野等。可以采用集中课时或分散课时，以及课内与课外相结合的方式安排劳动与技术教育活动。为了提高效益，提倡对部分材料和工具要求较高、技术过程连续性强的学习内容采用两课时集中使用的方式。应当加强劳动与技术活动的整体规划。可以以一节课为时间单位来安排，也可以几节课或更多节课来安排一个活动单元。

（4）注意劳动与技术教育实施中的多学科知识和多方面视野的综合

劳动与技术教育具有较强的综合性，它综合运用已有的语文、数学、科学、社会、艺术等学科的基本知识，同时融合经济、法律、环境、伦理、心理等方面的教育视野。它不仅是已有知识的综合运用，而且是已有知识的综合学习。

（5）注意劳动与技术教育基地和设备的建设

要注意因地制宜地安排与落实劳动与技术教育的专用教室或场所，配备必要的仪器、工具、设备以及安全防护设备等。要妥善管理和充分利用劳动与技术教育的场所和设备，发挥其多方面的功能，有条件的地区和学校，可以从实际出发建立劳动与技术教育的"中心"和基础，包括农业试验基地，充分发挥当地各方面人力、物力和自然资源的教育功能，整合多方面的教育因素，共同推进劳动与技术教育。

（6）符合教育教学规律

劳动与技术教育属于学校教育的必修课程，因此在进行内容选择时应符合教育规律，所选择的内容应有利于学生主动地进行观察、设计、操作、评价等学习过程，有利于集体活动中的教师指导。另外，在选择内容时要避免两种倾向：一是机械执行相关指南的内容，脱离学校和学生的现实条件，把劳动与技术教育的内容设计成知识授受的形式，表面上似乎提高了教师完成教育任务的效率，实际上并不利于劳动与技术教育的实施。二是一味迎合学生兴趣选择内容，把劳动与技术教育等同于学生的日常生活，这从表面上看来似乎很活跃，却忽略了劳动与技术活动的教育功能。

（三）实施中的教师指导

在劳动与技术教育实施过程中，教师的根本任务是为学生的技术学习和技术探究提供有效的指导和优质的服务。教师在进行对学生的学习指导时应注意以下几点。[6]

①面向全体学生，尊重学生的个性、自主性、创造性，使所有学生都能成为劳动与技术学习的主人，都能成为活动的受益者。

②正确处理教师的示范、讲述与学生的自主活动之间的关系，在鼓励学生自主学习的同时，突出对技术学习中的重点和难点的指导。

③充分利用学生内部人际关系及学生群体的作用，引导学生学会技术活动中的分工与合作，引导学生相互交流、观摩与学习。

④加强巡视指导，做到个别指导与集体指导相结合。

⑤注意指导过程的科学性和创造性。应通过积累，逐步形成自己的指导风格和指导个性。

⑥发挥多种教育技术和手段的作用。在一些有条件的地区，把计算机辅助教学引入劳动与技术教育，并加强在模拟仿真训练和技术设计方面的运用，以提高指导效果。

⑦根据初中生的性别差异控制好学生的劳动强度，做好劳动保护。应要求学生严格遵守劳动纪律和安全规程，注意劳动卫生、劳逸结合，确保学生安全。

⑧注意劳动与技术教育资源的利用和开发，在利用现有资源的同时还要注重开发新的资源，尤其要注意各类教育资源的有效整合。

（四）教学材料

劳动与技术教育的教学材料包括教科书、教学参考资料、教具、学具等。为了使教师能够更好地理解和把握教育内容，也为了学生能在教师的指导下进行科学的学习，可以就技术含量较高的劳动与技术教育内容编写教材。教材的编写应体现城市和农村的不同特征，反映不同地区经济发展的需要，形成教材的可选择性。

1. 教材内容选择的原则

①工具价值与发展价值相统一。

②体现劳动与技术学习领域的特征。

③便于学生的主动学习和技术探究。

④有助于学生掌握基本的知识和技能，形成科学的方法与能力。

⑤贴近学生的心理特征和经验基础。

⑥对教师和学生同时具有拓展和挑战意义。

2. 教材编写应注意的事项

①根据学生的学习规律和技术学习的特征组织学习内容。

②突出学生创新精神和实践能力的培养。

③渗透思想品德教育和劳动教育要求，整合各类教育目标。

④充分考虑师生双方的互动，有利于组织学习活动。

⑤具有多学科的综合视野，注重各方面、各项目内容的联系与整合。

⑥表达方式生动活泼，做到图文并茂。

⑦突出安全注意事项。

⑧提倡因地制宜，师生利用一些容易收集的材料，共同制作教具、学具。

（五）基地和设备

因地制宜地安排与落实劳动技术教育的专用教室或场所，可以是综合性的操作室，也可是按某类项目设置的专用教室。专业教室中应配备基本的仪器、设备、工具，并尽可能考虑到使用现代教育技术手段。同时，必须配备基本的安全防护措施（如医药箱、灭火器等）。多渠道解决劳动与技术教育的设施、仪器、设备、工具的配置问题。提倡师生力所能及地自制简单设备与工具。配置的所有物品要登记造册，由专人维护和保养，在使用前，一定要进行相应的安全检查。有条件的地区可以建立劳动与技术教育的中心或基地。中心或基地的建设应当注重项目结构的优化，注重多方面功能的良好发挥，应当以服务劳动与技术教育事业、促进学生健康发展为宗旨，不断提高管理水平和教育效益，应当创造条件在节假日向中学生开放。

三、高中通用技术课程的实施

为实现本课程目标，结合课程的设计思想和教学实际，提出如下教学建议。[9]

1. 引导学生亲历设计的过程

设计是技术活动中的核心过程。在教学中，应让学生亲历由一系列环节组成的设计活动。首先，教师要重视学生的全员参与。教师应密切结合学生的生活经验，重视改进教学方法，激发学生对技术问题的兴趣和研究愿望，并注意发挥每个学生的积极性，最大限度地开发每个学生的潜能，促使其主动、有效地参与设计过程，获得直接经验。其次，要强调学生的全程参与，即每个学生都必须经历设计方案的形成过程、方案转化为产品的过程、交流和评价的过程。为此，教师应注意保持学生学习兴趣的稳定性和持续性，引导学生从多个角度提出问题，用多种方法解决问题，运用各种技术交流和评价手段丰富设计过程，以使学生获得比较完整的体验。

在设计的教学过程中，教师还要以引导者的身份创设一种开放、民主、活跃、进取的学习氛围，鼓励学生展开想象、大胆创新，使设计真正成为生动活泼、师生互动的过程，使全体学生在设计过程中都得到发展。

2. 重视技术思想和方法的学习指导

在解决具体技术问题的过程中，要重视对学生进行技术思想和方法的学习指导，并把它贯穿在整个教学过程中。

在教学中，教师要精心挑选一些集中体现技术思想和方法的技术设计实例，引导学生使用技术思想和方法这把"钥匙"，去打开技术问题的"大门"，从而去体验、领悟技术思想和方法的真谛。例如：在调试收音机时，指导学生用系统的思想和方法分析并解决组成收音机的各个部分的协调问题；在分析构件中的应力问题时，让学生在亲手实践的过程中体验合理的结构与强度和稳定性的关系；在解决路灯自动熄灭问题时，引导学生利用控制的思想和方法实现光线暗淡时自动开灯的问题；在设计材料加工的步骤时，让学生在编制工艺流程的过程中领会流程的时序和环节问题。

技术思想和方法的获得并非通过一次实践就能解决，而要经过"实践—认识—再实践—再认识"的多次循环。

3. 重视技术试验的教学

技术试验是解决技术问题的一个重要方法。要像物理、化学和生物课程中重视实验一样，把技术试验认真地落实到教学过程中。

技术试验有多种作用。例如：对不同的材料进行强度试验，其作用在于选择符合设计所需要的材料；使用青霉素前先要进行药物反应试验，其作用是对治疗疾病的可行性方案进行选择；汽车驾驶员安全装置的模拟撞击试验，其作用是改进和优化设计方案。技术试验有多种方式，在教学中常用的有试用、试运行或用相似原理建立的模拟试验等。例如：在使用农药前，先要对配制方案进行试验；在编制工艺流程时，先要进行流程运行试验；在确定某个设计方案前，可以采用建立模型的方法进行试验。因此，教学中要加强对技术试验的具体指导。

技术试验的应用在农业生产中十分突出，试验田就是其中的一个典型事例。因此，在现代农业技术模块的教学中，要强化学生的试验意识，加强对试验方法的具体指导。

实施条件较为困难的技术项目，可以根据教学实际，结合当地的具体情况，采用模拟试验的办法。实施条件较好的学校要鼓励学生使用计算机进行仿真技术试验。比如，使用EWB软件建立电子工作平台，搭建晶体管放大线路，对晶体三极管的工作点进行调试，从而确定偏置电阻的大小。

技术试验往往会遭遇失败，教师要指导学生分析失败的原因，鼓励学生树立克服困难的信心和不怕挫折的意志。

4. 倡导学习方式的多元化

要针对不同的学习内容和学生差异，选择模仿、合作和研究等不同的学习方式，促进学生在教师指导下主动地、富有个性地学习。模仿是一种学习方式，它在工具的操作技能等教学中有着广泛的应用，但要防止把它作为唯一的教学方式。应特别重视合作学习方式在技术教学中的应用。可以让学生分工协作设计某个产品或组成模拟生产线来完成某个技术任务。在合作学习过程中，要注意调动每个学生的主动性与积极性，注重分工的合理性和均衡性；发挥小组全体成员的作用，形成优势互补；激发每个小组团体成员的集体荣誉感，加强成员之间、小组之间的及时沟通和交流，培养人际交往和沟通能力，形成与他人协作、分享与共进的态度和团队精神。

此外，要积极渗透研究性学习的方式，改变以往教学中过于偏重接受性学习的倾向，促进课内外的沟通，加强学生学习的自主性，提高学生的技术探究能力。

5. 加强对学生的个别辅导

由于技术课程内容之间的联系十分紧密，同时学生的接受能力也各有差异，所以在学生的学习过程中，容易出现分化现象。特别是操作技能的练习中，有些学生如果得不到教师的及时辅导和具体帮助，往往会造成学习的中断，甚至还会干扰正常的教学秩序。因此，在技能操作方法教学和学生动手实践的过程中，教师要加强巡视，注意教学信息的及时反馈，并根据不同情况，采用小组辅导、个别辅导和学生之间互帮互学等多种方式，及时给有困难的学生提供帮助。在辅导过程中，要重视对所出现的技术问题的分析和方法上的指导，防止出现教师代替学生操作的现象。

在制作过程中，有的学生如果提前完成任务，教师可以及时聘请他当"小老师"，辅导有困难的学生，分析出现问题的原因；或者对这些学生提出更高的要求，让他们继续进行研究和改进。

6. 注重信息技术在教学中的使用

信息技术是一种重要而又普遍使用的现代技术，在教学中使用信息技术可以改变教和学的方式，降低学习技术的难度，提高学习技术的效率。

要积极创设条件，利用计算机辅助设计（CAD）和仿真试验等现代技术在构思方案、绘图、模拟试验等方面的应用，培养学生使用现代工具解决技术问题的意识和基本能力；要利用网络技术进行技术合作与交互式技术学习，以改善学习方式，提高学习的有效性；要鼓励学生通过动手实践来打破对新技术的神秘感、惧怕感，形成对新技术的亲近感。

7. 加强教学研究

要根据相关标准的要求，结合本地区实际情况，立足于教学的具体问题，通过讨论、听课、公开教学、课题研究、教学评比等各种形式，加强对课程的教学研究。学校（或校际）应建立技术教研组，组织教师探讨教学中的问题，开展教学经验和研究成果的交流，从而促进课程资源的开发，提高教师的教学能力。

第四节　劳动与技术教育课程的评价

一、劳动与技术教育活动中的学生评价

（一）学生评价的内容

劳动与技术教育学生评价内容的确定要依据劳动与技术教育实施指南来进行，实施指南中所规定的劳动与技术教育目标是评价学生的主要依据，同时，在进行学生评价时还要考虑课程目标的具体化和可操作性的问题。大致说来，劳动与技术教育活动的学生评价内容涉及以下几个方面。

1. 活动中的态度

活动中的态度主要评价学生参与劳动与技术教育活动的态度以及在活动过程与活动结束后所形成的态度等。考核学生对每一次活动的参与积极性，是否积极承担并完成活动中的任务，是否积极参与活动的每一个环节并形成记录资料，是否主动发现问题并与伙伴合作解决问题等，采用的方法主要是观察法。

2. 活动中的体验

活动中的体验主要评价学生在活动中所获得的劳动体验、对技术与生活关系的认识等。主要通过学生的自我报告、小组交流等方式来进行评价。

3. 活动中的方法与技能

活动中的方法与技能主要评价学生在活动中运用劳动与技术的相关知识，进行问题解决的实践操作能力。可以考核学生收集资料、分析资料的能力，考核学生基本的技术操作与规范的能力，评价学生作品的技术水平等。

4. 活动中的创新

活动中的创新主要评价学生在活动中所表现出来的创新意识与创新能力，考核学生在问题解决与技术设计过程中发现问题、提出问题、解决问题的能力和探索创新精神。

5. 活动的作品

通过学生活动的过程性和最终成果对学生进行评价，包括学生在活动中形成的调研报告、交流发言、初级作品、最后成果等。

（二）学生评价的方式

1. 发展性评价

劳动与技术教育中的学生评价并不着眼于对学生学习结果和发展水平的区分，而在于用评价指导学生的学习，促进学生的发展。要注意发挥评价的激励和导向功能，凡是参与劳动与技术教育的学习和实践过程，完成或基本完成任务所规定的学习任务的，都应当给予肯定。对那些设计与制作成果特别优秀，或有所创新、发明者，应给予特别鼓励。

2. 整体性评价

劳动与技术教育的学生评价是整体性评价。内容主要有：劳动态度与劳动习惯；劳动与技术知识的学习与应用；劳动与技术的操作技能；劳动与技术的实践能力；劳动与技术学习的成果质量。评价要突出对学生技术实践能力和技术创新意识方面的内容。

3. 全程性评价

劳动与技术教育评价要特别重视结果形成过程。评价既要关注学生在劳动与技术教育学习过程中的设计、操作、评价等方面的评价，也要关注学习过程中学生的态度、情感、价值观的变化。

4. 多元化评价

评价主体应包括学生本人、其他学生、教师、家长以及其他有关人员等多个主体，并聚焦于学生的发展。在评价中尤其要发挥学生自我评价的作用，使评价过程成为学生自我教育的过程，同时也成为师生互动的学习过程。

二、小学阶段劳动与技术教育课程的评价

《国家九年义务教育课程综合实践活动指导纲要（3～6年级）》劳动与技术教育·信息技术教育实施指南对小学阶段劳动与技术课程的评价原则、评价内容、评价方式进行了阐明。[5]

1. 评价原则

劳动与技术学习的评价以发展性评价、激励性评价为根本宗旨。凡参与劳动与技术的学习与实践活动，完成或基本完成所规定的学习任务，都应当予以肯定。对那些劳动与技术学习表现突出，成绩优异，或有所发明与创造的，应给予特别鼓励。劳动与技术学习的考核等级一般分为优秀、合格、不合格。考核的结果应当记入学生素质报告，作为综合评价的依据之一。

2. 评价内容

劳动与技术学习的评价是对学生多方面发展目标的整体性评价。评价内容主要有劳动态度与劳动习惯、知识的学习及其应用、设计与操作技能、实践与创造能力、学习的成果质量等。在全面评价的同时，尤其要注意对学生的态度与习惯、学生的技术意识形成等方面的评价。

3. 评价方式

劳动与技术学习的评价过程本身就是学生受教育的过程，同时也是学生主动学习的过程。评价中可采取自我评价、相互评价、小组评价、班级评价等多种方式。要吸引教师、家长以及其他人员积极参与评价工作。劳动与技术学习的评价应当注意结果性评价与过程性评价相结合，既要关注学生技术学习与技术操作的结果，也要关注他们在学习过程中的发展和变化，既要关注学生在知识和技能方面的习得与创新，又要关注学生学习活动中所表现出来的态度和情感的进步与发展。卢梭在《爱弥儿》中说道："要尊重儿童，不要急于对他做出或好或坏的评判。"教师的一句评价，很可能让一个小学生记忆一生。因此，学校和教师一定要在评价时注意给予学生足够的尊重，让学生真正体会到该课程的乐趣。评价应当删繁就简，方法应当灵活多样。可以采用产品展示、作品评定、撰写心得体会、相互交流、专题活动、日常观察、学期考核等多种形式。

三、初中阶段劳动与技术教育课程的评价

《国家九年义务教育课程综合实践活动指导纲要（7～9年级）》劳动与技术教育·信息技术教育实施指南对小学阶段劳动与技术课程的评价特点、评价方式进行了阐明。[6]

1. 评价特点

（1）发展性

劳动与技术的学习评价并不着眼于对学生学习结果和发展水平的区分，而是在于用评价指导学生的学习，促进学生的发展。要注意发挥评价的激励和导向功能。凡是参与劳动与技术的学习和实践过程，完成或基本完成所规定的学习任务的，都应当给予肯定。对那些设计与制作成果特别优秀，或有所创新、发明者，应给予特别鼓励。

（2）整体性

劳动与技术的评价是整体性评价。内容主要有：劳动态度与劳动习惯；劳动与技术知

识的学习与应用；劳动与技术的操作技能（含技术设计）；劳动与技术的实践能力；劳动与技术学习的成果质量。评价中要突出对学生技术实践能力和技术创新意识等方面的内容。

（3）全程性

在注意结果评价的同时，还要重视结果形成的过程性评价。既要关注学生学习过程中设计、操作、评价等方面的评价，也要关注学习过程中学生的学习态度、情感的发展和变化。

（4）多主体

评价主体应当包括学生本人、教师、家长以及其他有关人员等多个主体。在评价中尤其要发挥学生自我评价的作用，使评价过程成为学生再一次受教育的过程，同时也成为学生主动学习的过程。

2. 评价方式

评价方式应当灵活多样，可以采用产品展示、撰写心得体会、考核、专题活动、相互交流、自我评价、作品评定、日常观察等形式。

考核分为平时考核、学期考核和学年考核。平时考核可以是单一性考核，着重某个方面或某个项目；学期考核和学年考核是总评性考核，以一学期或一学年各方面情况的综合为依据，由教师给出评语和评定等级。考核的方式应为书面考核与实践考核相结合。评定等级一般分为优秀、合格、待合格。考核的成果应当作为学生综合评价的依据之一。

实行学生劳动与技术学习的合格证书制度（在农村，可与"绿色证书"结合起来）。以学生的劳动态度和劳动习惯为基础，技术的设计与制作为重点，以劳动与技术的"毕业作品"（物化的作品为主件，设计思路及感受为附件）为依据，进行劳动与技术学习"合格证书"的认定。劳动与技术的"合格证书"应成为学生毕业、就业、招工、升学的基本依据之一。

加强学生劳动与技术学习的档案建设。要注意将平时的劳动与技术学习评价材料和成果加以整理和汇集，形成"档案袋"。

四、高中通用技术课程的评价

教育部印发的《普通高中技术课程标准（实验）》对高中通用技术课程评价的原则、评价的主体、评价的内容、评价的方法、评价的管理等进行了明确的规定。[9]

1. 评价的原则

（1）发挥评价的激励、诊断和发展功能

评价时，要注意通过多种方式和手段关照不同水平的学生在不同方面的发展，增强学生学习的兴趣和积极性，避免用一把尺子、一个标准衡量学生。要通过有针对性的评价改善教师的教学，使所有学生在原有基础上都得到发展。

（2）过程评价与结果评价相结合

评价不仅要关注学生技术学习的结果，更要注重学生在技术活动过程中的收获和对技术思想和方法的理解及体验，应把学生在技术学习过程中的参与程度、参与水平和情感态度等作为评价的重要指标。

（3）全面评价与单项评价相结合

通用技术课程的评价不仅关注学生知识和技能的获得情况，更关注学生学习的过程与方法、情感态度与价值观的发展状况。因此，在评价中要注重用多方面的评价促进学生的全面发展。与此同时，应根据不同的课程模块、不同的技术学习内容、不同的技术学习阶段确定不同的评价项目，以提高评价的针对性和有效性。

（4）阶段性评价与日常性评价相结合

对学生的技术学习既要有统一的、阶段性的评价，如某一模块教学结束之后的测试或对作品的评价，又要在学生的学习过程中根据具体情况予以日常性的随机评价。在学生学习过程中，教师对学生的微小进步、对学生的特殊表现予以及时、适当的评价，往往会起到意想不到的效果。教师在学生的技术学习过程中要善于捕捉评价的最佳时机，要关注学生在设计和制作关键环节的表现，要关注学生在技术设计、技术试验或技术制作中的独特想法、取得的重要进展，并采取相应的评价措施。

2. 评价的主体

通用技术课程的评价主体（评价者）主要有教师、学生、家长、实验基地人员、校外技术人员，以及校外考试机构等。要发挥不同评价主体在评价中的作用，将教师的评价与学生的自评、互评，校外技术人员的参评等有机结合起来。教师是各类评价主体的组织者，应根据不同评价内容协调有关人员参与评价，切实发挥各类评价主体在评价中的作用。

3. 评价的内容

评价要体现本课程的基本理念、课程目标和内容标准。可以从知识与技能、过程与方法、情感态度与价值观等方面了解学生对技术的理解和运用状况，进行学生技术学习水平的评价。

（1）知识与技能

对学生学习技术知识的评价，不是看其直接记忆了多少知识，而是应根据技术的陈述性知识和程序性知识等类别，对学生的技术学习进行评价。不同的知识类别评价的方法有所不同，对于陈述性知识通常要求学生在理解的基础上记忆，对于程序性知识则要求学生在技术的实践过程中融会贯通，在问题的解决和实际操作中正确运用。

对技能学习的评价主要从学生使用工具和设备的技能、试验技能、交流技能、评价技能等方面进行。评价应从某一技能本身的操作要点和规范出发，依据课程目标进行，倡导和鼓励有新意的技能、方法。例如，在"结构与设计"主题中，评价学生检测某种结构物体的强度和稳定性的试验技能，首先要看学生能否从物体的受力和结构的特性等角度合理设计试验方案；其次要看学生是否正确使用有关仪器和设备，试验的过程是否规范、严密，对试验过程的观察是否仔细，所记录的试验数据是否准确等。

（2）过程与方法

对过程与方法的评价，重在评价学生解决实际问题的能力、技术的决策能力和创造能力。

对于不同的技术学习内容，学生经历技术学习过程的感受也不同，要根据内容特点确定过程与方法方面的评价重点。例如，评价"控制与设计"主题的练习"自动计时装置的设计方案及模型制作"时，应着重评价学生的设计方案的技术原理是否有独到之处（如有的同学利用了"沙漏"的计时原理、有的运用"虹吸现象"计时、有的采用数字电路脉冲计时等），设计方案是否比别人的简单有效，是否将所学的理论知识综合运用到设计之中，是否选择了价廉物美的制作材料，制作工艺上是否有创意，以及作品能否满足设计要求等。

（3）情感态度与价值观

情感态度与价值观的评价应着重从学生参与技术学习的态度是否积极认真，在技术学习中，是否具有精益求精、实事求是的态度，是否具有不屈不挠、克服困难、解决难题的信心和意志，是否具有良好的合作精神，技术作品能否体现关爱自然、珍视生命等积极向上的情感等方面进行。

在技术学习过程中，对于技术文化的理解是体现学生价值观的重要方面。评价者要通过与学生的交流，发现并记录学生在技术学习过程和作品中所表现的丰富的精神内涵、独特的美学视角和富有魅力的个性展示，以及对中西方文化的理解，并及时给出描述性的评价意见。例如，对"居室门厅方案设计"的评价除了考虑能实现一般的门厅所具备的功能以外，还要评价学生设计方案中体现的环保、审美、个性化追求等，从正面引导学生对设计作品高尚文化品位的追求和向往。

需要强调的是，在对学生的技术学习进行评价时，知识与技能、过程与方法、情感态度与价值观三者不是孤立、机械分割的，而是一个有机的整体，应将三个方面有机融合起来，灵活运用各种评价方法对学生进行全面的评价。

4. 评价的方法

通用技术课程的评价是开放、灵活的，评价方法多种多样，可以有书面测试、方案及作品评析、过程记录卡、访谈、活动报告等。这些评价方法各有特点，适合不同的评价对象，评价者要根据具体的评价目标、具体内容，客观分析并灵活运用这些评价方法。

（1）书面测试

选取来自生活和社会实际的问题分析、案例分析、产品设计和产品分析等题型，考查学生对技术原理的理解、技术方法的综合应用以及将技能方法迁移到新问题情境中的能力。

（2）方案及作品评析

对学生制作的产品、产品模型、设计方案和技术图样、说明书、设计制作报告等进行评价。在对方案及作品等进行评价时，要特别注意不要将成败作为评价的唯一标准。对于成功（达到设计要求）的方案和作品，要从其创意是否新颖，各种指标是否合理，制作是否精益求精，以及设计、制作报告是否找出了成功的原因与不足等方面进行综合评价。对于不成功的方案和作品，要着重评价设计中的合理之处和有价值的地方，看其是否有新的思想火花和新的思路，设计、制作是否认真，特别要看其是否找出了不成功的原因，以及可供继续设计和制作的教训。对于不成功的方案与作品，要允许学生重新设计或制作，并重新进行评价。

（3）访谈

与学生面谈，了解学生阶段性的学习状况、对自己的期望、满意程度、存在的问题和困惑等，便于教师有针对性地掌握学生的学习情况，及时解决学生的问题。

（4）技术活动报告

由教师和学生分别记录。教师记录全体学生在技术学习过程中有价值或有意义的信

息，学生记录技术学习的内容和学习过程中的感受，技术试验过程中遇到的问题及其解决策略，设计、制作中的独到或有创意之处，对作品或方案的评价等过程性资料，从而形成学生的技术活动档案。

（5）家长和校外技术指导

家长和校外技术指导也可以记录学生在技术学习过程中的有关信息。

（6）计算机作为工具，在学生技术学习的评价中具有重要作用

可以利用计算机生成和制作评价题目、评价量规，生成对班级学生或某个学生的评价结果分析报告，分析测试题目或评价项目的难度、区分度等。

5. 评价的管理

通用技术课程对学生学业成就的评价等级分为优、良、合格和不合格。参与技术课程中某一模块的学习和实践的全过程，技术活动档案袋记录基本完整，方案、作品和书面测试达标，并能完成或基本完成所规定的任务，应视为合格。参加某一模块学习的全过程，取得合格或合格以上成绩者，获 2 学分。对有特别优秀的设计、制作成果，或有所创新、发明的学生，应给予特别鼓励。

复习思考题

1. 简述劳动与技术教育课程的内涵和特点。
2. 简述劳动与技术教育课程的价值。
3. 简述各学段劳动与技术教育课程的理念。
4. 简述各学段劳动与技术教育课程的目标和内容。
5. 简述各学段劳动与技术教育课程实施的过程和策略。
6. 简述各学段劳动与技术教育课程的评价原则和方法。

参考文献

[1] 习近平：坚持中国特色社会主义教育发展道路 培养德智体美劳全面发展的社会主义建设者和接班人 [EB/OL]. (2018-09-10). http://cpc.people.com.cn/n1/2018/0910/c64094-30284598.html.

[2] 檀传宝. 劳动教育的概念理解——如何认识劳动教育概念的基本内涵与基本特征 [J]. 中国教育学刊，2019（2）.

[3] 国家九年义务教育课程综合实践活动指导纲要（3~6 年级）[EB/OL]. http://www.360doc.com/content/07/1013/20/11977_808381.shtml.

[4] 国家九年义务教育课程综合实践活动指导纲要（7~9 年级）[EB/OL]. http://www.360doc.com/content/12/0229/18/341615_190612299.shtml.

[5] 3~6 年级劳动与技术教育·信息技术教育实施指南 [EB/OL]. (2013-03-20). http://blog.sina.com.cn/s/blog_c2d1180b0101hav3.html.

[6] 7~9 年级劳动与技术教育·信息技术教育实施指南 [EB/OL]. (2014-06-14). http://blog.sina.com.cn/s/blog_80a715100101edrb.html.

［7］ 普通高中技术课程标准（实验）［EB/OL］.（2015-10-05）. http://blog. sina. com. cn/ s/blog_7f387ee50102vyx9. html.

［8］ 教育部关于印发《中小学综合实践活动课程指导纲要》的通知［EB/OL］.（2017-09- 27）. http://www. moe. gov. cn/srcsite/A26/s8001/201710/t20171017_316616. html.

［9］ 教育部关于印发《普通高中课程方案（实验）》和语文等十五个学科课程标准（实验） 的通知［EB/OL］.（2003-03-31）. http://www. moe. gov. cn/srcsite/A26/s8001/200303/ t20030331_167349. html.

第五章 中小学综合实践活动领域Ⅲ
——社区服务与社会实践

 学习目标

学习完本章，应该能做到：
- 掌握社区服务与社会实践课程的内涵和特点
- 了解社区服务与社会实践课程的基本理念
- 掌握各学段社区服务与社会实践课程的目标和内容
- 掌握各学段社区服务与社会实践课程实施的过程和策略
- 掌握各学段社区服务与社会实践课程的评价原则和方法

社区服务与社会实践是新课程改革的一项重要举措。作为一个重要板块，社区服务与社会实践与研究性学习、劳动与技术教育和信息技术教育共同构成了我国基础教育新课程体系中的综合实践活动课程。设置社区服务与社会实践是加强未成年人思想道德教育的重要途径，是强化课堂、学校与生活、社会的联系的重要纽带，是增强学生对他人、对集体、对社区乃至整个社会的使命感、责任感和奉献精神的重要举措。作为一个学习领域，它具有自己鲜明的内涵和特点，通过学习该领域，可以增进学校与社会的密切联系，不断提升学生的精神境界、道德意识和实践能力，使学生人格臻于完善。

第一节　社区服务与社会实践课程概述

一、社区服务与社会实践课程的内涵和特点

1. 社区服务与社会实践课程的内涵

所谓社区服务与社会实践，就是指学生在教师的指导下，走出教室，参与社区与社会实践活动，以获得直接经验、发展实践能力、增强社会责任感为主旨的学习领域。[1] 也就

是学生在教师指导下，进入实际的社会情境，直接参与并亲历各种社会生活和社会活动领域，参与社区和社会实践活动，开展各种力所能及的社区服务性、公益性、体验性的学习，以获取直接经验、发展实践能力、增强社会责任感为主旨的学习领域。

教育部印发的《中小学综合实践活动课程指导纲要》将"社区服务与社会实践"变为"社会服务"，同时指出："社会服务是指学生在教师的指导下，走出教室，参与社会活动，以自己的劳动满足社会组织或他人的需要，如公益活动、志愿服务、勤工俭学等，它强调学生在满足被服务者需要的过程中，获得自身发展，促进相关知识技能的学习，提升实践能力，成为履职尽责、敢于担当的人。"[2] 从字面上看来，"社会服务"与过去作为综合实践活动课程板块之一的"社区服务与社会实践"相比有较大的改变。首先，"社区服务与社会实践"实际上是两个概念的杂糅，在定义上往往不得不把"社区服务"与"社会实践"拆分为二，而"社会服务"是一个独立的、整体性的概念。其次，在常识理解而不是学术定义中，"社区"容易被理解为一个地域概念，而"社会"一词更突出了某种相互关系，即"社会"是和"个人"相对的，人们习惯上用"人与社会"而不是"人与社区"来表达它们之间的关系，用"社会服务"侧重表达这种关系及这种关系的道德属性。

从定义上来讲，"社会服务"被赋予了更为丰富和完整的内涵，即强调社会服务活动本身的服务意义和学习价值的有机统一。一方面，作为一个教育学概念，它注重活动本身对学生的道德学习价值和知识学习价值；另一方面，它并非只把服务贬低为一种手段，而是同样强调服务活动对他人和社会的贡献和意义，即服务本身也是目的。实际上，正是在认真对待这种贡献和意义的过程中，社会服务对学习的价值才更能得到扩展和深化。

理想意义上的社区服务与社会实践本质上是"服务学习"。服务学习是美国 20 世纪 60 年代提出的一种独特的教育思想和一门独特的社会实践课程，它是对美国传统的青年志愿者服务和社区服务的提升和超越，旨在把单纯为社会提供服务的实践活动提升为为学生提供发展空间和学习机会、将社区服务与学校的课堂教学整合起来的开放性学习方式。这种层面上的社区服务与社会实践，把服务和实践的教育学意义作为其最根本的意义来考量，即是说，它把教育目的作为根本目的，把教育价值作为根本价值。因此，社区服务和参与社会实践本身并不是最终目的，它们是为学生的学习和成长构建的独特学习空间和机会。由此，需要把社区服务与社会实践课程化和体系化，即把服务、课程和学习相结合，对社区服务与社会实践的开展过程进行系统的设计、实施、指导、反思和评价等，以实现课程目标。

2. 社区服务与社会实践课程的特点

国家课程综合实践活动是中小学生的必修课程，而社区服务与社会实践是综合实践活动的重要学习领域。社区服务与社会实践是指学生在教师的指导下，以增强社会责任感为主旨的必修课。开放性、实践性、综合性、灵活性、自主性、反思性是该课程的基本特点。

（1）开放性

教学活动由校内拓展延伸到校外，学校只是社区社会的一个部分，是社会实践的基地之一。因此，社会实践提供了广阔的、开放的教学空间，"为学生走出学校、深入社会创造了条件"。开放性的教学，构建的并不是制度化的学问关系，而是学生之间、师生之间以及教师与社会实践辅导员之间特殊的合作一体化关系，教学过程中强调学生能动性、参

与性和自我意识的提升，这就为教学创新提供了强大的背景支持。

（2）实践性

社会实践的教学活动从学生与间接经验的交互转向学生与直接经验的交互，它超越了传统的学科领域的界面，创立书本知识、已有经验和社会实践之间的连接。无论是社区服务还是社会实践，都要求学生走出教室，走向现场，从事服务和实践活动，亲身经历服务、考察、探究和制作等一系列活动。探究社会现象是社会实践教学活动发生的标志，它是以探索经验为基础，发展和深化自我个性的经验，从对现实世界的体验中，感受自我、关注自我、完善自我，以培养自立和内省为中心，调节个人与集体的关系，提高体能对自然现实的适应水平。社区服务与社会实践本质上是活动取向的，实践尤其是校外实践是社区服务与社会实践的基本生命所在。培养学生的实践能力是社区服务与社会实践的重要价值诉求，轻视实践的社区服务与社会实践不可能发展学生的实践能力。

（3）综合性

社会实践的教学目标是综合的，是学问知识与体验性知识的综合。它既没有像学科课程那样的实体知识内容，也没有简单的对应目标。社会实践的教学是一个动态的过程，以综合社会多样的知识、协调人体各种机能和形成相互联系的学习机制为目标，不管涉及的是大问题还是小问题，其教学总是复合的、综合的和多样化的。

（4）灵活性

社会实践没有具体的教学内容，除了军训和工农业生产劳动外，郊游、参观、调查等均可引入社会实践的教学机制。由于难以硬性框定"教什么""怎么教""学什么""怎么学"，在社会实践的实施过程中，教师和学生要从课程的享用者和使用者转变成经营者和设计者，肩负着重组知识经验和社会经验的使命。灵活的教学内容，决定着灵活的教学组织方式，整个教学过程始终以活泼、灵活、多样的方式呈现，这也推进了教学机制向更加灵活的方向演变。

（5）自主性

社区服务与社会实践的开展必须尊重学生的参与兴趣和自主性。这就意味着，不是让学生被动执行学校、教师和他人的意志和决定，也不是勉强学生做不情愿的"苦差事"，相反，是通过尊重学生的选择权和决定权来促使学生积极主动地参与活动。具体表现是：在从事什么样的服务和实践类型、设想什么样的活动思路和方案、执行和实施什么样的活动过程以及如何表现活动成果诸方面，社区服务与社会实践都要尊重学生做决定的权利。唯有尊重学生的意愿和自由，社区服务与社会实践的开展才可能有丰富、生动和饱满的过程和状态，才可能发挥其最大的教育效能。

（6）反思性

反思是社区服务与社会实践的关键要素，只有通过真正有效的反思，社区服务与社会实践对学生学习和成长的意义才能得到最大限度的彰显。反思不仅是社区服务与社会实践的一个重要环节，而且是渗透贯穿于服务和实践整体活动过程中的基本要素和方式。反思的价值在于：一是通过反思，分析和整合个人的各种原初体验和直觉认识等。在这里，反思是学习的基础，是推动体验升华、知识生成、思维发展和思想成熟的学习方式。二是反思是把握、改进和完善活动过程的认识要素。在这里，反思即研究、检查和修正，经由这种反思行为，会生成更有质量、更有效益的行动。由于反思伴随着社区服务与社会实践的开展过程，活动的参与者会不断追问：我参与这项活动的意义是什么？开展这项活动或解决这个问题，我要运用哪些方法？哪种方法是最合适的？我要运用哪些知识？如何把所学知识与当前的问题结合起来？我的活动过程是有效的吗？我的活动是否有某些问题，如何解决？我的服务对他人有意义吗？我的服务是真诚的吗？等等。

二、社区服务与社会实践课程的基本理念

1. 小学阶段社区服务与社会实践的基本理念

知识经济时代所需要的人才，不但要掌握丰富系统的科学理论知识，更要有较强的创新精神、突出的社会实践能力以及高度的社会责任感，这种人才的培养仅仅依靠教师在课堂上讲授教材是远远不够的。《国家九年义务教育课程综合实践活动指导纲要（3～6年级）》社区服务与社会实践教育实施指南对小学阶段社区服务与社会实践教育课程的基本理念进行了以下阐述。[3]

（1）改变学习方式，拓展学习空间

学校不等同于教育，听课不等同于学习。设置社区服务与社会实践的目的就在于把学生的发展置于比课堂、比学校生活更广大的社会背景中，把学生的学习场所从学校拓展到社区乃至整个社会，改变学生单一的学习方式，将课堂知识学习和社会体验学习结合起来。这对于提高学生的社会实践能力，帮助学生形成积极向上的情感体验和健康充实的生活态度，增强学生对社会的使命感和责任感，具有重要的意义。

（2）走入社会生活，获得生存体验

学生不仅需要认知为主的学习，更需要体验为主的学习。有效实施社区服务与社会实践的关键，是让学生自主而创造性地走入社会，参与实践活动，并由此获得深刻的生存体验。要加强学校与社会、教学与生活的联系，发掘学生学习和成长的资源，使学生的学习生活更加充实、更加有趣、更加有意义和富有创造性。

2. 初中阶段社区服务与社会实践的基本理念

《国家九年义务教育课程综合实践活动指导纲要（7～9年级）》社区服务与社会实践教育实施指南对初中阶段社区服务与社会实践教育课程的基本理念进行了以下阐述。[4]

（1）改变学习方式，拓展学习空间

通过社区服务与社会实践，把学生的学习场所从学校拓展到社区乃至整个社会，改变学生单一的学习方式，将课堂知识学习和社会体验学习结合起来，这对于提高学生的社会实践能力，帮助学生形成积极的情感体验和健康的生活方式，增强学生对社会的使命感和责任感，具有重要的意义。这是使教学得到不断更新并具有活力的重要途径，对于提高学生的社会实践能力，帮助学生形成积极的情感和健康充实的生活态度，具有重要意义。

（2）走入社会生活，获得生存体验

实施社区服务与社会实践就是要扩展学生学习和成长的资源，就是要把学生以认知为主的生活与以体验为主的生活结合起来，就是要加强教育与生活的联系。有效实施社区服务与社会实践的关键，是让学生自主而创造性地走入社会，参与实践活动并由此获得深刻的生存体验。初中生已具备一定的知识和能力基础，对周围的世界已形成初步的认识。他们不满足于对书本知识的简单记忆，希望能够自己去尝试、去体验，能够在各种实践活动中展示自己的才华。因此，社区服务与社会实践的教学将更加尊重学生的自主性，使学生的学习生活更加充实、更加有趣、更加有意义和富有创造性。

（3）主动服务社区，形成社会意识

学校教育的重要职责，是要将学生培养成具有创新精神和实践能力的好公民，认识到自己对家庭、社会和国家的责任，形成强烈的社会意识。学校不但要使学生通过教育充分发挥他们的潜能，还要鼓励学生服务于社区。社区服务与社会实践是一种新的、有活力的、给社区和学校双方带来亲和感的举措。它不仅可以帮助我们发展学生能力、提高教学质量，增强学生对他人、对集体、对社区乃至整个社会的服务意识和使命感、责任感以及奉献精神，实现学生在认知、能力、情感、态度等领域的全面、协调发展，而且可以帮助社区发展。它能够强化学校与社会互动的气氛，为创立并维持一个真正的学习化社区做贡献。

3. 高中阶段社区服务与社会实践的基本理念

（1）扩展学习资源，拓宽发展空间

设置社区服务与社会实践的目的在于改变把教育等同于学校、听课等同于学习的做法，把学生的发展置于比课堂、比学校生活更广大的社会背景中，把学生的学习场所，从学校拓展到社区乃至整个社会，使学生的学习方式从被动的接受学习转向主动的探究和发现，把课堂知识学习和社会体验学习结合起来，使学生学习渠道多样化、学习方式生活化，为学生搭建展现自我、发现自我、实现自我的舞台。这是学校克服沉闷课堂教学的缺陷、使教学得到不断更新并具有活力的重要途径，对于提高学生的社会实践能力，帮助学生形成积极的情感和健康充实的生活态度，具有重要意义。

（2）参与社会实践，丰富个人体验

实施社区服务与社会实践就是加强教育与生活的联系，把学生认知为主的生活与体验为主的生活结合起来，让学生自主创造性地参与活动并由此产生深刻体验，使学生的学习生活更充实、更有趣、更有意义和富有创造性。高中生已具备一定的知识和能力基础，对周围的世界已形成一定的认识，他们不满足于对书本知识的简单记忆，希望能自己去尝试、去体验，能在各种实践活动中展示自己的才华。因此，社区服务与社会实践的教学将更加尊重学生的自主性。

（3）形成服务意识，增强社会责任感

社区服务与社会实践增强学生对他人、对集体、对社区乃至整个社会的服务意识和使命感、责任感以及奉献精神，同时强化学校与社会互动的气氛，为建立并维持一个真正的学习化社区贡献力量。社区服务与社会实践是一种新的、有活力的、给社区和学校双方带来亲和感的举措，它不仅可以帮助我们发展学生能力、提高教学质量，增强学生对他人、对集体、对社区乃至整个社会的服务意识和使命感、责任感以及奉献精神，实现学生在认知、能力、情感、态度等领域的全面、协调发展，而且可以帮助社区发展和建设得更美好。通过社区服务与社会实践学习领域，可以增进学校与社会的密切联系，不断提升学生的精神境界、道德意识和能力，使学生人格臻于完善。

三、社区服务与社会实践的教育价值

社区服务与社会实践作为一种经验教育的形式，其教育价值主要体现在以下几个方面。

1. 对公民教育的价值

社区服务与社会实践有鲜明的伦理取向和诉求，公民教育是其主要的价值负载。学生通过社区服务与社会实践的学习和活动环节，应该构建这样的社会意识：为了让这个世界变得更美好，我该承担和负起怎样的责任并具备怎样的能力？

（1）构建社区意识和社会意识

社区服务与社会实践活动的设置和开展，促使学生在接触社区、服务社区、走进社会、体验社会和探究社会的系列活动中，了解社区和社会的状况和需要，认识到社区对个人生活和发展的意义，认识到人与人的相互依存和联系，认识到个体作为一个公民对社会的责任以及个人参与社区建设和社会进步的意义等。

（2）培育服务精神和素质

在杜威看来，服务精神是社会的基本精神，是民主主义社会的基本文化含义。服务精神的核心是志愿和奉献，它是我国一直倡导的主流社会理念。开展社区服务活动和社会实践活动能培育学生的服务精神，这对塑造未来社会的社会价值和社会中人的生活方式等都有重大意义。

（3）发展社会参与和服务能力

学生通过社区服务与社会实践活动，不仅能增强社会参与意识，而且能发展实践能力和社会服务能力。众多研究表明，参与过社会服务与社会实践的学生较之未参与的学生，更具有社会参与意识和社会活动能力。

2. 对课堂教学和学生学习的价值

社区服务与社会实践除了其本身的服务意义和体验意义外，还因为其受服务学习理念的推动，而具有鲜明的课程与教学取向。在这个层面上的社区服务与社会实践，趋向于与课堂教学有更紧密的整合，强调的是学生学习的重要性。具体说来，社区服务与社会实践对课堂教学和学生学习的意义主要表现在以下几个方面。

（1）丰富课程学习资源

社区服务与社会实践拓展了学习环境，使学生的学习渠道更加多样化、学习方式更加生活化。

（2）激发学生学习兴趣

社区服务与社会实践的开展有助于帮助学生体验学习的乐趣、明确学习的社会价值、激发学习的热情。

（3）开辟学科教学的新空间

社区服务与社会实践为课堂教学和学生学习提供了丰富鲜活的知识情境，学生们在社会和生活情境中学会运用学科知识解决问题。同时，学生在服务和实践活动中获得的体验、经验和知识，有助于深化对学科知识的理解，刺激学科知识学习的意愿。

（4）强化道德体验

对道德教育教学来说，社区服务与社会实践的开展，可以改变我国传统道德教学侧重理论灌输和规范宣讲的状况，变道德灌输为道德实践和道德体验。

当社区服务与社会实践同课程结合起来的时候，当教师有意识地把学科教学与学生在服务和实践过程中获得的体验、经验、知识和意义结合起来的时候，社区服务与社会实践不但不会造成对学科学习的障碍，反而对学科学习极具促进作用，国外的许多研究证明了这一点。

3. 对学生个性发展和性格养成的价值

社区服务与社会实践为学生提供了不同于课堂学习的发展空间，同时也为学生的个性发展和性格养成提供了独特的契机。每个学生都有其独特的个性和才能，这些个性和才能是其自我人格中的一个重要部分，社区服务与社会实践通过创造一个课程载体，让每位学

生都有参与创造性活动和体验的机会，并从中更好地发现自我、展现自我和升华自我。例如，有许多学生在学科学习中无法获得优异的成绩，无法从中找到价值感、荣誉感和自尊感，但在社区服务与社会实践中，因其独特的成就和表现，可能会获得无法在学术学习中获得的承认、肯定和赞赏，从而感受到自己的价值，提升自尊、自信，形成良好的心理品质。

4. 对学生职业规划和生涯规划的价值

学生在服务和实践活动中，能对社会的各种职业有更多的了解，学会各种职业技能，并在活动中对自己的兴趣、能力和志愿等有更多的认识。因此，能在自我了解和社会认识的基础上，更好地根据自己的爱好、特点和优势，确定将来的职业兴趣和发展方向，更好地规划自己未来的人生。

另外，社区服务与社会实践的有效开展，还能促进学校和社区、社会的相互联系，从而重建学校和社区的文化，重建学校和社区之间的相互关系等。

第二节　社区服务与社会实践课程的目标与内容

知识经济时代的人才需要掌握系统的科学理论知识，更需要有较强的社会适应能力以及高度的社会责任感和良好的公民素质。这一切仅仅依靠课堂教学是远远不够的。学校教育必须向校外延伸，向社会拓展，为学生创设更为广阔的学习和发展空间。社区服务与社会实践课程正是在这样的前提下应运而生的。开设社区服务与社会实践课程的目的就是指导学生走出教室，参与社区和社会实践活动，以获得直接经验、发展实践能力、增强社会责任感，全面提高学生的综合素质。

一、社区服务与社会实践课程的目标

1. 社区服务与社会实践课程的总目标

作为综合实践活动课程的一部分，社区服务与社会实践服从于综合实践活动课程的总目标，同时更为注重学生的社会适应能力、社会服务意识、公民责任感及创新精神的培养。《国家九年义务教育课程综合实践活动指导纲要》对社区服务与社会实践教育课程的目标进行了明确而具体的规定。[5]

①拓展经验，增强社会适应能力，培养创新精神。

②融入生活，形成健康、进取的生活态度。

③参与实践，增强公民意识和社会责任感。

④服务社会，对他人富有爱心。

⑤亲近自然，懂得与自然和谐相处。

⑥促进自我了解，肯定自我价值，发展兴趣与专长。

2. 小学阶段社区服务与社会实践课程的目标

《国家九年义务教育课程综合实践活动指导纲要（3~6年级）》社区服务与社会实践教育实施指南对小学阶段社区服务与社会实践教育课程的目标进行了明确而具体的规定。[3]

①开阔眼界，初步获得社会经验与能力。

②学会交往与合作，遵守社会规范与公德。

③热心公益活动，关心他人与社会。

④关爱自然，逐步形成环境保护的意识和能力。

⑤珍视生命，陶冶性情，热爱生活。

⑥初步了解自我，发展兴趣，展示才能。

3. 初中阶段社区服务与社会实践课程的目标

社区服务与社会实践服从于综合实践活动课程的总目标，同时更为注重发展学生的创新精神和社会实践能力、社会服务意识和公民责任感。《国家九年义务教育课程综合实践活动指导纲要（7~9年级）》社区服务与社会实践教育实施指南对初中阶段社区服务与社会实践教育课程的目标进行了明确而具体的规定。[4]

①关注社区，服务社会，具有服务意识和奉献精神。

②广泛参加社会实践活动，发展实践能力，增强社会责任感。

③统整各科知识，增进对社会的认识与思考。

④扩展生活领域，养成乐观向上的生活态度和习惯。

⑤增强环境保护意识，提高环保能力，养成环保习惯。

⑥逐步了解自我，充分施展才能，合理设计未来。

4. 高中阶段社区服务与社会实践课程的目标

《全日制普通高级中学课程计划》指出："社会实践主要通过军训和工农业生产劳动等对学生进行国防教育、生产劳动教育，培养组织纪律性、集体观念和吃苦耐劳的精神，通过社会实践使学生保持独立的持续探究的兴趣，学会分享，注重合作，养成实事求是的科学态度。"

（1）社会实践

①使学生关心社会和科技进步、关心地球和生存环境。

②养成劳动观念，形成一定的劳动技能。

③使学生形成综合思考问题的能力，获得解决问题的经验。

④培养学生探究社会问题的基本能力、人际交往能力、协作能力、组织能力、独立思考和操作能力以及适应环境的能力，在实践中培养学生的创新精神。

（2）社区服务

①使学生关心社区建设，主动参与社区的公益活动，养成诚恳助人、乐于奉献的积极态度和情感。

②培养学生的公民意识、参与意识和社会责任意识。

③使学生学会现代社会人际交往的本领，提高沟通与合作的能力，增强团结协作的意识。

④培养学生学以致用、服务社会的意识，并在社区服务过程中学习新知识，获得丰富的情感体验。

⑤使学生进一步了解社区生活和社会环境，增长从事社会活动所需的知识，增强适应现代社会活动的能力。

社会实践和社区服务是普通高中新课程综合实践活动中的重要科目，是国家规定、学校自主开发的每个高中学生必修的一门课程，共8个必修学分。该课程旨在改变学习方

式，拓展学习空间，获得生存体验，使学生的学习生活更加充实、更加有趣、更加有意义和富有创造性。

二、社区服务与社会实践课程的内容

（一）小学阶段社区服务与社会实践课程的内容

《国家九年义务教育课程综合实践活动指导纲要（3～6 年级）》社区服务与社会实践教育实施指南对小学阶段社区服务与社会实践教育课程的内容进行了明确而具体的规定。[3]

1. 内容领域和目标

（1）服务社区

通过社区服务与社会实践的活动，逐步熟悉社区中与自己生活密切相关的公共场所、基础设施和组织机构；对社区的地理环境、人文环境、物产特色、民间风俗和传统节日有所了解，并萌发对家乡的关爱之情；愿意为社区建设和发展服务，有较强的服务意识和责任心，体验服务的充实与愉悦；关心社区中的重大活动和社区存在的主要问题，并尝试运用自己所学知识分析和解决具体问题，从中获得积极的感受；自觉维护社区形象，逐步形成建设良好生活环境的情感和态度。

（2）走进社会

通过社区服务与社会实践的活动，初步了解社会的基本活动；乐于参加力所能及的劳动，体验劳动的可贵与创造的喜悦；逐步学会合理消费，形成维护自己正当权益的意识，做明智的消费者；遵守社会公德，形成法治观念，增进民主意识；感受科学技术与日常生活、社会发展的关系，逐步形成正确的科学观；了解与尊重多元文化。

（3）珍惜环境

通过社区服务与社会实践的活动，通过和自然的接触，感受到自然的神奇与博大，初步懂得欣赏自然的美，对自然充满热爱之情；留心观察身边的环境，初步领悟环境对人的影响以及人与自然相互依存的关系；了解人们的生活和生产活动对环境的影响以及我国人口、资源和生态环境的基本状况，增强环境保护的紧迫感；具备初步的环境保护常识与技能，能尝试运用所学知识解决环保中的一些实际问题；逐步学会从身边的生活小事做起，养成保护与珍惜环境的习惯。

（4）关爱他人

通过社区服务与社会实践活动，体验个人与群体的互动关系，对他人的帮助心存感激，并随时乐意帮助他人；愿意与他人交往，初步形成与他人友好相处、共同成长的意识与能力；理解他人的生活习惯、个性特点，懂得尊重人、宽容人；积极参与志愿活动，关心残疾人、老年人等弱势群体，乐于为他们做一些力所能及的事情。

（5）善待自己

通过社区服务与社会实践的活动，初步了解自己的成长过程，感受到生命的奥妙与价值；逐步发现自己身心的特点，知道自己的兴趣、爱好与能力，乐于表达自己、表现自己、发展自己；初步认识和适应不同社会角色，能对自己所做的事情负责；具有良好的生活习惯，掌握安全生活的常识，学会在危难中自助与求助；积极面对生活中遇到的困难与挫折，具有开朗、乐观、坚强的个性，形成对自己的生命高度负责的态度；开始懂得自己的权利与义务。

《中小学综合实践活动课程指导纲要》对小学阶段社会服务活动推荐了一些主题，并进行了简要的说明，如表5.1所示。[2]

表5.1　教育部推荐的小学阶段社会服务活动主题及其说明

学段	活动主题	简要说明
1～2 年级	1. 生活自理我能行	清洁个人生活用品：会洗袜子、红领巾，会刷鞋，清洗水杯、脸盆等。学习用品分类整理：按学习需要准备学习用品，归类收纳学习用品，及时整理书包。清洁居室卫生：用完的物品放回原处，扫地，垃圾分类入箱，整理床铺，衣服分类摆放等。从力所能及的自我服务劳动做起，学会料理自己的生活，养成自己的事情自己做的好习惯
	2. 争当集体劳动小能手	集体服务劳动包括班级劳动、校园劳动、家务劳动、公益活动、社区服务等。例如：搞好（班级）公共卫生，会扫地、拖地、擦黑板、摆放桌椅等；帮助老师、家长等做力所能及的事；给校园花草树木浇水等。养成自己的事自己做、他人的事帮着做、公益（集体）的事争着做的劳动习惯和优良品质
3～6 年级	1. 家务劳动我能行	帮助家长做力所能及的家务劳动（择菜、洗菜、洗水果、整理饭桌、洗碗筷等），学会简单手工缝纫技术，学会一般衣物的洗涤（包括机洗）、晾晒和折叠方法；知道家庭安全用电、用火、用煤气等的方法，初步学会家庭触电、火灾的预防、急救与逃生。养成良好的劳动习惯，端正劳动态度，提高家庭责任感
	2. 我是校园志愿者	通过考察、访问了解校园志愿服务需求，了解不同岗位的职责和要求；学习开展服务的方法，了解相关注意事项；开展持续、有效、多样的校园志愿服务活动。利用班级、少先队活动等多种形式进行校园志愿活动的展示交流。积极参与校园志愿活动，具有团队合作意识，热心志愿服务活动
	3. 学习身边的小雷锋	寻访身边的"小雷锋"，总结分析他们的事迹；根据自身情况，设计自己（小组）的学雷锋行动计划，并开展实际行动，初步树立热心公益劳动、乐于助人的道德品质
	4. 红领巾爱心义卖行动	收集闲置的书籍、学习用品、玩具、手工艺品等物品；策划与组织爱心义卖活动，并在教师建议下合理使用义卖收入；提高爱心助人、团结合作的思想和意识，增强活动策划与设计能力，初步树立"循环经济""绿色生活"的环保意识
	5. 社区公益服务我参与	在社区或村委会参与如卫生打扫、环境维护、小广告清理等各种力所能及的便民利民性质的社区公益劳动；在班级交流分享参与过程与感悟体验，增强服务他人、社会的意识
	6. 我做环保宣传员	调查和发现身边存在的环境问题，分析可以采取的措施和解决办法，开展环境保护宣传活动，体验绿色生活方式，树立保护环境、节约资源的观念和生态意识
	7. 我是尊老敬老好少年	积极主动与身边的老年人沟通和交流，了解老年人的实际生活困难和需求；为身边的老年人做一些力所能及的事，并长期坚持。初步树立尊老敬老、主动为老年人提供服务的意识，增强社会责任感

2. 内容的选择

①应根据课程目标与课程内容的五大领域并考虑自身的特点与条件选择适当的内容。课程内容最好以主题的方式呈现出来。

②选择内容时应注重本土性，尽量就地取材，根据社区实际，体现活动的地方特色，并可以与地方课程结合起来考虑内容。

③选择的内容应与学生生活息息相关，与社会实际和社会发展密切联系，内容的选择要切实保证让学生走出教室，参与实践活动。

④内容的选择应有利于学生综合地运用各学科知识于实践活动之中，应有助于学生形成对周围世界的完整认识，形成健康的情感、态度和价值观。

⑤在课程目标的导引下，可从其他学科领域中选取有利于实现目标的内容加以重组、综合与拓展。

⑥选择内容时教师或指导者应预先实地考察，考虑实施的可行性，以确保活动安全而有效开展。

（二）初中阶段社区服务与社会实践课程的内容

《国家九年义务教育课程综合实践活动指导纲要（7～9 年级）》社区服务与社会实践教育实施指南对初中阶段社区服务与社会实践教育课程的内容进行了界定。[4]

1. 内容领域和目标

（1）服务社区

通过社区服务与社会实践活动，熟悉社区中与自己生活密切相关的公共场所、基础设施和组织机构；对社区的地理环境、人文环境、物产特色、民间风俗和传统节日有所了解，并萌发对家乡的关爱之情；愿意为社区建设和发展服务，有较强的服务意识和责任心、体验服务的充实与愉悦；关心社区中重大活动和社区存在的主要问题，并尝试运用自己学知识分析和解决具体问题，从中获得积极的感受；自觉维护社区形象。逐步形成建设良好生活环境的情感和态度；使学生在服务的过程中学会交往、合作、懂得理解和尊重，形成团结意识和归属感，增强服务意识和责任感。

（2）走进社会

通过社区服务与社会实践活动，初步了解社会基本运作方式、人类生活的基本活动，积累社会生活经验；乐于参加力所能及的劳动，体验劳动的可贵与创造的喜悦；逐步学会合理消费，形成维护自己正当权益的意识，成为明智的消费者；理解社会规范的意义，并能自觉遵守、维护社会规范与公德，形成并增进法治观念、民主意识；感受科学技术与日常生活、社会发展的关系，逐步形成正确的科学观；理解、尊重和欣赏世界多元化；在实践中发展社会参与能力，形成参与意识和较强的公民意识。

（3）珍惜环境

通过社区服务与社会实践活动，通过和自然的接触，感受到自然的神奇与博大，初步懂得欣赏自然的美，对自然充满热爱之情；留心观察身边的环境，初步领悟环境对人的影响以及人与自然相互依存的关系；了解人们的生活和生产活动对环境的影响以及我国人口、资源和环境的基本状况，增强环境保护的紧迫感；具备初步的环境保护常识与技能，能尝试运用所学知识解决环保中的一些实际问题；逐步学会从身边的生活小事做起，关注周围、社区、国家，乃至世界性的环境问题，并养成随时随地保护与珍惜环境的意识和习惯。

（4）关爱他人

通过社区服务与社会实践活动，体验个人与群体的互动关系，对他人的帮助心存感激并乐意帮助他人；愿意与他人交往，初步形成与他人友好相处、共同成长的意识与能力；通过和他人的接触、交流，理解他人的生活习惯、个性特点，懂得尊重人、宽容人；积极参与志愿活动，关心残疾人、老年人等弱势群体，乐于为他们做一些力所能及的事情；掌握志愿服务的有关知识和技能，对他人富有爱心，在舍与得之间，获得深刻体验、感受和满足。

（5）善待自己

通过社区服务的活动，初步了解自己的成长过程，感受到生命的奥妙、意义与价值；逐步发现自己的身心特点，发现自己的优点与弱点，知道自己的兴趣、爱好与能力，乐于表达自己、表现自己、发展自己；初步认识和适应不同社会角色，正确理解个人价值，能对自己所做的事情负责；具有很好的生活习惯，掌握安全生活的常识，学会在危难中自助与求助，养成对自己生命高度负责的态度，懂得自己的权利与义务；积极面对生活中遇到的困难与挫折，具有开朗、乐观、坚强的个性；能够了解自己的情绪，并学会用适当方法控制和调节自己的情绪。

《中小学综合实践活动课程指导纲要》对初中阶段社会服务活动推荐了一些主题，并进行了简要的说明，如表5.2所示。[2]

表5.2　教育部推荐的初中阶段社会服务活动主题及其说明

活动主题	简要说明
1. 走进敬老院、福利院	走进学校周边的敬老院、福利院、医院及社会救助机构，利用自己掌握的知识和技能，开展力所能及的志愿服务活动并长期坚持。培养关心他人、热心公益、积极为需要帮助的人提供帮助和服务的意识，增强社会责任感
2. 我为社区做贡献	针对社区管理和社区居民的实际需求，利用自己的知识和技能为社区提供力所能及的服务，例如生活援助、公共卫生、困难帮扶、敬老爱老、亲情陪伴、科普宣传等，增强社会责任意识和热心公益、志愿服务的意识
3. 做个养绿、护绿的小能手	积极参与对社区、学校、村庄、街道等处的绿地的养护工作，如清除杂草、拣拾垃圾，劝阻他人破坏绿地的行为等，参与各种义务植树种草和认养绿地等活动，增强劳动意识和社会责任感
4. 农事季节我帮忙	在农村播种、收割等农忙季节主动参与各种农事活动；体验生产劳动的艰辛与快乐，掌握一定劳动技能。热爱劳动，勤于动手，积极主动参与劳动
5. 参与禁毒宣传活动	收集文献、访谈专家、观看展览，获得有关毒品预防的知识；承诺自己能够拒绝毒品；制作宣传手册，在社区中进行"远离毒品，珍爱生命"的宣传活动，树立珍惜生命、远离毒品的意识和社会责任意识
6. 交通秩序我维护	实地考察了解学校或家庭周边交通拥堵的原因；在容易出现交通拥堵的路口协助交警进行交通管理，劝阻不文明过马路的行为，提示行人注意交通安全，维护交通秩序，增强交通安全意识和社会责任意识

2. 内容主题选择维度

社区服务与社会实践主要以主题的方式呈现活动的内容。主题的选择可依据以下几个维度。

①围绕人类的基本活动或社会运作的基本方式选择活动主题，如社会的生产、交换、消费等，政治机构的政治功能、经济机构的经济功能、家庭的功能、文化教育机构的功能等。

②围绕当前人类社会面临的公共财政问题和发生的重要事件选择活动主题，如环境污染、能源危机、人口增长、全球化趋势以及战争与和平等。

③围绕社区群众公共财政关心的话题选择活动主题，如耕地减少、用水困难、交通堵塞、住房紧张、养老与保险就业等。

④围绕主要的社会角色选择活动主题，包括公民、生产者、消费者、家庭成员、朋友、社会成员、自我等。

⑤围绕不断扩大的社区范围选择活动主题：家庭—邻里—社区—乡镇—县市—省市—国家—全球等。

3. 内容选择的基本要求

（1）密切联系社会生活

在选择内容时，应从学生接触的生活世界出发，从学生熟悉和关注的社会实际中选取主题，把学生所学知识与社会生活联系起来。对于初中生来讲，选择内容的范围可从日常生活扩展到地区、国家乃至世界，以进一步拓展学生的学习领域和发展空间。

（2）鼓励学生自主选择

在选择内容时应尊重学生的自主权利，引导学生适应课程目标的需要，根据自己的兴趣与特长去选择和设计内容，在活动中学会学习、学会选择。

（3）注重本土性

课程内容关注社区中存在的现实问题，就地取材，发挥优势，充分反映学校和地方特色。

（4）注重统整各学科教学，体现各学习领域的融通

选择的内容既要注重学科知识的融合，又要突出本课程领域的实践性，既要保证社区服务与社会实践的落实，又要尽可能考虑综合实践活动的其他指定领域内容的贯通，使各学习领域的内容彼此渗透，有机整合，帮助学生完整地认识世界。

（三）高中阶段社区服务与社会实践课程的内容

1. 社会实践

社会实践主要由军训、参观、郊游、社会调查、德育基地活动、学农、科技文化活动和社团活动等组成。社会实践包括校内实践和校外实践，其内容可包括以下几项。

（1）劳动实践活动

定期组织学生到社会劳动实践基地开展实践活动，农村地区组织学农活动。

（2）军训

进行军姿训练、军事知识教育、军事技能训练、国防教育和纪律的养成教育。

（3）德育基地活动

外出参观、访问各类纪念馆、博物馆，到德育教育基地接受思想教育，充分利用校内外德育资源，建设法制教育基地、历史文化教育基地、科技教育基地、国防教育基地和现代工业教育基地，定期组织观察、调研活动。

（4）校内自我服务性劳动

培养生活技能和主人翁意识，如日常劳动卫生工作、日常生活技能竞赛活动和值周班制度。

（5）学校传统活动

如学校运动会、成人宣誓仪式等。

（6）社团活动

参加 1～2 个团委、学生会、社团部登记的社团活动，如街舞俱乐部、文学社等。

2. 社区服务

社区服务的内容是多样的，主要有以下几项。

（1）社区帮困服务

为社区的老年人、残疾人、失业人员等困难群众，提供免费家教、精神抚慰，帮助残疾人解决生活困难等。使学生关心社区建设，主动参与社区的公益活动，形成诚恳助人、乐于奉献的积极态度和情感。

（2）社区教育服务

利用社区居民学校、读书室等场所，举办青少年科技论坛、网络知识培训班、青少年兴趣小组、英语角等活动，帮助社区居民学习新知识和新技能，在社区营造学习和交流的良好氛围，促进学习型社区的建设。

（3）社区文体服务

在组织和吸引社区居民参与的基础上，广泛开展广场文化、家庭文化、楼道文化等丰富多彩的社区文化娱乐活动和各类体育活动，活跃社区文体生活，促进社区居民的和谐相处。

（4）社区环保服务

在社区广泛开展宣传环保知识、植绿护绿、清除白色垃圾、促进垃圾分类收集和综合利用等环境保护与治理活动。

（5）志愿者活动

根据社区和自身的实际情况，以小组为单位组织活动，开展有益的志愿者活动，如新冠肺炎疫情期间的志愿者服务活动。

《中小学综合实践活动课程指导纲要》对高中阶段社会服务活动推荐了一些主题，并进行了简要的说明，如表 5.3 所示。[1]

表 5.3　教育部推荐的高中阶段社会服务活动主题及其说明

活动主题	简要说明
1. 赛会服务我参与	积极参与在当地举办的各种赛会活动，在赛会活动中进行语言服务、会议服务、接待服务等多方面的志愿服务活动，并及时总结参与赛会服务的经验和感受，增强热心公益、积极为他人服务的意识
2. 扶助身边的弱势群体	对身边的孤寡老人、残障人士等弱势群体进行调查，了解他们在生活中的实际困难，对他们进行力所能及的帮助并长期坚持，增强关心并尊重他人、主动提供服务的意识

活动主题	简要说明
3. 做个环保志愿者	收集环境污染及监测的资料，学习环境污染检测的方法；实地考察了解当地环境特点，现场取样，进行实验检测，作为志愿者，长期监测并为相应部门提供数据；开展保护环境、减少污染的宣传活动，发现破坏环境的行为及时劝阻，增强热爱并尊重自然、保护环境的意识和积极参与环境保护的社会责任感
4. 做农业科技宣传员	主动学习有关农业科技的知识；积极参加所在社区、乡镇开展的农业科技宣传活动；向周围的农民进行农作物施肥技术要点、合理使用农药的技术、现代农业种养殖技术、合理购买农用物资的方法等农业科技知识的宣传和推广，用自身掌握的科学知识为家乡的农业科技普及做出贡献，增强社会责任感和热爱家乡的情感
5. 参与公共文化服务	走进图书馆、博物馆、公园等社会文化机构，进行志愿讲解、文化传播、图书整理、公园导览、秩序维持、图书导读等志愿服务活动，积极参与社会公共文化服务，增强人文素养和加强利用自身文化积淀服务公众的意识
6. 做普法志愿者	自主学习法律常识，了解《宪法》《国家安全法》《消费者权益保护法》《治安管理处罚法》《道路交通安全法》等法律法规的基本内容；结合国家宪法日、国家安全教育日、消费者权益日、世界环境日等走进社区，开展形式多样的普法宣传活动。增强法治意识，提高尊崇法治、依法行事、依法维权、热心公益和志愿服务的意识

第三节　社区服务与社会实践课程的实施

1. 小学阶段社区服务与社会实践课程实施

（1）实施的基本原则

①亲历性原则。教师应利用各种物质条件、精神条件，通过多种途径为学生提供具体的、现实的情境，改变学生单一的学习方法，拓宽学习的空间，让学生走出课堂，置身于广阔的大自然和丰富的社会生活，亲自接触和感知各种人和事，使他们通过亲身经历、实际操作与活动来获得探究问题、与人交往的能力以及正确的情感、态度与价值观。

②自主性原则。教师应根据本课程的目标和特点自主选择教学内容和活动场所，自创组织形式和教学方法。教师应认识到自己既是课程的执行者，更是课程的开发者和设计者。教师要关注学生的主体意识，让学生有更多的机会自己去活动、体验乃至创造，使其享受探究的乐趣、活动的愉悦、服务的充实，获得并增强使命感、责任感和生存体验。

③协同性原则。由于社区服务与社会实践课程具有开放性、跨学科性、主题性等特点，课程的实施既要求学校各学科教师共同协作，又要求学校教师与社会各界人员（如家长、社会有关机构的工作人员等）相互配合，学校、家庭和社会形成合力，协同完成教学任务。学校应善于协调各方人员的关系，调动各方的积极性，共同发挥作用。

④整合性原则。教师要注重帮助学生形成对自然、社会、自我的内在联系的整体认

识，发展学生对所学知识的综合运用能力；学校要注重以社区服务与社会实践为切入点，统整研究性学习、劳动与技术教育和信息技术教育，整合实施综合实践活动课程的教学。

（2）活动的设计

①社区服务与社会实践活动应根据课程的目标进行设计，兼顾知识与技能、过程与方法，特别强调情感态度与价值观，应注重学生生存体验的获得与增进，帮助学生全面、和谐地发展。

②活动设计应考虑为学生提供尽可能多的走出课堂、参与和体验社会生活的机会，为学生提供更宽广的学习与发展空间，让每一个学生都能得到实际锻炼。

③活动设计应围绕主题整合各科知识，帮助学生提高综合应用各学科知识的能力，使学生形成较完整的经验。

④活动可直接从社区服务与社会实践这一领域切入，但要注意把社区服务与社会实践、研究性学习和劳动与技术教育等其他指定领域的内容融合起来加以设计，以体现综合实践活动的宗旨。

⑤设计出来的活动应力求生动活泼、丰富多样，有助于调动学生参与的积极性和提高他们活动的兴趣。

⑥活动设计应考虑课程资源的特点、学校现有师资、设备、场所以及当地社区的其他条件，要充分利用或调动社会各界的力量。

（3）课程的组织与要求

①应根据课程目标选择适当的活动方式，尽量采用参观、访问、调查、实验、采访、宣传、郊游、野营、义务劳动、公益服务等方式，以引起学生的兴趣，丰富学生的感性经验。

②活动的组织形式有个人活动、小组活动、班级活动、学校活动等，应根据课程内容、学校特点和学生实际灵活安排，不拘泥于形式，注意活动的实效。

③应充分发挥学生的自主性，鼓励学生自己参与设计、自己选择主题、自己组织实施、自己进行评价，尽可能让学生自己去观察、感知、判断、分析、反思和创造，将活动的实施过程作为学生改变学习方式、学会学习的过程。

④要高度注意课程实施过程中的安全问题，保障学生的身心健康与安全，防止有害于学生身心及易引起诉讼的事件发生。

⑤在活动中应多给学生提供指导，学生应充分利用相互交流、分享成果的机会，培养自己的交往能力和合作精神。

⑥应重点关注学生在课程实施过程中的认识、能力、情感、态度和价值观等领域的进步与发展，尤其是个体相对于以前所发生的变化，而不是急于展示某种成果。

⑦如果活动中有多方人员参与指导，教师应注意协调各方人员的关系，与之互相配合，共同发挥作用。

⑧社区服务与社会实践活动是必修的学习领域，有基本课时的保证，但学校可以灵活使用，可以与地方课时结合起来使用，每次活动的时间和活动量应根据具体情况予以调节，既要讲求实效，又不加重学生的负担。

（4）课程实施的一般程序

①提前准备。全面考察、了解活动所需的人力、物力等条件，确定参观、访问、服务、实践等活动的对象、时间和地点，与参观、访问的对象（人或机构）取得联系，共同商议活动如何进行。

②拟订方案。由师生及其他有关人员共同拟订实施方案或计划。方案内容包括主题、时间、地点、参加人员、具体步骤、组织形式、活动方式、必要的活动设备以及活动的评价形式等。

③实施活动。师生走出课堂进入活动场地进行实践活动。教师既要充分发挥学生的主体性，又要及时了解学生活动的进展，做好组织和引导工作，还要注意与家庭、社区保持密切联系，活动如果没有家长、社区的大力支持，是很难取得预期成效的。

④交流总结。学生把自己或小组在活动中的收获汇集、整理成各种形式的成果，并通过多种方式表达、交流和评价。教师则关注每个学生在已有水平上的发展，及时准确地给予肯定和鼓励。

（5）课程实施的基本保证

教师观念的转变和实质上的重视是社区服务与社会实践实施成功的基本保证。如果没有教师实质上的支持，社会实践生活这一最重要的教育资源就会枯竭，社区服务与社会实践将流于形式。社区服务与社会实践把学生的学习从教室拉向社会，从以教科书为蓝本转向通过自主探索与活动体验来求得发展，这对教师课堂讲授的传统角色提出了挑战，使得教师承担着更艰巨的任务，对他们提出了更高要求。如果学校没有高瞻远瞩、重视师资队伍建设并接受新教育观念的领导群体，如果学校没有一批具有现代教育意识，能够高出书本、课堂与考分来考虑问题的教师，学校就不能很好地开展社区服务与社会实践。

①教师必须更新教育观念，认识到自己的主要职责在于为学生的学习创设一定的教育情境、营造良好的精神氛围，把充分的学习时间和空间留给学生，而不是代替学生、强迫学生或把学生束缚在书本、课堂的圈子里。

②教师在实施课程的过程中要善于发掘各种教育资源，重视积累相关资料，不仅能根据课程实施指南执行课程，而且能结合本校、本地的实际情况开发和设计课程。

③教师不仅要有高度的责任心，而且要具备很强的组织协调能力，做好学校与家庭、社会的协调，综合实践活动与其他学科教学协调工作，善于调动社会各个方面的力量支持课程的实施。

④教师应积极参与本课程的研究探索工作，在不断探究的过程中吸纳新知识、改善能力结构，把握本课程的特点，提高自身素质。

2. 初中阶段社区服务与社会实践课程实施

（1）课程实施的基本原则

①亲历性原则。这一原则要求教师利用各种物质条件、精神条件，通过多种途径为学生提供具体的、现实的情境，让学生置身于广阔的大自然和丰富的社会生活中去亲自接触和感知各种人和事，使他们通过亲身体验、实际操作与活动来改变学习方式，获得探究问题、与人交往的能力以及正确的情感、态度与价值观。

②自主性原则。教师应根据本课程的特点和目标自主选择教学内容和活动场所、自创组织形式和教学方法，教师应认识到自己既是课程的执行者，更是课程的开发者和设计者。教师不仅要发挥自身的主体性，而且要关注学生的主体意识，让学生有更多的机会自己去观察、感知、判断、分析、评价、体验乃至创造，使其享受探究的乐趣、活动的愉悦、服务的充实，学会认识自己、理解他人，增强服务意识，形成对社会的使命感和对自己、对他人、对社会的责任感。

③协同性原则。课程实施中的"教"虽然以学校教师为主，但由于其具有开放性、综合性、实践性等特点，既要求学校各学科教师共同协作，又要求学校教师与社会各方人员（如家长、社会有关机构的工作人员等）达成共识、融洽合作、形成合力。教师应善于协调各方人员的关系，使之互相配合、共同发挥作用。

④整合性原则。教师要注重帮助学生形成对自然、社会、自我之内在联系的整体认识，发展学生对所学知识的综合运用能力；学校要注重依托社区服务与社会实践活动，在更高层面上整合研究性学习、劳动与技术教育以及信息技术教育，整合性地实施综合实践活动课程的教学。

（2）活动设计与课程实施的具体要求

①设计与实施课程时应考虑为学生提供充分的活动自由和活动空间以及各种有利于学生自主参与活动的条件，应充分发挥学生的自主性，鼓励学生参与设计并互相交流、评价设计方案。在活动中应尽可能让学生自己去观察、感知、判断、分析、评价，尽可能让他们用自己的智慧去解决问题。

②应根据初中生的实际情况来设计相应的活动。应尽量适应和满足每个学生的不同需求，为学生提供尽可能多的主动实践和亲身体验的机会，让每个学生都能走出教室，在活动中得到锻炼。

③应根据课程目标、课程内容主题、课程资源的不同特点与学校现有的条件选择适当的活动方式，尽量采用参观、访问、调查、实验、测量、采访、宣传、郊游、野营、义务劳动、公益服务等方式，以激发学生对活动的兴趣，达成本课程预期的目标。

④活动的组织形式有个人活动、小组活动、班级活动、学校活动等，教师应根据活动内容和实际需要灵活安排，随时调整，不必过分拘泥于形式，而应注意活动的实效。可综合采用多种组织形式，既培养学生的独立意识，又培养学生的团队观念和合作精神。

⑤要特别注意活动过程中的安全问题，保障学生的身心健康与安全，防止有害于学生身心及易引起诉讼的事件发生。

⑥社区服务与社会实践活动是必修的学习领域，有基本的课时保证，但在实际操作中每次活动的时间和活动量应根据学生的具体情况予以调节。这些课时可以分散使用，也可以集中使用；可以在学校学习的时间使用，也可以适当地在节假日里使用；可以单独使用，也可以与地方和学校课时结合起来使用。注意要讲求实效，不能加重学生的负担。

⑦课程实施的一般程序包括提前准备、拟订方案、实施活动、交流总结四个阶段。教师要注意各阶段的联系，并把每个阶段都作为学生学习的过程，使学生有更多参与锻炼、发挥自主性的机会。

⑧如果活动中有多方人员参与指导，教师应注意协调各方人员的关系，与之互相配合，共同发挥作用。

（3）课程实施的基本保证

教师观念的转变和实质上的重视是社区服务与社会实践活动成功的基本保证，如果没有教师实质上的支持，社会生活这一最重要的教育资源就会枯竭，社区服务与社会实践将极有可能流于形式。

社区服务与社会实践把学生的学习从课堂上拉到课堂外和学校外，从以教科书为蓝本转向了学生通过实际生活获得体验与发展，这对教师课堂讲授的传统角色提出了挑战，也使教师承担着更深刻的义务和更艰巨的任务，对教师提出了更高要求。如果学校没有高瞻远瞩、重视师资队伍建设并接受新教育观念的领导群体，如果学校没有一批具有现代教育意识，能够抛开书本、课堂与考分来考虑问题，实施课程的教师，学校就不能很好地开展社区服务与社会实践。

①更新教育观念，实现教师角色从传统到现代的转变。教师应认识到，教师的主要职责在于为学生的学习探索创设一定的教育情境、营造良好的精神氛围，把充分的学习时间和空间留给学生，而不是代替学生、强迫学生或把学生束缚在书本、课堂的圈子里。教师的作用只有体现在学生主动、积极的学习与探索活动中，才能称得上"主导作用"。

②加强教师指导、组织及协调能力的培养。在社区服务与社会实践活动中，教师尤其需要做好学校与家庭、社区和社会的协调工作，做好本课程和其他学科教学等方面的协调工作。

③在实践中培养教师。可以通过有组织的教研活动，使教师了解课程改革的总体思路和目标，领会课程纲要的主旨和要义，并在教学、科研工作中积极探索，创造性地实施课程。

3. 高中阶段社区服务与社会实践课程实施

（1）基本要求

①充分发挥学生的创造性和自主性。鼓励并要求学生自己参与设计、自己选择主题、自己组织实施、展开自我评价，尽可能让学生自己去观察、感知、判断、分析、反思和创造，将活动的实施过程作为学生改变学习方式、感悟生活的过程。

②落实活动规范，保证严肃性和真实性。每次活动要有明确的目的要求，做到任务、实践点、指导人员、责任人四落实。在社区服务与社会实践活动结束后，注意做好考勤记录和活动原始记录，要如实填写相关表格，如表5.4所示。

表5.4 学生社区服务与社会实践活动登记表

姓名		班级	
活动主题		活动实践	
活动地点			
团队成员及人数			
活动目标			
社区服务与社会实践的活动方式与内容			
活动收获与体会			
组员评价			
接收单位评价	接收单位（盖章）　　　　　　　　　　　年　月　日		
指导教师评价	指导教师（签名）　　　　　　　　　　　年　月　日		
备注			

（2）实施过程

社区服务与社会实践的实施过程会因服务的类型和内容等的不同而有形式上的具体差异，但是一般来说，所有经过精心设计的服务与实践过程都包含几个关键要素，这些要素实际上也构成了服务学习的基本实施环节。[6]

①服务与实践主题的选择。在选择服务与实践主题时需要考虑：一是尊重学生的自主性和兴趣性。社区服务与社会实践的开展，必须超越传统的服务与实践活动模式，以提升公民意识和发展社会责任感为目的和导向，把单纯为社区提供表面性服务变为通过服务为学生提供学习和发展的空间和机会。要尊重学生对活动内容的选择性，提供学生在活动中自由、主动参与和实践的机会，提升活动的挑战性和创新性。当然，在学生的公民意识与热情不高以及社会参与积极性低落的情况下，脱离教师和他人的指导，一味迁就学生的兴趣和意愿，则可能沦为"兴趣主义"，也并不科学合理。因此，在尊重学生的主动性的基础上，社区服务与社会实践的主题选择需要有一个教师和学生协商的过程，毕竟兴趣的产生经常不是自发的，而是被激发的，兴趣有一个变动的过程。二是本土化和生活化取向。所谓本土化取向，就是主题的选择应在学校或学生住家附近的社区的范围内考虑，尽量就地取材。因为社区具有可接触性和易把握性，在社区范围内选择主题，易于学校同社区的协调和组织，易于掌控活动资源，学生也更容易进入活动现场，开展实践活动，避免来回奔波；在社区范围内选择的主题，因与学生的生活世界息息相关，学生更易于感知、了解和体验。社区是社会的浓缩，服务和研究社区是服务和研究社会的起点，社会活动是在社区内进行的，通常社区能够大致反映和表现社会普遍存在的许多问题和现象，因此，对社会的考察、探究和体验可以在临近社区内见微知著地进行。可以根据社区实际，体验活动的地方特色，通过社区服务与社会实践活动，了解某一社区的地方特点，并相应地提出适切的改革和发展建议。所谓生活化取向，是指选择的活动内容要密切联系学生生活世界和心理世界特点，引导学生进入丰富的活动情境，活动的内容和形式丰富多样，不拘一格。例如可以采取访问、调查、采访、实验、宣传、制作、公益服务，甚至是郊游或野炊的方式，以更好地引起学生服务与实践的兴趣。三是预先考虑实施的可行性。选择和确定研究主题时，学校和教师应该预先对社区有一个基本的了解，针对内容主题的选择意向，预先到社区中进行实地考察，社区服务要适应社区的真实需要，以保证服务是"真服务"。社会实践要保证实践场所的现实性和安全性等，以保证学生能够真正参与实践活动。例如，如果学生决定要考察野生动物园，但是所在社区甚至所在城市都没有野生动物园，则考察活动缺乏必要的依托，因此活动没有可行性。四是有意识地与学科知识和教育目的整合。服务与实践内容的选择应有意识地和学业课程结合起来思考，应有利于学生综合运用所学学科知识解决服务与实践中的问题，应有利于促进学生积极深刻思考和体验社会，形成健康的情感、态度和价值观。

②明确服务对象和需要。开展一项社会服务活动是从确定服务对象及其需要开始的。服务对象的选择可以从以下几个范畴内考虑：一是服务对象可以是人，也可以是机构或组织；二是除了人之外，还包括动物、植物、环境等；三是从地域上来看，服务对象可以来自学校、社区、国家和国际社会。确定服务对象就是确定服务对象的需要。开展高质量的服务是社会服务的基本标准之一，而要保证服务活动的高质量，在技术层面上首先要深入研究服务对象的真实需要，不认真研究服务对象需要的所谓社会服务活动，往往是无效和无意义的，甚至可能给服务对象造成干扰或损害。可直接接触的社区（学校、学校周边社

区、家庭所在社区）构成了学生可感的日常生活实践空间，因此，从有利于直接开展服务活动的角度来说，社会服务活动的服务对象主要来自这样的社区。相应地，对于开展社会服务活动来说，一条重要的途径是调查所在社区和周边社区的需要。调查的方式包括个人的观察和体验、媒体报道、问卷调查和访谈以及咨询社区机构等，通过调查得出需要，例如校园的某一处需要绿化、低年级的某些学生需要学习辅导、社区里某所孤儿院的孩子需要陪伴和关心、社区里某个独自生活的老人在生活上需要他人帮助照料等。

③制订服务活动计划。制订服务活动计划是非常重要的，在很大程度上决定着服务过程的质量。制订计划要经历一个前期调查研究和协商讨论的过程，虽然在这个过程中要尊重学生的主体性，即推动学生以主体身份参与服务计划的构想和设计，但是这个过程离不开教师的参与指导。制订服务活动计划要通盘考虑社会服务活动的前后各种要素。可根据服务学习的内容和形式制订不同样式的服务活动计划，包括：全面考察、了解活动所需的人力、物力等条件，确定参观、服务、实践等活动的对象、时间和地点，与参观、访问的对象（人或机构）取得联系，共同商议活动如何进行，拟定活动方案，方案包括活动目标、组织思路框架和步骤、参与人员、指导者、组织形式、活动方式、资源和设备、预算、时间、地点，以及评价方式等。

④开展服务活动。开展服务活动是社会服务过程最有生机和活力的一个环节，因为在这个环节真实体现着个人与社会之间的鲜活交互关系。在进入服务现场之前必须做好扎实的准备工作。除了物质资源等方面的准备外，更重要的是做好行动前的培训工作。培训内容主要包括三个方面：一是相关的知识和技能方面的培训；二是使用工具等方面的培训；三是安全等活动过程注意事项的培训。在行动阶段，要求学生必须做好行动记录。做行动记录的直接意义是记载和留住一段过程，进而和他人一起分享行动过程里所发生的故事；更重要的是，做记录是一个推动学生进行思维整理和反思的过程，在这个过程中，学生留心着某些事情，并在这种留心中发现某些信息、整理自己的体验、检讨过程中的问题和提出进一步的行动设想，进而通过这种思维整理，可以保证行动的连续性和合理性。因此，在活动实施的时候，目的性、问题性、计划性和组织性都是活动实施过程中必要的元素，需要教师和相关人员的指导。这些元素既是活动具体开展之前的准备内容，也是活动过程中和活动过程后应关注的问题。在每次活动中，教师都要和学生一起明确活动的目的、意义，以及要服务与实践的对象和内容等。在现场活动中，教师能够提出一些问题让学生去思考，活动结束后带着问题回归，在这些问题的基础上继续让学生们讨论相关的话题。另外，在具体开展服务与实践活动的过程中，可能会出现一些与计划和设想不符的情况，这时候就需要进行恰当的调整。如果根据活动设计方案进行活动有困难，就可以根据活动过程中出现的新情况、新思路和新问题对活动计划进行修改。如果安排的任务总体难度过大或者给某位成员安排的任务超出了他的能力范围，则可以对任务加以适当调整，否则不但达不到发展实践能力的目的，反而可能使参与人员产生挫折感和沮丧感。总之，教师和相关人员要根据每位学生的能力和特点等安排或调整任务的种类和难度，任务的难度最好控制在学生的"最近发展区"内。

⑤反思服务经历。反思是社会服务非常重要的构成性特征。反思在本质上是一种发现联系的探索，对于社会服务来说，反思至少包括以下两种意义：一是反思促进形成自我意识。反思嵌入人们的意识，推动着人们思考自己的浅见、知识、经验和情感，从而获得新的情感及认识。二是反思改进和完善服务学习过程。服务行动的过程会有许多看不见的思

维盲区、行动缺点和迷思，因此需要回过头来进行反思。反思发挥着向前看的功能，反思带来的学习成果会被吸纳到服务活动的过程之中，从而成为进一步影响和改进服务活动的过程和特征的建构性要素，并且维系着服务学习过程的持续性。反思渗透于服务活动的全过程，而且反思也是社会服务过程中的一个专门步骤和阶段，这个阶段发生在服务行动结束之后，它有助于学生更全面完整地审视整个服务过程和学习体验。就反思形式来说，可以运用多种形式，例如撰写小论文和组织讨论。

⑥分享服务活动经验。分享服务活动经验是社会服务活动过程的一个必要阶段。学生都有表达和展现的需要，创造舞台让学生公开展示自己的成就，体现了对学生的社会服务活动成果的认可和尊重，这种认可和尊重会激励和鼓舞学生进一步参与社会服务活动。对于参与这种分享的他人来说，自然也能通过这种分享获得某种间接经验和启发。分享的形式多种多样。从学校的层面来说，可以编制一份报纸或者在校园里开辟展示专栏进行展示。不过，更应该充分尊重学生对某种分享形式的偏好，例如鼓励学生通过文章、图片、艺术作品、视频、幻灯片和表演等进行展示和分享。

以上是社会服务的六个要素和环节，除此之外，根据具体的社会服务活动需要可以设置评价环节，也可以在反思部分融合评价。需要注意的是，要尽量少采用量化评价的方式，多运用质性评价手段，并在评价主体上，多鼓励学生进行自我评价。

第四节　社区服务与社会实践课程的评价

社区服务与社会实践同样需要进行评价，但评价的重点在于学生是否积极参加、亲历活动与实践，在于学生是否在活动中形成积极体验、获得真实感受并增强其社会责任感，而不在于学生掌握了多少具体知识。

一、社区服务与社会实践课程评价的基本要求

1. 评价要有所侧重

完整的课程评价应包括对学生知识、技能、能力、情感、态度、价值观等方面的评价。社区服务与社会实践课程在全面评价学生的基础上，尤为注重对学生综合应用能力、社会参与意识和能力、社会责任感、服务社会的态度与能力进行评价。

2. 评价要贯穿活动的全过程

社区服务与社会实践课程不排除总结性评价，但更强调把评价贯穿在整个活动中。活动最后的成果可以作为评价时的参考依据，但主要依据应来自活动过程中学生的策划、参与、组织、体验、表现的情况。教师应明确认识到，评价是整个活动过程中不可分割的一部分，而不完全是在结束这门课程时另外进行的工作。

3. 强调学生参与评价

学生既是评价的对象，同时也是评价的主体。社区服务与社会实践课程十分重视让学生主动对自己和其他同学的活动经历进行评价，帮助学生逐步学会客观地评价自己和别人，使评价过程本身也成为学生学习、体验、发展的过程。

4. 重视评价的激励功能

社区服务与社会实践课程评价主要不是为了给学生下结论、分等级，而是为了激发学生参与活动的兴趣、改善学生的学习方式、丰富学生的生存体验、鼓励学生在活动中充分施展个性和才能。教师应营造鼓励学生积极进取的评价氛围，使学生乐于投入活动中学习，只要学生积极参与活动，即使结果不理想，也不应给其否定性的、伤害自尊心的评价。

二、社区服务与社会实践课程评价的方式

1. 自评和他评相结合

具体方式有：自我阐述与评定、其他同学推荐与评价等。

2. 日常观察与活动成果展示相结合

具体方式有：观察记录、活动表演、调查报告、成果展示等。

3. 教师评价与家长、社区有关人员的评价相结合

具体方式有：档案袋、评语、活动记录、其他人（包括家长和社区有关人士）推荐与评价等。

复习思考题

1. 简述社区服务与社会实践课程的内涵和特点。
2. 简述社区服务与社会实践课程的价值。
3. 简述各学段社区服务与社会实践课程的理念。
4. 简述各学段社区服务与社会实践课程的目标和内容。
5. 简述各学段社区服务与社会实践课程实施的过程和策略。
6. 简述社区服务与社会实践课程的评价原则和方法。

参考文献

[1] 国家九年义务教育课程综合实践活动指导纲要（3～6年级）[EB/OL]. http://www. 360doc. com/content/07/1013/20/11977_808381. shtml.

[2] 教育部关于印发《中小学综合实践活动课程指导纲要》的通知[EB/OL]. (2017 - 09 - 27). http://www. moe. gov. cn/srcsite/A26/s8001/201710/t20171017_316616. html.

[3] 3～6年级社区服务与社会实践教育实施指南[EB/OL]. (2011 - 03 - 20). http://blog. sina. com. cn/s/blog_5c4e98840100pzp6. html.

[4] 7～9年级社区服务与社会实践教育实施指南[EB/OL]. (2009 - 11 - 19). http://blog. sina. com. cn/s/blog_5c66611a0100g081. html.

[5] 社区服务与社会实践教育实施指南[EB/OL]. (2011 - 03 - 20). http://blog. sina. com. cn/s/blog_5c4e98840100pzp6. html.

[6] 仲建维，综合实践活动课程之"社会服务"：内涵、价值与实施[EB/OL]. (2018 - 04 - 22). http://www. hnjyhd. com/news/kechengyanjiu/2018 - 04 - 22/858. html.

第六章　中小学综合实践活动领域Ⅳ ——信息技术教育

 学习目标

学习完本章，应该能做到：

- 掌握信息技术教育课程的内涵和特点
- 了解信息技术教育课程的基本理念
- 掌握各学段信息技术教育课程的目标和内容
- 掌握各学段信息技术教育课程实施的过程和策略
- 掌握各学段信息技术教育课程的评价原则和方法

1999 年《中共中央国务院关于深化教育改革全面推进素质教育的决定》指出："在高中阶段的学校和有条件的初中、小学普及计算机操作和信息技术教育。"为此，教育部印发的《关于在中小学普及信息技术教育的通知》指出："从 2001 年开始，用 5～10 年的时间，在中小学（包括中等职业技术学校）普及信息技术教育，以信息化带动教育的现代化，努力实现我国基础教育跨越式的发展。"[1] 2000 年 11 月 14 日，教育部印发了《中小学信息技术课程指导纲要（试行）》，对中小学信息技术教育的教学目标、教学内容、课时安排、考核评价等做了具体而明确的规定。在信息化社会的今天，迅速地筛选和获取信息、准确地鉴别信息、创造性地加工和处理信息，是所有社会成员应具备的，如同"读、写、算"一样重要的，终生有用的基础能力之一。加快在中小学普及信息技术教育，提高信息技术课程的效益，对实现教育信息化、全面推进素质教育具有重要意义。

第一节　信息技术教育课程概述

一、信息技术教育课程的内涵与特点

1. 信息技术教育课程的内涵

《国家九年义务教育课程综合实践活动指导纲要（7～9 年级）》劳动与技术教育·信

息技术教育实施指南指出："信息技术教育是为了适应技术迅猛发展的信息时代对人才培养提出的新要求而设置的学习领域，是综合实践活动课程中以培养学生的信息素养和信息技术操作能力为主要目标，以操作性、实践性和探究性为特征的基本学习领域之一。"[2]信息技术不仅是综合实践活动有效实施的重要手段，而且是综合实践活动的重要内容，在综合实践活动课程中，信息技术教育具有特殊性。信息技术教育的有效实施可以提高学生利用信息技术有效开展各学科学习和探究活动、积极参与社会实践、主动进行终生学习的能力；可以拓展学生适应现代社会生活所需的信息技术技能，巩固信息素养和技术创新意识，对于培养国家建设和国际竞争所需的信息技术人才、提高全社会的科技文化水平具有非常重要的作用。

2. 信息技术教育课程的特点

作为综合实践活动的基本领域，信息技术教育具有自身的特点，它不仅有着自己的目标、任务，而且还是综合实践活动实施的基本手段、工具，融于综合实践活动之中。综合实践活动课程中的信息技术教育领域的特点主要有以下几个。[3]

（1）综合性

作为综合实践活动课程的学习领域之一，信息技术教育在目标、内容和学习方式上都具有综合性。首先，信息技术教育的目标是培养学生的信息素养。而信息素养是一种综合能力，信息素养的培养不能局限于信息技术教育内容的教学，还应面向学生的整个生活世界，不仅要为学生利用信息技术解决现实生活问题提供机会，还要帮助学生提升数字化生存的综合素质。其次，信息技术教育的学习内容与其他学科课程密切相关。在学科课程和综合实践活动中应用信息技术解决问题，能更好地培养学生的信息意识和信息能力，彰显信息技术教育的价值。最后，因为信息技术教育既是综合实践活动的重要内容，又是开展研究性学习、社区服务与社会实践等综合实践活动的重要手段。因此，学生在利用信息技术进行学习、创作的过程中，要充分发挥个体的主观能动性，综合运用各种学习方式，特别是网络环境下的自主学习、探究学习、协作学习等，以培养创新精神和实践能力。

（2）实践性

培养学生应用信息技术解决实际问题的能力是信息技术教育的核心目标，而"做中学"是实现这一目标的主要方式，这体现了信息技术教育的实践性特征。首先，信息技术的基本技能需要学习者反复操作练习，以获取直接经验，为解决现实生活问题打下基础。这种以信息实践为主的基础学习常采取项目引导、任务驱动、主题活动等形式，选取模仿学习、问题解决学习、体验学习、游戏学习、探究学习、实验学习、设计学习等方式进行个人的、小组的、集体的以及多种形式相互融合的学习活动。其次，在综合实践活动中，信息技术作为一种辅助实践的工具手段，不但能有效地提升学习者解决现实问题的能力，还能帮助学习者探究信息技术与社会生活、信息技术与自身的关系，逐步养成数字化生存必需的信息意识、情感和价值观。

（3）开放性

信息技术教育的开放性，主要体现在学习环境和学习内容两方面。首先，以多媒体技术和网络技术为代表的信息技术对教育的渗透，主要体现在学习环境的变革。信息时代的学习环境呈现出数字化、网络化、多媒体化和智能化的技术特征，为信息技术教育营造了开放的教学环境，也拓宽了综合实践活动的时空范围，为学生提供了开放、自由、个性化的学习空间。其次，信息技术教育的目的不在于训练学生掌握某种软件工具的用法，而是培养学生利用信息技术解决问题的意识和能力，从而理解信息社会的信息文化，更好地"学会生存"。因此，信息技术教育的学习内容不应受教材的限制，而应以信息技术为基础，基于学习者的需求和特点，开放地设计学习活动。让学生在做中学、在设计中获取经验、在协作和创造中收获体验、在评价中学会反思。

作为综合实践活动领域之一的信息技术教育，超越了封闭的单一学科知识体系和固定的课堂教学时空局限，为学习者提供开放的学习空间。开展基于网络的校际合作学习项目，能大大提高学生的学习兴趣，有利于培养学生自主学习、团结协作和勇于创新的能力。

（4）文化性

信息技术是人类的一种文化财富。信息技术在凝结一定的原理和方法、体现科学性的同时，也携带着丰富的文化信息，体现着一定的人文特征。信息技术文化不仅包括信息技术的基础知识和应用方法，还包括与信息技术相关的行为、道德、法制、价值观等文化要素。信息素养与"读、写、算"三大基础学力共同构成了信息社会的文化基石，是人类在信息社会生存的基本素质。因此，信息技术教育一方面注重学生对信息及信息技术基础知识、基本技能的主动建构，注重与信息素养相关的认知能力、判断能力、想象能力、批判能力、创造能力以及应用信息技术解决实际问题能力的有效培养，还注重发掘信息技术所蕴藏的艺术感以打动学生的内心；另一方面，信息技术教育注重学生对信息道德、信息伦理、信息文化的内化，引导学生形成积极的有关信息时代的世界观、人生观、价值观，增强他们的网络道德观念和责任心，养成利用计算机和网络开展学习的良好行为习惯。

二、信息技术教育课程的价值

教育部印发的《基础教育课程改革纲要（试行）》在规定新课程的结构时，将信息技术教育规定为综合实践活动课程的内容之一，并强调"在课程的实施过程中，加强信息技术教育，培养学生利用信息技术的意识和能力"。那么，如何理解"信息技术教育"的价值，这是综合实践活动研究必须回答的基本问题。[3]

1. 生活价值：丰富学习者的生存方式

信息时代，学生的真实生活世界不仅包括现实社会，还包括由数字技术构建的虚拟社会。在数字时代出生并成长着的儿童常常被称为"数字原住民"（Digital Natives），他们不仅生活在现实的世界中，"还生活在另一个星系中——那个由网站、电子邮件、短信和移动电话组成的数字宇宙中"。可见，如何在数字世界中处理人与数字化自然、人与虚拟社会、人与虚拟伙伴以及人与虚拟自我的关系，不仅挑战着新一代学习者的生存方式，也给教育带来了新的研究课题。作为综合实践活动课程的一个领域，信息技术教育应该密切学习者与虚拟社会生活的联系，提供亲历体验数字化生活的机会，培养学习者数字化生存的能力，发展学习者利用信息技术进行创新活动的技能。

2. 文化价值：为终身学习奠定基础

"终身学习"和"学习化社会"概念的提出，要求教育突破学校教育的狭隘眼界，扩展到人的一生，并与社会密切结合，让"学会学习"成为每个人的基本生存能力。那么如何在浩如烟海的信息海洋里寻找信息、利用信息解决问题，成为信息社会人们面临的挑战？信息技术不仅改变着人们的生产方式和生活方式，也改变着人们的思维方式和学习方式。以信息能力为核心的信息素养，与"读、写、算"三大基础学力共同构成了信息社会的文化基石，成为人们进入信息社会的通行证，它是信息社会每一个人赖以生存、生活和学习的基本素养。信息素养是一个含义广泛、综合性极强的概念，主要由信息意识、信息知识、信息能力和信息伦理道德四部分构成。其中，信息能力是信息素养的核心成分，是指利用信息技术手段积极主动开展收集信息、判断信息、处理加工信息、表达信息、创造信息、合情合理地传播信息的综合信息能力。信息素养不仅是终身学习的基础，还是学习者学习各类学科课程和综合实践活动的文化基础。信息技术教育正是以信息素养为培养目标，鼓励学习者转变学习方式，发展终身学习的意识、习惯和能力，以适应信息文化新环境。

3. 课程价值：促进课程形态的多样化

2000 年 10 月，教育部决定将"信息技术"课程列为我国中小学必修课，并从 2001 年开始，用 5～10 年时间，分三个阶段在全国普及信息技术教育，以信息化带动教育的现代化，实现我国基础教育跨越式发展。此时，信息技术教育是以开设独立的信息技术学科课程为主，脱胎于传统的以计算机知识为核心的计算机课程，其目标、内容、学习方式、评价方式等课程元素都有据可循。然而，从实践上看，信息技术课程或过于重视信息技能训练，或过于追求看似"枯燥又无用"的程序设计等计算机技术的讲授，这些课程内容其实远离学生的生活。信息技术教育的双本体观认为："信息技术教育是两个部分的复合物，一个是大众文化取向的部分，一个是技术取向的部分，它们分别是大众信息技术和信息技术的技术母体向基础教育映射的结果。"信息技术教育的理想境界是使学生在学习和生活中，自觉、流畅、健康地参与信息技术和文化的实践。因此，开展信息技术学科课程、以信息技术教育为核心的综合实践活动以及信息技术与其他课程的整合活动等，都是实施信息技术教育的途径。

三、信息技术课程的基本理念

1. 小学和初中信息技术课程的基本理念

（1）面向全体学生

信息技术课程是义务教育阶段课程的组成部分，每一个学生在经过学习之后都应该达到课程的标准要求。学生不能因地区、经济环境或文化背景的差异而被取消和削弱在信息技术方面的学习，应当尽一切可能创造条件让每个学生都获得在信息技术课程方面的共同发展；面向全体学生，还应关注学生在学习信息技术课程方面的个体差异，在学生达到基本目标的基础上，鼓励学生的个性发展。

（2）立足于学生的发展

信息技术课程应该通过各种活动形式让学生感受信息技术对社会生活的影响，培养学生学习信息技术的兴趣，体验、了解并初步掌握信息的获取、加工、管理、评价、表达和交流的过程及思想与方法，建立起对待信息技术的科学态度，树立起正确的世界观和价值观，为学生的可持续发展奠定良好的基础。

（3）倡导自主、合作、探究的学习方式

信息技术课程必须根据学生身心发展和信息技术学习特点，关注学生的个体差异和不同的学习需求，呵护学生的好奇心、求知欲，激发学生的主动意识和进取精神。积极倡导

自主、合作、探究的学习方式，给学生提供充分的探究空间，让学生通过手脑并用的实践活动，体验探究的乐趣，学习科学探究的方法，发展科学探究的能力，形成尊重事实、善于质疑的科学态度，使学生的信息素养在主动学习信息技术的过程中得到发展。

（4）注重学科渗透

信息技术课程在内容和活动的编排、组织上应充分拓宽信息技术学习和运用的领域，使师生可以超越学科界限。它强调不同学科知识与技能，过程与方法，情感、态度与价值观的相互渗透，进而从整体上来建构学生开放型的知识结构，帮助学生发展知识迁移的能力，使学生得到全方位的发展。

（5）倡导面向全体学生的发展性评价

信息技术课程倡导面向全体学生的发展性评价，重视每个学生在已有基础上获得的发展。评价既要关注学生学习结果，更要关注学生学习的过程，还要关注学生在活动中所表现出来的情感与态度，帮助学生认识自我，建立信心；评价的主要目的是全面了解学生的学习历程，激励学生的学习；评价指标应该是多元的，要包括信息素养的各个方面；评价方法应该是多样的；评价主体应包括教师、学生、家长等。

2. 高中信息技术课程的基本理念

（1）提升信息素养，培养信息时代的合格公民

信息素养是信息时代公民必备的素养。高中信息技术课程以义务教育阶段课程为基础，以进一步提升学生的信息素养为宗旨，强调通过合作解决实际问题，让学生在信息的获取、加工、管理、表达与交流的过程中，掌握信息技术、感受信息文化、增强信息意识、内化信息伦理，让高中学生发展成适应信息时代要求的具有良好信息素养的公民。

（2）营造良好的信息环境，打造终身学习的平台

以高中信息技术课程的开设为契机，充分调动家庭、学校、社区等各方力量，整合教育资源，为高中学生提供必备的软硬件条件和积极健康的信息内容，营造良好的信息氛围。既关注当前的学习，更重视可持续发展，为学生打造终身学习的平台。

（3）关照全体学生，建设有特色的信息技术课程

信息技术课程应充分考虑高中学生起点水平及个性方面的差异，强调学生在学习过程中的自主选择和自我设计；提倡通过课程内容的合理延伸或拓展，充分挖掘学生的潜力，实现学生个性化发展；关注不同地区发展的不均衡性，在达到课程标准的前提下，鼓励因地制宜、特色发展。

（4）强调问题解决，倡导运用信息技术进行创新实践

高中信息技术课程强调结合高中学生的生活和学习实际设计问题，让学生在活动过程中掌握应用信息技术解决问题的思想和方法；鼓励学生将所学的信息技术积极地应用到生产、生活乃至信息技术革新等各项实践活动中去，在实践中创新，在创新中实践。

（5）注重交流与合作，共同建构健康的信息文化

高中信息技术课程鼓励高中学生结合生活和学习实际，运用合适的信息技术，恰当地表达自己的思想，进行广泛的交流与合作，在此过程中共享思路、激发灵感、反思自我、增进友谊，共同建构健康的信息文化。

第二节　信息技术教育课程的目标与内容

一、信息技术教育课程的目标

《中小学信息技术课程指导纲要（试行）》指出："中小学信息技术课程的主要任务是：培养学生对信息技术的兴趣和意识，让学生了解和掌握信息技术基本知识和技能，了解信息技术的发展及其应用对人类日常生活和科学技术的深刻影响。通过信息技术课程使学生具有获取信息、传输信息、处理信息和应用信息的能力，教育学生正确认识和理解与信息技术相关的文化、伦理和社会等问题，负责任地使用信息技术；培养学生良好的信息素养，把信息技术作为支持终身学习和合作学习的手段，为适应信息社会的学习、工作和生活打下必要的基础。"[4]

1. 小学阶段信息技术教育课程的目标

小学阶段信息技术教育的有效实施可以为学生利用信息技术开展各学科学习、探究活动乃至终生学习奠定良好基础；可以从小培养学生适应现代社会生活所需的信息技术技能、信息素养和技术创新意识；对于培养国家建设和国际竞争所需的信息技术人才、提高全社会的科技文化水平具有非常重要的作用。

（1）《中小学信息技术课程指导纲要（试行）》对小学阶段信息技术教育课程目标的规定

《中小学信息技术课程指导纲要（试行）》对小学阶段的目标进行了明确的规定。[4]

①了解信息技术的应用环境及信息的一些表现形式。

②建立对计算机的感性认识，了解信息技术在日常生活中的应用，培养学生学习、使用计算机的兴趣和意识。

③在使用信息技术时学会与他人合作，学会使用与年龄发展相符的多媒体资源进行学习。

④能够在他人的帮助下使用通信远距离获取信息、与他人沟通，开展直接和独立的学习，发展个人的爱好和兴趣。

⑤知道应负责任地使用信息技术系统及软件，养成良好的计算机使用习惯和责任意识。

（2）《国家九年义务教育课程综合实践活动指导纲要（3～6年级）》对小学阶段信息技术教育课程目标的规定

《国家九年义务教育课程综合实践活动指导纲要（3～6年级）》规定，信息技术教育的目的在于"帮助学生发展适应信息时代需要的信息素养。这既包括发展学生利用信息技术的意识和能力，还包括发展学生对浩如烟海的信息的反思和辨别能力，形成健康向上的信息伦理"。具体包括以下规定。

①形成运用计算机处理信息的基本能力。

②树立与终身学习和现代社会生活相适应的信息意识，形成积极的信息技术学习态度，养成健康负责的信息技术使用习惯。

③学会利用信息技术工具收集与处理信息，以支持学习、探究和解决日常生活问题。

④学会使用常用信息处理工具，运用写作、绘画、表格等多种方式，灵活地表达想法、创意和研究结果。

⑤学会运用常用远程通信工具进行合作学习，开展健康的社会交往。

⑥学会设计和制作简易机器人，体验"采集信息—处理信息—控制动作"的基本过程。

小学信息技术强调学生在实践活动中，体验借助计算机和网络获取、处理、表达信息，并用以解决实际问题、开展学科学习的过程；在活动中感知信息的重要性，初步形成良好的信息意识；通过动手操作，掌握利用计算机等常见信息处理工具收集、处理信息的操作与方法；形成积极参加信息技术活动，主动探究信息技术工作原理和信息科技奥秘的求知欲；在参与实践活动的过程中，观察、思考和讨论与信息技术应用相关的社会现象，养成适当的信息技术使用习惯。

2. 初中阶段信息技术教育课程的目标

（1）《中小学信息技术课程指导纲要（试行）》对初中阶段信息技术教育课程目标的规定

《中小学信息技术课程指导纲要（试行）》对初中阶段的目标进行了明确的规定。[4]

①增强学生的信息意识，了解信息技术的发展变化及其对工作和社会的影响。

②初步了解计算机基本工作原理，学会使用与学习和实际生活直接相关的工具和软件。

③学会应用多媒体工具、相关设备和技术资源来支持其他课程的学习，能够与他人协作或独立解决与课程相关的问题，完成各种任务。

④在他人帮助下学会评价和识别电子信息来源的真实性、准确性和相关性。

⑤树立正确的知识产权意识，能够遵照法律和道德行为负责任地使用信息技术。

（2）《国家九年义务教育课程综合实践活动指导纲要（7~9年级）》对初中阶段信息技术教育课程目标的规定

《国家九年义务教育课程综合实践活动指导纲要（7~9年级）》规定，信息技术教育的目的在于"帮助学生发展适应信息时代需要的信息素养。这既包括发展学生利用信息技术的意识和能力，还包括发展学生对浩如烟海的信息的反思和辨别能力，形成健康向上的信息伦理"。由于国家没有出台初中阶段信息技术教育课程的课程标准，这里以《江苏省义务教育信息技术课程指导纲要》为例，来介绍初中阶段信息技术课程的目标，具体目标包括以下几个。[5]

①知识与技能。

a. 了解信息技术发展的历程、现状与趋势，初步了解信息、数据、编码等知识。

b. 熟悉几种典型的信息技术工具，并能通过比较说明其特点，掌握其基本应用技能。

c. 了解计算机病毒的一般特征与严重危害，掌握防毒、杀毒的基本方法。

②过程与方法。

a. 能根据需要确定信息需求，选择合适的途径获取信息，并能够甄别信息。

b. 熟悉信息获取、管理、加工、发布并交流的几种基本方法。

c. 熟悉信息处理的一般过程，了解几种不同的工具、技术，能够利用它们完成任务或设计制作作品，并能对过程和结果进行评价。

d. 综合利用多种网络通信工具开展深入持续的网络合作与交流，拓展学习空间。

③情感态度与价值观。

a. 关注与日常生活和学习密切相关的信息技术新发展，热心参加与信息技术相关的活动，并积极利用信息技术支持其他学科的学习。

b. 增强技术利用中的责任感和技术创新的使命感，形成良好的网络道德。

c. 自觉遵守信息社会中公认的行为规范和道德准则，能够合理地引用他人观点或使用他人成果。

d. 积极参与各种与信息技术教育有关的创新设计与开发活动。

初中信息技术强调学生在实践活动中，体验借助计算机和网络获取、处理、表达信息并用以解决实际问题、开展学科学习的过程；在活动中理解感知信息的重要性，分析信息编码以及利用计算机等常见信息处理工具处理信息的一般过程；发展积极参加信息技术活动，主动探究信息技术工作原理和信息科技奥秘的兴趣；在参与实践活动的过程中，思考、讨论和分析与信息技术应用相关的社会现象，养成正确的信息技术使用习惯。

3. 高中阶段信息技术教育课程的目标

(1)《中小学信息技术课程指导纲要（试行）》对高中阶段信息技术教育课程目标的规定

《中小学信息技术课程指导纲要（试行）》对高中阶段的目标进行了明确的规定。[4]

①使学生具有较强的信息意识，较深入地了解信息技术的发展变化及其对工作、社会的影响。

②了解计算机基本工作原理及网络的基本知识，能够熟练地使用网上信息资源，学会获取、传输、处理、应用信息的基本方法。

③掌握运用信息技术学习其他课程的方法。

④培养学生选择和使用信息技术工具进行自主学习、探讨的能力，以及在实际生活中应用的能力。

⑤了解程序设计的基本思想，培养逻辑思维能力。

⑥通过与他人协作，熟练运用信息技术编辑、综合、制作和传播信息及创造性地制作多媒体作品。

⑦能够判断电子信息资源的真实性、准确性和相关性。

⑧树立正确的科学态度，自觉地按照法律和道德行为使用信息技术，进行与信息有关的活动。

(2)《普通高中技术课程标准（实验）》对高中信息技术教育课程目标的规定

《普通高中技术课程标准（实验）》的"通用技术"部分，规定了高中通用技术课程在知识与技能、过程与方法、情感态度与价值观方面的具体目标。[6]

普通高中信息技术课程的总目标是提升学生的信息素养。学生的信息素养表现在：对信息的获取、加工、管理、表达与交流的能力；对信息及信息活动的过程、方法、结果进行评价的能力；发表观点、交流思想、开展合作并解决学习和生活中实际问题的能力；遵守相关的伦理道德与法律法规，形成与信息社会相适应的价值观和责任感。具体可以归纳为以下三个方面。

①知识与技能。

a. 理解信息及信息技术的概念与特征，了解利用信息技术获取、加工、管理、表达与交流信息的基本工作原理，了解信息技术的发展趋势。

b. 能熟练地使用常用信息技术工具，初步形成自主学习信息技术的能力，能适应信息技术的发展变化。

②过程与方法。

a. 能从日常生活、学习中发现或归纳需要利用信息和信息技术解决的问题，能通过问题分析确定信息需求。

b. 能根据任务的要求，确定所需信息的类型和来源，能评价信息的真实性、准确性和相关性。

c. 能选择合适的信息技术进行有效的信息采集、存储和管理。

d. 能采用适当的工具和方式呈现信息、发表观点、交流思想、开展合作。

e. 能熟练运用信息技术，通过有计划的、合理的信息加工进行创造性探索或解决实际问题，如辅助其他学科学习、完成信息作品等。

f. 能对自己和他人的信息活动过程和结果进行评价，能归纳利用信息技术解决问题的基本思想方法。

③情感态度与价值观。

a. 体验信息技术蕴含的文化内涵，激发和保持对信息技术的求知欲，形成积极主动地学习和使用信息技术、参与信息活动的态度。

b. 能辩证地认识信息技术对社会发展、科技进步和日常生活学习的影响。

c. 能理解并遵守与信息活动相关的伦理道德与法律法规，负责任、安全、健康地使用信息技术。

上述三个层面的目标相互渗透、有机联系，共同构成高中信息技术课程的培养目标。在具体的教学活动中，要引导学生在学习和使用信息技术、参与信息活动的过程中，实现知识与技能、过程与方法、情感态度与价值观等不同层面信息素养的综合提升和协调发展，不能人为地割裂三者之间的关系或通过孤立的活动分别培养。

二、信息技术教育课程的内容

（一）小学阶段信息技术教育课程的内容

1. 小学阶段信息技术教育课程内容模块

《中小学信息技术课程指导纲要（试行）》对小学阶段的内容做出了明确的规定：小学信息技术课程教学内容目前要以计算机和网络技术为主（教学内容附后），教学内容分为基本模块和拓展模块（带＊号）。基本模块是对学生的基本要求，拓展模块是对学生的较高要求。各区县可根据教学目标和当地的实际情况，在保证学生掌握基本模块内容的基础上，适当选取拓展模块的内容。[4]

（1）模块一：信息技术简介

①初步了解信息技术基本工具的作用：采集信息、存储信息、传输信息、处理信息，如录音机、电话机、传真机、电视机、磁盘、光盘、照相机、雷达、计算机等。

②从外观上了解计算机的基本组成和作用。

③比较熟练地掌握键盘和鼠标器的基本操作。

④初步了解承载信息的几种媒体；了解计算机在学习、生活中的应用。

⑤了解与信息技术相关的文化、道德和责任；培养使用计算机的良好习惯。

（2）模块二：操作系统简单介绍

①掌握操作系统的简单使用方法。

②学会一种汉字输入方法。

③学会文件和文件夹（目录）的基本操作。

（3）模块三：用计算机画画

①学会使用基本的绘图工具。

②学会绘制图形。

③学会给图形着色。

④学会编辑修饰图形。

（4）模块四：用计算机作文

①掌握一种文字处理软件的基本操作。

②学会文章编辑、排版和保存的基本方法。

③学会插入图片、艺术字（美术字）和表格。

（5）模块五：网络的简单应用

①了解有关网络的基本常识。

②学会使用浏览器浏览信息、下载并保存有用信息。

③学会收发电子邮件。

（6）模块六：用计算机制作多媒体作品

①了解多媒体素材类型。

②学会一种常用的多媒体制作工具制作、编辑简单的多媒体作品。

③学会展示多媒体作品。

（7）＊模块七：LOGO 绘图

①学会用 LOGO 基本绘图命令绘制基本图形，添加颜色，并组成组合图形。

②学会用 LOGO 音乐命令演奏乐曲。

③了解用控制命令操作机器人的方法。

④了解 LOGO 简单编程。

2. 小学信息技术教育的内容及目标要求[7]

（1）形成运用计算机处理信息的基本能力

①能识别计算机的外观和常用输入设备（如鼠标、键盘）、输出设备（如监视器、打印机）及其他常用外接设备（如音箱、耳机、话筒等）；能通过动手组装或观看组装示范，探究计算机的基本构成，认识不同部件的基本功能。

②通过打字任务或简单的游戏，熟悉计算机的基本操作，熟练操作常用输入输出设备。

③能在实际操作的基础上，总结利用计算机输入、存储、加工、输出信息的基本流程；借助自己获取、加工信息的经验，体验计算机在处理信息方面的优势，知道计算机是现代信息技术的核心。

（2）树立与终身学习和现代社会生活相适应的信息意识，形成积极的信息技术学习态度，养成健康负责的信息技术使用习惯

①结合生活和学习经验，体验信息在生活、学习、科研中的重要作用，逐步形成理性

认识信息价值、敏锐捕捉有用信息、主动获取相关信息、甄别筛选正确信息、共享交流有益信息的良好信息意识；初步形成判断和使用健康信息、主动抵触不良信息的信息道德判断能力；能讨论每个个体在学习共同体和社会公共知识创新中的责任，初步形成积极参与有益信息创作和知识创新的意识。

②通过身边的事例或观看案例，体验现代信息技术在获取、加工、存储、表达和交流信息方面的作用。理解信息技术是人的信息加工器官的延伸，讨论人类发明创造信息技术的基本历程，形成乐于学习、勤于操作、敢于创新的信息技术学习态度，树立不断提高自身信息素养和技术操作能力，主动参与科技创新的意愿。

③观察和列举日常生活、学科学习和其他综合实践活动中信息技术的常见应用，能讨论这些技术应用带来的利弊。

④能讨论应用信息、信息产品、信息技术设备和软件时涉及的法律、法规和道德问题，描述不恰当应用带来的后果；初步养成负责地使用技术设备和信息资料的习惯，初步形成尊重他人的信息成果和信息产品的知识产权意识；养成保护自己信息安全的意识，学会防查杀病毒、简单的文件加密（如设置使用口令）等信息保护方法。

（3）学会利用信息技术工具收集与处理信息，以支持学习、探究和解决日常生活问题

①能根据学科学习和其他活动需要，分析所需的信息及其类型，讨论确定合适的信息来源（如他人、书籍、报刊、光盘、录像、电视、互联网等），学会从不同信息来源收集资料的方法（如实验、调查、访谈等）。对信息收集过程进行一定的规划，初步形成信息需求分析的意识和习惯。

②学会利用常用设备（如数码相机、探测器、扫描仪、录音机等）获取第一手的数字化信息，或利用常见信息技术设备对传统介质的信息进行必要的数字化转换，学会利用计算机输入和存储资料；能利用计算机的资源管理功能对文件资料进行合理的分类整理，并能迅速查找和提取自己所需的信息；通过比较和实际体验，感受对信息进行数字化编码、存储和管理的优势，认识到数字化是信息技术的核心概念之一。

③能熟练有效地运用远程通信工具和在线资源（如 E-mail、互联网等），浏览、查找、下载和保存远程信息，以支持自主学习、合作探究及其他问题解决需要。

④能根据任务需要评价信息的相关性、准确性、适切性和可能存在的偏差，甄别和选用有价值的信息。

（4）学会使用常用信息处理工具，运用写作、绘画、表格等多种方式，灵活地表达想法、创意和研究结果

①能根据内容的特点，思考表达意图和作品风格，初步学会选择合适的文字、图表、图像、声音等素材，对作品进行设计和规划。

②学会运用合适的技术（如文字处理软件、电子表格软件、多媒体制作软件等）对原始素材进行初步的编辑、加工和集成，制作简单的电子文稿、数据图表、多媒体演示文稿等电脑作品。

③能根据作品特点和受众的需要，学会选择合适的方式演示或发布电脑作品，表达主题和创意。

④能对自己和他人的电脑作品进行评议，并在评议的基础上对电脑作品进行必要的优化以增强表现力。比较利用信息技术制作电脑作品与传统制作过程和传统作品的异同。

⑤讨论所用信息技术工具的优缺点，提出可能的技术改进建议，形成初步的技术创新

意识。

（5）学会运用常用远程通信工具进行合作学习，开展健康的社会交往

①学会使用电子邮件与他人共享信息、获取支持、表达观点或开展合作。

②学会使用在线讨论工具或已有学习网站，讨论课程相关问题或开展持续深入的主题研讨。

③学会使用网页制作软件，规划、设计、制作、发布简单的网站，通过网站共享信息、发表看法、发布成果、交流思想，支持合作探究或其他有意义的社会活动。

④能观察和讨论网络交往中产生的法律、法规和道德问题，在使用网络与人交往时，能遵守相关的法律、法规和网络礼仪；能结合实例，讨论网络应用对个人信息资料与身心安全的潜在威胁，形成网络交往中必要的自我保护意识，知道不恰当的网络应用和网络交往可能产生的后果。

*（6）学会设计和制作简易机器人，体验"采集信息—处理信息—控制动作"的基本过程

①能识别简易机器人的基本构造；说出各类传感器（如声音、光敏、红外、温度、触摸）的功能及其对人类功能的模拟。能描述机器人各部分的功能和工作原理，如通过传感器收集信息，通过程序来判断处理信息、控制外部动作等。

②研究和了解现代机器人的发展趋势，讨论机器人与人类在解决相关问题上的优缺点。例如，机器人对复杂情况的反应，机器人可以完成哪些人类难以完成的任务等。

③学会根据生活和学习中的实际需要，设计、动手制作或组装简单的实物机器人（如机器人导盲、机器人迎宾、机器人灭火、机器人踢足球、机器人走迷宫等），将编制好的控制程序（使用流程图方式）导出到实物机器人，运行机器人并对机器人及其控制程序进行必要的调试和修改。

④在不具备实物机器人的情况下，也可以利用机器人仿真环境来模拟机器人的运动，调试用流程图编制的简单的控制程序；初步感受利用程序解决问题的一般过程。

3. 内容的设置和选择原则

（1）以兴趣为起点，以活动为主线

强化信息技术学习与学生生活经验和社会实践的联系，淡化学科体系，避免脱离实践的命令罗列。

（2）鼓励跨学科的活动主题，实现技术学习与技术应用之间的整合

应注意从各学科学习任务中设计活动主题，引导学生以学科学习任务为载体探究和掌握信息技术。同时，加深学生对信息技术在学科学习中价值的理解，推动学生利用信息技术开展学科学习，解决研究性学习问题，实现信息技术作为学习对象与学习工具的双重价值。

（3）适应地区差异，体现地域特色

在达到基本要求的基础上，各地在内容选择及其难度设置上，应适应本地设备、师资及学生的现状；活动选题要体现各地经济社会发展的需要，体现地域特色，鼓励多样而合理的选题。

（4）体现个别差异，鼓励技术创新

学习内容应丰富多样，要求应分水平，以适应学生的个别差异和特殊发展需求；鼓励学生自主选择活动主题、讨论确定合适的活动方式，活动空间要打破教室和书本的局限，鼓励更自主的技术实践与更开放的科技探究与技术创新。

《中小学综合实践活动课程指导纲要》对 3～6 年级信息技术活动推荐了一些主题，并进行了简要的说明，如表 6.1 所示。[8]

表6.1　教育部推荐的3～6年级信息技术活动主题及其说明

活动主题	简要说明
1. 我是信息社会的"原住民"	认识计算机的外部组件，学习鼠标操作，体验用计算机听音乐、看电影、学习课件等。了解信息和信息处理工具，初步掌握计算机的基础知识和基本操作，认识信息、信息技术在社会生活中的重要性，建立初步的信息意识
2. "打字小能手"挑战赛	掌握键盘知识和基本指法，学会用键盘输入的方法，为今后的信息技术学习打好基础，体验数字化学习带来的乐趣
3. 我是电脑小画家	学习使用画图类的软件，利用鼠标作画来描绘身边的美好生活，熟练掌握鼠标操作的技巧，为今后的信息技术学习打好基础，同时形成相互协作、共同完成任务的意识
4. 网络信息辨真伪	启动浏览器，浏览网站，利用搜索引擎搜索并获取自己需要的信息，在此基础上，学习保存需要的网页。掌握在网络上搜索信息的能力，提高判断真实信息和虚假信息的能力
5. 电脑文件的有效管理	掌握查看文件的基本操作方法；新建文件夹，以及复制、移动、删除文件等；建立共享文件夹，在局域网中共享文件，体会文件在信息管理中的重要性
6. 演示文稿展成果	了解演示文稿的结构，学习在文稿中插入幻灯片，复制、删除、移动演示文稿中的幻灯片，在幻灯片中输入文字以及插入艺术字和图像；设置简单的动画效果，为演示文稿设置超链接和动作，保存、预览、打印文稿等。增强信息意识，培养利用数字化工具完成作品设计与创作的能力
7. 信息交流与安全	申请电子信箱并收发电子邮件，按需求管理电子信箱中的电子邮件，了解垃圾邮件的危害；学会使用一种即时通信工具；申请网络博客，并发表个人博客；了解计算机病毒，学习查杀计算机病毒的操作方法。养成规范、文明的交流习惯，树立安全意识
8. 我的电子报刊	录入文字并保存，设置段落对齐的方式、文字格式和间距，制作艺术字标题，在文档中插入图片，使用在线素材库，给文本框添加边框、背景、阴影等效果，绘制形状图，给文章添加页眉、页码、脚注，利用插入的表格进行求和、计算平均数、求最大数等，发布与交流电子报刊作品。了解文字处理软件的用途及使用方法，感受用表格展示信息的特点，初步形成数据处理的基本能力和意识
9. 镜头下的美丽世界	使用数字拍照设备拍摄图像、视频，用图像管理软件浏览图像，设置图像管理软件的参数，学习批量操作图像文件，调整图像的明暗、色调，裁剪图像，为图像添加边框，生成电子相册等；学习用视频编辑软件截取视频片段、合并视频、转换视频文件的格式等。体验数字化图像、视频为人们生活、学习带来的便利，并初步接触知识产权、肖像权等知识，增强信息意识与信息社会责任

续表

活动主题	简要说明
10. 数字声音与生活	录制声音，保存声音，了解声音文件的基本格式，连接、混合声音，剪切声音片段，设置淡入淡出的效果，转换声音文件的格式等。体验数字化声频为人们生活、学习带来的便利，提高数字化学习与创新的信息素养，进一步加深对知识产权的理解，增强信息社会责任
11. 三维趣味设计	了解三维设计的基本思路，理解三维设计的应用，用三维建模软件设计一些与学习、生活相关的物品，亲历在综合情境下运用多种技术实现个性化、定制化产品研发的过程。学会利用技术解决真实问题，并初步感受文化创意产品的传播规律
12. 趣味编程入门	了解所学语言编程的基本思路，理解所学编程语言中程序设计的基本结构，掌握编程的方法和步骤，编写出简单的程序。通过学习简单的编程语言，初步树立计算思维的信息素养，为中高年级程序语言的学习打好基础
13. 程序世界中的多彩花园	利用建模的思想，使用程序编写的方式绘制各种图案，结合其他工具制作出明信片或者填色书，让不同的学生进行手工填色，完成各种各样的精彩图画。体会程序设计在美术制作领域中的作用，体会技术和艺术之间取长补短的关系，提升审美素养
14. 简易互动媒体作品设计	使用常见的外部设备，结合常见的编程语言，设计通过多样化的信息输入方式呈现各种有趣效果的互动作品。培养将新奇创意变为现实的意识，掌握人机互动的原理，体会跨学科学习的魅力，提高动手实践能力
15. 手工制作与数字加工	将电路知识和艺术设计结合起来，制作一个手绘图案的盒子，将各种电子元器件连接在盒子内部，使之成为发光的盒子。然后利用计算机将手绘的图案变成可以复制的、大规模印刷的电子文档，制作一排"发光墙"。初步了解大工业生产模式和手工模式的区别和联系，亲历单元设计以及单元联结成大型装置的过程，理解模块的概念在艺术设计中的应用

（二）初中阶段信息技术教育课程的内容

初中信息技术教育内容分为基础性内容和拓展性内容。基础性内容是学生运用信息技术开展学科学习和综合实践活动，以适应现代社会生活的必要基础，是必修内容；拓展性内容是针对信息技术条件较好的地区以及在信息技术方面学有余力的学生设置的选择性学习内容，以引导学生在信息技术学习的广度和深度上进一步发展。[9]

1. 初中阶段信息技术教育课程内容的设置和选择原则

（1）与小学和高中信息技术教育的衔接

初中信息技术教育的内容应以小学阶段规定的内容为基础，不再采用"零起点"的内容设置；同时注意与高中信息技术课程标准有关规定的衔接，为学生在高中阶段的学习奠定必要的基础。

（2）以兴趣为起点，以活动为主线，螺旋上升地设置内容

以符合初中学生年龄特点和认知规律的实践任务为主线，组织初中学生进一步学习信息技术的内容。淡化学科体系，打破各操作软件之间的界限，将学生必须掌握的软件知识和操作技能有机融合到不同学年的实践活动中，通过活动引领学生螺旋上升式学习必要的软件操作。初中阶段的学习尤其要注意引导学生综合运用小学所学的信息技术知识与技能。

（3）鼓励跨学科的活动主题，实现技术学习与技术应用之间的整合

应注意从各学科学习任务中设计活动主题，引导学生以学科学习任务为载体探究和掌握信息技术。同时，加深学生对信息技术在学科学习中价值的理解，推动学生利用信息技术开展学科学习、解决研究性学习问题，实现信息技术作为学习对象与学习工具的双重价值。

（4）适应地区差异，体现地域特色

在达到基本要求的基础上，各地在内容选择及其难度设置上，应适应本地设备、师资及学生的现状；活动选题要体现各地经济社会发展的需要，体现地域特色，鼓励多样但不失合理的选题。

（5）体现个别差异，鼓励技术创新

学习内容应丰富多样，要求要分水平，以适应学生的个别差异和特殊发展需求。鼓励学生自主选择活动主题、讨论确定合适的活动方式。活动空间要打破教室和书本的局限，鼓励更自主的技术实践与更开放的科技探究与技术创新。

2. 初中信息技术教育的内容及目标要求

（1）了解信息社会的含义，体验和分析信息技术对学习和生活的影响，表现出良好的信息意识和信息技术使用习惯

①结合学习和生活经验，了解信息的概念及主要特征，讨论衡量信息社会的主要标志。结合自身应用信息技术的经验，进一步讨论信息的价值，在日常生活和学习中表现出理性认识信息价值、敏锐捕捉有用信息、主动获取相关信息、甄别筛选正确信息、共享交流有益信息的良好信息意识；进一步提高判断和使用健康信息、主动抵触不良信息的信息道德判断能力；讨论每个个体在学习共同体和社会公共知识创新中的责任，形成积极参与有益信息创作和知识创新的意识。

②结合实例，了解常见的信息编码方式及其对信息处理的意义。

③调查身边常用的信息技术工具，了解常用信息技术的类别及其在学习、工作和科研中的用途。

④能列举和分析信息技术的发展变化对工作、学习和社会发展的影响，并能就某个专题进行调查、研究。

⑤在使用信息产品、信息技术设备和软件时，能自觉遵守相关的法律、法规和道德规范，理解不恰当应用带来的后果；了解知识产权的简单知识，养成负责地使用技术设备和信息资料的习惯，学会规范的论文、著作、网络资料等不同资料来源的引用方式；形成保护自己信息安全的意识，知道如何在局域网或互联网中保护自己信息资料和人身安全。

（2）探究和初步理解计算机的结构和工作原理

①能结合应用实践，总结和描述计算机系统的硬件和软件构成，初步认识互联的概念及与单机的区别。在具备网络的学校中，学生应熟悉局域网的常用功能。

②了解常见硬件设备的作用及其常用的关键技术指标，比较不同指标对计算机功能的实际影响。学会根据学校、家庭或工作场所的具体需要，设计计算机的软硬件配置方案。

③讨论分析操作系统在计算机中的重要性和主要功能，认识操作系统的重要性。

④学习或进一步熟悉资源管理器的有关功能及相关步骤和命令（如格式化、恢复格式化，建立目录、复制、移动、搜索，常用硬盘管理功能，设置安全与共享等）。通过实践，加深对资源管理的认识，养成资源管理的意识。

（3）利用互联网有效获取信息，支持学科学习，解决实际问题

①根据学习或实践需要，提高使用互联网搜索、浏览和下载信息的能力。体验超链接在网页中的作用，提高信息获取能力，学会合法、合理地使用网络工具和资源。

②能根据学习主题或实践任务，识别网上信息的真实性、准确性和相关性，能讨论网络信息获取与其他信息获取形式的异同点。

③能利用 BBS、电子邮件、即时通信等网络交流工具传递信息、表达思想、辅助学习。学会判断不良信息、主动抵触不友好网络交往的必要方式，如学会管理电子信箱和反垃圾邮件的方法，学会在 BBS、QQ、MSN 等工具上判断并主动预防不良信息的方法等。

（4）学会制作动画作品，直观地表达动态信息或描述过程

①欣赏并分析动画作品，比较动画与其他信息表达方式的联系与区别，分析动画在信息表达方面的独特性。

②通过剖析作品，了解动画的制作原理，熟悉动画制作的基本概念。

③学会使用一种常用动画制作工具，设计、制作动画，表达动态信息或描述过程。

（5）学会使用电子表格软件进行简单的数据处理，支持学科学习和研究性学习

①根据学科学习和研究性学习的需要，学会使用电子表格输入或记录数据，并对数据进行整理、分类、成表。

②根据需要，学会用电子表格的公式与函数对数据进行必要的计算和处理。

③能通过数据分析，得出结论或发现规律。

④学会使用电子表格的图表功能，直观地呈现统计结果或研究结论，增强研究结论结果的说服力。

（6）能使用常用信息处理工具，综合运用写作、绘画、表格、动画等多种方式，设计、制作并发布多媒体作品

①能根据内容的特点和信息表达的需要，确定表达意图和作品风格，选择适合的素材和信息表现形式，并对制作过程进行规划。

②能根据表达的需要，综合考虑文本、图像、音频、视频、动画等多种媒体形式的素材的优缺点和适用性，选择合适的素材并形成组合方案；学会使用适当的工具采集必要的图像、音频、视频等多媒体素材。

③学会运用合适的软件和工具（如文字处理软件、电子表格软件、动画制作软件、图像加工软件、简单的音频和视频处理软件等）对原始素材进行初步的编辑、加工。

④使用自己熟悉的多媒体制作软件（有条件的可学会使用一种新的多媒体制作软件），集成各类素材，制作多媒体作品。

⑤能根据作品特点和受众的需要，选择合适的方式演示或发布电脑作品，表达主题和创意。

⑥能讨论形成多媒体作品的评价标准，对自己和他人的多媒体作品及其制作过程进行评价，能在评议的基础上对电脑作品进行有效的优化以增强表现力；能比较利用信息技术

制作电脑作品与传统制作过程和传统作品的异同。

⑦讨论所用信息技术工具的优缺点，提出可能的技术改进建议，形成技术创新意识。

（7）通过网站设计与制作进行合作学习，开展健康的社会交往

①结合自己使用网站的经验，比较网站与其他多媒体作品之间的异同，比较网站和网页的关系，了解网站的基本结构。

②学会根据学习或社会交往的需要，设计学习支持网站或其他主题网站，学会合理规划网站的内容栏目和必要的交互功能。

③学会使用合适的网站制作工具（如"所见即所得"工具）制作网站，尝试使用常用网站制作技巧支持课程学习、合作研究或健康的社会交往，例如，利用表格对网页进行布局，了解和使用导航功能，设置超链接，初步了解（如能看懂简单标识）超文本标记语言（HTML）的作用。

④在使用网站及相关现代通信技术开展学习和交往的过程中，能认识到网络影响的两面性，讨论遵守相关法律法规、行为规范的意义，在活动中表现出健康、负责和符合网络礼仪的行为。能讨论分析网络安全的重要性，学会必要的网络信息安全保护方法。

*（8）设计和制作机器人，以机器人为载体，体验并初步学会通过程序设计解决问题的基本过程

小学阶段未开设机器人选修课的初中学校，可参照下述要求组织相关教育活动。

①了解简易机器人的基本构造；说出各类传感器（如声音、光敏、红外、温度、触摸）的功能及其对人类功能的模拟；能描述机器人各部分的功能和工作原理，如通过传感器收集信息，通过程序来判断处理信息、控制外部动作等。

②研究和了解现代机器人的发展趋势，讨论机器人与人类在解决相关问题上的优缺点。例如，机器人对复杂情况的反应；机器人可以完成哪些人类难以完成的任务等。

③学会根据生活和学习中的实际需要，设计、动手制作或组装简单的实物机器人（如：机器人导盲、机器人迎宾、机器人灭火、机器人踢足球、机器人走迷宫等），将编制好的控制程序（使用流程图方式）导出到实物机器人，运行机器人并对机器人及其控制程序做出必要的调试和修改。或使用简单易学的程序语言（如 LOGO）编制简单的程序控制机器人做出简单动作或解决简单问题。

④在不具备实物机器人的情况下，也可以利用机器人仿真环境来模拟机器人的运动和调试使用流程图编制的简单的控制程序；感受利用程序解决问题的一般过程。

小学阶段已开设机器人选修课的初中学校，可参照下述要求组织相关教育活动。

①在制作和操纵简单机器人的基础上，探究机器人的机械装置、电子装置，了解计算机程序控制机器人做出各种动作的简单流程，体验机器人对信息技术多个门类的综合运用。

②通过使用和剖析一段机器人（仿真）程序，感知程序和程序设计语言；了解"确定算法—编程实现"这一计算机解决问题的一般过程。

③通过剖析机器人教学平台中的程序实例，理解程序的基本结构。

④学会使用一种机器人编程控制软件编制小程序，在仿真环境中运行或导出到实物机器人中运行程序，观察计算机运行程序的结果。根据运行结果对程序进行必要的修改和优化。

⑤开展机器人创意实践活动，学会搭建实物机器人（在不具备搭建实物机器人时，学

会规划搭建机器人的创意实践活动，能描述搭建常用机器人的方法）；初步了解复合结构的机器人及其搭建方法。

⑥了解机器人领域的发展前沿，分析我国在机器人领域与先进国家存在的差距，树立责任感。

⑦通过合作设计、搭建机器人及参加有关竞赛活动，学会分工协作，培养团队精神。

《中小学综合实践活动课程指导纲要》对7～9年级信息技术活动推荐了一些主题，并进行了简要的说明，如表6.2所示。[8]

表6.2　教育部推荐的7～9年级信息技术活动主题及其说明

活动主题	简要说明
1. 组装我的计算机	熟悉计算机硬件的基本构成，掌握进制与编码，了解计算机的特点，认识常见的智能终端；了解计算机软件的基本构成、开源软件的发展等。认识计算机这类智能终端对人们日常生活带来的影响，提高数字化学习与创新素养，增强信息意识
2. 组建家庭局域网	了解互联网的发展历史以及在我国的应用现状，了解互联网对社会的影响；熟悉IP地址和域名的组成、类型以及发展趋势，理解IP地址、网址和域名三者的对应关系；认识常见的网络类型，熟悉常用的网络设备，利用无线路由器组建无线局域网。增强健康、安全使用网络的意识，进一步提高网络应用能力，增强信息意识与信息社会责任
3. 数据的分析与处理	学习电子表格软件管理数据和分析数据的思路和方法，根据主题开展数据调查，了解电子表格的基本功能，编辑加工和处理调查数据，建立统计图表，分析数据反映的现象和事实，编写数据分析报告。认识数据对人们日常生活的影响，进一步提高计算思维能力、数字化学习与创新素养，增强信息意识
4. 我是平面设计师	了解数字图形图像的分类和特点，认识图像分辨率与输入、显示、输出分辨率的关系以及图像颜色深度、色彩与图像文件大小的关系，掌握图像的常用存储格式及其格式转换，图像压缩的必要性及其主要压缩方法，图层、通道、滤镜、路径、蒙版的综合应用。形成二维平面设计的能力和意识，提高数字化学习与创新素养，增强信息意识和信息社会责任
5. 二维三维的任意变换	使用纸模型软件将三维建模软件生成的立体图案，转化成二维的平面打印机可以打印的平面图纸，并且通过折纸粘贴等方式制作立体模型。了解三维和二维之间的关系，通过比较三维打印和纸模型粘接这两种构建三维形体的方式，体会不同工艺之间的区别和联系，并且能根据需要选择不同的工艺
6. 制作我的动画片	认识视频和动画文件的格式，了解视频的含义以及动画的基本原理，了解视频和动画的主要应用领域，掌握动画的制作流程，能根据主题制作简单的视频和动画作品。了解动画的应用及发展前景，学习简单的动画软件，体验动画在日常生活中的广泛应用，提高数字化学习与创新素养，增强信息意识和信息社会责任
7. 走进程序世界	了解程序设计的基本过程和方法；熟悉程序设计语言的用法，掌握常量、变量、函数等基本概念，理解程序的三种基本结构，知道人与计算机解决问题方法的异同，尝试编写、调试程序。激发编程的兴趣，培养逻辑思维能力，进一步理解计算思维的内涵，提高数字化学习与创新素养，增强信息意识和信息社会责任

续表

活动主题	简要说明
8. 用计算机进行科学实验	通过计算机程序获取传感器实时采集的信息，并把这些信息记录在数据库中；对这些数据进行二次分析，验证之前的假设，甚至发现新的规律，初步感受大数据时代的研究方法，提高探究真实问题、发现新规律的能力
9. 体验物联网	通过常见的开源硬件和电子模块，利用免费的物联网云服务，搭建各种物联网作品，如校内气象站、小鸡孵化箱等项目，体验物联网的应用。理解物联网的原理，熟悉常见的传感器编程方法，掌握物联网信息传输的常见方法，培养参与科学研究的兴趣，提升综合素质
10. 开源机器人初体验	通过常见的电子模块，用3D打印或者激光切割等方式自制各种结构件，结合开源硬件，设计有行动能力的机器人。初步了解仿生学，分析生物的过程和结构，并把得到的分析结果用于机器人的设计，体验跨学科学习

（三）高中阶段信息技术教育课程的内容

教育部印发的《普通高中技术课程标准（实验）》指出：高中信息技术课程包括必修与选修两个部分，共六个模块，每个模块2学分。必修部分只有"信息技术基础"一个模块，2学分。它与九年义务教育阶段相衔接，是信息素养培养的基础，是学习后续选修模块的前提。该模块以信息处理与交流、信息技术与社会实践为主线，强调让学生掌握信息的获取、加工、管理、表达与交流的基本方法，在应用信息技术解决日常学习、生活中的实际问题的基础上，通过亲身体验与理性建构相结合的过程，感受并认识当前社会信息文化的形态及其内涵，理解信息技术对社会发展的影响，构建与社会发展相适应的价值观和责任感。建议该模块在高中一年级第一学期开设。[10]

1. 必修课程——信息技术基础

"信息技术基础"以信息处理与交流为主线，围绕学生的学习与生活需求，强调信息技术与社会实践的相互作用。本模块是高中学生信息素养提升的基础，也是学习各选修模块的前提，具有普遍价值，为必修模块。通过本模块的学习，学生应该掌握信息的获取、加工、管理、表达与交流的基本方法；能够根据需要选择适当的信息技术交流思想，开展合作，解决日常生活、学习中的实际问题；理解信息技术对社会发展的影响，明确社会成员应承担的责任，形成与信息化社会相适应的价值观。本模块的教学要强调在信息技术应用基础上提升信息素养；要面向学生的日常学习与生活，让学生在亲身体验中培养信息素养。本模块由以下几个主题组成。

（1）信息获取

①内容标准。

a. 描述信息的基本特征，列举信息技术的应用实例，了解信息技术的历史和发展趋势。例：烽火台、信函、电报电话、广播电视、计算机网络代表着信息传播技术发展的不同阶段。

b. 知道信息来源的多样性及其实际意义；学会根据问题确定信息需求和信息来源，并选择适当的方法获取信息。

c. 掌握网络信息检索的几种主要策略与技巧，能够合法地获取网上信息。

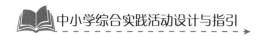

d. 掌握信息价值判断的基本方法，学会鉴别与评价信息。

②活动建议。信息技术使人们能在最短的时间里（甚至是同步）了解到世界各地发生的事情。比如在互联网上，天气信息可以随着气象台的预报同步更新，但并不是所有进行天气预报的网站都充分利用了这个优势。试就这个专题展开调查，了解相关网站上的天气预报情况，就其更新速度、准确性（与实际情况相比较）等指标进行统计和分析，寻找更新最及时和最值得信赖的天气预报网站。

（2）信息加工与表达

①内容标准。

a. 能够根据任务需求，熟练使用文字处理、图表处理等工具软件加工信息，表达意图；选择恰当的工具软件处理多媒体信息，呈现主题，表达创意。例：可使用多媒体素材加工软件、多媒体制作软件、网页制作软件等处理多媒体信息。

b. 合乎规范地使用网络等媒介发布信息、表达思想。

c. 初步掌握用计算机进行信息处理的几种基本方法，认识其工作过程与基本特征。

d. 通过部分智能信息处理工具软件的使用，体验其基本工作过程，了解其实际应用价值。例1：模式识别类包括光学字符识别（OCR）、手写汉字输入、语音汉字输入等。例2：自然语言识别类包括自然语言对话与机器翻译等。

②活动建议。使用计算机解决实际问题的方法是多种多样的，除可使用文字处理、图表处理或加工软件进行信息处理以外，直接使用计算机程序解决实际问题也是一个基本方法。教师可以演示并解剖一段实用的计算机程序实例，也可以根据具体情况，让学生使用一种高级语言编程工具解决一个简单问题。使用双向翻译软件，先将一段英文短文翻译成中文，然后将该中文内容再次翻译成英文，考察机器翻译的准确性，讨论机器翻译的优缺点。访问一个自然语言处理网站，用自然语言与其中的机器人对话，通过寻找其"谈话"的破绽，讨论当前使用计算机理解自然语言的局限性。

（3）信息资源管理

①内容标准。

a. 通过实际操作或实地考察，了解当前常见的信息资源管理的目的与方法，描述各种方法的特点，分析其合理性。例1：个人藏书、图书馆藏书、音像资料、互联网信息等都是信息资源，都需要管理。例2：实施教学信息资源管理的目的是提高教学资源利用率，提高教学效率与质量等。

b. 通过使用常见的数据库应用系统，感受利用数据库存储、管理大量数据并实现高效检索方面的优势。

c. 通过对简单数据库的解剖分析，了解使用数据库管理信息的基本思想与方法。

②活动建议。在教师的引导下，选择一个与课程学习有关的专题，分组讨论建立数据库的方法，设计建立数据库的方案。可根据实际情况，适度参加学校教学资源库建设。访问某个在线数据库，譬如"科学数据库"，就某一个主题进行查询，如"眼睛与视力"，并对查询资料进行统计和分析，就资料的准确性、丰富性、权威性等进行讨论。

（4）信息技术与社会

①内容标准。

a. 探讨信息技术对社会发展、科技进步以及个人生活与学习的影响。例1：利用互联网等多种信息渠道进行调查，制订蔬菜新品种引进计划。例2：E-mail 方便了人们的沟通与交流，但垃圾邮件又给人们带来困扰。

b. 能利用现代信息交流渠道广泛地开展合作，解决学习和生活中的问题。

c. 增强自觉遵守与信息活动相关的法律法规的意识，负责任地参与信息实践。

d. 在使用互联网的过程中，认识网络使用规范和有关伦理道德的基本内涵；能够识别并抵制不良信息；树立网络交流中的安全意识。

e. 树立信息安全意识，学会病毒防范、信息保护的基本方法；了解计算机犯罪的危害性，养成安全的信息活动习惯。

f. 了解信息技术可能带来的不利于身心健康的因素，养成健康使用信息技术的习惯。例1：青少年长期沉溺于网络容易诱发实际生活中的社交恐惧症。例2：长时间凝视监视器屏幕容易导致眼睛疲劳，影响健康。

②活动建议。假定学校要为学生开设网上讨论区，需要制定一份守则规范大家的行为准则。根据本校的实际情况，展开调研并撰写这个准则。有一幅著名漫画，题目为"在互联网上没有人知道你是一条狗"；又有人撰文说"别以为你是一条隐藏很深的狗"。组织学生讨论：网络中的匿名化活动带来哪些新的伦理问题。从传播结构上看，电话是点对点的信息传播网，广播电视是点对面的信息传播网，计算机网络是点/面对点/面的信息传播网。结合具体实例，讨论信息传播结构的不同及其对社会生活的影响。

2. 选修课程

信息技术科目的选修部分包括"选修1：算法与程序设计""选修2：多媒体技术应用""选修3：网络技术应用""选修4：数据管理技术""选修5：人工智能初步"五个模块，每个模块2学分。选修部分强调在必修模块的基础上关注技术能力与人文素养的双重建构，是信息素养培养的延续，是支持个性发展的平台。模块内容设计既注重技术深度和广度的把握，适度反映前沿进展，又关注技术文化与信息文化理念的表达。在选修部分的五个模块中，"算法与程序设计"是作为计算机应用的技术基础设置的；"多媒体技术应用""网络技术应用""数据管理技术"是作为一般信息技术应用设置的；"人工智能初步"是作为智能信息处理技术专题设置的。为增强课程选择的自由度，五个选修模块并行设计，相对独立。各选修模块的开设条件有所不同，各学校至少应开设"算法与程序设计""多媒体技术应用""网络技术应用""数据管理技术"中的两个，也要制定规划，逐步破除经费、师资、场地、设备等因素的制约，开出包括"人工智能初步"在内的所有选修模块，为学生提供更丰富的选择。建议将选修模块安排在高中一年级第二学期或以后开设。其中"算法与程序设计"模块与数学课程中的部分内容相衔接，应在高中二年级第一学期或以后开设。

信息技术的部分相关内容安排在"通用技术"科目中，如在其必修模块"技术与设计Ⅱ"中设置有"控制与设计"主题，在选修部分设置有"电子控制技术"和"简易机器人制作"两个模块。针对确能代表信息技术发展趋势，但对条件要求较高，不宜在国家课程中硬性规定的内容，允许自行开发相应的地方课程或者校本课程。学校还要善于发现确有信息技术天赋和特长的学生，并给予专门的培养。

选修1：算法与程序设计

本模块的学习目的是使学生在原有基础上进一步体验算法思想，了解算法和程序设计在解决问题过程中的地位和作用；能从简单问题出发，设计解决问题的算法，并能初步使用一种程序设计语言编制程序，实现算法解决问题。本模块为选修模块。本模块的教学，应注意与数学课程中有关内容的衔接，要强调理论与实践的结合，引导学生注意寻找、发现身边的实际问题，进而设计出算法和计算机程序去解决这些问题。教师要注意发现对程序设计有特殊才能的学生，根据具体情况为他们提供充分的发展空间。本模块强调的是通过算法与程序设计解决实际问题的方法，对程序设计语言的选择不进行具体规定。本模块由以下几个主题组成。

（1）计算机解决问题的基本过程

①内容标准。

a. 结合实例，经历分析问题、确定算法、编程求解等应用计算机解决问题的基本过程，认识算法和程序设计在其中的地位和作用。

b. 经历用自然语言、流程图或伪代码等方法描述算法的过程。

c. 在使用计算机解决实际问题的过程中，通过观看演示、模仿、探究、实践等环节，了解顺序、选择、循环三种基本结构及其重要作用，掌握计算机程序的基本概念，能解释计算机程序执行的基本过程。

d. 了解程序设计语言、编辑程序、编译程序、连接程序以及程序开发环境等基本知识。

②活动建议。有专家认为，对于能够借助计算机技术来解决的问题，可以按照其结构化程度分成三种类型：结构化问题，指能够通过形式化（或称公式化）方法描述和求解的一类问题；非结构化问题，指难以用确定的形式来描述，主要根据经验来求解的问题；半结构化问题则介于上述两者之间。请依照该思路，调查结构化问题的实例，并归纳解决此类问题的一般规律。

（2）程序设计语言初步

①内容标准。

a. 理解并掌握一种程序设计语言的基本知识，包括语句、数据类型、变量、常量、表达式、函数。会使用程序设计语言实现顺序、选择、循环三种控制结构。例1：顺序结构如统计一个用户一年的水费、电费、煤气费。例2：选择结构如设计一个邮包计费程序，凡不超过20千克的邮包按每千克0.85元收取费用；如果超过20千克，超过部分按每千克1元计算。例3：循环结构如为校园歌手大赛设计一个评分程序，共10名评委，去掉一个最高分、一个最低分，计算平均分。

b. 理解模块化程序设计的基本思想，初步掌握其基本方法。

c. 初步掌握调试、运行程序的方法。

d. 在使用某种面向对象程序设计语言解决问题的过程中，掌握面向对象程序设计语言的基本思想与方法，熟悉对象、属性、事件、事件驱动等概念并学会运用。

e. 能够说出程序设计语言产生、发展的历史与过程，并能够解释其意义。

②活动建议。选择实例，根据解决问题的要求分析设计算法，恰当地使用三种控制结构编写源程序，调试并运行该程序，在过程中体验程序设计语言的逻辑特点。分别就模块化程序设计的思想与方法、面向对象的程序设计语言的思想与方法展开讨论，展望计算机程序设计的发展趋势。

（3）算法与问题解决列举

①内容标准。

A. 解析法与问题解决。

a. 了解解析法的基本概念及用解析法设计算法的基本过程。

b. 能够用解析法分析简单问题，设计算法，编写程序求解问题。例1：使用一根长度为 L 厘米的铁丝，制作一个面积为 S 的矩形框，要求计算出满足这种条件的矩形的高 h 和宽 w。（本例问题可以归结成求一元二次方程的根）；例2：计算从 y_1 年 m_1 月 d_1 日起，到 y_2 年 m_2 月 d_2 日之间的天数。

B. 穷举法与问题解决。

a. 了解穷举法的基本概念及用穷举法设计算法的基本过程。

b. 能够根据具体问题的要求，使用穷举法设计算法，编写程序求解问题。例1：一张单据上有一个五位数的号码，其中百位数和千位数已模糊不清，但知道该数能被 57 或 67 除尽。设计一个算法，找出该单据原有可能的号码。例2：在一个直角三角形中，三条边 a、b、c 的长度都为整数，且一条直角边 a 的长度已确定，斜边 c 的长度不能超过某数 I，找出满足条件的所有直角三角形。

C. 查找、排序与问题解决。

a. 了解数组的概念，掌握使用数组存储批量数据的基本方法。

b. 通过实例，掌握使用数据查找算法设计程序解决问题的方法。例：使用顺序查找算法和对分查找算法查找校运动会上某个班级或者某个运动员的比赛成绩。

c. 通过实例，掌握使用排序算法设计程序解决问题的方法。例：设计一个程序，按照选择交换法，把学校运动会比赛成绩（无序）按降序排序后存储。

D. 递归法与问题解决。

a. 了解使用递归法设计算法的基本过程。

b. 能够根据具体问题的要求，使用递归法设计算法、编写递归函数、编写程序、求解问题。例1：写出两个正整数乘积 $m×n$ 的递归函数。例2：写出阶乘 $n!$ 的递归函数。

②活动建议。从其他科目的学习或者生活实际中选择问题，确定解决该问题所需要的算法和计算公式，用流程图描述问题的计算过程，编写程序，调试并运行该程序，获得问题的答案，并讨论该问题解决过程与所得答案的特点。在已学知识的基础上，通过教师指导以及自主调查，了解常用算法，探讨待解决的问题与算法之间的关系，尝试归纳算法与程序设计应用的一般规律，讨论使用计算机程序设计解决问题的优势和局限性。

选修2：多媒体技术应用

多媒体技术的应用，在改善人机交互效果、提高信息交流效率、促进合作方面具有重要作用。针对多媒体技术在生活中的实际应用而设置的"多媒体技术应用"是选修模块。通过本模块的学习，学生应该在亲身体验的过程中认识多媒体技术对人类生活、社会发展的影响；学会对不同来源的媒体素材进行甄别和选择；初步了解多媒体信息的采集、加工原理，掌握应用多媒体技术促进交流并解决实际问题的思想与方法；初步具备根据主题表达的要求，规划、设计与制作多媒体作品的能力。本模块教学要密切结合学生学习与生活的实际，注重利用多媒体表现创意、表达思想，实现直观有效的交流。本模块由以下几个主题组成。

（1）多媒体技术与社会生活

①内容标准。

a. 能够说出多媒体技术的现状与发展趋势，关注多媒体技术对人们的学习、工作、

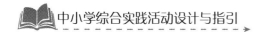

生活的影响。

b. 通过调查和案例分析，了解多媒体在技术数字化信息环境中的普遍性。例：PC 机上基于图形用户界面的操作系统就是一个多媒体产品。

c. 通过网络浏览、使用多媒体软件或阅读相关资料，体验和认识利用多媒体技术呈现信息、交流思想的生动性和有效性。例 1：改变网络浏览器的多媒体支持属性设置，观察并体会改变前后的使用效果。例 2：对同一组数据，分别采用电子数表与饼形图、柱状图等形式表示，比较其表达效果的差异。

d. 体验并了解多媒体作品的集成性、交互性等特征。

②活动建议。通过阅读资料、网络浏览或参观多媒体技术产品展览等途径，在自己感兴趣的多媒体技术应用领域（如教育、商业、医疗、军事、新闻出版、娱乐等）选定一个主题（如阅读、电脑、风筝、足球等），就多媒体技术的应用现状和发展趋势，多媒体技术对人们学习、工作、生活等方面的影响进行归纳与分析，将结果制作成演示文稿在小组或班级内交流。多媒体技术在宣传、广告等方面有很好的呈现效果，但多媒体信息的泛滥也给人们带来诸多麻烦。试分析网络浏览时"无用"信息对感官的干扰以及对注意力的强占等负面作用。在此基础上，就"读图时代""眼球经济"等概念与多媒体技术应用之间的关系问题开展讨论。

（2）多媒体信息采集与加工

①内容标准。

a. 了解常见的多种媒体信息，如声音、图形、图像、动画、视频的类型、格式及其存储、呈现和传递的基本特征与基本方法。例 1：不同种类的计算机动画具有不同的构成要素和表达特点。例 2：流媒体在信息传输方面具有较强的优势。

b. 能选择适当的工具，分别对声音、图形、图像、动画、视频等信息进行采集；能解释多媒体信息采集的基本工作思想。例 1：通过麦克风录制声音并存储为声音文件，分析声音采样、编码的简单原理。例 2：从多媒体光盘或互联网上获取视频文件，或利用视频抓图软件捕捉屏幕上的视频片段并存为 AVI 格式的视频文件。

c. 能根据信息呈现需求，选择适当的工具和方法，分别对声音、图形、图像、动画、视频等多种媒体信息进行适当的处理。

②活动建议。通过实例分析，研讨多媒体信息存储、呈现与传递的特点，总结不同的媒体信息对表现主题、表达思想的作用；分析合理选择与恰当运用不同类型的媒体，对表现主题、传递信息所产生的影响。

（3）多媒体信息表达与交流

①内容标准。

a. 通过网络浏览、软件使用和资料阅读，理解多媒体技术是人类在信息社会中表达思想、实现交流的一种有效技术。例：以不同方式组织文本、声音、图片、动画乃至视频等不同类型的信息，可以适用于不同的表达与交流任务。

b. 通过案例分析，了解从问题解决的需要出发，规划、设计、制作多媒体作品的一般方法。

c. 学会使用非线性方式组织多媒体信息。

d. 能根据表达、交流或创造的需要，选择适当的媒体和多媒体编辑或集成工具完成多媒体作品，实现表达意图，并能够对创作过程与结果进行评价。

e. 能使用一种常用的工具制作简单的虚拟现实作品，并能描述其基本特点。例：使用全景环视工具制作一个简单的作品。

f. 通过评价与鉴赏他人的多媒体作品，体验其创作思想，明了其中所蕴含的意义。

②活动建议。设计并制作一个多媒体作品，例如"可爱的家乡""保护水资源"等。采用小组合作方式确定主题、规划内容、选择媒体、策划创意、设计信息呈现方式，完成作品。在班级或年级内展示，相互交流、共同欣赏。

选修 3：网络技术应用

"网络技术应用"模块介绍网络的基本功能和互联网的主要应用，是选修模块。通过本模块的学习，学生应掌握网络的基础知识和基本应用技能；掌握网站设计、制作的基本技术与评价方法；体验网络给人们的生活、学习带来的变化。本模块的教学，要注重激发学生对网络技术和参与创造性活动的兴趣；要结合实际条件，把网络技术基础知识和基本技能整合到学生的日常学习和生活中去，避免技术与应用、理论与实践相脱节；要充分展示网络技术发展的指导思想，展示网络技术与现代社会生活的相互作用。本模块由以下几个主题组成。

（1）互联网应用

①内容标准。

a. 通过使用互联网，了解互联网服务的基本类型、特点与应用领域；了解互联网服务组织的类型、提供的服务与服务特点。例1：互联网服务通过信息交流、信息获取、资源共享等功能来实现。例2：互联网服务的应用领域包括电子商务、远程医疗、远程教育、网上娱乐等。例3：ASP（应用服务提供商）和 ISP（互联网接入服务商）有不同的服务内容和服务特点。

b. 通过尝试与分析，了解互联网信息检索工具的类型与特点；知道搜索引擎、元搜索引擎（又称集成搜索引擎）等互联网信息检索工具的产生背景、工作原理与发展趋势；掌握常用互联网信息检索工具的使用方法，能熟练使用检索工具获取所需信息。

c. 通过使用或演示，了解与人们学习、生活密切相关的互联网应用技术的基本使用方法，初步了解其基本工作思想。例1：基于流媒体的互联网音频、视频技术目前已经广泛应用于远程教育、网上娱乐等方面。例2：ICQ 不仅可用于网络寻呼，还有聊天、文件传输等功能。

d. 能够根据实际需求选择恰当的方式方法，利用互联网获取所需信息、实现信息交流；体验互联网在跨时空、跨文化交流中的优势，分析其局限性。例：互联网较好地支持了人们的交流，但语言壁垒对网上跨文化交流有阻碍作用。

②活动建议。以小组为单位，通过网络浏览，了解不同类型网站（如政府网站、商业网站、教育网站、新闻网站、娱乐网站等）在内容、呈现方式以及所发挥作用等方面的差别。进一步就某一类互联网服务的一个专题进行网络调查研究，如浏览商业网站，就互联网在商务活动中的应用价值、存在的问题与发展前景开展调查和讨论。

（2）网络技术基础

①内容标准。

a. 了解计算机网络的主要功能、分类与拓扑结构。

b. 理解网络协议的基本概念，能描述网络的开放系统互联协议（OSI）分层模型的基

本思想，能描述 TCP/IP 协议的基本概念、思想与功能。例：了解互联网协议 IPv6 的产生背景，比较 IPv6 与 IPv4 的优劣。

c. 能列举并解释网络通信中常用的信息交换技术及其用途。例：IP 电话采用的是分组交换技术，传统电话采用的是电路交换技术。

d. 能描述浏览器/服务器（B/S）结构、客户机/服务器（C/S）结构的概念与特点。

e. 理解 IP 地址的格式与分类；知道域名的概念和域名解释的基本过程。

f. 知道 IP 地址、域名的管理办法及相应的重要管理机构。例1：中国互联网信息中心的主要任务包括注册服务（域名注册、IP 地址分配等）、目录数据库服务、信息服务、网站访问流量认证等。例2：国际性的互联网组织包括互联网协会（Internet Society，ISOC）、互联网名称与数字地址管理机构（Internet Corporation for Assigned Names and Numbers，ICANN），它们都是非营利的互联网管理与服务机构。

g. 通过实地考察，了解小型局域网的构建方法与使用方法；知道网络服务器的主要作用与基本原理；能说出代理服务器的概念并知道其作用。

②活动建议。选择校园网或当地的计算机网络系统，画出网络拓扑图，对该网络应用情况进行调查，并就如何进一步提高网络使用效率展开讨论。有条件的学校可以让学生分组合作搭建简单的局域网，安装代理服务器软件，使多台计算机同时联入互联网。

（3）网站设计与评价

①内容标准。

a. 知道 WWW、网页、主页、网站的基本概念及其相互关系。

b. 理解动态网页的概念，能解释其工作过程。

c. 能够根据表达任务的需求，使用常用的网页制作软件制作与发布动态网页。

d. 通过开发实践，学会规划、设计、制作、发布与管理简单网站的基本方法。

e. 能够根据网站主题要求设计评价指标，对常见网站的建设质量与运行状况进行评价。

②活动建议。对于给定的主题，以小组合作方式制订网站开发计划、设计网页结构、确定制作方案，并通过比较与评价，选出最佳方案，根据方案完成网站建设。例如，围绕"家乡旅游资源"或者其他科目学习的主题进行网站设计。

选修4：数据管理技术

数据管理技术已经在各个领域得到应用，广泛地渗透到人们的社会生活之中。本模块是针对数据管理技术应用而设置的选修模块。通过本模块的学习，学生应该掌握数据管理的基础知识和数据库设计的一般方法，学会使用大型专业数据库，初步学会使用数据库技术管理信息，处理日常学习与生活中的问题，体验并认识数据管理技术对人类社会生活的重要影响。本模块的教学，要突出对数据库技术中"关系"这一核心特征的理解，着眼于数据管理技术在实际生活和学习中的应用，关注相关技术的发展趋势。在具体教学活动中，可以根据实际情况选择介绍一种常用的数据库管理系统。本模块由以下几个主题组成。

（1）数据管理基本知识

①内容标准。

a. 知道数据管理技术的基本概念，能说出数据管理技术的产生历史与发展趋势。

b. 能够使用现有数据库辅助学习，开展专题研究。例：可以借助"国民体质与营养数据库"，了解我国不同地区青少年的体质与营养现状。

c. 掌握关系数据库中的库、表、字段、记录等概念，理解"关系"所表达的含义。

d. 通过调查与实例分析，了解数据库在多媒体和网络方面的应用方法与应用价值。

②活动建议。通过参观或使用各种数据库应用系统（如图书馆图书查询系统、医院管理系统、全国联网火车售票系统等），分析其中基本数据的组织结构特点。以小组为单位，每组确定一个研讨专题，如"珍稀动物保护"，通过上网或其他途径查找相关数据库，写出专题报告。

（2）数据库的建立、使用与维护

①内容标准。

a. 通过实例分析，初步掌握数据收集、数据分类和建立关系数据模型的基本方法。学会使用实体—关系图描述关系数据模型。

b. 熟悉一个数据库管理系统软件，掌握建立数据库结构、添加数据和编辑数据库的常用方法。例1：建立某旅游景点基本情况的数据库。例2：调查本班同学的基本信息，设计"本班同学基本信息数据库"的结构，确定其中的字段、记录等信息，并以表格的形式表示出来。

c. 掌握数据检索及报告输出的基本方法；掌握常用的数据筛选、排序及统计的方法。

d. 掌握同类数据库之间的链接、数据导入导出的基本方法。

e. 了解结构化查询语言 SQL 的基本概念；掌握 SQL 的基本数据操作与数据查询语句（SELECT、INSERT、DELETE、UPDATE）的使用方法。

②活动建议。以小组为单位，结合某科目教学的过程性评价要求，为该科目设计学生"个人学程档案"数据库方案，经过小组讨论比较，选一个最佳方案推荐给老师，将其应用于实际教学活动中。

（3）数据库应用系统

①内容标准。

a. 理解层次和网状数据模型的基本概念。

b. 通过案例分析，理解数据库、数据库管理系统、数据库应用系统的概念及相互关系。

c. 初步掌握设计和实现简单的数据库应用系统的基本方法。

d. 能描述数据库应用系统在信息资源管理中的作用。

e. 明确数据规范化的思想、意义，知道其在数据库应用系统建设和使用中的价值与作用。

②活动建议。设计并实现一个管理家庭光盘资料或个人图书的数据库应用系统，使之具有友好的数据输入、数据查询及统计界面。收集数据库应用方面的相关资料，把它们分类、编目并建立一个数据库，供同学、老师共享。

选修5：人工智能初步

人工智能技术是当前信息技术应用发展的热点之一。与一般的信息处理技术相比，人工智能技术在求解策略和处理手段上具有独到之处。"人工智能初步"模块介绍了人工智能的基本概念和人工智能领域内容易为高中学生所理解和掌握的部分内容，是选修模块。

通过本模块的学习，学生应能描述人工智能的基本概念，会使用一种人工智能语言解决简单问题，把握其基本特点；能利用简易的专家系统外壳开发简单的专家系统；知道人工智能对人类学习、生活的影响；通过感受人工智能技术的丰富魅力，增强对信息技术发展前景的向往和对未来生活的追求。本模块的教学应强调让学生体验若干典型人工智能技术的应用；要根据高中学生的知识基础和本校实际情况开展教学；要发现有特长的学生并对他们进行有针对性的教学。本模块对采用的人工智能语言与专家系统工具不进行具体要求，可以根据实际情况自主选择。本模块由以下几个主题组成。

（1）知识及其表达

①内容标准。

a. 能描述人工智能的概念与基本特点；知道人工智能技术随着计算机硬、软件技术的进步和应用需求而发展的事实和客观规律。

b. 列举人工智能的主要应用领域；通过演示或实际操作，体验人工智能的若干典型应用，知道其发展现状。例1：符号运算，如通过网站 http：//www.wolfram.com/ 在线执行符号运算软件 Mathematica，进行多项式乘、除以及因式分解等代数运算。例2：模式识别，如声音识别、指纹识别、签名识别等识别技术的应用越来越广泛。例3：机器证明，这是我国科学家做出过重要贡献的人工智能应用领域之一。例4：智能代理技术在网上信息检索、个性化服务等方面有着广泛的用途。

c. 掌握知识的概念；学会知识表达的基本方法。例1：用产生式规则表达简单的"动物识别"知识。例2：将上述"动物识别"的产生式规则用"与/或图"来表达。例3：采用框架表达"天气预报"知识。

②活动建议。

就下列话题展开讨论：利用符号运算软件能解决中学课程中的哪些问题？具有哪些优点？对产生式规则、与/或图、框架等常用的知识表示方法的特点、适用场合进行比较。人工智能的基本思想已经在许多领域中得到应用，"在家里寻找外星人"（SETI@ home）项目就是利用人工智能的神经网络和分布计算思想的一个成功案例。该项目由美国行星学会和美国加州大学伯克利分校于1999年5月开始实施，它利用特定屏幕保护程序调用全球上网的个人计算机的闲置能力，分析世界上最大的射电望远镜获得的数据，帮助科学家探索外星生物。

教师先向学生简单解释神经网络、分布计算的基本思想以及 SETI@ home 项目的社会意义，学生登录 http：//setiathome. ssl. berkeley. edu/home_chinese. html 网站了解或亲自参与该项目。该活动使学生知道人工智能领域中神经网络、分布式计算的概念，了解 SETI@ home 项目的具体内容，感受现代信息技术服务于人类文明的价值。

（2）推理与专家系统

①内容标准。

a. 演示或使用简单的产生式专家系统软件，感受用专家系统解决问题的基本过程；了解专家系统的基本结构。例：通过网站 http：//www.expertise2go.com/ 在线执行"PC产品顾问"（Desktop PC Product Advisor）专家系统，为准备添置的个人计算机规划合理的硬软件配置。

b. 通过实例分析，知道专家系统正向、反向推理的基本原理；会描述一种常用的不精确推理的基本过程。

c. 了解专家系统解释机制的基本概念及其在专家系统中的重要作用。例：执行专家系统，分别使用"Why"和"How"命令，了解其解释过程。

d. 了解专家系统外壳的概念；学会使用一个简易的专家系统外壳，并能用它开发简单的专家系统。例：在专家系统的开发过程中，通常采用"原型化"策略。

②活动建议。针对学生熟悉或感兴趣的一个分类问题，利用简易专家系统外壳开发一个简单的专家系统。例如，用于识别校园中植物的专家系统。有人认为，信息技术的应用已经历数值计算、数据处理、知识处理三个阶段，专家系统是知识处理阶段的典型代表。在学习专家系统的相关内容后，让学生从信息技术的应用对象、策略与方法等方面对上述三个阶段的特点进行比较。

（3）人工智能语言与问题求解

①内容标准。

a. 了解一种人工智能语言的基本数据结构和程序结构，掌握相关概念，知道人工智能语言的主要特征。例：浏览 Prolog 语言网站 http：//www. visual-prolog. com/，考察它的实例程序。

b. 初步学会使用该语言设计程序求解简单问题，并能够上机调试、执行相应的程序。例1：用匹配方法解决简单的查询问题。例2：用递归方法求解汉诺塔（Hanoi）问题。

c. 了解状态空间的概念与方法，学会用该方法描述待求解的问题。例："井字棋"问题。

d. 通过简单博弈问题的分析，了解用盲目搜索技术进行状态空间搜索的基本过程，知道启发式搜索的基本思想及其优点。例：1996 年，"深蓝"计算机向国际象棋世界冠军卡斯帕罗夫挑战失败。1997 年，"深蓝"的后嗣以 3.5∶2.5 的总比分击败卡斯帕罗夫。事实上，"深蓝"序列计算机中存放了包括卡斯帕罗夫的所有比赛棋谱在内的近百年棋谱历史记录，它的"智能"主要体现在对海量的实战棋谱进行的启发式搜索上。

②活动建议。以小组为单位，对本模块教学中尚未涉及的人工智能应用问题展开调查，就它们的应用情况、工作过程、优点与局限性，以及对人们生活和工作所产生的影响进行讨论与分析。观看、阅读与人工智能相关的影视作品或文学作品，发挥自己的想象力，描述人工智能技术的应用前景，以班级网站或板报的方式展示和交流。

第三节　信息技术教育课程的实施

一、小学和初中信息技术课程的实施建议

1. 重视结合学生经验，突出实践性

信息技术的学习和活动要求学生能将获得的操作技能迁移到实际的问题情境中，并能在不同的情境中灵活地运用学到的知识技能，形成适当的技术应用方案。因此，信息技术的学习要注意创设高度真实的活动情境，帮助学生针对实际需要，在真实有趣的情境中掌握实用的知识和技能；同时要注意设计多种多样的活动情境，让学生从不同方面反复理解

概念，在难度不同的活动中练习技能，帮助学生在前后的概念之间建立联系，提高操作技能的灵活性。要避免采用脱离实际应用情境的"照本宣科式"教学方式，或强迫小学生进行枯燥的软件命令学习和机械操练，更要避免要求小学生死记硬背信息技术知识。

对相关情感态度价值观的教育，要在活动过程中引导学生观察、思考、理解、内化与信息技术应用相关的法律、法规、道德准则和行为规范；同时，要加强行为指导，确保学生的相关认识和责任感能落实到具体行动中，并引导学生形成好的行为习惯。

2. 技术活动与认知活动相互支持，积累操作经验、探究科技奥秘

信息技术的学习既需要学生通过信息处理、设计制作作品等技术活动表达自己的创意、想法和认知活动结果，也需要学生探究、理解信息技术的有关原理和方法，探究和理解等认知活动是有效技术操作的前提，也是技术操作的提升与经验总结，更是小学生探究科技奥秘的开端；而技术操作则是认知活动结果的外在表达与实践检验。

信息技术教育要注意"动手与动脑相结合"，引导学生在思考、探究和讨论的基础上，创造性地应用技术；在操作过程中，鼓励学生探究原理、总结方法、积累经验。在技术活动与认知活动的互动中提高技术实践能力，培育科技探究兴趣。避免脱离思考的机械操作与缺乏探究的简单模仿，或者脱离技术实践的"纸上谈兵"式的信息技术教学。

3. 自主探究与合作交流有机结合，培养交流能力、形成良好信息意识

信息技术学习不仅需要个体的自主探究和建构，更需要表达交流、讨论合作。信息技术不仅提供了有力的探究和学习工具，还提供了方便快捷的交流工具，计算机网络更是提供了跨时空互动交流的环境，使随时、随地、随需的合作学习和研究成为可能。

信息技术教育要引导小学生在自主探究的基础上，逐步学会运用信息技术，分享资料、合作交流，通过讨论深化理解，通过合作促进社会建构。引导学生学会在合作过程中逐步共享自己的信息，合理表述个人观点，恰当地引用他人观点，培养与信息时代相适应的交流能力和信息共享意识。

4. 活动要兼顾趣味性和挑战性，提高信息加工深度，促进高水平思维

活动的选题要密切联系学生的生活学习经验，开发富有童趣的活动主题，激发和保护学生探究未知技术领域的好奇心；还要注意活动设计应具有适度的挑战性，以引导学生对信息进行必要的比较、分类、综合等深度加工，并通过理解、分析、推理等高水平思维过程来解决问题。避免活动要求过于简单，导致学生通过简单的信息复制和粘贴即可完成任务，以免学生养成通过机械复现甚至抄袭他人成果的不良习惯，以及不求甚解的思维惰性。

5. 创设多样化、分层次的学习机会，鼓励个性发展和技术创新

各地信息技术设备、师资差异较大，应根据本地实际设立合理的学习起点，开发恰当的学习内容和活动方式，保证各地学生都能在信息技术教育方面得到应有的发展，帮助所有学生做好适应信息社会的准备。基础和各方面条件较好的地区则可将信息技术教育向低年级延伸，适当延长教育时间，开发更为多样的教育内容和更为丰富的活动形式。

学生在信息技术方面的起点水平参差不齐，学习过程中的实践能力和兴趣分化很快。教师要通过调查充分了解学生已有的学习水平，观察学生的学习兴趣，设立分层次的学习目标和多样化的活动方式。一方面为水平高、发展快的学生留有自主学习和探索实践的空

间；另一方面，对于基础差、发展慢的学生，可采用异质分组、学生互助等方法，帮助其逐步适应学习进度，减少挫败感，确保所有学生都得到适度的发展，尽量保证学生有机会选择适合自己水平和兴趣的内容。

信息技术创新的关键期明显早于其他领域，有些学生在小学阶段即在信息技术方面表现出极强的求知欲和较高的创造性。应通过必修与选修结合、课堂学习与课外实践结合的方式，创造条件发展学生兴趣，挖掘学生潜力。教师在引导学生实践的过程中，要多鼓励学生自主选择，少些对主题的统一要求；多鼓励学生大胆尝试，少些机械模仿；对学生富有个性的操作方式或问题解决方法，要多些接受和认可，少些打击和漠视。

二、高中阶段信息技术课程的实施建议

信息技术课程由计算机课程发展而来，目前发生了质的飞跃，已经由单纯的技能训练上升为全面的信息素养培养。因此，高中信息技术课程的教学面临着从内在理念到外在方法的全面转型。要完成这一转型，关键在于：一方面，要广泛借鉴国内外信息技术课程短暂历史中积累的教学经验；另一方面，更需要每一位信息技术教师在认真研究课程特点的基础上，加强理论学习，结合教学实际，探索行之有效的教学方法和教学模式。

1. 营造有利于学生主动创新的信息技术学习氛围

良好的信息技术学习氛围是有效教学的前提。首先，学校和教师应努力创造条件，给学生营造好学习信息技术的大环境。一方面，要尽可能给学生提供学习所需的物质条件，大到校园的整体规划，小到图书馆、机房和教室的建设，都要考虑到信息环境的营造；另一方面，更要以改善学生的学习方式、激发学生的探究欲望为出发点，设计与学生的学习、生活相适应的信息文化环境。

其次，要营造好学生课堂学习的小环境，教师应在引导学生把握知识体系的基础上，适当放手，让学生通过自主探索掌握技术工具的操作方法与应用技巧，在过程中认识和理解相关概念和原理，陶冶心性，形成健康人格。教师要做好指导和调控，有计划地让每个学生亲历与体验需求分析、方案设计以及方案实施等解决问题的完整过程，鼓励学生在过程中积极思维、大胆想象、勇于创新。

2. 合理选用并探索新的教学方法与教学模式

首先，可以学习、借鉴其他科目的成功经验，根据教学需要恰当地采用讲解、观察、讨论、参观、实验等方法，做到兼容并蓄、取长补短。其次，可以吸收国内外信息技术教学的成功经验，在继承的基础上大胆改革，探索新的教学方法与教学模式。

要从教学实际出发，根据不同的教学目标、内容、对象和条件等，灵活、恰当地选用教学方法，并善于将各种方法有机地结合起来。任何一种方法和模式的选择和使用，都应该建立在深入理解其内涵的基础上。譬如，"任务驱动"教学强调让学生在密切联系学习、生活和社会实际的有意义的任务情境中，通过完成任务来学习知识、获得技能、形成能力、内化伦理。因此，要正确认识任务驱动中任务的特定含义，使用中要坚持科学、适度、适当的原则，避免滥用和泛化；要注意任务的情境性、有意义性、可操作性；任务大小要适当、要求应具体，各任务之间还要相互联系，组成一个任务链，形成循序渐进的梯度，以便学生踏着任务的阶梯去建构知识。

中小学综合实践活动设计与指引

3. 从问题解决出发，让学生亲历处理信息、开展交流、相互合作的过程

通过问题解决进行学习是信息技术教学的主要途径之一。一方面，通过问题解决活动学习信息技术，可以激发学生的学习动机，发展学生的思维能力、想象力以及自我反思与监控的能力；另一方面，也可以促使学生把信息技术应用到日常的学习和生活实际，甚至间接或直接地参与到社会生产、信息技术革新等各项活动中去。教师要根据教学需要，尽量将信息技术课安排在计算机房等与教学内容相关的实践场所；教师要引导学生在探索过程中解决问题；教师不仅要结合实际，为学生安排可以在课堂上完成的任务，也要注意把一些"课外"的实际问题交给学生去处理，如机房的建设与管理、校园网的建设与管理、学习资源的建设等。

教师可以在教学过程中设置认知冲突，让学生自己发现问题并提出解决问题的方案；要合理安排教学，让学生亲身经历处理信息、开展交流、相互合作解决问题的过程；要指导学生学会选择与确立主题，分析需求并规划、设计内容，根据需要与创意获取并加工信息，准确表达意图或主题思想；要引导学生通过交流，评价和反思问题解决的各个环节及效果，在"做中学""学中做"的过程中提升他们的信息素养。

需要注意的是，用于问题解决的综合性项目不宜过多，且大小要与学习的阶段性进展相适应；组织形式也要灵活多样，要合理安排好个人工作、小组合作、班级交流等活动形式；要根据解决问题的需要分解项目任务，再落实到个人、小组，达到既使学生体验完整过程又减轻每个学生工作强度的目的；前后项目的设计中，不要出现对问题解决环节和具体方法的简单重复，以免造成学生学习时间的不合理分配乃至浪费。

4. 关注基础水平和认知特点差异，鼓励个性化发展

学生在信息技术学习的过程中往往分化很快，再加上起点水平参差不齐，会给教学带来诸多不便。教师应该在教学中充分了解学生已有的信息技术学习水平，关注学生的学习特点、个性发展需求等方面的差异，灵活设计与组织教学活动。

教师可以通过设立多级学习目标和多样的学习方式，让不同的学生都能根据自己的实际需要选择到合适的内容。教师还应给学生提供多样化的自主探索空间，鼓励不同意见和创造性思维的迸发，鼓励多样化的问题解决方式和方法。教师可以根据学生的能力差异、水平差异针对性地实施分层次教学；对于基础较差的学生，可以采用补课的方法为其奠定必要的基础，消除他们对信息技术的恐惧感，增强其学习的信心；也可以采用异质分组的方法，让学生在参与合作中互相学习并充分发挥自己的长处，协同完成学习任务；对于少数冒尖的学生，给予专门辅导，使其早日成才。

5. 培养学生对信息技术发展的适应能力

从当前来看，信息技术发展速度快、知识更新周期短，光靠学校的有限学习是远远不够的；从未来来看，信息技术不仅是学习的对象，更是信息时代公民进行终身学习不可或缺的工具和环境。因此，培养高中学生对不断发展、变化的信息技术的适应能力，既是当前教学的需要，也是培养信息时代公民的需要。

教师应在认识信息技术基本特征、把握信息技术发展变化规律的基础上，注重引导学生掌握具有广泛迁移意义的知识和方法，使其在有效迁移发生的基础上适应技术的变化。在教学过程中，要注意总结和归纳不同工具平台的使用方法、不同问题解决过程的共通之处，引导学生借助已有经验，通过合理的探索，完成对新工具和新任务的适应过程，从而

达到利用有效迁移的发生促进学生发展的目的。

　　教师要引导学生学会自主学习。在给出任务之后，通过组织学生共同研讨、分析任务，尽可能让学生自己提出解决问题的步骤、策略与方法。还要引导学生对结果进行评价，使学生真正成为学习的主人，从而增强对信息技术发展变化的适应能力。

　　教师还应引导学生将应用需求与发展变化相联系，主动适应信息技术的发展。譬如，每一类新的工具都是为解决某些特定问题而设计的，而这类工具的新版本或更新换代产品，都是为满足新的需求或提供更有效的方法而设计的。要引导学生在具体工具的使用中认识其优点、发现其不足并提出富有创造性的改进建议，养成主动适应发展变化的习惯。

三、信息技术教育设备和资源建设建议

1. 基础设施与设备的建设和使用建议

　　①必要的计算机设备和网络条件是信息技术教育实施的必要基础。要尽量配备满足教学需要、数量合理、配置适当的计算机和相应的外部设备（如打印机、投影仪、扫描仪等）。

　　②尽量建设满足学习和活动所需的局域网并连接互联网。

　　③务必为学生的学习和成长营造安全的信息环境，提供健康有用的信息，通过技术防护过滤与人员监控相结合的方式，主动预防网络不良信息对未成年人思想道德的侵蚀。

　　④各地可根据本地的设备现状和经济社会发展的需要，灵活选择具体的技术平台和学习工具，不必拘泥于一种技术平台。鼓励学生根据需要选择合适的工具，避免教师统一指定所有活动工具。

　　⑤加强学校与家庭、社区之间的设备共享。尤其是欠发达地区的中小学，应充分发掘和利用当地中心学校或其他条件较好学校、图书馆、信息中心等场所的计算机设备，为学生的上机实践创造必要条件。

2. 信息技术活动材料和学习资源材料的选择和使用建议

　　①教师应密切结合学生学习和活动需要，注意收集、整理开放性的免费学习资源或低成本的活动材料，避免依赖教科书或投入过多时间和精力开发低水平、重复的学习资源。

　　②尽量为学生提供引导性的活动材料和学习资源，材料应贴近学生心理特点和认知规律，通过活动材料引导学生主动且富有创造性地开展活动。

　　③可以在活动材料中为学生的技术实践提供适当的范例，但一定要注意为学生的活动和教师的指导留下一定的创新空间。切忌材料面面俱到，教师照本宣科，学生机械模仿或按部就班地操作，一定要杜绝罗列知识体系或罗列软件使用命令。

　　④学习材料的选用要适应各地中小学软硬件条件的巨大差异，在缺乏必要的计算机设备和网络条件的学校，可通过光盘等方式提供计算机相关设备的真实图片或各种过程的真实录像，或者创设虚拟的网络环境等，保证学生可以在高度仿真的学习环境中开展学习和实践，为真实的上机操作做好充分准备。

　　⑤要重视活动材料和学习资源的交流与共享，避免各地资源相互封闭和重复建设。

第四节　信息技术教育课程的评价

评价是信息技术教学的有机组成部分，对信息技术的学习具有较强的导向作用。应围绕信息技术课程标准规定的培养目标评价教与学，保证信息技术课程目标的达成。应通过评价的合理实施，不断提高信息技术教师的教学水平，激发学生学习、应用信息技术的兴趣，帮助学生逐步提高信息素养。

一、信息技术课程评价的原则

1. 强调评价对教学的激励、诊断和促进作用，弱化评价的选拔与甄别功能

在信息技术教学过程中，应通过灵活多样的评价方式激励和引导学生学习，促进学生信息素养的全面发展。教师应注意观察学生实际的技术操作过程及活动过程，分析学生的信息技术作品，全面考查学生信息技术操作的熟练程度和利用信息技术解决问题的能力。教师在向学生呈现评价结果时应多采用评价报告、学习建议等方式，多采用鼓励性的语言。这样一方面有利于激发学生的内在学习动机，另一方面也可以帮助学生明确自己的不足和努力方向，促进学生进一步的发展。要慎用定量评价，呈现评价结果时要尽量避免给学生贴标签或排名次，弱化评价对学生的选拔与甄别功能，减轻评价对学生造成的压力。教师在了解学生的学习和发展状况的同时，也要利用评价结果反思和改善自己的教学过程，发挥评价与教学的相互促进作用。

2. 发挥教师在评价中的主导作用，创造条件实现评价主体的多元化

教师应注意发挥在信息技术评价中的主导作用，同时充分利用学生的评价能力，适时引导学生通过自我反思和自我评价了解自己的优势和不足，以评价促进学习；组织学生开展互评，在互评中相互学习、相互促进、共同提高。

建议教师根据评价目的和当地现状创造条件，组织家长、学校、外部考试机构、教育团体等有关机构和人员参与教学评价。为了减少各评价主体的主观因素对评价结果的干扰，教师可以在评价之前设计统一的评价标准，并与各评价主体充分交流，提高评价主体之间的一致性，保证评价的客观与公正。评价结束后，教师应及时收集评价信息，统计、归纳评价结果，并尽快反馈给学生和参与评价的有关人员。

3. 评价要关注学生的个别差异，鼓励学生的创造实践

高中生学习和应用信息技术的能力水平、学习风格和发展需求等方面的差异很大，信息技术课程的评价要正视这种个别差异。同时，高中学生个性特征分化更为明显，进行信息技术创造的欲望也更为强烈，评价时要充分尊重学生的个性和创造性。信息技术课程的评价标准和评价方式的确定和选用，要在保证达到最低教学要求的基础上，允许学生通过不同的方式展示自己。一方面，不同起点学生在已有基础上取得的进步都应该得到认可，每一位学生都能获得成功的体验；另一方面，要尊重学生在学习和应用信息技术过程中表

现出的个性和创造性，对同一信息作品的不同设计思路和不同设计风格、对同一问题的不同技术解决方案等，都应给予恰当的认可与鼓励。

二、信息技术课程评价内容与评价方式

1. 综合运用各种过程性评价方式，全面考查学生信息素养的养成过程

信息技术课在进行过程性评价时，应针对不同评价内容和相应的课程目标，适当选择和灵活运用评价方式，适当渗透表现性评价的理念，将学生在信息技术操作或运用信息技术解决实际问题过程中的表现和成果作为评价依据，全面评估学生信息技术操作能力、运用信息技术解决实际问题的能力以及相关情感态度与价值观的形成。

要正确理解过程性评价的特点，处理好以下关键环节，切实发挥过程性评价的功能。

（1）根据教学目标确定科学的评价标准和评价量规

首先应根据评价内容和相应的教学目标明确具体的评价目的，然后根据评价目的确定评价标准。应将评价标准进一步分解为评价指标，并对评价指标进行量化，构建规范的评价量规。

在制定评价标准或评价量规时，首先要根据评价目的划分出能客观反映有关学习过程和结果的重要维度或重要方面，然后为每个方面制定不同水平的评价等级。必要时，可以为不同的指标制定不同的权重。对于比较重要的评价，要在正式评价之前挑选部分学生进行预试或预测验，考查评价指标是否合适，并进行调整和修改。评价量规的指标要全面、精练、可行。可以组织学生参与制定量规，或者在评价前向学生说明量规和评价标准，以引导和激励学生的学习。例如，要求学生就某一主题分组合作开展研究，研究结束后要求学生制作多媒体演示文稿展示研究结果并进行口头报告。对此，可以从以下方面制定评价量规。

①对研究主题的理解和表现。包括：观点是否准确，论证是否清楚；内容是否全面，能否包括任务要求的所有基本主题及其他相关主题；主题内容逻辑顺序是否清楚，重点是否突出；主题的表达能否引发思考和探询更多信息的动机等。

②多媒体作品制作水平。包括：能否准确合理地应用音频、动画、视频等多媒体素材表达主题；整体布局是否平衡合理；页面设计是否与主题风格一致，界面是否美观并具有一定的艺术性，图片、动画的使用是否合理并有助于理解相关文本；是否提供了用于导航和检索的目录页和准确的链接；是否体现了学生的技术创新和创造性。例如，能将以前学到的信息技术知识、技能创造性地运用到当前任务中，或根据任务主动学习和应用新的信息技术等。

A. 学习交流网站题目设计与评分标准，如表 6.3 所示。

表 6.3　学习交流网站题目设计与评分标准

一级指标	二级指标	得分
设计内容 （20分）	内容健康，积极向上，符合国家政策和有关法律要求	
	与社会实际的应用相关	
	能够清晰表达设计意图	
	在制作量要求范围内的知识体系结构完整	

<p>续表</p>

一级指标	二级指标	得分
设计结构 （25分）	结构清晰、布局合理，整体结构有一定的连贯性	
	导航明确，浏览方便有效，查找快捷，无错误链接	
	栏目划分与内容组织结构合理	
	页面标题和关键字设置合理	
	具有必要的交互功能	
设计艺术性 （20分）	网站整体风格一致，色彩协调，页面美观	
	没有乱码和错位，没有错误的表格	
	页面元素的制作美观实用	
	充分利用多媒体技术	
创意与应用 （20分）	页面具有个性化设计风格，并具有观赏性	
	内容有创意	
	有推广价值	
	有实际运营网站系统	
技术应用 （15分）	页面图片经过优化	
	分辨率为800×600或1024×768	
	利用数据库技术	
总分		

B. 媒体制作设计类评分标准。媒体制作设计类包含平面媒体、立体媒体、二维或三维动画、含校园生活DV、虚拟现实场景等，其评分标准如表6.4所示。

表6.4 媒体制作设计类评分标准

一级指标	二级指标	得分
设计内容 （20分）	内容健康，积极向上，符合国家政策和有关法律要求（5分）	
	选题与教学内容相关（5分）	
	能够清晰表达设计意图（5分）	
	在制作要求范围内的知识体系结构完整（5分）	
设计结构 （30分）	结构清晰、布局合理（5分）	
	自设计量较大（5分）	
	把握主题能力（5分）	
	动画（5分）	
	视频（5分）	
	语音简洁、生动（5分）	

续表

一级指标	二级指标	得分
设计艺术性 （20分）	整体风格一致（5分）	
	色彩协调、美观，视觉效果好（5分）	
	音频、视频、动画切合主题（5分）	
	素材的使用搭配协调（5分）	
创意与应用 （20分）	页面具有个性化设计风格，并具有观赏性（5分）	
	立意新颖、构思独特、设计巧妙，具有想象力和个性表现力（5分）	
	有实用价值（5分）	
	易于推广（5分）	
技术应用 （10分）	系统运行良好（5分）	
	运行平台兼容性好（5分）	
总分		

③口头报告。语言是否准确、生动；表达是否条理清晰，易于理解；能否根据听众的特点灵活地使用信息传递和交流技巧。口头报告评分标准如表6.5所示。

表6.5　口头报告评分标准

评分要素	评分要点	具体描述	得分
主题陈述 （40分）	基本素养	仪表端庄稳重、朴素，社交礼仪大方得体，表情丰富真诚，有良好的个人气质	
		言之有理，谈吐文雅，富于思想内涵	
		精神饱满，有信心，有独立见解，能充分展现学生朝气蓬勃的精神风貌	
	陈述内容	对职业规划的自我探索、职业探索、决策应对等环节的要素及分析过程陈述全面、完整、准确	
		在陈述中能够正确理解、应用职业规划基本理论及各项辅助工具	
		对各探索分析过程及结果表述准确，且与作品吻合	
		PPT设计重点突出，简明扼要，条理清晰，结论明确，能够准确提炼职业规划设计作品的主要内容	
主题陈述 （40分）	即时效果	按时完成主题陈述，思路清晰，措辞恰当，表达自然、流畅	
		有感染力，能吸引评委注意力，调动观众情绪	
职业体验 感悟 （20分）	感悟内容	条理清晰，切合主题，内容完整，语言流畅	
		能准确描述目标职业的工作任务	
		了解目标职业对职业人的素质和要求	
		结合自身条件，明晰就业努力方向	

续表

评分要素	评分要点	具体描述	得分
现场答辩 （40分）	针对性 说服力	能正确理解评委提问，回答有针对性	
		回答问题重点突出，真实可信，运用事实论据，论述说服力强	
		答题过程流畅、无明显停顿，条理清晰，及时作答，措辞恰当、语言精练	
		应变能力强，能够灵活、创造性地应用职业规划知识作答	
总分			

④小组协作。分工是否明确，小组成员能否在完成各自任务的同时相互合作，共同完成任务。

（2）通过日常观察或设置真实任务收集评价资料

在信息技术课的过程性评价中，可以通过现场观察、档案袋或成长记录的方式，系统客观地观察和记录学生在自然情境中的真实表现，也可以设置特定的作业、项目或任务来引发学生某种特定的行为，收集有价值的评价信息。用于过程性评价的作业、项目或任务应指向具有普遍意义的目标，任务应该是多层次的，可考查学生综合的信息素养，不能过偏；任务应密切联系学生的学习或生活实际，避免设置脱离学生生活或学习经验的任务情境；任务对所有学生都应是公平的，不能偏难或过于偏向某些学生的生活经验。

信息技术课中设计的任务以典型作品设计和项目型作业或实践活动为主。

①典型作品设计。可以在学习过程中随时收集、分析学生的典型信息技术作品，也可以在测验、考试时设计特定的典型作品设计任务。对学生信息技术作品的评价要重视学生作品设计的思路和过程，不能只评价作品的优劣。信息技术课程中的作品分析大多比较耗时，教师在实际教学中可以适当组织学生遵循统一规范的标准开展自评或互评。

②项目型作业或实践活动。通过对学生项目型作业或实践活动的评价，可以相对全面地了解学生信息素养的发展水平。例如，可以围绕学生在活动过程中的规划意识和规划能力、信息技术应用水平（包括信息作品创作过程中的个性和创造性）、学习态度和参与意识、投入程度、交流能力与合作精神、问题解决能力等制定面向活动过程的评价指标。如果需要对学生活动过程、设计过程、思维过程等方面进行深入考查，可以选择少数学生进行深度访谈，访谈之前应设计好访谈主题或问题，制订访谈计划并做好访谈记录。又如，可以围绕以下方面制定评价指标来评价学生利用信息解决问题以及开展交流合作的能力：学生能否结合任务或问题情境的要求确定合适的信息来源；学生能否制订切实可行的信息收集计划；学生能否根据问题要求采集和评价信息、管理信息、加工信息、利用信息解决问题；能否利用信息技术清楚地表达观点、思想，呈现问题解决的答案；能否根据问题解决的需要评价各种可用的信息技术设备、工具和资源的潜在优势和不足，选用合适的信息技术设备、工具和资源解决问题；能否体会到与他人合作解决问题的重要性，并能利用合适的信息技术与他人进行有效交流、合作；能否对解决问题的过程进行反思，以获得解决问题的经验，提高能力。

（3）评价结果的处理

评价结论既可以针对某一学生的整体表现进行全面分析，也可以针对学生在不同方面的表现分别进行分析。评价结论中的分数或量化评价结果主要用于提供有关学生表现水平的参考依据，必须将这些量化结果与定性分析相结合，切忌单纯利用量规分数对学生的学习下结论或排名次。在使用评价结果时要注意考查不同评价者的评价结果是否一致，如果出现较大差异，应注意分析其中的原因，减少评价者的主观因素对评价结果的不良影响。

2. 评价与教学过程相结合，动态把握、及时引导学生情感、态度和价值观的形成

学生对待信息技术的态度、信息技术的使用习惯以及在信息活动中表现出的社会责任感和价值观，是在学习和使用信息技术的活动中逐渐形成的。教师应结合具体的教学过程，通过适当的过程性评价方式随时把握、及时引导。教师可以向学生呈现蕴含人文、道德、社会冲突的案例或问题情境，如"信息技术的使用与知识产权"专题，让学生对这些案例或情境进行讨论、分析，或撰写短文，再根据学生表达的观点把握他们的情感、态度以及对有关问题的认识和理解。要注意观察学生在教学过程和各种信息活动中的实际行为表现，考查学生是否真正将有关的法律、法规、道德规范等内化为自己的行为准则并自觉指导自己的实践。对情感、态度、价值观的评价，最终要落实为教师对学生的适时预防、关怀或引导，要避免对学生的情感、态度和价值观进行简单量化或脱离实际单纯打分。

3. 纸笔测验和上机测验相结合开展总结性评价

教师应正确认识期末考试等总结性评价的作用和功能。期末考试的主要功能是考查学生所学模块的基础知识、实际操作技能和利用信息技术解决实际问题的能力，诊断本学期教学存在的问题，帮助教师和学生改进随后的教与学。

在组织期末考试等总结性评价时，要根据课程标准的要求和具体考试内容选择合适的题型和考试方式，综合运用纸笔测验、上机测验等多种评价方法；要创造条件全面考查学生信息素养的协调发展，避免只重视知识记忆和计算机操作，忽视学生利用信息技术解决实际问题能力的倾向；要注意结合学生平时学习表现和过程性评价结果，改变单纯以一次测验或考试为依据，评定学生一学期或整个学段学习情况的局面，适度加大过程性评价在期末成绩评定中的比重。

纸笔测验和上机测验各有所长，适合不同的评价内容和目标，应相互补充，综合运用。纸笔测验的效率较高，适于短时间内对大量学生进行集中考查，适于考查学生对信息技术基础知识的掌握和理解，但不适于评价学生的实际操作技能。信息技术的纸笔测验，要控制选择题、填空题等客观题型的比例，适度设置和增加要求学生通过理解和探究来解决的开放性题目，如问题解决分析、作品设计、短文写作等，以拓展纸笔测验在评价内容和评价目标等方面的广度。上机测验是信息技术课总结性评价中不可或缺的组成部分。可供选择的上机测验主要有两类，一类是通过实际操作完成的独立任务，如软件操作水平测试、作品设计与制作等；另一类是综合任务中的上机环节，如利用信息技术进行项目研究过程中的上机活动。期末考试等总结性评价一定要安排上机测验，设计一定比例的联系实际的设计、制作或其他类型的信息处理任务，以评价学生使用信息技术工具或软件的熟练程度，测查学生利用信息技术解决问题的过程、方法和能力。教师和有关机构要针对具体评价目的，灵活选用上机测验的题型和考试方式，不能单纯依赖题型单一、只考查基本知识与操作能力的机考系统，否则容易对信息技术教学产生误导。

三、信息技术课程评价的组织实施

1. 选用评价方式时要结合实际情况和具体评价目标，体现针对性和效益性

学校、教师在分析有关评价方法的优劣、选用具体的评价方式时，既要考虑评价方式是否适合具体的教学目标、评价内容、评价主体和客体的具体特点，又要讲究效益，充分考虑各种评价方式对学校的信息基础设施、设备，以及对教师、学生的时间和精力等方面的要求。在此基础上，结合班级规模、时间和经费及其他现有条件，选择有针对性、高效益的评价方式。如果采用成本较低、省时、省力的评价方式就能达到相同的评价目的，则不要选用高成本的评价方式。要注意综合运用多种评价方式，相互补充。

2. 合理应用信息技术进行教学评价，提高评价效率

信息技术在编制评价题目、实施和管理评价过程、汇总分析评价结果等方面都具有很大的应用潜力，合理利用信息技术辅助信息技术课程评价，可以提高评价的效率和效果。信息技术教师应发挥自身的技术优势，合理利用信息技术支持评价活动。教师可借助合适的信息技术收集、管理评价素材，辅助评价题目的编制和评价标准的制定等；可借助测验管理软件，针对不同学生实施分层次评价，或者对评价实施的时间、评价时限等进行控制和管理；可利用电子表格、数据库软件或其他统计软件准确、迅速地统计、分析评价结果，或者对测试题目进行难度、区分度等方面的分析；可利用信息技术记录和收集学生学习过程的信息，帮助实现过程性评价。

注意结合课程标准和教学目标的要求以及本地教学条件，选择合适的信息技术工具和资源，结合自己的评价经验创造性地利用信息技术支持评价活动，强调信息技术在评价中的应用效益和实际效果。不要脱离目标和实际，为用信息技术而用信息技术，避免使用题目固定、形式呆板的考试系统或考试软件。

3. 提高信息技术教师教学评价的专业技能，加强团队合作

应通过各个层面的信息技术教师培训和教师自我发展，使教师在深入理解信息技术课程目标、内容标准和教学方法的基础上，不断反思和提高自己的评价理念，熟悉有关的评价方法，分析这些方法的优点、局限和适用的内容及目标，逐步提高运用有关评价方法的信心和操作技能。有条件的地区和学校可以建立信息技术教学评价的咨询和支持系统，为教师提供有关评价的服务和帮助。应鼓励教师之间、学校之间开展信息技术教学评价方面的研讨和经验交流，鼓励教师积极参与评价方案的合作设计，不断提高教师教学评价的水平。学校与家长、社区之间要加强信息技术教学评价方面的沟通，引导家长和社会理解信息技术教学的评价理念和评价方式。同时，积极争取行政人员对学校和教师评价工作的支持。

四、学生信息技术学习活动评价

1. 综合运用各种过程性评价方式，全面考查学生的信息素养和操作能力

在对学生的信息技术学习进行过程性评价时，应针对不同评价内容和相应的课程目标，适当选择和灵活运用表现性评价、成长记录等评价方式，将学生在操作或实践活动中的实际表现和成果作为评价依据，全面记录和评价学生在信息素养、操作能力、运用信息

技术解决问题的能力、相关情感态度与价值观等方面的实际表现。避免采取一次测验或考试评定学生一学期或整个学段学习情况的局面。评价以诊断学习、鼓励进步为主，弱化学生之间的横向比较和分数排名。

除成长记录之外，信息技术活动的评价以典型作品评价和项目型实践活动评价为主。典型作品评价主要是通过作品，分析学生的作品设计思路、制作过程以及技术应用的合理性，而不能只评价作品本身的优劣。项目型实践活动评价主要观察、记录并评价学生在实践过程中的参与意识、交流能力与合作精神、加工处理信息的深度、信息技术应用水平（包括信息作品创作过程中的个性和创造性）等方面的实际表现。

2. 实时观察、动态把握、及时引导学生情感态度和价值观的形成

学生在信息技术应用方面的社会责任感、有关价值观念和使用习惯是在实践活动过程中逐渐养成的。教师应在学生的实践中，通过组织学生讨论典型社会现象、道德两难情境或相关案例的方式，把握他们的情感、态度及对有关问题的认识和理解。同时，注意观察学生在活动中的实际行为表现，考查学生是否真正将有关的法律、法规、道德规范内化为自己的行为准则并自觉指导自己的实践。对情感、态度、价值观的考查不是为了给出量化分数，而是为教师的教育引导提供依据。教师要在了解情况的基础上进行必要的预防、适时的关怀或适度的引导。

3. 避免只考查机械记忆的机考和考查死记硬背的纸笔测验

有条件的地区应尽量采用上机评价的方式，考查学生实用性的技术操作能力以及综合运用信息技术解决问题的能力。在难以组织上机评价时，也可以采用纸笔式的评价，设置面向实践的开放式问题（如问题解决分析、项目设计、作品规划、短文写作等），考查学生是否真正理解有关作品制作的设计规划或技术应用方案是否合理，以把握学生对相关社会问题的看法。

复习思考题

1. 简述信息技术课程的内涵和特点。
2. 简述信息技术课程的价值。
3. 简述各学段信息技术课程的理念。
4. 简述各学段信息技术课程的目标和内容。
5. 简述各学段信息技术课程实施的过程和策略。
6. 简述信息技术课程的评价原则和方法。

参考文献

[1] 教育部关于在中小学普及信息技术教育的通知[EB/OL]. http://old. moe. gov. cn/publicfiles/business/htmlfiles/moe/moe_445/201001/82088. html.

[2] 7~9年级信息技术教育实施指南[EB/OL]. (2009-11-19). http://blog. sina. com. cn/s/blog_5c66611a0100g081. html.

［3］ 潘洪建. 中学综合实践活动指导 ［M］. 北京：高等教育出版社，2001.

［4］ 教育部关于印发《中小学信息技术课程指导纲要（试行）》的通知［EB/OL］. (2000－11－14). http://old. moe. gov. cn/publicfiles/business/htmlfiles/moe/moe_327/200409/3792. html.

［5］ 江苏省义务教育信息技术课程指导纲要［EB/OL］. (2013－06－14). http://www. ict. edu. cn/laws/difang/n20130904_4834. shtml.

［6］ 普通高中技术课程标准（实验）［EB/OL］. (2015－10－05). http://blog. sina. com. cn/s/blog_7f387ee50102vyx9. html.

［7］ 3～6年级信息技术教育实施指南［EB/OL］. (2011－03－20). http://blog. sina. com. cn/s/blog_5c4e98840100pzpd. html.

［8］ 教育部关于印发《中小学综合实践活动课程指导纲要》的通知［EB/OL］. (2017－09－27). http://www. moe. gov. cn/srcsite/A26/s8001/201710/t20171017_316616. html.

［9］ 义务教育阶段信息技术内容设置和选择原则［EB/OL］. https://wenku. baidu. com/view.

［10］ 教育部关于印发《普通高中课程方案（实验）和语文等十五个学科课程标准（实验）》的通知［EB/OL］. (2013－03－31). http://www. moe. gov. cn/srcsite/A26/s8001/200303/t20030331_167349. html.

第七章 中小学综合实践活动课程资源建设与管理

 学习目标

学习完本章，应该能做到：
- 理解课程资源与课程资源开发和课程管理的内涵
- 掌握综合实践活动课程资源的类型
- 掌握综合实践活动课程资源的特点
- 掌握综合实践活动课程资源开发的基本原则
- 掌握综合实践活动课程资源建设的策略
- 掌握综合实践活动课程管理的理念和内容

　　综合实践活动作为综合性实践学习纳入新课程的课程体系，进入了中小学课程计划和学校课时安排，为全面实施素质教育开辟了一片新天地。然而综合实践活动课程实施，不仅是个理论问题，仅有先进的教育理念还无法支撑新课程的大厦，要把综合实践活动课程开设好，充分发挥它的课程功能，使学生的创新精神和实践能力得到有效提高，必须选择正确的策略，扎扎实实地做许多实际工作才行。十几年活动课程的历程，以及近年来各地贯彻新课程，推动综合实践活动课程不断发展的经验告诉我们，深入开发综合实践活动的课程资源，加强综合实践活动课程师资建设，逐步规范课程管理以及其他一些课程实施策略，对综合实践活动课程健康发展具有十分重要的意义。而没有这些切切实实的工作，新课程的理想，就只能是空中楼阁。

第一节　中小学综合实践活动课程资源建设

　　任何教育思想的实施都要借助一定的载体，任何教育功能的实现都要依靠一定的教育资源。综合实践活动是新一轮课程改革设置的新课程，课程资源的开发和利用对于这一课程的实施有着重要的意义。设课伊始，在没有任何经验可以借鉴的情况下，课程资源的开

发，不仅可以适应和指导学生学习方式转变的过程，也将促进和实现教师专业发展与提高。可以讲，综合实践活动课程资源开发的程度和利用水平，将决定这一课程发展的方向和水平。

一、中小学综合实践活动课程资源建设的目的和意义

1. 课程资源与课程资源开发的内涵

对课程资源进行重新定位和认识，可以使我们在理论探讨和行动实践上方向更加清晰。课程资源的开发，必须改变对课程资源研究的忽视态度，走出对课程资源僵化的思维定式。课程资源观的转变，将改变课程开发者和教师对课程性质的看法，使课程由狭变广、由静转动。课程不再只是学科的总和，而是学科、生活、社会的有机整合。学生的生活及其个人知识、直接经验都将成为课程开发的基础和依据。课程资源由课堂延伸到课外，由学校延伸到社区和所在的地区，学生所处的社会环境和自然环境都开始成为学习探究的对象，成为学习的"课堂"。

对课程资源的开发利用，是新课程改革的重要内容之一，也是实现新课改的必要条件。改变传统的教学观念，突出学生的学习主体地位，是课程资源开发的重要原则之一。开发出优秀的课程资源，有利于培养学生的"自主、合作、探究"的学习方式，转变学生的学习地位，有利于素质教育的实现。这就要求改变传统教学中教师是教学活动的中心的观念，也对新时期教师提出了更高的要求。开发出适合学生并受到他们欢迎的课程资源，将更有利于教学目标的实现，包括知识与技能、过程与方法、情感态度及价值观的培养等。

课程资源是新一轮基础教育课程改革提出来的一个重要概念，为了有效推进综合实践活动实施，做好课程的资源开发工作，首先要对什么是课程资源，及其对课程的重要意义有基本的了解。

(1) 课程资源的概念

课程资源是指课程要素来源以及实施课程的必要而直接的条件。课程资源的结构包括校内课程资源和校外课程资源。校内课程资源，除了教科书以外，还有教师、学生，师生不同的经历、学习方式、教学策略都是宝贵、直接的课程资源，校内各种专用教室和校内各种活动也是重要的课程资源。校外课程资源，主要包括校外图书馆、科技馆、博物馆、网络资源、家庭资源等。

课程资源指学校课程设计和实施全部条件的总和，它在很大程度上决定着课程实施的范围和水平。

课程实施过程，既会涉及直接学习的内容，也会涉及与学习过程相关的条件，因此又可以将课程资源大体上划分为素材性课程资源和条件性课程资源两个类别。

①素材性课程资源。素材性课程资源是课程内容的直接来源，即课程实施的具体内容本身。任何课程都是基于一定经验的，经验又包括直接经验和间接经验两大类，学科课程以间接经验为主体，表现为系统化的知识，直接的经验往往以缄默的方式蕴含其中；活动类课程则以直接经验为主体，关注生活中各种实际经验的学习，凡实际活动中涉及的知识、技能、经验，某些事物的事实材料，某些事物的发展过程等都可以作为活动开展的素材。综合实践活动课程资源开发首先就是要立足现实生活，遵循"人与自然""人与社

会""人与自身发展"等三条线索，选择和确定那些可以促进人的发展的各种素材，对发现的素材加以组织和运筹，形成不同的活动形式和方法。

②条件性课程资源。条件性课程资源泛指使课程内容得以实施的保障性因素。任何素材性课程资源在教育过程中的实施都不会是孤立的，其实现都要借助于时间、地点、人力、物力、财力等环境条件和管理制度的制约，以及人们对课程的认识水平和理解程度。条件性课程资源虽然不是课程实施的具体内容，却对素材性课程资源实施效果产生重要的影响。现实中人们常常会在某些活动之后扼腕叹息："可惜了，这样好的素材却没有充分发挥作用，得到应有的效果。"常常就是因为没有正确处理条件性课程资源。其中尤与对课程的管理以及对课程认识和理解这两个主观因素关系极大。因此，课程资源开发不仅仅是对客观存在着的活动素材本身的认可，还是对这些被认可了的素材在人、财、物的水平上"客观"的运筹，更有赖于活动的组织者从制度层面和认识水平上的不断提升。

关于课程资源的研究，除了上述功能分类外，还可以有许多其他的分类办法。例如按课程资源空间分布，可以分为校内资源和校外资源；依课程资源存在形态，可以分为人力资源和物力资源，人力资源又可以进一步划分为学生资源、教师资源、家长资源和社会资源等，物力资源则可以进一步分为自然资源和社会资源等；根据课程资源的呈现形式，又可以分为文本资源和非文本资源等。

我国对课程资源的分类大致可归纳为以下方面。

第一，依据《基础教育课程改革纲要（试行）》分为校内课程资源、校外课程资源和信息化课程资源三类。《基础教育课程改革纲要（试行）》明确指出："积极开发并合理利用校内外各种课程资源，学校应充分发挥图书馆、实验室、专门教室及各类教学设施和实践基地的作用；广泛利用校外的图书馆、博物馆、展览馆、科技馆、工厂、农村、部队和科研院所等各种社会资源以及丰富的自然资源；积极利用并开发信息化课程资源。"

第二，按照课程资源的性质来分，课程资源可以分为自然课程资源和社会课程资源。自然课程资源，简单理解就是：来自大自然的真真切切的事物，比如动植物、微生物、食物链、生物圈，这些可以用于生物学课程教学；地形、地貌和地势等可以用于地理课程的教学；再如气候、天气预报、二十四节气等，则适用于作为气象学的资源。学生在与大自然接触的过程中加深对大自然的了解，懂得维护生态平衡、保护大自然的重要性等。社会课程资源包括公共设施和公共场所、人类的交际活动与社会交往过程中所建立的人际关系、群体的行为规范、同辈团体的影响、个人的人格特征、合作原则和礼貌原则、价值观、信仰、风俗习惯等，这些社会资源都会直接或者间接地成为课程资源，引领和影响学生群体的发展。

（2）综合实践活动课程资源开发的概念

课程和课程资源是两个不同的概念，二者之间有着密切的联系。课程资源是课程内容的直接来源，又是课程实施的重要条件。然而，现实中存在的课程资源并不能自然地成为课程的实施内容，这正如存在于地表或地下的矿产资源还不能直接为人类利用，只有经过矿工和其他相关人员，用辛勤的劳动将它们呈现出来，才能供人们利用一样。从找矿到矿山开采的整个过程就是矿产资源开发的过程。当然，如果仅止于这一步，得到的只是初级产品，进行的还只是对矿产品的初级开发，为使产品适用于不同的用户，发挥产品最大的价值，就需要人们利用自己的科学知识，对产品进行深度开发，制作出各种各样、丰富多彩的产品，适合不同的人群需要才行。循着这样的思路分析综合实践活动课程资源的开发

过程，人们便不难理解，课程资源大多会以潜在的形式存在于现实生活之中，把它们识别和遴选出来，可以看作是课程资源的初步开发，要使开发出来的课程资源充分地发挥它们的教育功能，还需要人们的教育智慧的参与。所以讲，所谓综合实践活动课程资源开发，就是以实践学习的课程理论为指导，对存在于现实中的各种课程资源进行遴选、加工，使之高效发挥教育功能的过程。

课程资源只有经过创造性的开发，才能充分发挥其教育功能。一个典型的案例是关于"磁铁极性的认识"。任何磁铁都有两个极，同性极相排斥，异性极相吸引。对于这种司空见惯的现象，学科课和活动课教师都可以用作自己的课程资源。学科课老师可以选择传承的方法，以教材向学生宣讲，为加强学生的感性认识，并表明问题的真理性，还会使用两块或者多块磁铁，演示其间互相排斥或吸引的各种性质，学生根据老师的讲解和实验得到关于磁铁的真理性的知识。然而这并没有学到任何关于科学研究的方法，这样的学习就属于传统的继承性学习。在综合实践活动中，学习变成了另外一种情况：提供各种各样的磁性或非磁性的小物件给同学们，老师和同学们在一起玩的过程中，通过摆弄磁铁，用磁铁去接触提供的其他物件，或使磁铁互相作用，请同学们自己去发现磁铁的有关性质。为使活动的方向不致发生偏移，老师们则可以根据儿童的年龄特点和认知水平，适时提出问题，引导学生思考并进行交流。对于低幼年段的学生而言，可以提一些简单的问题，例如："当用磁铁接触其他物件的时候，会发现什么现象？""将与磁铁发生作用和不发生作用的物件分别收集起来，会发现什么问题？""将不同的磁铁互相接触时，有什么现象发生，又会有什么感觉？"在老师的引导下，通过"玩"，学生们自己发现了磁铁的许多性质。当然，孩子们对磁铁性质的认识还只是经验性的，是表面的现象，对于这个年龄段的孩子，这样的认识也就足够了；对于中高年级的学生来讲，则需要进行深入的研究。例如在前述发现的基础上，可以向学生们进一步发问："怎样知道磁铁有两个不同性质的'极'？""怎样知道磁铁是同性极相排斥、异性极相吸引的？"同学们可以用不同的方法加以证明。在老师的点拨下，学生可以用磁铁和铁屑作用，通过铁屑的排列形象演示磁铁的两极与磁场存在，通过磁铁相互作用，分别确定所用磁铁具有不同性质的两极，总结出磁极间吸引和排斥的规律，还可以采用"细线垂吊法"区别磁铁的两极并将之与地球的两极及地球磁场联系起来。此外，无论哪一个学段的学生，都可以根据已经掌握的知识和经验开展小制作或小发明活动，从而将知识和技术的学习有机地联系起来。这样的学习就是综合实践活动课程所主张的实践性学习。

课程实施依赖课程资源。课程实施的范围和水平既取决于课程资源的丰富程度，又取决于课程资源开发和运用的水平，提供丰富的课程资源，并对这些资源加以深度的开发，是推动课程持久而健康发展的物质保证。

2. 综合实践活动课程资源开发的重要意义

综合实践活动课程资源开发和利用是这一课程实施的核心问题，既制约着学生学习方式的变革，又影响着教师专业发展的水平和方向，还涉及综合实践活动课程的方方面面，自然具有十分重要的意义，主要表现在如下几个方面。

（1）改变学生的学习方式，促进学生的全面发展

综合实践活动课程资源的开发和利用，其直接受益者首先是学生。课程资源的开发，改变了学生的学习内容、学习空间和学习方式，对促进学生的全面发展具有积极的作用。

首先，素材性课程资源的开发，使学生的学习内容不再仅仅局限于教科书所规定的内容，大量、丰富、开放性的课程资源为学生提供了教科书和教学辅助资料所无法比拟的感官刺激、信息刺激和思维刺激，这些新鲜的刺激无疑会使学生的学习兴趣大大提高，在此基础上进行的学习会更加有效。

其次，课程资源的开发，扩展了学生的学习空间，使学生的学习有机会回归到生活世界的实际问题中。具体形象、生动活泼的社会资源和自然资源，为学生的学习提供了广阔的学习空间，在这样的空间中遇到的问题显然不同于课本上的问题，接触到的事物也不仅仅限于教室和学校。在这样的环境中解决这些问题，学生不再是只活在书本和他人的世界，而是活在与他人、与世界的真实交往之中，这样的学习对于完成学生从自然人向社会人的转化具有十分积极的意义。

再次，课程资源的开发，使学生学习方式的变革有了实实在在的基础。长期以来，学生的学习方式比较单一，主要表现在重视知识获得的接受性学习，偏重知识领域的认知性学习。综合实践活动课程资源的开发和利用，为学生直接经验和间接经验相结合的学习提供了大量的新鲜内容，也由此带来了学习方式的变革，学生的探索发现、大胆质疑、调查研究、实验论证、合作交流、社会参与等发展性学习方式在综合实践活动中得到实现，对于培养学生独立的学习意识和学习习惯具有重要的作用。

（2）提升教师的课程意识，促进教师的专业发展

综合实践活动课程资源的开发和利用的价值还在于它可以有力地促进教师的专业发展。教师以往的专业发展主要集中于教学和教育手段、方式等方面。综合实践活动课程对教师提出了新的专业要求，即教师的课程意识和进行课程开发的专业素养和能力。在课程资源的开发和利用过程中，教师的课程意识可以得到有效提升，课程开发的专业素质也可以得到比较充分的发展。

首先，课程资源的开发有利于教师主导作用和学生主体地位的确定。综合实践活动课程资源的开发和利用使得这门课程的学习内容更为广泛，学习空间更为扩大。教师在学习过程中不再是权威，而是以朋友的身份与学生共同探讨和研究问题，在学习方式上，教师不能代替学生进行探究、观察、访问、操作、表演等活动，只能为学生的学习提供建议，是学习活动的组织者、引导者和参与者。然而教师毕竟是教师，在参与学生活动、引导他们开发教育资源的过程中，"导之以方向，辅之以方法"，共同推动活动进程，实现教师与学生共同发展。

其次，课程资源的开发可以帮助教师确立实践、发展的课程观。在课程资源的开发中，教师要引导学生走出课本和教室，利用校内外的各种自然资源和社会资源，在更广阔的空间中进行探索和学习。因此，教师必须具备根据具体的教学目的和内容开发与选择课程资源的能力，充分挖掘各种教育资源的潜力和深层次的利用价值。这样，在实践中教师就会逐渐体会到，课程不仅仅是"知识""学科"和"教材"，课程更应当是教师与学生共同创造的教育活动。

再次，课程资源的开发可以促进教师逐步养成反思性实践能力。在综合实践活动课程资源的开发过程中，教师必然会遇到各种各样的"故事"，哪些资源可用，哪些资源还可以更进一步开发，哪些资源对学生的教育效果十分显著等，都是教师在以前仅仅教"教科书"所体会不到的，也是教师现在必须面对的，这些"故事"就可以为教师提供很好的反思背景。有了这样的经历，多了这样的反思的实践，教师的课程意识逐渐确立，自然有

利于教师的专业发展。

（3）加强学校、家庭、社会之间的联系，共同关心学生发展

综合实践活动课程资源的开发，打破了学校、家庭、社会之间的壁垒，课程资源存在的广泛性和开发与利用形式的多样性，使学校、家庭和社会之间需要相互协调，建立起更加密切的联系。

首先，综合实践活动课程的综合性和实践性要求学生要走出课堂，走出学校，面向社会开展一些活动，因此学校必须加强与社会的联系。建立校外实践基地，包括学农、学军和综合实践基地等；建立与社区的经常性联系，为社区的图书馆、敬老院等公共场所、设施服务，与社区共同开展活动；与校外的一些组织和机构取得联系，如科技协会、交通队、城管队、法院等，这些组织和机构在学生的活动中都能起到重要的作用；与校外的专家、学者、相关专业人员取得广泛的联系，请他们为学生举办讲座，对活动进行指导。总之，与社会各方面加强联系，使学校处于社会的监督、帮助之下，利用社会各方面的力量为学生服务，让学生在更广泛的社会生活中获得全面的发展。

其次，综合实践活动课程资源的开发也可以密切学校与家长的关系。综合实践活动应该让学生参与什么样的活动，为学生提供什么样的学习环境，学校与家长应该加强沟通，并可能达成一致。在此基础上学生参加活动的时间问题、安全问题、开支问题等才能够顺利解决，学生在家庭中的活动才可以得到家长的支持与指导，形成学校和家长共同关心课程、关心学生发展的局面，使学生在活动过程中获得最大的收获。

二、中小学综合实践活动课程资源的类型与特点

综合实践活动内容的丰富性，决定了课程资源的多元化。丰富多彩的课程资源，性质不同，呈现形式各异，作用亦不相同，更制约或决定着课程资源的开发和利用策略。为了有效而充分地对课程资源加以开发和利用，就要对各种课程资源的类型、特点有初步的认识，在此基础上针对课程发展的需要制定相应的资源开发策略。

1. 综合实践活动课程资源的类型

为了实施上的方便，目前多数人将课程资源分为校内课程资源和校外课程资源两大类，每一类别之下又分为素材性课程资源和条件性课程资源。实际上，课程资源的素材性和条件性是交织在一起的，很难明确地将它们区别开来，许多具体的课程资源都会同时具有素材性特点和条件性特点。用这样的认识分析现实的综合实践活动的课程资源，可以将其具体地划分为物质资源、人力资源和文化资源三个基本类型。

（1）物质资源

物质资源又包含自然资源和社会资源。自然资源涉及各种自然因素和自然条件，社会资源涉及各种社会因素、社会条件。

校内的物质资源包含学校的所有办学设施。实验室、图书馆、计算机房、操场等是课程的物质资源，花园、道路、宿舍、食堂在某种情况下也可以成为综合实践活动的课程资源，成为学生开展学习研究的对象与场所。

校外的物质资源更为丰富。自然资源中包含地方与社区的自然因素，如水土、植被、气候和环境等，都可以成为学生研究的对象。学生可以从中发现一些与自然有关的探究性问题，比如水资源调查、沙尘暴的研究、台风预防、水土保持、植物生长、水域污染等，

这些自然因素就成为综合实践活动的自然资源。

社会资源中除了工厂、农村、军营、交通设施，还包括地区的图书馆、博物馆、历史遗迹、政府机关、社会机构和福利单位等。考察历史遗迹，参观革命圣地，对政府机关进行访问，到敬老院、福利院开展服务、慰问等活动，都可以成为综合实践活动中很有意义的内容，由此还可以开发出多样化的社会问题探究、社会考察和社会调查等活动。

（2）人力资源

校内人力资源有学校的学生、校长、教师以及学校的其他工作人员。校外人力资源有学生家长、社区人员、课程专家和其他相关人员。课程实施的主体是学生和教师，但学校校长或其他课程管理人员对课程的态度会直接影响到课程的实施，在课程实施过程中还会有学校其他工作人员的参与；家长对课程的赞成或反对在课程的实施中也会起到一定作用，综合实践活动课程中许多活动内容是要学生在家庭中完成的，因此要取得家长的支持和理解。综合实践活动要走向社会，社区人员是必不可少的力量，他们有时在活动中承担重要角色。这些人在课程的实施过程中都可能发生作用。

（3）文化资源

科学文化知识、传统文化遗产、民族文化、制度文化等都属于文化资源，现代信息资源、社会文化活动等也属于文化资源的范畴。

资源包、案例集等教学活动资料或教师参考资料是综合实践活动课程文化资源中的重要组成部分。尽管综合实践活动课程不以系统知识传授为主，有明显的地区特点和学校特色，没有必要编制全国统一的系统化教材或教学用书，但是却绝对有必要依据课程的教育目标，为学生和教师提供指导性活动资料或教学用书，以这样的资料为平台，教师可以比较方便地获取相关的教育资源，实现对活动的有效指导。

综合实践活动课程的文化知识不仅仅指有确定结论的科学知识、规定性知识，还包括丰富的地方知识或"本土知识"。在特定的生活背景下群体积累下来的有效经验、生活习俗、行为规范等也是重要的知识内容。

地方和社区的文化传统、学校校风校纪等优良传统也是综合活动课程重要的文化资源。我国具有悠久的历史和优良的文化传统，各种民俗、民间节日、民族文化等都可以成为综合实践活动宝贵的课程资源，如很多学校师生以中秋节、元宵节、民族服饰等为题材开展了丰富多彩的活动。学校的优良传统或艺术节、科技节、文艺节等传统项目也可以成为综合实践活动的课程资源。

综合实践活动课程的文化资源还包括地方和社区的社会文化活动。社区服务活动，文化宣传活动，社区的体育节、艺术节等，都是学生参与社会活动的好时机，可以通过这些活动的参与，培养学生的综合实践能力。

最方便获得的课程文化资源还有现代信息资源。随着现代信息技术的发展，人们从网络获取信息的概率增大，教师和学生都要注意充分利用现代化手段获取各方面的信息。

2. 综合实践活动课程资源的特点

综观上述综合实践活动课程资源主要类型，无论其属于素材性课程资源还是条件性课程资源，大体上讲，都具有客观性、丰富性、地域性和等价性等特点。

（1）**课程资源的客观性**

课程资源是课程实施中可以利用的资源的总和。可以利用的资源，其本义就是说这些资源在课程设计以前也是客观存在的，只不过是潜在的资源，没有被开发和利用而已。课程资源作为一种客观存在的事物，它具有转化为学校课程或支持课程实施的可能性。这些客观事物，要经过筛选或转化，才能够成为学校课程或有利于课程实施的基本条件。这些事物是客观存在的，但筛选和转化、开发和利用却需要发挥人们主观能动性，并依据不同的目的来进行的。不同的课程实施主体在课程意识、知识水平、能力水平、实践经验等方面都存在差异，因此，当不同的主体对同一课程资源进行开发和利用时，其深度、广度及达成教育目标的效果会有很大的差异。例如，各地都有一些风景名胜，这些风景名胜可以为综合实践活动课程的实施提供有利的条件，但在利用这些条件开展活动时，却可以有很大的不同。可以选取风景名胜的优美秀丽，引导学生通过欣赏自然美景，激发热爱大自然、保护环境的内在动力；也可以选取由于环境污染导致名胜古迹遭到破坏的实例，帮助学生认识环境保护的重要性。而后一种做法，就是将非教育因素巧妙地转化为教育因素，为活动目标的达成创造良好的条件。

（2）课程资源的丰富性

综合实践活动的课程资源是十分丰富的。从前面对课程资源的分类，我们已经看到，课程资源不仅仅是教材，也不仅仅限于学校内部，课程资源涉及学生学习与生活环境中所有有利于课程实施、实现教育目标的教育内容和条件，因此，课程资源具有丰富性。由于各地区政治经济发展不平衡，可能有些地区的条件性课程资源缺乏，但素材性课程资源还是相当丰富的。

综合实践活动是循着人与自然的关系、人与社会的关系、人与自身发展的关系三条线索展开的，那些有关自然、社会和人自身的知识、经验、技能、方法、事件等都可以作为综合实践活动的素材加以开发和利用，在现实中还可以把上述每一条线索进一步具体分为几个相关领域的研究内容，如：自然领域中可以包括与人类生活相关的各种要素的内容，如水文、土壤、气象、生物、粮食、能源、环境、资源，以及人类生活的整体环境和常见的各种自然现象等；社会领域可以包括有关各地区的经济、历史、政治、文化、艺术等问题；人的身心发展领域可以包括人的生理、心理和思维等相关的问题。

上述内容本来已经十分庞杂，加之对这些素材资源的开发和利用必会受时间、地点、人力、经济等条件的限制，以及人们认识水平等条件的制约，更会使开发出来的课程资源千差万别。

（3）课程资源的地域性

综合实践活动的课程资源在不同地区经常会反映出很大的差异，即综合实践活动的课程资源存在地域性。这首先是因为各地的地理要素如气候、植被、土壤的分布具有明显的地带性；地形、地质等因素虽不具地带性分布，然而在各个地区却仍然有着自己的特点，因而使人类的生活环境总体上形成了区域性特征。再加上各地区的社会、经济、文化形成的条件和历史不同，政治、经济水平发展各异，自然条件和社会条件会深刻影响当地教育的发展，从而使不同地区的综合实践活动课程资源呈现出地域性的特点。在进行综合实践活动课程资源的开发和利用时，一定要考虑区域发展的需要，不能千篇一律，不能脱离当地的生活，要关注地方特色。

（4）课程资源的等价性

尽管不同地区综合实践活动的课程资源各具特色，千差万别，但是从课程要素的角度看，不同的教育资源在实现教育目标、体现教育价值方面具有一定的等价性。例如，海南的学生研究热带植物和内陆干旱地区的学生研究苽苽草，同样可以帮助学生加深对自然环境和生态系统的理解，它们对学习科学研究的方法、感受研究过程和成功的欢乐，以及对自然美的感受有着同样的教育价值。这就更加说明，综合实践活动课程的课程资源无须全国通用、整齐划一，要提倡坚持从各地的实际情况出发，开发适合自己地方的课程资源。无一例外，各个地区都可以开发出自己独具特色的适用的综合实践活动课程资源。

三、中小学综合实践活动课程资源建设的原则与呈现形式

加强课程内容与学生生活、现代社会和科技发展的联系，重视学生的学习兴趣和经验，是新一轮课程改革确定课程内容的出发点。循着这样的思路，实施和开发综合实践活动，必须为学生开发高质量丰富而适用的课程资源。为此目的，则要遵循正确的指导原则，形成明确的实施策略。非如此，则无法达到既定的目标。

1. 综合实践活动课程资源开发的基本原则

所谓原则，就是必须遵循的行动准则。开发综合实践活动课程资源，会涉及方方面面的问题，处理方方面面的关系，事先不制定明确的指导原则，面对复杂的现实情况就会犹豫彷徨，失去前进的方向和勇气。

综合实践活动课程资源开发，应遵循如下几项基本原则。

（1）政策性原则

为学生开发和研制用于综合实践活动课程的教育资源，必须以《基础教育课程改革纲要（试行）》对课程的有关要求为指导思想。

《基础教育课程改革纲要（试行）》明确指出："从小学至高中设置综合实践活动并作为必修课程，其内容包括：信息技术教育、研究性学习、社区服务与社会实践以及劳动与技术教育。强调学生通过实践，增强探究和创新意识，学习科学研究方法，发展综合运用知识的能力。增进学校与社会的密切联系，培养学生的社会责任感。在课程的实施过程中，加强信息技术教育，培养学生利用信息技术的意识和能力。了解必要的通用技术和职业分工，形成初步技术能力。"这些论述明确规定了综合实践活动课程的基本内容和对各项内容的基本要求，也为综合实践活动课程开发指明了前进的方向和明确的思路，成为课程开发的政策依据。综合实践活动作为施于全体学生的必修课，课程改革纲要虽然为其规定了四个领域的内容，但并不要求分别开设四门课程，理想中的综合实践活动课程应该是以四者为主要内容、并与其他非指定领域的内容互相交融和渗透的新型实践性课程，是一类具有鲜明特点和独特教育功能、教育价值的独立课程。鉴于这样的认识，对综合实践活动进行资源开发，必须坚持教育改革的方向，以国家课程改革纲要的精神为指导，实现课程各领域内容的综合渗透、整合融通。

（2）科学性原则

课程资源是教育思想和教育理念的载体，课程资源的开发必须遵循教育的基本规律，坚持科学性原则，从教育和学科两个方面保证课程资源开发的科学性。

综合实践活动主张实践性学习，在引导学生对问题或课题进行主动探究的过程中获得直接经验，发现新的事物，学习科学研究的方法，积累经验和感受。适应这一学习方式的要求，课程资源的开发自然需要符合人的认知规律，努力实现"以实践促进发展"的目标。

儿童的认知水平和心理水平是随着年龄增长而不断发展的，有明确目标的实践性学习需要按阶段分层实施。为使活动有效实施，充分发挥课程的教育功能，应依照学生心理和认知发展水平的实际情况，以"最近发展区"的理论为指导，开发适用于分段实施的课程资源。

无论用于哪一个学段的资源，也无论哪一个类型的活动设计和开发，都要实现科学性的要求：内容要科学，方法要科学，材料的选择和操作也要符合专业要求。

（3）可操作性原则

"操作"是使教育理念化为教育行为的桥梁，施于中小学生的适切性的教育资源无疑需要有较强的可操作性。为达到此目的，首先，选材要切合实际，坚持从学生实际出发，联系自然，联系实际，联系社会和学生的发展，选择既符合学生需要，又能激发学生兴趣的问题作为活动主题。其次，形式和内容要切合学生水平，从学生心理水平和认知发展的实际出发。须知只有学生能够接受的东西，才能获得预期的教育效果。用于学生的课程资源开发，切忌只从成人的视角考虑问题，只有儿童喜闻乐见的材料，才能显示教育的力量。最后，选配的材料要切合需要，课程资源开发不能仅仅提出活动的设想或建议，为使活动能够真正开展，常常需要为学生选择或建议使用的材料。从我国现实情况出发，应首先考虑使用容易寻找的废旧材料；多数同学需要外购的材料，也应在经济原则的基础上保证科学和适用。为公共使用的条件性资源的建设，则要充分考虑投资成本和重复使用问题。

2. 综合实践活动课程源开发的成果呈现形式

凡课程资源开发都表现为一定的成果，凡成果自然会以一定形式呈现，可以是文本，也可以是材料、工具，抑或软件等。然而，从适用范围分析，所有这些不同形式的成果，大体上可以划分为：供大范围使用的具有共性特点的基本教育资源和供学校等局部使用的个性化课程资源两类。这就要求学校做到以下两点。

（1）从总体目标出发开发基本教育资源

有一种观点认为，综合实践活动无须为学生编写任何材料，如果说需要给学生开发教育资源的话，那也是教师自己的事，甚至认为综合实践活动只能由学生和教师自行开发。这无疑是一种失之偏颇的见解，并已经为实践证明是妨碍课程区域推进和常态实施的重要原因。诚如前述对综合实践活动课程的理解，综合实践活动要像学科那样编写全国通用的教材也许是不需要的，然而从提高综合实践活动课程的教育效能出发，从学生发展的根本利益出发，为学生精选和优化必备的教育资源，满足学生活动的需要，为师生提供高质量、可操作的活动平台是完全必要的。

实践学习的初级形式是随机学习。目前以主题形式开发的，散见于各地学校中的综合实践活动案例，尽管不乏个别优秀者闪现其中形成亮点，大体上只能算作个案，属于实践学习的初级形式的产物，很难算得上能够全面反映课程要求、系统而规范的课程资源。常识表明"零散的知识形不成智慧"，施于中小学生的综合实践活动作为必修课程，理应能帮助他们适应当今科学技术和社会经济发展的需要，应能引导他们完成预定的学习目标，获得关于方法和技能系统的学习。学生对科学方法的学习和良好正确的习惯养成，也需要由浅入深，由易到难，由低层次到高层次，按部就班地予以训练。既然如此，综合实践活动课程毫无疑问也应像学科学习那样，由扶到放，分层实施，也应为学生开发区域通用的系统性的教育资源。

（2）从实际出发，开发地方或校本课程资源

一般而论，上述通用的教育资源，只具有普遍的适用性，虽然可以作为基本的活动内容，提供给各地学校选用，但却很难反映各个学校的特殊要求和适应各地社会生活和社会发展需求的实际变化。为解这一难题，体现综合实践活动课程的理念和教育功能，各地学校还应从当地的实际出发，着力开发当地适用的综合实践活动课程资源。

综合实践活动地方和校本资源的开发，是由地方或学校组织教师对适合当地的综合实践活动资源进行计划、设计、编创、实施和评价的过程，是学校师生自行建设独具特色的地方或学校课程的自主行动，为地方和学校实现自己办学宗旨和教育理念提供资源支持，对教师的专业成长和发展也具有十分重要的意义。

一般讲，对基层学校来说，综合实践活动校本资源开发的最有用的领域，是与当地自然条件和社区发展相关联的内容。近年来，许多校本资源开发取得成绩的学校，大都在这方面做出了许多努力。认真研究当地的自然环境和社会环境，不断收集和积累相关的材料，并经常保持对问题的敏感，才有可能从现实中提炼可供开发的课程资源。此外，对一线教师来讲，借鉴基本课程资源，又根据当地条件和学生的实际情况对已有资源进行二次开发，使之更适合当地学生的需要，也不失为一种资源开发的思路。

综合实践活动课程实施，没有课程资源支持不行，但只有区域性基本课程资源也不行，还需要校本资源的开发。只有将区域性基本课程资源和校本资源开发有机结合起来，才不失为一条有效的措施策略。实际上，区域性资源和校本资源本来就是互相联通的，近年来的经验表明，区域资源的开发启发和指导了校本资源的开发，而校本资源完善和提高又会丰富区域性资源的内容，事物就是在二者相互作用中不断提升和逐步完善的。

四、中小学综合实践活动课程资源建设的策略

1. 立足学校，重视课程资源内部开发

立足学校是指综合实践活动课程资源的开发要以校为本，充分挖掘学校现有的课程资源。学校校长、教师要重视课程资源的开发，尤其指导教师和学生更要把主要的精力和时间放在学校课程资源建设上，挖掘学校内部资源。一是要充分利用学校现有的课程资源。学校是专门的教育机构，学校的各种课程资源是经过筛选并受到教师有效控制的，有利于学生的健康发展。例如，学校的各类书籍、报纸杂志、网络信息资源都经过选择和过滤，凡有害信息和资源都会被拒之校外。二是有效发挥教师的管理职能。学校教师经过专业技能培训，富有丰富的教育经验和学校管理经验，掌握课程开发的相关知识和技能，是懂得教育科学规律的专业人员，教师能有效地指导学生在课程资源开发中的言语和行动。三是重视校内资源的新开发。针对综合实践活动资源不足的现象，学校应尽一切可能加大课程资源开发的经费等各种投入，进一步丰富和完善校内的综合实践活动课程资源。

2. 走进社区，把握课程资源重点开发

社区蕴含着丰富的课程资源，主要包括社区的自然因素、社会环境、民族文化习俗、人力资源等。

社区的自然因素有水土、气候、植被及综合环境等。这些因素都与学生开展的关于自然界的问题和现象的探究有关，诸如水资源状况的调查研究、水土保持研究、城市垃圾的

处理、污水处理等。城乡学校在自然问题探究方面，具体选题也有明显的差异。

社区的社会环境指社区工农业生产、文化遗产、社会经济生活、社区文化生活、民族习惯、政府与社会机构等，不同社区的学校可结合地方差异选择不同的课程资源以供开发。

社区的民族文化习俗是指长期生活在当地的社区居民，随着时间的推移不断流传下来的悠久历史文化。综合实践活动的设计与实施要充分利用这些资源，通过民族文化传承方面的主题实践体验，使中小学师生获得民族历史文化传统的熏陶。

社区的人力资源是指支持和参与综合实践活动课程资源开发的学生家长、社区普通居民、社区公职人员、专家学者及离退休干部等。

总之，充分利用社区的科技馆、图书馆、文化宫、敬老院、公园、商店、工厂、农场以及社区其他的自然与人文环境，充分联系社区中的各界人士，如学生家长、各行各业的劳动者、知名人士等，学校还可与有关部门合作建立相对稳定的活动基地，并通过多种途径不断地开发新的课程资源。

3. 面向社会，实现课程资源的整体开发

综合实践活动课程具有开放性、综合性特点，这就决定了课程资源的开发也是面向社会的全方位整体性开发。社会丰富的人文景观、水利电力工程、场地空间及人力、财力等都可以作为综合实践活动课程资源开发的领域。由于不同地区在自然环境、经济状况、文化习俗等方面有很大差异，处在不同辖区的学校开发课程资源时，往往只重视开发本地的社会资源，对其他区域的社会资源的开发利用率较低，这在一定程度上造成课程资源开发的区域差异。这种差异在城乡学校之间表现得较突出，结果导致课程资源的开发不平衡，学校课程资源不平等。因此，只有面向社会，进行课程资源的整体开发，才能满足不同地区课程资源不足的问题。

第二节　中小学综合实践活动课程管理

一、中小学综合实践活动课程管理的内涵

课程的改革与创新，课程价值的达成，关键在于对课程的管理。课程管理是当代课程研究领域的一个重要议题，加强课程管理是实现课程目标、体现课程价值的基础和前提。国家《综合实践活动指导纲要总则》规定："综合实践活动作为主要由学校自主开发的课程，与其他课程类型相比具有许多新的特点，各级教育行政部门和学校要切实加强对这一课程领域的研究和管理，使其作用得到充分发挥。"

我国学者对课程管理问题的研究，大多始于 20 世纪 80 年代末。"课程管理"在我国较早出现在钟启泉的《现代课程论》著作中。他认为："课程管理是学校管理的一部分，但同学校的其他经营活动不同，它直接规定了教学活动的管理活动，是学校管理工作中具有重要意义的工作。课程管理的核心部分是课程编制。课程编制是注重于编制技巧的富于独特性的活动，而课程管理是系统地处理编制技法和人、物条件的相互关系，以教育目标

为准绳，加以组织的一连串活动的总称。"[1]

　　钟启泉先生在《现代课程论》（新版）中进一步强调："所谓学校的'课程管理'广义地说，不仅仅限于课程内容如何（课程内容论），而且意味着推进课程内容的计划、编制（P）—实施、展开（D）—评价（S）这一过程中所进行的种种组织、运营上的条件创造（条件整顿）。"[2]

　　我国《教育大辞典》（第一卷）中对课程管理做出了如下界定："课程管理是对课程编订、实施、评价的组织、领导、监督和检查。"[3]

　　彭虹斌认为："课程管理如同教育管理，有宏观与微观之分。即我们可以将课程管理分为课程行政管理和学校课程管理。前者是国家对课程的行政管理、包括立法、课程政策的制定、课程标准的颁布、教科书的审定、学校课程实施和评价的监督。后者包括学校课程日常管理和学校课程领导，是学校对如下项目进行的管理：课程目标的校本化确认，国家课程、地方课程的校本化选择和组织，课程实施和课程评价。"[4] 显然，这里对课程管理的主体进行了较为明确的区分。

　　综观上述，由于研究者对课程管理主体和课程管理内容的理解不同，课程管理的定义也各有差异。

二、中小学综合实践活动课程管理的理念

　　2001 年 6 月教育部颁布的《基础教育课程改革纲要（试行）》中关于"三级课程管理体制"的规定，标志着我国基础教育课程管理正式进入新的时代。该纲要指出："为保障和促进课程对不同地区、学校、学生的要求，实行国家、地方和学校三级课程管理。"因此学校必须建立适应新课程的新型课程管理制度。综合实践活动课程管理应把握以学校管理为主，充分发挥班级、师生主体合作管理的基本理念。

　　1. 坚持学校管理为主

　　课程管理的主体主要有国家、地方教育行政管理部门、学校、教师、学生等。由于综合实践活动是一门开放性、自主性、实践性很强的课程，课程的具体内容即各类活动主题由教师根据学生兴趣和需要展开自主选择，课程开发实施的重要主体也是学校、教师和学生，所以，综合实践活动课程管理应首先坚持学校管理为主的理念。

　　学校应该增强课程管理的主体意识。学校课程管理的主体意识是指学校作为课程管理的主体，能摆正自己的主体地位，清晰表征自己的权责分配，并且拥有课程管理的主体观念和愿景。学校的课程管理必须在政策许可的范围内，根据学校的课程传统、已有的课程基础、学校的愿景与使命、学校在课程和教师方面的优势与不足、教师和学生的课程需求，逐渐放开"大人的手"，让学生独立选择活动主题，自主设计活动方案，并参与结果评价等。

　　2. 发挥班级管理的作用

　　由于课程以班级授课为主，课程管理如果忽视了班级层面的管理，课程开发实施的具体情况难以把握，课程实施的效果也难以预测，所以，课程管理的规章制度应要注意从课程管理的整体出发，明确班级课程管理的权限和职责，以利于发挥班级的整体力量。

　　综合实践活动课程的各类主题活动多以班级为单位，并以班级中的若干小组为活动实施主体。在综合实践活动课程开发实施过程中发挥班级管理，其内涵表现在：指导教师组

织学生合理分配小组成员，师生共同进行活动主题的科学论证并认真选择活动方式，加强师生之间的合作，加强班级与学校及社会之间的联系，并争取获得学校及社会的广泛支持。加强班级管理职责，能让学生在小组活动中各司其职，职责明确，进一步协调课程系统中各要素之间的关系，使课程要素各自的功能和整体的系统功能得到充分的发挥，从而保证各类主题活动的有效开展。

3. 重视师生主体对课程的管理

由于师生是综合实践活动课程开发实施的直接参与者和执行者，也是课程的重要管理者。所以，课程管理并不仅仅是国家行政机关和地方教育管理部门的事，应把学校对课程的管理作为课程管理的重心，班级和师生主体合作管理作为重要的补充。

师生对综合实践活动课程的管理主要表现在课程计划的具体落实过程中，师生应结合课程的性质和特点，对课程内容的组织、活动方式的选择、主题活动的开展等方面进行科学的组织，以利于提高各类主题实践活动的质量，从而提高综合实践活动课程的整体教育教学质量。

4. 建立和谐的课程管理运行环境

综合实践活动课程的设置既为了适应国际课程改革大背景，更是为了改变我国单一的学科课程结构，使课程设置更适合国家创新人才、综合人才的培养。综合实践活动课程管理应改变传统课程管理模式，消除行政管理，以宏观的方式进行引导与管理，建立与这门课程性质和特点相适应的和谐的课程管理运行环境，如充分利用信息技术，建立信息共享系统和信息库，为学校的课程决策、课程管理和课程开发服务。创设民主的、开放的人际交流环境，使学生之间、师生之间、教师与教师之间及其他课程参与者展开沟通与交流，从而促进信息的流动性，保证管理系统的灵活性、开放性、流通性。

三、中小学综合实践活动课程管理的内容

综合实践活动课程内容由国家指定领域和非指定领域两大部分组成，指定领域包括研究性学习、社区服务与社会实践、劳动与技术教育、信息技术教育四个部分。这四个部分在小学、初中、高中三个学段又各有侧重，所以课程内容的管理在三个学段也是有区别的。

1. 小学综合实践活动课程内容的管理

小学综合实践活动课程内容虽然主要包括研究性学习、社区服务与社会实践、劳动技术教育、信息技术教育四大领域，但学校的传统活动、班级活动、节日活动等也是课程内容的重要组成部分。如此宽泛的内容对于小学 3～6 年级的学生来说，需要在教师的指导下进行合理选择。因此，小学综合实践活动课程内容的管理主要表现在以下方面。

首先，选择符合学生自身特点，又能使学生感兴趣的活动主题。从自然、社会、自我三个维度组织具体内容，走进并接触自然和社会生活，让学生初步形成对自然和社会生活的认识并有所体验。

其次，在主题活动中相互合作，不断展开情感交流，让学生不断了解自己的兴趣和能力，逐渐认识并完善自我。如对研究性学习内容的管理，既要尊重学生学习的兴趣和爱好，让他们自主选择探究内容，又要以学生的生活实践为基础，关注生活实际，充分发掘适合小学生年龄特点和能力水平的探究题材。

2. 初中综合实践活动课程内容的管理

初中学生对自然、社会环境中的某些现象和问题具有一定的认知能力，对学生之间的关系及自我存在的问题也有独特的观点和看法。所以。初中生综合实践活动的内容和要求要高于小学学生的课程内容，初中学生在综合实践活动中也不再以对生活环境的感受、体验为主，而是以对生活的体验和问题探究为主。初中综合实践活动课程内容的管理具体表现在以下方面。

第一，从自然、社会、自我三大维度组织具体的活动内容，实现国家指定的研究性学习、劳动与技术教育、信息技术教育、社区服务与社会实践四大领域的内容整合，体现课程内容的综合性。如将研究性学习渗透于社区服务与社会实践、劳动与技术教育、信息技术教育之中，或由社区服务与社会实践统摄研究性学习、劳动与技术教育、信息技术教育的内容，亦可从劳动与技术教育、信息技术教育领域切入研究性学习、社区服务与社会实践，实现四大领域课程内容的整合。

第二，各主题活动应跨越自然、社会、自我的界线，且从不同的视角展开探究。如以环境保护为主题的综合实践活动，可以从开展关于环境问题的探究活动开始，使学生认识到人们生活环境中的问题，提出解决环境污染问题的策略。再组织学生开展有关环境治理的社会考察和社会宣传活动，进行环境治理的社会公益性活动，并适当参与力所能及的环境保护的生产劳动和技术实践，提高学生的自我认知和社会实践能力。

第三，把握活动主题的差异性和个性。活动主题的差异性指选择活动主题时，应结合地区和学校特色，特别应考虑不同地区和学校的课程资源差异，选择具有优势资源的主题展开探究。活动主题的个性指各个学校应该根据初中学生的实际，城镇和农村初中综合实践活动内容的设计，要考虑初中学生的兴趣、需要和活动能力，密切联系他们的生活背景和未来社会生活的发展需要，综合开发和利用地方、社区和学校的课程资源，选择符合自身特点的活动主题。

3. 高中综合实践活动课程内容的管理

《普通高中课程方案（实验）》（2003）规定，高中课程设置了语言与文学、数学、人文与社会、科学、技术、艺术、体育与健康和综合实践活动八个学习领域。综合实践活动是普通高中课程计划中规定的一门必修课。它是国家规定、地方指导与校本开发的课程，是与学科并列而不是从属或依附于学科的综合课程。

根据《普通高中课程方案（实验）》（2003）的规定，高中综合实践活动的学习领域主要包括研究性学习、社区服务与社会实践。研究性学习活动是每个学生的必修课程，三年共计 15 学分。此外，学生每年必须参加 1 周的社会实践，获得 2 学分。三年中学生必须参加不少于 10 个工作日的社区服务，获得 2 学分。所以，高中综合实践活动课程内容的管理主要表现在：首先保证综合实践活动课程的开设，落实课程计划；其次按照规定的领域提高活动质量，使高中学生真正参与综合实践活动的主题设计和问题研究。

4. 综合实践活动课程资源的管理

综合实践活动课程的常态实施和有效实施需要丰富的课程资源，既需要一批具有较强专业素养的指导教师和课程专家，又需要丰富的财力、物力资源，课程资源的丰富程度不仅直接影响课程内容的开发程度，而且有的课程资源直接是课程的内容。所以，综合实践活动课程内容的管理应重视和把握课程资源的管理。其管理的任务在于：首先建立课程资

源管理制度，在师资力量方面，加强地方教育行政部门和学校开展多种形式的教师培训工作，学校还要重视发展校外指导教师队伍，构建起指导学生综合实践活动的人才资源库。在物质资源方面，督促学校要因地制宜、因时制宜，充分开发利用各种教育资源（包括校内资源、社区资源和学生家庭中的教育资源），学校要积极创造条件开发信息化课程资源，拓展综合实践活动的实施空间。此外，对现有的课程资源要充分利用，要杜绝课程资源闲置的现象。

四、中小学综合实践活动课程管理的策略

课程管理是一种理论性和实践性都很强的理性活动，理论的缺失或实践的不足都会影响课程管理的质量和效益。根据综合实践活动课程的性质、特点和功能，主要采用以下管理策略。

1. 树立课程管理新理念，加强课程管理的理论研究

综合实践活动实行国家、地方、学校三级课程管理制度，既反映了这门课程的性质、特点和要求，又体现了追求教育质量与教育平等相融合的国际课程管理趋势。三级课程管理制度需要管理者树立全新的管理理念，一是认识和区分国家、地方、学校三个层面不同的管理内容和范围，二是做到三个管理层面的有效衔接。

现代化的课程管理离不开科学的课程管理理论的指导。加强课程管理理论研究不仅是综合实践活动课程常态实施和有效实施的客观要求，而且也是课程理论研究走向成熟的内在需要。课程管理理论研究主要涉及课程编制、实施和评价三大基本领域。由于综合实践活动课程没有具体的内容和国家统一编制的教材，其内容的多维性和主题的灵活性，决定了综合实践活动课程理论研究中课程编制环节的重要性。所以，加强综合实践活动课程管理，绝不能忽视这门课程理论研究的重要性。

2. 健全课程管理体制，开发利用多种教育资源

课程管理体制关系到综合实践活动课程改革发展的全局。因此，建立科学合理的课程管理体制，明确各管理主体的责权，使课程管理系统有效运转，既是课程改革与发展的客观需要，又是促进课程其他方面改革与发展的必要保障。我国已实行国家、地方和学校三级课程管理体制，而且课程管理的权力也逐步下放到地方和学校。课程管理自主权的下放与扩大，初步形成了学校课程管理自主化的体制。

综合实践活动课程管理的核心主体是学校，学校必须从组织建设、人员建设和制度建设等方面着手，从开发、实施到评价加强综合实践活动的全过程管理。具体而言，要设立研究和协调综合实践活动的专门机构和人员，制定相应的规章制度（如计算教师工作量制度、教师和学生考评制度等）。给予综合实践活动一定的政策支持，充分发挥学校在综合实践活动课程管理中的自主作用，进一步健全学校内部课程管理体制，协调学校各级管理部门之间的关系，充分调动教师、课程管理人员、课程专家、学生等参与课程管理的积极性与自觉性。所以，健全综合实践活动课程管理体制，有利于建立一支专业知识深厚、管理能力较强的课程开发实施队伍，提供课程实施所需的人力资源，也有利于开发和利用校内外其他教育资源（如社区资源、学生家庭中的教育资源），为课程有效实施提供了物质保障。

3. 加强课程管理队伍培育，优化管理队伍结构

综合实践活动课程的管理队伍由教育部，地方教育行政部门，学校校长、教师、学

生、课程专家等构成，但在实际的课程管理活动中，学科专家、课程专家、学生参与管理的比例较小；有的地方和学校，这些管理主体甚至没有参与任何管理；从已参与管理的队伍组成看，在年龄结构、专业结构、职称结构、学位结构等方面都有失衡现象存在。所以，需要加强管理队伍培育，优化管理队伍结构，让各管理主体都能参与实践。

综合实践活动课程管理队伍主要采用集中培训、远程指导等方式。在学习培训中，鼓励、支持各参与者去研究综合实践活动的实施规律，不断提高管理队伍的知识水平和管理能力。

4. 凝聚课程管理力量，整体推进管理实效

综合实践活动课程管理既有国家层面、地方教育行政部门的管理力量，也有校内可依靠的学校领导、指导教师、各专门科室等力量，还需要诸如社区居委会、学生家长、其他社会管理人员等校外力量。根据综合实践活动课程的性质和特征，只有整合校内外的管理力量，才能为课程实施提供丰富的课程资源和活动场所等保障。

课程管理中的任何一种力量在发挥作用时，都会影响其他力量发挥作用。如教育行政部门要把对学校的管理与对学校工作的指导结合起来，通过运用一定的评价手段和组织区域性的、校际的经验交流活动等方式，帮助学校领导和教师转变教育观念，指导学校切实地、创造性地落实课程计划中的有关要求。地方教育行政部门是否发挥监督课程实施、课程有效实施，直接影响学校课程管理的质量和效果。

复习思考题

1. 简述课程资源与课程资源开发和课程管理的内涵。
2. 简述综合实践活动课程资源的类型。
3. 简述综合实践活动课程资源的特点。
4. 简述综合实践活动课程资源开发的基本原则。
5. 简述综合实践活动课程资源建设的策略。
6. 简述综合实践活动课程管理的理念和内容。

参考文献

[1] 钟启泉. 现代课程论 [M]. 上海：上海教育出版社，1989.
[2] 钟启泉. 现代课程论（新版）[M]. 上海：上海教育出版社，2006.
[3] 顾明远. 教育大辞典（第一卷）[M]. 上海：上海教育出版社，1990.
[4] 彭虹斌. 新课程背景下的校长课程管理 [J]. 课程·教材·教法，2005（11）.